KB130293

우아한
관찰주의자

Visual Intelligence: Sharpen Your Perception, Change Your Life by Amy E. Herman
Copyright © 2016 by Amy E. Herman
All rights reserved.
This Korean edition was published by Chungrim Publishing Co., Ltd. in 2017
by arrangement with Houghton Mifflin Harcourt Publishing Co.
through KCC(Korea Copyright Center Inc.), Seoul.
이 책은 (주)한국저작권센터(KCC)를 통한 저작권자와의 독점계약으로 청림출판(주)에서 출간되었습니다.
저작권법에 의해 한국 내에서 보호를 받는 저작물이므로 무단전재와 복제를 금합니다.

눈으로 차이를 만든다

우아한
관찰주의자

에이미 E. 허먼 지음 | 문희경 옮김

청림출판

한 그루의 나무가 모여 푸른 숲을 이루듯이
청림의 책들은 삶을 풍요롭게 합니다.

**Visual
Intelligence**

세상에는 우리의 감각이 예리해지기를 참을성 있게
기다리는 마법 같은 일들로 가득하다.

– 작자 미상

1부   평가하기

2부   분석하기

3부   설명하기

4부   적용하기

**저자
서문**

14년 동안 '지각의 기술'을 강의할 수 있어 무척 영광스러웠다. 강의를 진행하면서 세계 곳곳의 사람들과 미술과 관찰, 지각과 소통에 관해 대화를 나누고 글을 써왔다. 이러한 대화는 이 책을 구상하기 오래전부터 시작되었다. 강의에 참여한 분들은 강의 내용이 이 책에 실릴 줄 모르고 등록한 데다 인터뷰에 응한 분 가운데 다수가 상당히 민감한 직업에 종사하기 때문에 개인정보 보호 차원에서 이 책에 소개된 사람들의 이름과 세부 정보를 바꿨다. 이 책을 읽다가 어떤 부분에서 살아 있는 사람이든 고인이든 누군가가 떠오른다면 순전히 우연일 뿐이고 의도한 바가 아니다. 《우아한 관찰주의자》는 논픽션이다. 기억의 한계는 있지만 모든 사례는 실제로 일어난 사건이거나 전해 들은 내용이다. 사람들이 들려준 사적 경험의 진실 여부를 일일이 확인하지는 못했지만, 사실이라고 믿기는 사례만 실었다.

지금 당신의 눈은 감겨 있다

나는 그 집 앞 복도에 서 있었다. 주위는 온통 뿌옇고 슬로모션으로 보였다. 문 안쪽에서 고함소리가 울렸다. 형광등 불빛 아래 먼지 입자가 떠 있었다. 왼쪽 어디선가 고양이 울음소리가 들렸다. 내 앞에 있던 경관이 주먹을 들어 문에 노크했고, (잔뜩 긴장해 전투태세에 돌입한) 다른 무장 경관이 파트너를 엄호했다. 안에서 부부 싸움으로 우당탕탕 소리가 나는 사이 뒤에 있던 경관의 검은 총구가 소리 없는 비명을 지르듯 아가리를 벌렸다. 어쩌다 내가 여기까지 온 걸까?

어릴 때부터 나는 모든 것에서 예술을 보았다. 나뭇잎 사이로 비치는 햇살의 절묘한 비대칭과 썰물이 빠져나간 자리에 남은 자갈과 조가비의 독특한 문양에서 예술을 발견했다. 나는 딱히 창의력이 뛰어난 사람은 아니지만 그것이 미술의 역사를 공부하는 데는 문제가 되지 않았다. 그러나 과학자인 아버지와 남달리 실용적인 어머니 밑에서 자란 터라 사회에 봉사하고 싶은 마음이 있었다. 그래서 학부를 마치고 로스쿨에 진학했다. 그리고 이렇게 긴장감 넘치는 경찰 작전에 따라나선 것이다.

나는 마음속에 엄습하는 걱정을 떨쳐 내려고 그림을 감상하듯 주변 상황을 세심히 살피면서 미묘한 차이를 분석하고, 전경과 배경을 모두 살펴 미세하게 어긋나 보이는 부분에서 의미를 찾아내려 했다. 특이한 태도인 줄은 알지만(자주 듣는 말이다), 나의 이런 예술적 배경은 객관적인 관찰이 중요한 변호사 업무에서 항상 쓸모가 있었다.

문득 끔찍한 생각이 들었다. '내 앞의 저 경관들에게는 이런 능력이 없으면 어쩌지?' 문이 열리는 순간 맨 앞에 선 경관이 본 장면(우는 아기일 수도 있고, 혼란에 빠진 중년 여자일 수도 있고, 총을 든 채 미쳐 날뛰는 사내일 수도 있다), 그가 그 짧은 순간 뒤에 선 파트너에게 전달하는 정보는 그 자리에 있는 모두에게 영향을 미친다. 내 목숨은 생면부지의 남에게, 그가 눈에 보이는 장면을 정확히 전달하는 능력에 달려 있었다.

다행히 그 경관이 상황을 진정시켜 내 경험이 파국으로 치닫지는 않았다. 그러나 치명적 무기를 눈앞에서 처음 보거나 죽음에 직면한 순간 흔히 그렇듯, 그 사건은 그 뒤로도 오래도록 뇌리에서 떠나지 않았다. 우리의 목숨이 타인의 관찰력에 달려 있는 일이 얼마나 될까? 헤아릴 수 없이 많다. 비행기나 기차, 택시를 타거나 수술대에 오를 때마다 그렇다. 물론 매번 생사가 걸린 것은 아니다. 그저 삶에 변화만 줄 때도 있다. 남들의 세심하고 철저한 집중력이 우리의 직업과 평판, 안전과 성공에 영향을 미칠 수도 있다. 우리가 남들에게 영향을 미치기도 한다. 결코 가벼이 여겨서는 안 될 책임이다. 승진과 좌천, 승리와 비극, 9월의 어느 평범한 화요일과 9·11의 차이를 의미할 수 있기 때문이다.

명확히 보고 효과적으로 소통하는 기술은 로켓과학이 아니다. 아주 간단한 기술이다. 누구나 이 두 가지 재주를 모두 타고난다. 그러나 생각만큼 잘 써먹지는 못한다. 그래서 공항에서 엉뚱한 게이트로 가서 엉뚱한 비행기를 타려고도 하고, 엉뚱한 사람에게 이메일을 보내 절대로 해서는 안 될 말을 하기도 하며, 눈앞에 보이는 결정적 증거를 놓치기도 한다. 왜일까? 우리가 이런 실수를 범하게끔 타고났기 때문이다.

우리의 뇌는 이 정도만 볼 수 있고, 이보다 더 적게 처리할 수 있다. 나는 변호사로 오래 일하며 목격자를 무조건 신뢰해서는 안 된다는 사실을 깨닫고, 일인칭 진술의 오류를 직접 경험하면서부터 지각의 한계를 인식했다. 그러나 지각의 수수께끼를 본격적으로 연구하기 시작한 건, 마음이 이끄는 대로 미술계로 돌아오고부터였다. 나는 뉴욕 프릭 컬렉션The Frick Collection의 교육 담당자로서, 예일대 피부과 교수가 만든 강좌를 뉴욕의 여러 의과대학에 개설해 의대생들에게 미술작품을 분석하여 환자를 관찰하는 능력을 교육하는 데 일조했다. 이 강좌는 큰 성과를 올렸고(한 임상 연구에서는 이 강좌를 수강한 학생들이 다른 학생들보다 진단 능력 면에서 56퍼센트 향상된 것으로 나타났다),[1] 나는 그 이면의 과학을 알아보고 싶었다. 우리가 어떻게 보는지, 그리고 어떻게 미술작품을 보기만 해도 진단 능력이 향상될 수 있는지 자세히 알아보고 싶었다.

나는 신경과학에 빠져서 관련 연구 자료를 닥치는 대로 구해다 읽고, 해당 연구를 진행한 연구자들을 만났다. 신경과학 '비디오게임' 온라인 모임에도 가입했다. 우리가 보는 방식에 관해 내가 여러 가지로 잘못 알고 있었지만(일례로 망막은 눈의 일부가 아니라 뇌의 일부라는 사실), 가장 중요한 사실만큼은 정확히 알고 있었다. 인간의 뇌를 온전히 이해하지는 못해도 변화시킬 수는 있다는 것 말이다. 우리는 더 많이 보고 더 정확히 관찰하도록 뇌를 훈련할 수 있다.

나는 뭔가 근사한 것을 배울 때면 늘 그랬듯, 관찰에 관해 배운 것들을 의대생뿐 아니라 모든 이들과 나누고 싶었다. 9·11 직후의 어느 날 밤, 나는 지인들과 저녁을 먹는 자리에서 새로 알게 된 내용을 일부 들려주었다. 아직 뉴욕이 테러의 충격과 갖가지 영웅담, 가슴 아픈 사연에서 헤어나지 못하던 때였다. 그 자리에 있던 한 친구가 내게 긴급구조원을 교육할 생각이 있는지 물었다. 그 생각은 해본 적이 없었지만, 로스쿨 시절 경찰 작전에 따라갔을 때 함께 간 경관들이 현장을 어떻게 보아야 하며 무엇을 대처할지 모른다는 것을 알고 복도에서 느꼈던 공포가 떠오르자 꽤 그럴듯한 제안이라는 생각이 들었다. 나는 경찰과 렘브란트를 연결한다는 생각에 매료되었다. 경찰 조직을 설득하기만 하면 되었다. 그다음 주 월요일에 나는 뉴욕 시 경찰국 New York City Police Department, NYPD에 전화했다.

"그쪽 경찰관들을 저희 박물관에 초대해서 미술을 보여드리고 싶습니다." 나는 어리둥절해하는 부국장에게 말했다. 전화를 끊어 버릴 수도 있다고 생각했는데, 부국장은 흔쾌히 한번 해보자고 답했다. 몇 주 후 프릭 컬렉션 사상 최초로 무기가 들어왔고, 마침내 '지각의 기술 The Art of Perception®'이 탄생했다.

나는 지금까지 14년 동안 이 강의를 진행했다. NYPD 13개 부서 경찰관들뿐 아니라 워싱턴 D.C., 시카고, 필라델피아의 경찰서와 버지니아 주 경찰, 오하이오 경찰서장연합의 경찰관들을 대상으로 교육했다. '지각의 기술' 강의 효과가 빠르게 입소문을 타면서 고객 명단도 늘어났다. FBI, 국토안보부, 스코틀랜드야드(영국 런던 경찰국의 별칭−옮긴이), 미국 육군, 해군, 주州 방위군, 비밀경호국(국토안보부 소속 경호 조직−옮긴이), 연방보안관실, 연방준비제도, 법무부, 국무부, 국립공원관리공단까지 고객 명단에 올랐다.

얼마 후 〈월스트리트저널〉에서 내 강의를 간략히 소개하고 경찰과 법조계와 군대에 미치는 긍정적 효과를 거론하면서, 내 강의를 듣고 관찰력을 기르는 데 도움을 받았다는 어느 FBI 요원의 사연을 소개했다.[2] 그 요원은 '지각의 기술' 강의를 들은 뒤 마피아가 지배하는 쓰레기 수거 조직의 유죄를 입증하는 증거를 수집할 수 있었다고 했다.[3] 그 결과 유죄판결이 34건이나 나왔고, 6000만 달러였던 정부의 압수 재산 규모가 1억 달러로 늘었다. 이 기사가 나오자 곧 일반 기업과 교육기관, 더 나아가 노동조합에서도 문의 전화가 쇄도했다. 사실 누구나(부모, 교사, 승무원, 투자은행가, 경비원 등) 어느 정도는 긴급구조원이기 때문이다.

'지각의 기술'의 독특한 교수법은 미 국무부에서 "매우 유용하다"는 평가를 받았고, 해군 참모총장에게서는 "미래형 전투 개념을 생성하는 데 필요한 혁신적 사고를 자극한다"는 칭찬을 들었다. 벤저민 나이시 Benjamin Naish 경위는 FBI 국립아카데미에서 내 강의를 들은 뒤 필라델피아 경찰서에 나를 소개하면서 이렇게 말했다. "[이 강의를 듣고] 눈을 더 크게 뜨게 된 것 같습니다. 이제껏 받아 본 훈련 가운데 가장 독특했습니다."[4]

어떤 면에서 그렇게 독특할까? 나는 젖가슴이 배까지 늘어진 벌거벗은 여자들의 사진과 소변기로 만든 조각상을 보여주면서 정확히 관찰하고 효과적으로 소통하는 기술을 가르친다.

이 방법은 적중했다.

나는 수십여 직종(법률회사, 도서관, 경매회사, 병원, 대학, 포천 500대 기업, 언예기획사, 은행, 노동조합, 교회 등)에 종사하는 사람들이 시각적 분석과 비판적 사고력을 기르고 연마하도록 도왔다. 그리고 이 책을 읽고 있는 여러분에게도 도움을 줄 수 있다.

의료계 종사자와 경찰들만 적절한 정보를 식별하고, 우선순위를 정하고, 결론을 끌어내고, 소통하는 법을 알아야 하는 것은 아니다. 그것은

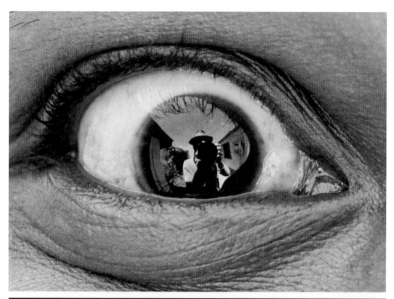

JR, '여자들은 영웅이다' 프로젝트 〈여자 눈 속의 자화상, 케냐〉, 2009

누구에게나 필요한 능력이다. 세부 정보 하나를 놓치거나 한마디만 잘
못 전달해도 카푸치노 주문이나 백만 달러짜리 계약, 살인 사건 수사를
망칠 수 있다. 나는 매주 유능하고 명석한 사람들에게 강의하면서 그 사
람들이 번번이 결정적인 정보를 놓치는 모습을 목격하기 때문에 잘 안
다. 이렇게 중요한 정보를 보지 못하는 실수는 누구나 저지른다. 대통령
이든 우체부든, 베이비시터든 뇌신경외과 의사든 예외는 없다.

　나는 수강생들이 점차 향상되는 모습도 목격했다. 고객 서비스 담당
자든, IT 제품 판매상이든, 예술가든, 기록 관리 전문가든, 학생이든, 감
시 전문가든 각자의 직업에서 이미 유능한 사람들이 하나같이 발전했
다. 나는 강의를 할 때마다 이런 변화를 목격한다. 그리고 이제 독자 여
러분도 변화하도록 도울 수 있어 기쁘다.

　위의 사진은 JR이라는 예술가의 자화상이다. 아니, 타인의 눈에 담긴

그에 관한 한 가지 관점이다. JR이 자기를 찍은 사진을 광고판 크기로 확대해서 세계 각지의 건물 옥상이나 벽면에 붙이는 작업('세계에서 가장 빈곤한 지역에 사람의 얼굴을 넣는 작업[5]')으로 알려지는 사이 문제가 하나 생겼다. 정식 허가를 받지 않고 작품을 붙여 몇몇 국가에서 체포영장이 발부된 것이다. 그는 자화상을 제작해 달라는 요청을 받고도 당국에 체포당할까 봐 얼굴을 드러내기 망설였다. 그래서 찾은 해법이 '여자 눈 속의 자화상'이다. 내가 이 사진을 좋아하는 이유는 '지각의 기술' 강의에서 다루는 주제, 곧 '우리의 관점과 기대를 상상 이상으로 넓히자'라는 주제가 정확히 담긴 작품이기 때문이다.

이 책을 당신의 새 자화상으로 생각해 보자. 한 발 물러나서 새로운 눈으로 자신을 볼 수 있다. 당신은 세상에 어떤 모습으로 비칠까? 얼마나 능숙하게 소통하는가? 얼마나 잘 관찰하는가? 당신의 뒤와 주변과 내면에 무엇이 있는가?

당신은 머릿속에 든 경이로운 컴퓨터를 활용하여 정보를 수집하고, 전략적·비판적으로 사고하고, 결정을 내리고, 체계적으로 탐구하는 능력을 훈련할 것이다. 다만 심리학자나 기자들의 책과 달리 이 책에서는 당신의 뇌가 무엇을 할 수 있는지, 또는 사람들이 어떻게 뇌를 최대로 활용하는지 말로만 설명하지 않고 실제로 보여줄 것이다.

이 책에서는 내가 세계 곳곳의 지도자들을 사로잡은 쌍방향 훈련을 활용한다. 그리고 주요 개념을 세부 정보와 결합하고 시각 정보와 감각 정보를 설명하며, 수련과 코르셋 입은 여인들과 누드 작품의 도움을 받아 객관적이고 구체적으로 전달하는 방법을 연습할 것이다.

다음 쪽의 사진을 보자. 수정하거나 디지털로 조작한 사진이 아니다. 실제로 존재한 장면이다. 어떤 상황인 것 같은가? 어디서 찍은 사진일까?

가장 많이 나온 답변은 설치미술을 위해 오래된 폐건물에 꽃을 들여

애나 술레이트 하버의 현장 설치, 〈꽃〉, 2003

놓은 장면이라는 것이다. 어느 정도는 맞는 말이다. 오래된 건물이고, 실제로 꽃이 맞으며, 예술가가 일부러 가져다 놓은 것이다. 어떤 건물일까? 복도에 문이 여러 개 있고 복도 끝에는 창문이 하나 보인다. 대체로 사무실이나 학교 건물로 짐작하지만 그렇지 않다. 대다수가 상상도 하지 못한 곳, 바로 정신병원이다.

매사추세츠 정신건강센터가 90년간의 의료 서비스를 접고 현대적인 시설에 자리를 내주면서 철거가 시작되었을 때, 애나 슐레이트 하버Anna Schuleit Haber라는 예술가가 이곳에 늘 부족했던 무언가로 공간을 가득 채워 폐업을 기념했다(슬프게도 작가는 정신병원 환자들이 빠른 쾌유를 기약하지 못하므로 꽃을 받는 일이 거의 없다는 데서 영감을 얻었다). 이렇게 설치된 〈꽃Bloom〉이라는 작품은 정신병원에 관한 우리의 관념을 완전히 뒤엎는다. 사실 우리는 강렬한 색채와 낡은 건물을 연결하거나 정신병원 복도에서 생명이 만개하는 장면을 기대하지 못한다. 마찬가지로, 이 책도 우리가 세계를 관찰하는 방식을 바꿔 놓을 것이다. 아무것도 없다고 확신하던 곳에서 색채와 빛과 세세한 정보와 기회를 보게 될 것이다. 아무것도 없는 빈 공간에서 생명과 가능성과 진실을 보게 될 것이다. 혼란스럽고 어지러운 곳에서 질서를 발견하고 답을 얻을 것이다. 다시는 전과 같은 방식으로 보지 않을 것이다.

'지각의 기술' 강의를 해달라는 요청을 받은 것은 모두 뜨거운 입소문 덕분이다. 일단 눈을 뜨면 입을 다물지 못하기 때문이다. 내 강의에 참가한 사람들은 다른 사람들도 자신처럼 깨달음과 보상을 체험하기 바란다. 내 메일함은 강의에 참가한 사람들에게서 온 메일로 가득하다. 주로 나와 함께 한 훈련 덕분에 직장에서 자신감이 생겼고, 승진에 도움이 되었고, 회사 경비를 수십만 달러 절감했고, 모금액이 두세 배로 늘었으며, 시험 점수가 올랐고, 자녀를 불필요한 특수교육 수업에 보내지 않았다는 사연이다.

중요한 것을 보는 법을 배우면 당신의 세상도 달라질 것이다. 나는 당신이 눈을 뜨고 세상이 어떻게 달라지는지 바라보길 바란다. 분명 눈이 감겨 있다는 사실도 몰랐음을 깨닫게 될 것이다.

우리는 스스로 찾으려는 세계만 발견한다.

헨리 데이비드 소로(Henry David Thoreau)

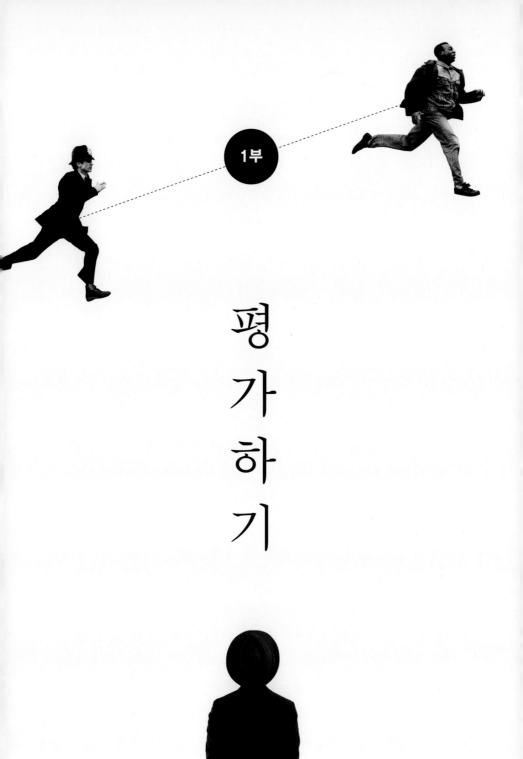

1부

평
가
하
기

1장

레오나르도 다빈치의
시각 지능

무엇이 문제인지를 보는 것이 중요하다

필라델피아의 한 호텔에 투숙한 데릭 케욘고^{Derreck Kayongo}는 욕실에 들어가서, 출장을 왔건 가족 여행을 왔건 앞서 거쳐 간 투숙객들이 보고도 관심을 두지 않은 물건에 눈길을 주었다. 욕실 선반에 놓인 조그만 비누였다. 그런데 뭔가 달라졌다. 전날 밤 썼던 초록색의 매끄러운 타원형 비누가 있던 자리에 조그만 종이상자가 놓여 있었다. 상자에는 새 비누가 들어 있었다.

케욘고는 우간다에서 태어났지만 어린 시절 가족을 따라 포악한 독재자 이디 아민^{Idi Amin}을 피해 미국으로 건너왔다. 미국에서 대학을 갓 졸업한 그는 빠듯하게 생활하던 터였다. 수돗물을 잠그고 옷을 다시 입은 그는 새 비누를 가지고 프런트로 내려갔다.

"이것도 돈을 따로 받는지 확인하고 싶어요. 아직 쓰지 않았고, 필요하지도 않아서요."[6] 그가 직원에게 말했다.

"아, 걱정 마세요. 그건 공짜예요." 직원이 답했다.

"고마워요. 그런데 어제 체크인해서 하나 썼거든요. 그건 어디 갔나요?" 케욘고가 물었다.

"방마다 매일 새 비누로 바꿔 드리고 있습니다. 비용은 따로 청구하지 않고요."

케욘고는 충격을 받았다. 방마다 매일? 모든 호텔에서? 미국 전역에서?

"원래 있던 비누는 어떻게 하나요?" 어린 시절 아프리카 난민촌에서 쓰던 비누 쪼가리와는 달리 호텔 욕실에 비치된 비누는 꽤 큼직했다. 한 번 쓰고 나서도 새것처럼 보였다.

"시설관리과에서 버립니다." 직원은 이렇게 대답하고 어깨를 으쓱했다.

"어디로요?"

"그냥 쓰레기통에 버리죠."

케욘고는 내게 전화로 이렇게 말했다. "제가 수학을 잘하진 못하거든요. 그래도 그 순간 전국 호텔의 절반만 이런 식으로 비누를 버려도 양이 어마어마하겠구나 싶었어요. 수억 개가 그냥 쓰레기 매립지에 묻혀 버리는 거잖아요. 그 생각이 머릿속을 떠나지 않았어요."[7]

케욘고는 한때 아프리카에서 비누를 만들던 아버지에게 전화를 걸어서 이 이야기를 전했다. "아버지, 믿기지 않는 일이 있어요. 미국에서는 한 번밖에 안 쓴 비누를 그냥 버려요!"

"이 사람들이야 멀쩡한 비누를 버릴 만큼 형편이 좋잖아." 아버지가 말했다.

그러나 케욘고는 세상에 함부로 낭비해도 되는 사람은 없다고 생각했다. 특히 비누로 손만 깨끗이 씻어도 간단히 예방할 수 있는 설사병으로

200만 명 이상이(그 대부분은 어린아이들이다) 매년 죽어 가는 세상에서 말이다. 아프리카에서 비누는 보통 사람들은 쓸 수 없는 귀한 사치품이다. 그러나 미국에서는 그냥 버릴 수 있는 흔하디흔한 것이었다. 케욘고는 그의 새 조국에서 버려지는 물건으로 옛 조국을 돕기 위한 활동을 시작해 보기로 마음먹었다.

애틀랜타의 집으로 돌아온 그는 호텔을 찾아다니면서 한 번 쓴 비누를 구할 수 있는지 물었다.

"처음에는 다들 나를 정신 나간 놈처럼 보더군요." 전화선 너머에서 들려오는 그의 목소리에 웃음기가 묻어났다. "'그런 걸 왜 찾으십니까? 더러운 건데.' '맞아요, 그게 문제죠. 하지만 깨끗이 닦으면 돼요. 비누를 깨끗이 닦을 수 있답니다!'"

케욘고는 그렇게 비누를 모아서 겉을 긁어내고 녹이고 소독하는 재활용 시설을 세웠다. 이렇게 '글로벌 숍 프로젝트Global Soap Project'가 탄생했다. 그 후 100톤 정도의 비누를 재생해서 생명을 구하는 용도로 바꾸고 위생 교육 프로그램과 함께 4대륙 32개국 사람들에게 배포했다. 2011년에 케욘고는 당당히 CNN의 '영웅들' 중 한 명으로 선정되는 영예를 안았다.[8]

옛날 영화나 모험담의 영웅들처럼 세상에서 가장 힘이 세거나 빠르거나 똑똑하거나 돈이 많거나 잘생기거나 운이 좋아야만, 출세하거나 세상을 변화시키는 것은 아니다. 요즘 시대에 가장 성공한 사람들(빌 게이츠, 리처드 브랜슨, 오프라 윈프리, 데릭 케욘고 같은 사람들)은 신체 조건이나 교육 수준, 직업, 사회적 신분, 사는 곳 따위는 중요하지 않다는 것을 증명한다.

오늘날에는 잘 보는 법을 알면 살아남아 번창할 수 있다.

남이 못 보는 것을 보는 법. 있어야 하는데 없는 것을 보는 법. 기회,

해결책, 경고신호, 가장 빠른 길, 탈출구, 성공 등을 보는 법. 무엇이 문제인지 보는 법!

신문 일면의 찬사까지는 아니더라도, 예리하고 정확하게 관찰하면 삶의 모든 면에서 크고 작은 보상이 주어진다. 미니애폴리스에 있는 어느 호텔의 객실 청소 매니저는 호텔방에 혼자 있는 어린 소녀가 눈도 제대로 못 맞추고, 추운 날씨에 어울리지 않는 옷차림에다 가방도 없는 걸 보고 경찰에 신고해 국제 성매매 조직을 적발하는 데 일조했다. 사람들로 붐비는 이스라엘의 커피숍에서 일하던 눈치 빠른 웨이터는 물 한 잔을 달라고 주문한 학생이 따뜻한 날씨에 두툼한 외투를 입고 땀을 뻘뻘 흘리는 것을 보고 좀 더 주의 깊게 지켜보다가 소년의 커다란 검정 더플백에서 작은 철사가 하나 튀어나온 것을 발견했다. 그가 유심히 관찰한 덕에 소년은 폭발물을 터트리지 못했다. 경찰서장은 하마터면 "엄청난 재앙"[9]이 벌어질 뻔했다고 말했다.

바로 눈앞에 있는 것을 알아보고 주목하는 능력은 재앙을 피하는 방법일 뿐 아니라 위대한 발견의 전조이자 전제 조건이다.

호텔에서 매일 새 비누를 쓰는 사람은 수백만 명이지만 생명을 살리는 재활용 프로그램의 가능성을 본 사람은 케욘고밖에 없었다. 그는 어떻게 똑같은 물건을 남들과 다르게 볼 수 있었을까?[10] 스위스의 도보 여행자 조르주 드 메스트랄George de Mestral이 양말에 깔쭉깔쭉한 가시가 다닥다닥 붙은 걸 보고 새로운 유형의 접착력을 발견한 것도 마찬가지였다. 메스트랄이 '벨크로'라고 이름 붙인 새로운 발견은 우주비행사와 스키 선수들의 옷에 혁신을 가져왔고, 새로운 세대의 아이들은 번거롭게 운동화 끈을 맬 필요가 없어졌다. 그의 회사는 지금도 연매출 2억 6000만 달러를 올리고 있다. 마찬가지로 휴스턴에 사는 벳시 라브레비 코프먼Betsy Ravreby Kaufman은 플라스틱 부활절 달걀을 보고는 껍데기 없이 달걀 삶는 법을 알아냈다. 코프먼은 달걀 껍데기를 깔 때 지저분한 쓰레기가 생기고 시간도 든다는 점을 해결하기 위해 애초에 달걀 모양 용기로 달걀을 삶는 방법을 고안했다. 코프먼이 발명한 에기스^{Eggies}는 달걀만 한 플라스틱 컵에 덮개가 달린 용기로 2012년 한 해 동안 500만 개 이상 팔렸다.[11] 한편 애플의 아이콘 스티브 잡스가 기술계의 최정상에 오른 것도 같은 이유에서였다. 그에게도 볼 줄 아는 능력이 있었다. 잡스는 이렇게 말했다. "창조적인 사람들은 어떤 일을 어떻게 했느냐는 질문을 받으면 아마 조금 죄책감을 느낄 것이다. 사실 그들은 그 일을 한 것이 아니라 그냥 보기만 했기 때문이다."[12]

레오나르도 다빈치는 자신의 모든 과학적·예술적 업적은 그가 '보는 법을 아는 것'[13]이라는 뜻에서 말한 'saper vedere(사페라 베데아레)'라는 개념 덕분에 가능했다고 말한다. 이러한 다빈치의 재능을 '시각 지능'이라고 불러도 되지 않을까.

그냥 보기만 하면 된다니, 지극히 단순해 보이지 않는가? 보는 건 누구나 타고난 능력이다. 무의식중에 몸에서 하는 일이다. 눈을 뜨면 자연히 보인다. 그러나 신경생물학적 과정에는 단순히 눈을 뜨고 있는 것 이상의 무언가가 있다.

시각의 간단한 생물학

나는 과학자는 아니지만 과학자 집안에서 자란 터라(아버지가 기생충학자다), 우리의 시각 기제를 알아보는 최선의 방법은 인간의 시각과 지각에 관한 최신 연구 논문을 읽어 보는 것이 아니라 밖으로 나가 그것을 연구한 사람들을 직접 만나 보는 것이라고 생각했다. 나의 첫 번째 거점은 서배스천 승Sebastian Seung, 승현준 박사였다.

인상적인 TED 강연을 진행한 승 박사는 아이와이어EyeWire라는 시각 망막 매핑 프로젝트를 이끌면서 신경과학계의 록스타로 떠오른 인물이다. 유리와 알루미늄으로 새로 지은 미로 같은 복합단지인 프린스턴 신경과학연구소에 있는 그의 연구실 문을 열자 혈압이 오르는 것 같다. 건물에 들어선 순간부터 위압감이 든다. 안내원도, 안내책자도 없고 아무런 표시도 없이 문이 열려 있는 엘리베이터만 보인다. 엘리베이터 안에 들어선 순간 내가 이 건물에 어울릴 만큼 똑똑하지 않을지도 모르겠다는 생각이 든다. 나는 엘리베이터를 작동하는 방법을 모른다. 버튼을 꾹 눌러봐도 불이 들어오지 않는다. 아무런 표시도 없고, 키카드를 넣는 구멍도 없다.

'선형대수학은 내 친구'라고 적힌 티셔츠를 입은 사근사근한 학생이 도움의 손길을 내민다. 그 학생이 ID 카드를 작은 유리판에 대자 엘리베이터가 위로 올라간다. 나는 그에게 누구를 만나러 왔는지 말한다.

"행운을 빌어요." 그가 씩 웃으며 말한다. 나는 행운까지는 필요하지 않기를 바란다.

프린스턴으로 돌아오자 다시 원점으로 돌아온 느낌이다. 로스쿨을 졸업하고 여기서 첫 직장을 구해 5년 동안 나소 스트리트 부근에서 살았다. 그때 나는 제정신을 잃지 않으려고 주말마다 프린스턴 대학교 미술관에서 안내원으로 활동했다.

미키마우스 티셔츠를 입은 승 박사를 만나자 이내 긴장이 사라진다. 승 박사는 편안한 매력으로 매우 복잡한 문제를 복잡하지 않게 만드는 재주가 있는 사람이다. 그의 설명에 따르면 보는 것은 눈과는 크게 상관이 없다.

시각은 주로 두개골의 안와를 이루는 둥근 구 모양의 기관과 연관되지만 사실 시각 처리 기제의 주역은 뇌다. 눈으로 본 정보를 처리하는 과정에 뇌의 25퍼센트와 모든 뇌 경로의 65퍼센트 이상이 관여한다(다른 감각보다 관여하는 비율이 높다).[14] 그리고 이 과정은 사실상 뇌의 일부를 구성하는 눈의 일부에서 시작된다.

빛이 동공을 통과하고 눈 뒷면의 망막에 분포한 신경세포에 의해 전기 패턴으로 변환되는 순간부터 시각 처리 과정이 시작된다. 내가 고등학교 수업 시간에 망막이 카메라 필름과 같다고 배웠다고 하자 승 박사는 이런 흔한 오해에 고개를 가로젓는다.

"절대 필름이 아니에요. 망막은 구조가 아주 복잡해요. 카메라도 아니죠. 오히려 컴퓨터에 가깝습니다."[15]

망막은 수동적인 경로가 아니라 우리가 어머니 자궁 속에 있을 때 신경세포로 형성된 뇌의 일부다.[16]

"망막 연구는 뇌를 들여다보는 가장 쉬운 방법이에요. 망막이 뇌니까요." 승 박사가 설명한다.

아름답고 복잡한 망막을 소개해 주고 여러 과학자와 연결해 준 데 대해 고마운 마음에 나는 승 박사를 위해 선물을 준비했다. 3D 프린터로 처음 출력된 뉴런이다.

나는 시민 과학자들이 아이와이어를 위해 만든 IFLS라는 J세포의 인쇄 가능 파일을 미국국립보건원National Institutes of Health, NIH 3D 프린트 거래소3D Print Exchange에서 내려받았다. 그리고 뉴런을 거대하게 확대한 모형을 인쇄할 수 있는 메이커봇MakerBot 매장을 찾았다. 혹이 많은 씨앗을 닮은 이 섬세한 조각은 그 자체로 아주 작은 뇌를 연상시키는 형상으로 되어 있고, 세포와 세포 사이에 전기 메시지를 전달하는 수상돌기가 가느다란 가지처럼 구불구불 얽혀 있다.

3D 프린터로 출력한 뉴런

　나는 승 박사가 운영하는 아이와이어 컴퓨터 프로그램에서 서로 뒤엉
킨 망막의 신경망(승 박사는 '정글'이라고 불렀다)을 본 적이 있는데, 뉴런
마다 네온 색상이 달라서 경로가 더 뚜렷이 드러났다.[17] 그런데 이렇게
내 손에 올려놓고 보니 각 연결의 중요성이 더 부각된다. 망막은 망막 수
용기 1억 개를 통해 이미지 전처리의 대부분을 수행할 뿐 아니라 이미
지를 공간적으로 입력하거나 압축해서 뇌로 이동하는 시신경의 120만
개의 축색돌기를 통해 전송해야 한다.[18]

　"지각의 첫 단계는 정보가 뇌에 도달하기도 전에 망막에서 일어납니
다."[19] 승 박사가 단언한다.

그래서 다른 신체 기관을 이식하는 것보다 의안義眼을 이식하거나 만드는 것이 어렵다. 눈은 뇌와 아주 복잡하게 얽혀 있기 때문이다.

결론적으로 우리는 '눈'으로 보는 것이 아니라 '뇌'로 본다.

사용하지 않으면 사라진다

보고, 본 것을 이해하고, 이해한 대로 행동할 수 있는 능력은 뇌의 놀라운 처리 능력에 달려 있다. 그리고 뇌의 처리 능력은 전적으로 뉴런 연결에 달려 있다. 신체 기능이 모두 정상이고 건강하다고 가정할 때 시각 입력 정보를 의미 있는 이미지로 바꾸기까지는 시간이 걸린다. 그리고 이 시간은 나이나 평소 사용하지 않는 정도에 따라 늘어난다.

연구자들이 밝혀낸 바로는 우리가 정신 근육을 푸는 작업을 늦추거나 중단하면 신경 전달 속도가 급격히 느려져서 결국 시각 처리 속도, 변화와 운동을 감지하는 능력, 시각 검색 능력이 떨어진다.[20] 뇌에서 모든 신체 기능을 관장하기 때문에 신경 처리가 느려지면 보는 정보와 그 정보에 따라 행동하는 기제를 비롯해 다른 여러 기제가 지연된다. 반사 반응과 기억 시간이 느려지는 것이 노화의 결과만은 아니다. 뇌를 충분히, 또는 제대로 쓰지 않아서일 수도 있다.

다행히 뇌는 우리가 살면서 끊임없이 학습하는 경험에 따라 새로운 연결을 형성하고 기존의 연결을 강화한다. 물론 학습한다는 조건에서 말이다.[21] 새로 입력된 정보로 뇌를 자극하면(새로운 것을 공부하거나 생각할 만한 새로운 개념에 관해 읽거나 어떤 종류든 '뇌게임'을 하는 식으로) 아무리 나이가 많아도 피질 성장이 촉진된다. 인지적 조건화로 치매를 늦추려

얀 스테인, 〈노인이 노래하고 어린아이가 파이프를 불다〉, 1668~1670

카렐 파브리티우스, 〈황금방울새〉, 1654

고 시도하듯이, 관찰하고 지각하고 소통하는 능력을 강화하는 데도 뇌를 활용할 수 있다. 예리한 감각과 영민한 기지를 유지할 수 있으면 더 유능한 직원이나 운전자가 되어 자기 자신과 다른 사람들이 더 오래 살도록 지켜줄 수 있다.

감각을 자극하고 뉴런을 발화하기 위해 나는 이 책에서 FBI와 정보 분석가, 포천 500대 기업을 대상으로 한 강의에서 사용한 것과 똑같은 기법을 사용할 것이다. 한마디로, 우리는 미술을 공부할 것이다.

왜 미술인가?

내가 사람들에게 뉴런을 발화하고 뇌의 처리 속도를 높일 방법을 소개한다고 할 때 오래된 그림과 조각을 보는 행위를 먼저 떠올릴 사람은 없을 것이다. 최첨단 3D 컴퓨터 훈련이나 적어도 구글 글래스를 쓰고 번잡한 거리를 걷는 훈련을 떠올리지, 미술관에서 한가롭게 거닐면서 수백 년 동안 가만히 걸려 있는 작품을 볼 거라고는 생각하지 못한다. 이것이 핵심이다. 미술은 어디 가지 않는다. 인간의 행동을 연구하려면 사람들 틈에 앉아서 관찰하면 된다. 그 사람들이 누구이고, 왜 그런 차림새이고, 어디로 가는 길인지 짐작하는 것이다. 다만 옳게 짐작했는지는 알 길이 없다. 그러나 누구이고, 무엇이고, 어디이고, 언제이고, 왜인지 정답을 알 수 있는 대상으로 미술작품을 분석할 수 있다. 미술사가 데이비드 조슬릿David Joselit은 미술에 대해 "경험과 정보가 엄청나게 비축된 대상"[22]이라고 말했다. 미술에는 관찰과 지각과 소통 기술을 연마하는 데 필요한 것이 모두 담겨 있다.

미술작품을 보고 어떤 상황인지 말할 수 있다면 날마다 일상적으로 접하는 장면에 관해서도 말할 수 있다. 이를테면 회의실과 교실, 범죄 현장과 작업 현장에 관해 이야기할 수 있다. 미 육군은 장교들을 중동으로 파견하기 전에 내게 교육을 맡겼다. 왜였을까? 해외에서는 예상치 못한 미지의 장면과 마주치기 때문이다. 군대에서는 장교들에게 문화적 차이와 예절을 가르치지만 나는 그들에게 낯선 상황에서 효과적으로 소통하는 법을 가르친다. 30센티미터 높이의 네 겹짜리 풀 먹인 칼라의 상의를 입은 여자 그림에서 무엇이 보이는지 설명할 때는 외국의 시장이나 국제공항에서 무엇이 보이는지 설명할 때와 같은 능력을 사용한다. 나는 기업 인사부장에게 같은 기술을 가르쳐서 면접 지원자를 잘 파악하게 해주고, 초등학교 교장에게도 가르쳐 교사진을 더욱 효과적으로 평가하도록 도와준다.

미술은 우리에게 복잡한 상황뿐 아니라 단순해 보이는 상황까지 분석할 기회를 준다. 얄궂게도 단순하고 일상적이고 낯익은 상황일수록 설명하기 어렵다. 흥미롭거나 특이한 요소를 알아채기가 더 어렵기 때문이다. 성인이 되면 이미 복잡한 세상에 단련된 탓에 낯설고 혁신적이고 긴급한 상황만이 우리의 주의를 끌고 시각계를 지배한다. 이제 우리는 경험과 직관에만 의존하고 성공을 좌우할 수 있는 미세한 차이와 세세한 부분은 더 이상 찾아보지 않는다. 일상적으로 보고 처리하는 것들에 특히 익숙해져야 한다.

상사와 가족과 스스로에게 영웅이 되려면 세계관을 바꾸고 관점도 바꿔야 한다. 미술은 이런 변화를 가능케 한다. 미술은 우리 주위에 널리 퍼져서 인간 본성이라는 주제를 복잡하게 표현하며, 대개 우리를 불편하게 만들기 때문이다. 놀랍게도 불편함과 불확실함이 최선의 뇌 기능을 끌어낸다.

어쩔 수 없이 낯선 공간에서 개인적 능력과 전문적 능력을 동원해야 한다면(대다수 사람에게 미술작품 분석이 그렇다), 완전히 새로운 사고 과정을 끌어내야 한다. 1908년에 하버드 대학교의 심리학자들은 뇌는 새로운 경험으로 스트레스 호르몬이 약간 상승할 때 새로운 자료를 가장 능률적으로 학습한다는 사실을 발견했다.[23] 그리고 이 이론은 현대의 뇌영상 기술로 검증되었다. 따라서 오랫동안 해온 방식(업무를 수행하는 방식, 남들과 소통하는 방식, 세계를 보는 방식)을 재고하려면 자기에게서, 그리고 자신의 안전지대에서 벗어나야 한다.

미술은 우리를 일상에서 벗어나게 하여 평소 보고 지각하고 소통하는 방식을 다시 생각해 보게 한다. 미술은 특히 우리를 당혹하게 하는 순간의 대화에 영감을 준다. 눈이 있어야 할 자리에 코가 있는 여자들, 손톱에 매니큐어를 바르고 머리에는 헤어롤을 만 남자들, 나무에서 흘러내리는 시계, 거미 다리를 한 코끼리, 수많은 사람이 비명을 지르는 장면이 있다.

미술작품 중에서도 특히 불안감을 주는 작품이 훈련에 적합한 이유는 누구나 작품에 관해 논할 수 있기 때문이다. 미술사가만 작품에서 무엇이 보이는지 논할 수 있는 것은 아니다. 사실 나는 수강생 대다수가 미술교육을 거의 또는 전혀 받지 않은 강의를 선호한다. 미술교육이 관찰력과 소통 능력을 기르는 데는 전혀 필요하지 않을 뿐 아니라 오히려 작품을 객관적으로 보는 능력에 부정적인 영향을 미칠 수도 있기 때문이다. 이 책에서는 붓놀림이나 색채나 미술사를 공부하지 않을 것이다. 그저 미술을 시각 자료로 활용해 무엇이 보이는지(또는 무엇이 보인다고 생각하는지)에 관해 논의할 것이다.

이 책에서는 그림과 조각과 사진의 이미지(이미 본 이미지도 있을 테고, 실제로 존재한다고 상상할 수 없는 이미지도 나온다)를 통해 이제껏 세계를 바

헤리트 판 혼트호르스트, 〈음란한 그림을 들고 웃는 여자, 창녀〉, 1625

라본 방식을 다시 생각해 보려 한다. 앞 쪽의 젊은 여자 초상화를 예로 들어 보자. 누가 이 그림을 그렸고, 어느 시대 작품인지 알아야만 그림을 살펴보면서 논할 수 있는 것은 아니다. 당신은 그림 속 여인을 어떻게 기술하겠는가? 매력적인가, 못생겼는가? 앞으로 살펴보겠지만 이런 설명은 보는 사람의 눈에 기초한 주관적인 설명이다. 따라서 객관성이 관건인 전문가들의 환경에 전혀 도움이 되지 않는다. '백인'이라고 하면 어떤가? 객관적인가? 그렇다. 그럼 정확한가? '백인'은 대체로 피부가 흰 사람들이나 좀 더 구체적으로는 유럽과 아시아의 코카서스 산맥 출신 사람들을 가리킬 수 있다. 그럼 오스트레일리아의 피부가 흰 사람들이나 터키의 피부가 어두운 사람들은 어디에 속할까? 그림 속 여자의 머리 위 커다란 깃털이나 왼쪽 볼에 팬 보조개나 손가락의 반지를 보았는가? 또는 여자가 누군가의 벗은 뒷모습을 그린 그림을 들고 있는 것은 보았는가? 여자의 드러난 가슴골은 보았는가? 객관적이거나 세밀하게 논의하기에 적절한 부분인가?

　'지각의 기술' 강의의 핵심(내가 '네 가지 A'라고 부르는 방법으로, 평가하고 Assess 분석하고Analyze 명확히 설명하고Articulate 적용하는Adapt 방법)을 습득하면 이런 질문의 답과 그 이상을 알게 된다. 우선 시각의 기제와 인간의 타고난 맹시blindness를 살펴보면서 새로운 상황을 평가하는 방법을 알아보고, 다음으로 효율적이고 객관적으로 감시하기 위한 체계적 과정을 제시하겠다. 일단 모든 정보를 수집하는 방법을 살펴보고 수집한 정보로 무엇을 할지 알아볼 것이다. 이를테면 우선순위를 정하고, 양상을 파악하고, 지각과 추론의 중요한 차이를 비롯해 수집한 정보를 분석하는 방법을 알아볼 것이다. 발견하고 알아내고도 다른 사람들에게 전달하지 않으면 아무런 소용이 없다. 따라서 다음으로는 우리가 발견한 정보를 우리 자신과 다른 사람들에게 명확히 설명하는 방법을 알아볼 것이다.

끝으로 앞의 세 과정에 따라 행동을 적응하는 방법을 살펴보려 한다.

그러나 본격적으로 시작하기 전에 중요한 A를 하나 더 살펴보자. 바로 자동조종장치Autopilot, 이것을 꺼야 한다.

자동조종장치

알렉산더 그레이엄 벨Alexander Graham Bell은 예순일곱 살에 워싱턴 D.C.에 있는 시드웰 프렌즈 학교의 강단에 올라 1914년도 졸업생들에게 연설했다. 끝이 말려 올라간 새하얀 수염을 기른 벨은 이제 노인이 되었고, 통신의 선구자로서 화려했던 경력도 막바지에 이르렀다. 전화를 발명한 인물로 유명하지만, 그 외에도 30개가 넘는 특허가 있고 에어컨, 인공호흡장치, 금속탐지기, 태양전지판 난방법과 같은 현대적인 발전상을 예견한 인물이다. 그래서 그가 스스로 조심성이 없는 사람이라고 고백했을 때 모두가 놀랐다.

벨은 졸업 연설에서 최근 친숙해진 노바스코샤의 집안 소유지에서 산책한 이야기를 꺼냈다. 그는 이끼로 덮인 계곡이 바다로 이어진 것을 보고 놀랐다고 말했다.

"우리는 누구나 평생 눈을 감은 채 살아가는 경향이 아주 심합니다. 우리의 주변과 발밑에는 우리가 제대로 보지 않아서 한 번도 본 적 없는 것들이 널려 있습니다."[24]

습관, 권태, 게으름, 과도한 자극. 우리가 집중하지 못하는 데는 여러 가지 이유가 있다. 이런 이유들로 우리는 많은 것을 놓친다. 깔쭉깔쭉한 가시가 양말에 달라붙는 것처럼 사소한 일을 무시하다가 부자가 될 기회를 놓칠 수 있다. 여행용 비누 같은 일상의 물건을 눈여겨보지 않아서 더 나은 세상을 만들 기회를 놓칠 수도 있다. 벨은 매 순간 주의를 기울이지 못한 탓에 얼마나 굉장한 혁신을 놓쳤을까? 우리는 또 무엇을 놓쳤을까?

주의를 기울이지 않으면 기회만 놓치는 것이 아니다. 운전처럼 수없이 해온 일을 할 때나 기차역처럼 번잡하고 사람 많은 환경에 있을 때 '정지'하거나 '안개 속에' 길을 잃는 성향 때문에 실제로 위험에 빠질 수 있다.

나는 최근 워싱턴 D.C.의 지하철역에서 이제는 내게 익숙해진 방법으로 사람들을 살펴보았다. 직장인들끼리, 그리고 친구들끼리 잡담을 나눈다. 아이들은 부모의 손을 잡고 걸어간다. 학생들이 무거운 배낭을 메고 지나간다. 그러다 계단에 앉아 있는 남자가 눈에 들어왔다. 뻣뻣한 수염을 지저분하게 기른 그는 올이 다 드러나고 때가 묻은 옷을 입고 노려보면서 날카로운 뭔가로 벽을 찍고 있었다. 근처의 누구도 그에게 관심을 두지 않았다. 열차가 선로에 진입하자 그는 일어서서 날카로운 물건을 주머니에 넣고 다른 수십 명과 함께 비틀비틀 열차 안으로 들어갔다. 사람들이 5분 전에 그 남자를 보았다면 그중에 몇이 다른 칸에 탔을까? 주위를 의식하지 못한 탓에 날카로운 물건을 주머니에 숨긴 정신적으로 불안정한 남자와 같은 열차 칸에 갇힌 것이다. 어떻게 한 사람이 수많은 사람의 시야에서 벗어날 수 있을까? 단지 보지 못해서만이 아니라 우리가 평소 이어폰이나 스마트폰 같은 전자 눈가리개를 쓰고 다니기 때문이기도 하다.

자동조종장치를 켠 채로 세상을 여행할 때 우리의 눈은 모든 것을 받아들이는 것 같아도 사실은 좀 더 주의를 기울였다면 볼 수 있었을 것보다 적게 본다. 앞으로 살펴보겠지만, 주의력은 한정된 자원이기에 뇌에서 신중히 조율해야 한다. 우리가 직접 주의를 기울여야 하고, 온전히 집중하지 않으면 큰 피해를 입는다.

산만한 시대

지금은 언제 어디서나 무선 인터넷으로 끊임없는 정보의 흐름에 접속할 수 있는 시대다. 그러므로 주의를 집중하려면 어느 때보다 많은 것과 경쟁해야 한다. 요즘은 집에 화장실이 있는 사람보다 휴대전화를 소유한 사람이 더 많다. 사람들은 하루 평균 110번 휴대전화를 확인하고 저녁에는 거의 6초에 한 번꼴로 확인한다.[25] 이런 짧고 빈번한 소통은 집중력과 초점과 생산성과 안전을 침해할 뿐 아니라 지능에도 손상을 준다. 2005년, 런던 킹스칼리지의 연구에서 근로자들의 주의가 산만한 순간 IQ가 10~15 정도 떨어지는 것으로 나타났다.[26] 마리화나를 피울 때보다 더 단순해진다는 뜻이다. IQ가 15 떨어지는 것이 문제인 이유는 성인 남자의 IQ가 여덟 살 아이 수준으로 떨어진다는 뜻이기 때문이다.[27]

뇌의 전두엽은 과제를 분석하고, 우선순위를 정하고, 정신 자원을 과제에 할당하는 기능을 담당한다.[28] 전두엽에서 감당하지 못할 만큼 과도하게 많은 정보를 입력하거나 지나치게 빨리 초점을 바꾸면 기능이 느려진다. 얼마나 느려질까? 〈실험심리학저널Journal of Experimental Psychology〉에서는 복잡한 수학 문제를 풀 때 주의가 분산된 학생들은 그렇지 않을 때보다 문제를 푸는 시간이 40퍼센트나 더 길어진다고 보고했다.[29]

얄궂게도 속도에 대한 욕구가 상황을 악화시킨 것이다. 오늘날 정보를 빠르게 전달하는 기술 때문에 속도, 즉흥성, 효율성을 특히 중시하는 문화가 형성되었다. 환대산업歡待産業에서는 룸을 빠르게 회전시켜야 한다는 요구가 근로자의 안전과 고객 만족도 모두에 부정적인 영향을 미쳤다.[30] 호텔 객실 청소부의 일일 객실 청소 한도는 1999년 교대조별로 14개였던 것이 2010년에는 20개로 늘어났다. 그 사이에 상해 위험률은 47퍼센트에서 71퍼센트로 증가했다. 이로써 관리회사에서는 직원 채용 비용을 절약했지만 상해를 입은 직원을 위한 건강보험 비용이 증가하고 건물의 청결 상태(고객이 호텔을 다시 찾지 않는 가장 큰 이유다)는 떨어졌다.[31] 2012년에는 호텔방의 박테리아 집락集落 형성 수준이 병원의 '최대 허용치' 수준보다 24배나 높은 것으로 나타났다.[32]

마찬가지로 관리 의료의 세계에서는 최대한 많은 환자를 빨리 진료할수록 금전적 보상이 주어지기 때문에, 의료인들은 양적 치료를 위해 질적 치료를 희생시킨다. 이는 환자를 직접 진찰하기 전에 환자의 차트부터 확인하여 보호사가 기입한 정보에 의존하려는 유혹에 빠질 수 있다는 뜻이다.

다행히 우리가 속도의 스트레스와 지속적으로 집중력을 방해하는 상황에 압도당하지 않게 해주는 자연스럽고 손쉬운 완충장치가 있다. 속도를 늦추면 된다. 산업 디자이너이자 '호기심 해결사'인 애덤 새비지 Adam Savage는 새러 로렌스 대학교의 2012년 졸업 연설에서 항상 서두를 필요는 없으며 알고 보면 시간이 아주 많다고 말했다. "여러분에게는 실패할 시간이 있습니다. 일을 망칠 시간이 있습니다. 다시 시도하고 실패하더라도 아직 시간이 있습니다."[33] 새비지는 또 조급할수록 위험에 빠진다는 역설을 일깨운다. "급하게 가다 보면 실수하게 되고, 실수하면 속도를 늦출 때보다 훨씬 더 지연됩니다."[34]

2013년에 프린스턴 대학교와 로스앤젤레스의 캘리포니아 대학교 연구자들은 강의를 필기하는 학생들이 노트북으로 입력하는 학생들보다 속도가 느리기 때문에 강의 내용을 더 많이 기억한다고 밝혔다.[35] 키보드로 빠르게 입력할 때는 비판적 사고가 필요 없다. 그러나 손으로 필기하느라 속도가 느려지면 모든 내용이 글자 그대로 머릿속에 입력되지 않는다. 뇌가 핵심 내용을 포착하려는 사이 정보가 더 효과적으로 기억에 저장된다.

속도를 늦춘다는 것은 느려진다는 의미가 아니라 정보를 흡수하는 데 시간이 걸린다는 뜻이다. 세세한 부분과 양상과 관계를 기억하는 데 시간이 걸리는 것이다. 급하게 서두르면 미묘한 차이와 새로운 정보를 간과할 수 있다.

너 자신을 믿어라

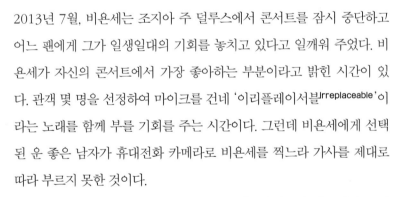

2013년 7월, 비욘세는 조지아 주 덜루스에서 콘서트를 잠시 중단하고 어느 팬에게 그가 일생일대의 기회를 놓치고 있다고 일깨워 주었다. 비욘세가 자신의 콘서트에서 가장 좋아하는 부분이라고 밝힌 시간이 있다. 관객 몇 명을 선정하여 마이크를 건네 '이리플레이서블Irreplaceable'이라는 노래를 함께 부를 기회를 주는 시간이다. 그런데 비욘세에게 선택된 운 좋은 남자가 휴대전화 카메라로 비욘세를 찍느라 가사를 제대로 따라 부르지 못한 것이다.

그러자 비욘세가 그에게 면박을 주었다. "녹화하느라 바빠서 노래를 못 부르시네. 내가 바로 앞에 있잖아요, 베이비. 이 순간을 잡아야죠. 망할 카메라는 내려놔요!"[36]

휴대 기기는 감각을 분산하기만 하는 것이 아니다. 우리는 휴대 기기로 감각기관을 대체하고 있다. 나는 미술관에서 대표 작품을 카메라로 찍는 사람들, 특히 자리를 다투면서까지 사진을 찍고 나서 바로 그 자리를 떠나는 사람들을 볼 때마다 늘 당혹스럽다. 카메라 렌즈를 통해 조정된 이미지는 실제 작품을 가까이에서 관찰한 이미지와 같지 않다. 작품 옆의 설명만 읽고 정작 그 작품은 감상하지 않는 것과 마찬가지다. 작가 대프니 머킨Daphne Merkin은 최근 이런 당혹감이 들었던 경험을 떠올리며 암스테르담 레이크스 미술관에서 "휴대전화 부대가"[37] 얀 페르메이르Jan Vermeer의 걸작을 가리는 바람에 제대로 감상하지 못했다고 적었다. "그 소동의 와중에 경험의 어떤 부분이 소실되는지 궁금하다. 자신의 수정체로는 부족해서 모든 것을 부차적인 LCD 화면으로 걸러 내는 것이다. 결국 자신의 감각과 지각과 감정이 제거되고 분리된 채 살게 된다."

나는 강의에 참가한 사람들에게 우선 휴대전화를 치워 달라고 말한다. 전자기기로 정보를 기록하거나 사진을 찍지 말아 달라고 부탁하는 이유는 단순하다. 참가자들이 스스로 신뢰하기를 바라기 때문이다. 나는 참가자들의 타고난 능력, 이를테면 타고난 관찰력과 직관, 정보를 이해하고 기억하는 능력 이외에 다른 무엇에도 기대지 않기를 바란다.

처음에는 다들 몹시 긴장한다. 특히 보고서가 중요한 직업에 종사하는 사람들은 더 그렇다. 그러나 지금 독자 여러분에게 강조하듯이, 강의 참가자들에게도 자신의 감각기관을 모두 동원하기만 해도 필요 이상의 정보가 들어올 거라고 장담한다. 뇌는 어떤 기기보다 효과적이다. 뇌를 다시 가동하기만 하면 된다.

서배스천 승 박사는 망막 연구를 시민과학 프로젝트(아마추어나 비전문가 과학자들의 도움으로 진행하는 과학 연구-옮긴이)로 돌렸다.[38] 컴퓨터로는 해결하지 못했기 때문이다. 승 박사 연구팀은 전자현미경으로 촬영한 망막 뉴런의 이미지를 인공지능 알고리즘으로 매핑하면서, 인간의 도움 없이는 해낼 수 없다는 사실을 절감했다. 믿거나 말거나 컴퓨터는 인간의 뇌만큼 패턴을 효과적으로 인식하지도, 2D 이미지를 3D 객체로 변환하지도 못한다. 승 박사에게는 뉴런을 매핑하기 위한 뉴런이 필요했던 것이다.

마찬가지로 '지각의 기술' 프로그램이 처음 발전한 곳도 의과대학이었다. 글렌 맥도널드Glenn McDonald 박사 같은 의대 교수들이 첨단 기술에 지나치게 의존하고 자신의 타고난 관찰력을 제대로 활용하지 못하는 신입 의대생들을 보고 착안한 것이다. 맥도널드는 이렇게 말한다. "아무리 유용한 기술이라고 해도 인간의 건강한 눈과 뇌와는 비교도 되지 않는다는 사실을 학생들이 깨달아야 한다."[39]

우리는 뇌와 눈을 사로잡고 집중하기 위해, 누구나 한 번쯤 보았을 법한 유명한 미술작품을 감상할 것이다. 다만 여느 때보다 더 느리게 감상할 것이다. 되도록 어수선하거나 불안하지 않은 장소에 자리 잡기를 바란다. 평소의 환경에서 벗어날 수 있다면 더 좋다. 이제 다음 쪽의 그림을 보자. 딱히 해야 할 일은 없다. 그냥 보면 된다. 무엇이 보이는가? 보이는 것을 모두 머릿속에 담거나 종이에 적어 보자.

보고 싶은 만큼 오래 보라. 미술관 관람객이 작품 한 점을 감상하는 데 평균 17초가 걸린다. 17초는 너무 짧다. 하버드의 미술사 교수 제니퍼 L. 로버츠Jennifer L. Roberts는 학생들에게 그림 한 점 앞에 꼬박 3시간 동안 앉아서 감상하게 한다. 그러면서 "분명 극단적으로 보이는"[40] 연습이기는 하지만 그림이 전하는 풍부한 정보를 발굴하려면 실제로 그만큼의 시간이 걸릴 수 있다고 말한다. 17초와 3시간 사이의 어디쯤에서 눈으로 본 정보를 편안하게 소화할 수 있는 자기만의 시간을 찾아보자.

관찰력을 발휘하려면 그림을 보면서 스스로에게 이런 질문을 던져 보

자. 그림 속에서 무슨 일이 벌어지고 있는가? 사람과 사물들 사이에 어떤 관계가 보이는가? 이 그림을 보면 어떤 질문이 떠오르는가?

이런 연습의 핵심은 편안하게 속도를 늦추고 미술작품을 제대로 살펴보는 것이다. 얼핏 보면 이 그림에는 두 사람이 있고, 한 사람은 서 있으며 한 사람은 앉아 있다. 세세한 부분을 발견하고 관계를 알아채는 데는 시간이 더 걸린다.

그림을 보면서 앉아 있는 여자의 무릎 위에 있는 주황색 장식 띠를 보았는가? 오른손에 쥔 깃펜은 보았는가? 왼쪽 끝에 파란색 테이블보가 접혀 있는 것을 보았는가?

다시 1, 2분 정도 더 보고 세부 장면을 제대로 살펴보자.

충분히 보았는가? 앉아 있는 여자의 뒷목에서 진주목걸이를 묶은 흰색 리본이나 테이블에 놓인 종이의 중간까지 글씨가 적혀 있는 것을 보았다면 충분히 본 셈이다. 보지 못했다면 더 보라.

빛이 어느 방향에서 들어오는지 정확히 말할 수 있는가? 모르겠으면 다시 보라.

앉아 있는 여자의 무릎 위를 지나는 그림자를 보고 빛이 왼쪽에서 들어오는 것을 알아채고 그림의 기본 색상(가장자리에 모피가 달린 망토의 노란색, 서 있는 여자가 두른 앞치마의 밝은 파란색)까지 관찰했다면, 질감은 어떤가? 앉아 있는 여자의 왼쪽 소매 끝에 깊은 주름이 잡힌 것을 보았는가? 배경에서 호박색 빗금을 보았는가? 잉크통과 컵에 비친 창문을 보았는가?

장면을 평가했으면, 이제 수집한 정보를 어떻게 활용할 수 있을까? 어떤 관계를 발견하거나 배제할 수 있는가? 서 있는 여자는 하녀일까, 친구일까, 어머니일까? 얼굴의 살결이 앉아 있는 여자와 비슷하게 매끄러운 것으로 보아 나이 차이가 많이 나지 않아 어머니와 딸로 보기는 어렵다. 서 있는 여자의 무늬도 없고 장식도 없는 옷차림과 장신구를 차지 않은 점, 머리를 그냥 말아 뒤로 넘겨 묶은 모습으로 보아 두 사람이 친척이나 같은 계급이 아니라고 추론할 수 있다. 더 자세히 보면 서 있는 여자의 오른손 손목 아래 일하는 손의 붉은색 피부와 평소에는 덮여 있는 팔뚝의 옅은 색 피부가 나뉘는 것이 보인다. 앉아 있는 여자의 팔은 일정하게 흰색이라 이런 구분이 보이지 않는다. 서 있는 여자의 자세와 입이 벌어진 모습을 보면 앉아 있는 여자에게 편지를 전하는 것으로 보이고, 앉아 있는 여자의 자세를 보면 그 편지를 건네준 것이 아니라 받으려는 것으로 보인다. 주어진 정보를 토대로 두 여자가 쌍둥이나 자매는 아니고 모녀도 아니며, 서로 모르는 사람도 아닐 가능성이 높다고 판단할 수 있다. 하녀와 안주인의 관계로 보는 것이 가장 그럴듯하다. 그림의 제목 〈여주인과 하녀Mistress and Maid〉로 이런 추측을 확인할 수 있다.

얀 페르메이르의 이 그림은 더 오래, 더 주의 깊게 볼수록 더 많은 정보를 알아낼 수 있다는 사실을 보여준다. 조르주 드 메스트랄, 벳시 코프먼, 스티브 잡스, 레오나르도 다빈치는 모두 발명은 창조라기보다는 발견에 가깝다고 믿었다. 발견은 눈을 뜨고, 뇌를 굴리고, 귀를 열고, 주의를 기울이기만 해도 가능하다. 아이작 뉴턴도 이렇게 말했다. "내가 가치가 대단한 뭔가를 발견한 게 있다면 다른 어떤 재능이 아니라 끈기 있게 집중하는 재능 덕분일 것이다."[41]

누구나 다양한 분야에서 위대한 업적을 이루는 데 필요한 관찰과 발견의 재능을 타고나지만, 그전에 우선 볼 준비부터 해야 한다.

데릭 케욘고는 호텔 안내원에게 미국의 호텔에서는 매일 새것이나 다름없는 비누를 그냥 버린다는 말을 듣고 방으로 돌아가 침대에 무릎을 꿇고 앉아 울었다. 비누를 만들던 아버지 옆에서 일을 도와주고 불결한

난민촌에서 비누 없이 생활했던 그가 이제 멀쩡한 비누를 그냥 버리는 나라에서 살게 된 것이다. 그는 새로 안 사실로 무엇을 해야 할지 아직 몰랐지만, '점들을 연결할' 방법을 찾아내기 전에 그냥 흘려보내지는 않기로 마음먹었다. 그리고 점들을 연결해 보니 다시 호텔방 욕실의 비누로 돌아왔다. 그는 그 비누를 세상에 나눠 줄 방법을 찾아낼 수 있다고 생각했다.

모든 것을 관찰하고 흡수하며 주변과 내면의 가능성을 발견할 마음의 준비를 해야 우리 자신의 삶에서 성공의 가능성을 찾을 것이다. 관찰이란 단순히 대상을 수동적으로 바라보는 것이 아니라 적극적으로 관여하는 정신 과정이라는 점을 인식하면 이미 여정은 시작된 것이다.[42] 그러나 제대로 관찰하려면 먼저 우리의 맹점을 알아야 한다.

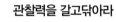

2장
기본 기술
관찰력을 갈고닦아라

르네 마그리트, 〈초상화〉, 1935

1877년, 열여덟 살짜리 학생이 짙은 색 나무판자로 벽을 둘러치고 좌석 200개가 반원으로 경사를 이룬 에든버러 대학교 의과대학의 신설 해부학 강당으로 조용히 들어갔다.[43] 강당의 학생들은 웅성거리며 그날의 강연자가 들어오기를 기다렸다. 강연자는 폭넓은 주제에 관해 해박한 지식을 역동적으로 전달하는 것으로 유명한 인물이었다. 그는 학생들에게 무엇보다도 예리한 관찰력에 의존하는 진단 방법인 '메소드Method'를 강의할 예정이었다.

키가 크고 호리호리하며 매부리코에 꿰뚫어 보는 눈빛의 남자가 과장된 몸짓으로 강당에 뛰어 들어와 망토와 사냥 모자를 벗어던지고는 첫 번째 피험자를 불러들였다. 강당 앞 복도에는 그가 한 번도 본 적 없는 외래환자들이 차례를 기다리고 있었다.

먼저 검은 옷의 중년 여인이 들어왔다.

"파이프는 어디 있습니까?"[44] 강연자가 물었다.

여자는 놀랐다. 그는 여자에게 파이프가 있는 줄 어떻게 알았을까? 여자는 놀란 얼굴로 핸드백에서 작은 사기 파이프를 꺼냈다. 그는 넋이 나간 학생들에게 말했다. "내가 이 환자에게 파이프가 있다는 걸 어떻게 알았을까요? 파이프를 보아서가 아니라 환자를 관찰했기 때문입니다. 아랫입술의 작은 궤양과 뺨의 반질거리는 흉터를 봤거든요. 담배를 피울 때 뺨에 가까이 붙여서 쓰는 짧은 파이프를 자주 사용한다는 것을 보여주는 흔적이지요."[45]

이어서 다른 환자가 절뚝거리며 들어왔다. 강연자는 학생 하나를 지목했다.

"이 환자는 문제가 뭘까?" 그가 물었다. "내려와서 환자를 보게! 아니! 만지면 안 돼. 눈을 쓰게! 귀를 쓰고 뇌를 쓰고 지각을 쓰고 추론 능력을 쓰게."[46]

긴장한 학생은 짐작 가는 대로 답했다. "고관절 질환입니다, 교수님!"[47]

"고관절하고는 상관이 없네!"[48] 강연자가 소리쳤다. 그는 뒤도 돌아보지 않고 말을 이었다. "이 환자가 다리를 저는 원인은 엉덩이가 아니라 발에 있네. 학생이 자세히 관찰했다면 발이 신발에 가장 많이 압박을 받는 자리에 칼 자국이 있는 걸 봤을 거야. 이 환자는 티눈 때문에 아픈 거야. 엉덩이에는 아무 문제가 없어."

강연자는 갈수록 더 예리하게 한 번도 본 적 없는 사람들의 직업과 직장 밖에서 저지르는 비행과 세계 여행 경험을 알아챘다.

"여러분, 여기 이 환자는 코르크 직공이거나 지붕 이는 사람입니다. 잠깐만 제대로 보면 검지의 한쪽 면이 약간 딱딱하고—못이 박인 겁니다, 여러분—엄지의 바깥쪽이 두꺼워진 것이 보일 겁니다. 환자가 두 가지 직업 가운데 하나에 종사한다는 확실한 징표이지요. 얼굴이 탄 자리의 색조를 보면 이 환자가 연안에서 배를 타지 먼 바다로는 나가지 않는다는 것, 즉 외국에 나가는 선원이 아니라는 것을 알 수 있습니다. 한 지역의 기후로 탄 모습이니까요."[49]

이어서 다른 학생이 진단을 잘못 내리자 강연자가 꾸짖었다. "자네는 귀가 있어도 듣지 않고, 눈이 있어도 보지 않는군!"[50] 강연자는 (의학이나 형법이나 전반적인 삶의) 발견에서 정교한 관찰력보다 중요한 것은 없다고 믿었다. 그는 아무리 사소한 사실이라도 놓치지 않고 남들이 관찰하지 못하는 정보(문신, 억양, 잔주름, 흉터, 옷, 심지어 신발에 묻은 흙 색깔까지)를 찾아냈다.

그는 이렇게 말했다. "어떤 사람을 보면 그 사람 얼굴에 국적이 적혀 있습니다. 그의 손에서 생계 수단이 보이고, 걸음걸이와 버릇과 회중시계 쇠줄 장식과 옷에 붙은 보푸라기에서 삶의 모든 이야기를 들을 수 있습니다."**51**

예리한 감각과 추론을 속사포처럼 전달하는 강연자의 모습에서 셜록 홈스가 떠오른다면 그만한 이유가 있다. 홈스의 실제 모델이기 때문이다. 그는 외과의이자 다작의 작가이자 알렉산더 그레이엄 벨의 친척인 조지프 벨Joseph Bell 박사다. 아서 코난 도일Arthur Conan Doyle의 스승이었던 그는 초자연적이고 특이하지만 그의 표현대로는 "기초적인"**52** 재능으로 젊은 도일의 마음을 사로잡았다. 벨은 강의 시간에 "눈으로 봐, 눈으로 봐"**53**라고 자주 외쳤다. 그가 말하는 가장 중요한 능력은 수동적으로 보는 것과 적극적으로 평가하는 것을 구분할 줄 아는 단순한 능력이다.

벨이 셜록 홈스처럼 한 말이 있다. "사람들은 보기는 해도 관찰하지 않는다."**54**

어떤 차이가 있을까? 도일은 초기작인 〈보헤미아의 스캔들A Scandal in Bohemia〉이라는 단편에서 왓슨 박사가 자기도 홈스만큼 눈이 예리하다고 주장하자 셜록 홈스의 입을 빌려 그 차이를 설명했다.

홈스가 반박했다. "자네는 보기는 하지만 관찰하지는 않아. 차이는 명확해. 예컨대 자네는 현관에서 이 방으로 올라오는 계단을 자주 봤어."

"자주 봤지."

"얼마나 자주?"

"글쎄, 수백 번쯤."

"그럼 계단이 몇 칸이지?"

"몇 칸? 모르지."

"거 봐! 자네는 관찰하지 않았어. 그래도 보기는 했지. 바로 그걸 말하는 거야. 자, 나는 계단이 열일곱 칸인 걸 알아. 보기도 하고 관찰도 했으니까."**55**

흔히 두 용어를 혼용하지만 '보는 것'은 이미지를 자동적이고 무의식적으로 기록하는 과정이라고 볼 수 있다. 반면에 '관찰'은 똑같은 것을 보면서도 의식적이고 신중하고 진지하게 생각하면서 기록하는 과정이다.

무엇이 보이는가?

나는 '지각의 기술' 강의를 할 때마다 젊은 여자가 야외에서 걷는 모습을 건너편에서 찍은 53쪽의 사진을 보여주고 단순한 질문 하나를 던진다. "무엇이 보이는가? 무엇이 보이는지 한 문장으로 말해 보라."

독자 여러분도 지금 말해 보라. 이 장면을 완벽하고 정확하게 설명하려면 한 문장으로 어떻게 말해야 할까?

지금까지 10년 넘게 모든 분야의 전문가들에게 이 질문을 던져 보았다. 다들 젊은 여자에 관해 말한다. 여자가 어떤 옷을 입고 있는지, 어디를 바라보는지, 무엇을 들고 있는지, 어느 쪽 다리를 뻗는지에 예리한 눈으로 주목한다. 다들 왼쪽에 커다란 나무가 있고 잎이 다 떨어졌다고 말한다. 여자와 비교하여 나무의 높이까지 가늠하는 사람도 있는 반면에 홈스의 주장을 충실히 따라서 나뭇가지가 몇 개인지 말하는 사람은 아무도 없다. 울타리와 울타리의 관목, 벤치와 낙엽, 전경의 그림자를 설명하는 사람들은 있다. 그러나 놀랍게도 이 사진을 본 사람의 절반 정도는 배경의 거대한 글자 'C'에 관해 언급하지 않는다.

'C'가 보이는가? 처음부터 보았는가? 당신의 설명에 넣었는가? 이것은 착시도 아니고, 사진 조작도 아니다. 실제로 'C'라는 글자가 있다. 이 사진에서 중요한 부분인가? 언급할 가치가 있는가? 여러 이유에서 가치가 있다. 그 덕분에 이 사진이 독특한 지위를 얻는다. 조금만 조사하

면 'C'가 컬럼비아 대학교 건너편 뉴욕 할렘 강의 브롱크스 쪽에 있는 30미터 높이의 암벽에 새겨진 글자라는 사실을 알 수 있다. 이 글자는 사진이 찍힌 시간을 알아내는 데도 도움이 된다.[56] 'C'가 처음 만들어진 1955년에는 흰색이었지만 1986년 하늘색에 흰색 테두리를 둘러서 다시 칠해졌기 때문이다. 'C'는 무려 폭 18미터에 높이 18미터 크기이므로(뉴욕에서 가장 큰 낙서일 것이다) 사진의 대부분을 차지하는 이런 거대한 대상을 알아보는 것은 기초적인 관찰력을 판별하는 수단이 된다.

'C'를 보지 못한 사람들은 관찰력을 예리하게 연마하지 않은 평범한 시력의 보통 사람이다. 그런데 'C'를 보지 못한 50퍼센트의 사람들 중에 당신이 당한 강도 사건의 담당 형사나 당신의 수술을 집도하는 외과의나 직장의 사장이나 남자친구나 자녀의 통학버스 운전사가 포함된다면 어떤가? 그리고 당신이 'C'를 보지 못했다면 어떤가? 지금 이 책을 읽는 동안에는 이렇게 커다란 정보를 놓치는 것이 중요해 보이지 않을지 몰라도 만약 아기를 보거나 운전을 하거나 길을 건너고 있다면 어떤가?

본격적으로 관찰력을 연마하기 전에 우선 누구나 한 번쯤 거대하거나 움직이거나 기억에 남을 만한 대상을 '보지 못하고' 지나치게 만드는 타고난 생물학적 기제를 이해해야 한다. 케빈이라는 오랑우탄의 도움을 받아 이런 기제를 알아보자.

방 안의 고릴라

우선 케빈에게는 지각이 없다는 점을 일러둔다. 나는 케빈이 실재하지 않는다고 말하지만 케빈의 주인 마이클 그라지아노Michael Graziano 박사는 케빈이 아크릴섬유의 형태로나마 존재하므로 실재한다고 주장한다. 케빈은 인형이다.

프린스턴의 신경과학자이자 《의식과 사회적 뇌Consciousness and the Social Brain》의 저자 그라지아노 박사는 케빈을 수업 시간에 데려가서 독특한 복화술로 지각의 힘을 보여준다. 학생들이 처음에는 피식피식 웃지만 희끗희끗한 수염에 키 큰 남자가 케빈을 손에 끼우면 어느새 다들 자기도 모르게 가짜 유인원에 인격을 부여한다.

눈을 크게 뜨고 그 장면을 구경하다 보면 사회적 착각임을 온전히 인지하면서도 매혹적으로 빠져든다.[57] 나 역시 의심의 눈으로 보았지만(아이비리그에 유인원 인형이라니? 정말?) 나도 모르게 빠져들었다. 케빈은 지저분한 농담을 던지고, 자기가 다스베이더라고 우기고, 주인과 상관없이 강의실을 이리저리 둘러본다. 그라지아노가 마침내 인형을 손에서 벗기자 케빈이 비통한 비명을 지르는 모습에 나도 모르게 웃음이 났다. 인형인 줄 알면서도 문득문득 케빈에게도 '그' 자신의 마음이 있는 것처

마이클 그라지아노 박사와 케빈

럼 보였다.

그라지아노는 그 원인을 그가 '주목 스키마 이론attention schema theory '[58]
이라고 부르는 현상에서 찾는다. 그는 연구실(과학이라는 이름의 공룡이 과
학자를 먹는 장면이 화려하게 그려진 벽화가 압도하는 공간이다. 그라지아노는 그
과학자가 본인이라고 유쾌하게 고백한다)에서 내게 기초적인 지식을 설명해
준다. 인간은 외부에서 장면과 소리와 그 밖의 감각 정보의 공격을 받고
내부에서는 생각과 정서와 기억의 형태로 온갖 자극의 공격을 받기 때
문에 우리의 뇌는 정보가 들어오는 대로 모두 처리하지 못한다. 대신 몇
가지에 중점을 두면서 나머지를 희생시켜야 한다. 인간 뇌의 뉴런이 어
떻게 대처할지 결정하는 방식을 '주목attention'이라고 한다.

그라지아노는 이렇게 설명한다. "우리는 무언가를 마법처럼 알아채지
않습니다. 뇌에서 데이터를 처리하는 작업을 거칩니다."[59]

그라지아노는 오랑우탄 인형에 사회적 인식을 부여하는 경험을 제공

해서 자동으로 일어나는 과정을 우리가 직접 느껴 보게 해준다.

그리고 곧바로 주목이란 과정이 포착하기는 어렵지만 유한하다고 지적한다. 외적 자극이든 내적 자극이든, 우리가 접하는 모든 자극을 일일이 해독하는 데는 한계가 있다.

"어느 정도는 소스 분석 문제예요. 여러 가지 면에서 주목이 우리를 집중시키는 셈이죠. 우리가 어느 한 가지 정보를 처리하면 뇌에서 다른 모든 정보를 효과적으로 억제하거나 걸러 내요."

한편 여자가 고릴라로 변장한 유인원 실험에서 입증된 것처럼 뇌에서 간혹 어떤 정보까지 걸러 내는지 알면 믿기지 않을 것이다.

1999년에 하버드의 심리학자 대니얼 사이먼스Daniel Simons와 크리스토퍼 차브리스Christopher Chabris는 우리가 두 눈을 뜨고 시야에 들어온 대상을 똑바로 바라보고 있을 때에도 반드시 그것을 보는 것은 아니라는 사실을 입증하기로 했다. 이것은 '무주의 맹시inattentional blindness'라는 현상이다. 두 연구자는 1970년대의 유명한 비디오 실험을 재현했다.[60] 우산을 든 여자가 농구공을 패스하는 학생들 사이를 지나가는 비디오를 보여주고 피험자들에게 패스가 몇 번 일어났는지 세어 보게 하는 실험이다. 많은 피험자가 여자와 우산을 전혀 보지 못했다. 사이먼스와 차브리스가 재현한 새로운 실험에서는 여자에게 우산을 들게 하는 대신 고릴라 복장을 입혀서 예기치 못한 침입을 훨씬 극적으로 만들었다. 컬럼비아 대학교 글자 'C' 실험에서처럼 피험자의 절반이 고릴라를 보지 못했다. 심지어 이번 실험에서는 우산을 든 여자보다 고릴라 복장의 여자가 화면에 두 배나 오래 나올뿐더러 카메라를 똑바로 응시하고 그냥 지나가는 것이 아니라 가슴을 두드리면서 지나갔다.

15년 후의 무주의 맹시에 관한 여러 실험도 의식적 지각에는 주목이 필요하고 주목은 선택적이라는 점을 입증했다. 우리가 무언가에, 이를테면 숫자를 세는 것 같은 일상적 행위에 주의를 빼앗기면 바로 눈앞에 있는 거대한(털이 많은) 무언가를 보지 못할 수 있다.

무주의 맹시는 모든 분야의 유능한 전문가들에게도, 심지어 세부 정보를 탐색하는 직업에 종사하는 사람들에게도 영향을 미칠 수 있다. 하버드 의과대학의 '주목' 연구자들은 폐를 찍은 슬라이드에 5센티미터 크기의 고릴라를 겹쳐 놓고 방사선 전문의들에게 악성 종양을 찾아보라고 주문해서 일종의 '보이지 않는 고릴라' 실험을 재현했다. 방사선 전문의 83퍼센트가 슬라이드 안에서 그들을 향해 주먹을 흔드는 고릴라를 언급하지 않았다.[61]

때로는 무주의 맹시가 치명적인 결과를 낳기도 한다. 보스턴의 경찰관 케네스 콘리Kenneth Conley가 총격 용의자를 쫓던 중 동료 경찰관들이 어떤 남자를 폭행해 머리와 신장에 심각한 부상을 입힌 현장 바로 옆을 지나친 사건이 있었다. 연방 당국이 이 사건을 수사할 때 경찰관들 중 누구도 사건에 가담하거나 심지어 목격했다고 인정하지 않았다. 콘리도 증인으로 불려 나가 그곳에 있기는 했지만 폭행 장면은 보지 못했다고 증언했다. 연방 수사관들은 그런 사건을 보지 못했을 리가 없다고 판단했고, 사법 방해와 위증죄로 유죄판결을 받은 콘리는 경찰에서 해고당하고 3년형을 선고받았다.[62]

콘리는 현장 바로 옆을 지나가면서도 폭행을 목격하지 못한 것은 일종의 '터널시tunnel vision' 때문이라고 주장할 수밖에 없었지만, 대법원에서도 그 주장은 받아들여지지 않았다. 그러나 '고릴라 옷을 입은 여자' 실험을 한 사이먼스와 차브리스는 이 경찰관이 무주의 맹시를 경험한 것으로 믿었다. 이런 현상이 가능하다는 것을 입증하기 위해 연구자들은 참가자들과 함께 그 상황을 재현했다. 참가자들에게 어떤 남자의 뒤를 따라 뛰면서 그 남자가 모자를 몇 번 만지는지 세어보게 했다. 그리고 참가자들은 연출된 폭행 장면 바로 옆을 지나쳤다. 참가자들 가운데 67퍼센트가 폭행 장면을 보지 못했다. 사이먼스와 차브리스는 이 같은 실험 결과를 〈파이트 클럽에 주목하지 못하면 파이트 클럽에 관해 말하지 말라〉[63]라는 제목의 논문으로 발표했다.

누구나 무주의 맹시로 중요한 정보를 자주 놓친다. 그러나 뇌가 주의력과 관찰력을 갈고닦게 해 타고난 맹시를 극복할 수 있다. 미국의 심리학자 새뮤얼 렌쇼Samuel Renshow는 시각 연구로 제2차 세계대전 중 군대가 적의 항공기를 신속히 알아채게 하는 데 일조한 인물이다. 그는 "제대로 보는 능력은 피아노를 치거나 프랑스어로 말하거나 골프를 잘 치는 것처럼 배워야 하는 기술"[64]이라고 믿었다. 그리고 피아니스트의 손가락이 그렇듯, 눈도 훈련을 받으면 더 잘 볼 수 있다고 주장했다. 마찬가지로 〈시각저널Journal of Vision〉에 발표된 다수의 연구에서도 고난이도의 시각 주의력 과제를 통해 주의력을 크게 향상할 수 있는 것으로 나타났다.[65] 도발적이고 복잡하고 다차원적이고, 심지어 혐오스러운 미술을 공부하면서 독자 여러분도 바로 이런 기회를 잡을 수 있다.

미술작품 관찰

예일 대학교 연구자들은 2001년 미술로 의과대학 학생들의 관찰력을 기를 수 있다는 사실을 입증했다.[66] 2년간 진행하여 〈미국의학협회저널 The Journal of the American Medical Association〉에 발표된 이 연구에서는 미술작품을 면밀히 관찰한 학생들의 진단 능력이 크게 향상되었고 그들의 실제 관찰력, 특히 '세부 정보를 탐지하는 능력'도 10퍼센트 증가한 것으로 나타났다.[67] 예일 대학교 의과대학의 피부과 교수인 어윈 브레이버먼Irwin Braverman 박사는 10퍼센트 향상된 결과는 "더 나은 관찰자가 되기 위해 시각적으로 훈련할 수 있다"는 뜻이므로 "통계적으로 유의미하다"고 강조했다.[68]

앨리슨 웨스트Allison West가 산증인이다. 우리가 처음 만났을 때 웨스트는 조지아의 소도시에서 갓 올라온 뉴욕 대학교 의대생이었다. 웨스트는 시간이 나면 한가하게 미술관을 둘러보는 것을 좋아했고, 맨해튼에는 그럴 만한 공간이 많았다. 그러나 웨스트는 미술 전공자가 아니라서 그림을 보는 법을 배운 적이 없고, 그저 한 작품 앞에서 잠시 머물러 감상하고 다음 작품으로 넘어가곤 했다. 그래서 의대에서 '지각의 기술' 강의를 개설한다는 소식을 듣고 신이 나서 강의를 신청했다.

"제가 얼마나 많은 것을 놓치는지 몰랐어요. 저는 제가 관찰력이 뛰어난 사람인 줄로만 알았어요. 그런데 컬럼비아 대학교의 'C'가 바로 앞에서 빤히 쳐다보고 있는데도 못 봤어요. 세상의 색을 바꾸는 더러운 렌즈를 끼고 다니면서 그런 줄도 몰랐던 거죠!"[69]

그저 보는 것이 아니라 관찰하는 법을 배운 뒤로 웨스트가 환자를 진찰하고 기록하는 방식은 극적으로 달라졌다.

"일반적인 보고서에는 이런 식으로 적었어요. '중년 백인 남자가 침대에 기대어 누워 있다. 피곤한 눈에 창백한 피부, 침울한 표정이고 환자복 차림이다. 남자의 주변 환경은 평범하다. 아무것도 없는 벽과 하얀 시트와 침대 오른쪽의 핏자국.' 기술하기는 해도 지극히 간소했어요. 그런데 강의를 듣고 나서는 이렇게 쓰기 시작했어요. '환자의 손에는 십자낱말 퍼즐이 들려 있고, 옆에는 스페인어 지역신문이 있고, 게시판에 붙어 있는 카드에는 〈할아버지, 빨리 나으세요〉라고 적혀 있다.' 전에는 병실에서 꽃을 보면 그저 환자의 상징으로 보았지만 이제는 어떤 꽃인지도 보고, 시들어 가는지도 보고, 누가 언제 보냈는지도 봐요."

웨스트는 이제 병실 창턱에 어떤 동물인형이 놓여 있고, 환자가 어떤 TV 프로그램을 보며, 침대 옆 탁자에 어떤 책이 놓여 있는지도 눈여겨 본다.

"전에는 못 보던 새로운 것이 진단을 내려 주지는 않을 수 있어요. 그래도 그만큼 중요한 것을 알려 줍니다. 이를테면 무엇이 환자를 살고 싶게 만들고, 병에 걸린 채로도 잘 살 수 있는 방법은 무엇이며, 환자가 고통을 줄이기 위해 어떤 대안 치료를 고려할 수 있을지를 알려 주죠."

현대판 벨 박사처럼 웨스트는 처음에 관찰한 내용을 바탕으로 더 많은 정보를 밝혀낸다. 환자 옆에 놓인 스페인어 신문을 보고는 그 환자 가정의 식습관을 조사한다. 환자의 상태를 악화할 만한 남미 음식이 풍성한 식단인가? 환자는 무슨 일을 하는가? 환자의 마음을 열어 전반적인 치료에 도움이 될 만한 작업으로 돌아갈 수 있는가? 환자의 취미는 무엇인가? 회복하는 동안 취미 활동을 다시 시작할 수 있는가?

"환자가 장난감 기차 만드는 것을 좋아한다는 정보가 의사에게 별로 중요해 보이지 않을 수도 있어요. 하지만 환자가 회복하는 데는 삶의 질이 매우 중요해요. 환자가 좋아하는 활동을 다시 시작할 수 있다는 사실이 환자에게는 중요한 변화를 의미할 수도 있답니다."

웨스트에게도 중요한 변화가 나타났다. 웨스트는 현재 시카고 대학교 의학센터에서 내과 전문의로 일하고 있고, 〈뉴욕New York〉이라는 잡지의 2012년 '최고의 의사' 호에 소개되었다.[70]

여느 기술처럼 관찰력도 연습으로 연마할 수 있다. 케임브리지 대학교의 과학자 윌리엄 이언 비어드모어 베버리지William Ian Beardmore Beveridge는 1950년에 《과학적 탐구의 기술The Art of Scientific Investigation》에서 다음과 같이 설명했다. "관찰력은 적극 탐구하는 자세로 사물을 관찰하는 습관으로 기를 수 있다. 관찰 훈련은 여느 훈련과 같은 원리를 따른다. 처음에는 의식적으로 열심히 해야 하지만 연습을 통해 점차 자동적이고 무의식적으로 하면서 습관이 형성되는 것이다."[71] 연습은 영구하게 남는다. 신경과학자들은 새로운 기술을 연습하면 뇌 내의 연결이 재배열된다고 믿는다. 따라서 기술적으로나 생물학적으로나 뇌를 연결해서 더잘 볼 수 있다.

주의력과 기억력을 향상하는 연습으로 뇌를 연결할 수 있다. 이 두 가지는 관찰력에 필요한 요소이기 때문이다. 그럼 우선 미술로 연습을 시작해 보자.

앞으로 책장을 넘기지 말고 이 장 서두의 48쪽에 있던 그림을 떠올려보라. 그림이 떠오르는가? 힌트를 하나 주겠다. 탁자로 보이는 것 위에 펼쳐진 정물화다.

이 그림이 떠오르지 않아도 걱정할 것 없다. 내 강의에서도 내 소개를 마치고 바로 이 그림을 보여주면 대다수가 눈여겨보지 않는다. 혹시 그 그림을 건너뛰고 책장을 바로 넘겨서 지금 내가 무슨 소리를 하는지 몰라도(그림? 무슨 그림?) 걱정할 것 없다. 많은 사람이 바로 '핵심'으로 들어가려고 서두를 대충 훑거나 건너뛴다. 그러나 그러면 필수적이고 소중한 정보를 건너뛸 수 있다. 이제부터 그렇게 하지 않는 방법을 배울 것이다.

그럼 이제 48쪽의 그림으로 돌아가 보자. 내가 이 특이한 작품을 유독 좋아하는 이유는 미술에 관해 전혀 모르거나 누가 언제 왜 그렸는지 모르는 사람도 인상적인 장면을 이해할 수 있기 때문이다. 평범해 보이는 식기 수저 세트가 있고 뜬금없는 곳에 부릅뜬 눈이 박혀 있다. 이 그림을 잠시 살펴보고 돌아오라.

돌아왔는가? 무엇을 보았는가? 기본적인 부분부터 시작하자. 탁자 위에 물건이 몇 개 있고, 어떤 물건인가? 가능한 한 많이 떠올려 보라.

다섯 가지(컵, 병, 나이프, 포크, 얇게 자른 무언가의 가운데에 눈이 박혀 있는 접시)를 기억했다면 잘한 것이다! 컵이 비어 있고 병은 가득 차 있으며 접시와 식기 위쪽에 있고, 포크는 접시 오른쪽에 있고 초록색 손잡이의 나이프가 포크 오른쪽에 있고 눈이 청록색이라고 말했다면 더 잘했다!

접시에 어떤 음식이 있었나? '팬케이크'라는 대답이 많이 나왔지만, 자세히 보면 가느다란 흰색 지방층이 전체적으로 퍼져 있고 가장자리로 갈수록 두꺼워지는 것이 보인다. 사실은 햄 조각이다. 유리잔에서 진한 빨간색 자국을 보았다면 보너스 점수를 준다.

이제 본격적으로 관찰해 보자. 다시 앞의 그림으로 돌아가서 살펴보자. 이번에는 더 꼼꼼히, 더 천천히 살펴보자. 유리잔에 묻은 자국을 가만히 살펴보자. 모든 것이 실제로 탁자에 있는지 아닌지 따져 보자. 빛이 병과 컵과 은식기류 표면에 반사되는 것을 보자. 사물의 그림자가 어느 쪽으로 떨어지는지 계산하자. 무엇이 반사와 그림자를 일으킬 수 있고, 어디에서 이런 대상을 찾을 수 있을까? 얼핏 단순해 보이는 이미지가 어떻게 복잡한 일련의 관계를 형성하는지 생각해 보라. 예컨대 컵에 얼룩이 있다면 병은 왜 가득 차 있을까? 오래 들여다보면 볼수록 많은 질문과 구체적인 정보가 드러난다는 점에서 우리는 그림을 그냥 보는 것이 아니라 관찰하는 것이다.

이번에는 다시 앞으로 돌아가지 말고 직접 그림을 그려서 가능한 한 많은 부분을 포착하자. 그림을 다 그렸으면 다시 앞으로 돌아가서 원본과 비교해 보고 무엇이 빠졌는지 확인해 보라. 그리고 빠진 부분을 그려 넣어라.

기억력을 더 끌어올리려면 한 시간쯤 기다렸다가 다시 그려 보라. 이번에도 다시 앞으로 돌아가서 빠진 정보를 그려 넣으며 그림을 수정해 보라.

하루에 한 가지씩, 시계나 핸드백이나 물병 따위를 가지고 연습해도 된다. 자잘한 부분이 많은 물건을 골라서 1분간 살펴본다. 그런 다음 그 물건을 치우거나 덮어 놓고 세부 요소(형태, 색깔, 질감, 단어, 치수)를 가능한 한 많이 적는다. 물건을 다시 떠올리되, 시간을 줄이지 말고 더 늘려 본다. 시간을 세 배 늘려서 3분 동안 같은 물건을 관찰하고 얼마나 더 많이 찾아낼 수 있는지 알아보라. 일주일 동안 매일 다른 물건으로 이렇게 연습하면 결국에는 본 것에 집중하고 기억하는 능력이 길러질 것이다.

기억력 연습을 많이 할수록 특수한 과제 수행 능력뿐 아니라 일상적이고 전반적인 관찰력도 향상된다. 내 강의를 듣는 학생 하나는 매일 운동 삼아 음악을 들으며 동네를 걸으면서 아무것도 보지 않고 그저 30분을 보내곤 했다. 내 강의를 듣고 나서는 정확히 같은 경로를 걸으면서 감각기관을 동원하기로 했는데, 결과는 놀라웠다.

보도블록의 갈라진 틈과 전에는 못 보았던 시멘트의 손자국과 아무도 모르는 자전거 길을 발견했다. 그 학생은 '새로운 눈으로 보는' 것 같다고 말했다.

마찬가지로 환경을 의식적으로 많이 관찰할수록 점점 더 자연스러워진다. 의식의 감각을 끌어내리려면 점심시간에 밖에 나가서 한자리에 자리 잡고 시야에 들어오는 모든 것을 하나하나 관찰하는 연습을 해보라. 그러면 바로 눈앞에 보이는 것이나 늘 보던 것 이상을 볼 수 있게 눈을 훈련시킬 수 있다.

셜록 홈스의 실제 모델인 조지프 벨 박사는 초능력이 있는 사람도, 엑스선처럼 투시해서 볼 수 있는 사람도 아니었다. 그가 남보다 더 많이 볼 수 있었던 것은 초인적인 능력을 타고나서가 아니었다. 그저 매일 관찰력을 활용하는 연습을 했을 뿐이다.

누구에게나 같은 능력이 있다. 단지 매 순간 자신의 능력을 인지하지 못할 뿐이다.

1980년대 초에 필라델피아의 아서 린젠Arthur Lintgen이라는 의사는 텔레비전에 나와서 축음기 음반을 '읽는' 특별한 능력을 선보이며 세계의 주목을 받았다. '남들이 듣는 것을 보는 사람'[72]이라는 별명을 얻은 린젠은 레이블을 완전히 가린 채 음반의 홈을 살피는 방법만으로 어떤 클래식 곡이 연주되는지 빠르고 정확히 알아냈다. 전문가들이 줄줄이 나서서 그 주장의 신빙성을 검증했다. 그리고 모두 린젠의 능력은 진실이라는 결론에 이르렀다.

린젠은 음반 제목과 작곡가를 식별할 뿐 아니라 곡마다 몇 악장으로 구성되고, 각 악장의 길이는 얼마나 되며, 때로는 어떤 오케스트라가 녹음했는지까지 알아맞혔다. 그는 음반에 담긴 음악을 읽은 것이 아니라 아주 미세한 물리적 정보를 살폈다. 홈의 간격과 색깔과 윤곽을 살펴본 다음 클래식 음악의 패턴에 관한 지식과 연결했다. 예를 들어 베토벤 교향곡은 첫 번째 악장이 두 번째 악장보다 길다는 사실을 알아서 그 패턴을 알아볼 수 있었다.

린젠은 특별한 눈을 가진 사람이 아니었다. 실제로 그는 심한 근시라서 꼭 두툼한 안경을 써야 했다. 단지 음반을 꼼꼼히 의식적으로 살피고 곡을 알아맞히는 과정이 빠르고 자연스러워질 때까지 꾸준히 관찰하는 연습을 했을 뿐이다. 우리도 그렇게 할 수 있다.

그렇다고 누구나 린젠과 같은 방식으로 본다는 뜻은 아니다. 뇌에서 무수한 정보를 걸러 내고 선별하는 방식은 사람마다 다르고, 전적으로 그 사람의 지각 필터에 달려 있다. 셜록 홈스처럼 보려면 자신의 지각 필터에 익숙해져야 한다. 알든 모르든 지각 필터가 우리의 관찰력을 바꿔 놓기 때문이다.

무엇이 보이는가

3장

똑같은 방식으로 세상을 보는 사람이 없는 이유

뉴욕의 루빈 미술관은 10년 가까이 '뇌파Brainwave'라는 독특한 행사를 주관했다. 공연예술가와 작가와 음악가가 신경과학자와 짝을 이루어서, 예술가들이 뭔가를 경험할 때 뇌에서 무슨 일이 일어나는지 신경과학자가 일반 관람객에게 설명하는 프로그램이다. 나는 운이 좋게도 뉴욕 대학교의 인지과학자 머리사 카라스코Marisa Carrasco 박사와 속임수 전문가 아폴로 로빈스Apollo Robbins가 함께 진행하는 시간에 참석했다. 로빈스는 왼쪽 귀에 귀걸이를 하고 입술 밑에 작게 수염을 기른 키 작은 남자였다.

발표 시간에 옆 쪽의 사진이 화면에 떴다. "무엇이 보입니까?" 로빈스가 청중에게 물었다.

솔직히 아무것도 보이지 않아서 처음에는 사진인 줄도 몰랐다. 로르

샤흐 잉크반점 검사처럼 우리의 정신에 관한 비밀을 밝히는 검사인 줄 알았다.

로빈스는 강연자일 뿐 아니라 매력적인 '극장 도둑Theatrical Larcenist'으로, 스스로를 '신사 도둑Gentleman Thief'이라고 부른다. 내가 알아채지 못하는 사이에 내 손목에서 팔찌를 빼고 얼굴에서 안경을 가져갈 수 있는 사람이었다. 그는 공연 전에 좌석 안내원처럼 서서 많은 관객에게 그렇게 해왔다. 사람들과 악수하면서 눈치채지 못하게 도둑질을 하는 것이다(물론 나중에 다 돌려준다). 그는 지미 카터 전 대통령의 비밀경호국 특무대의 주머니를 턴 뒤 안보보좌관으로 선임되었고, 현재는 경찰들에게 감각인지를 훈련시키는 역할을 맡고 있다.[73]

로빈스는 우리에게 화면에 뜬 사진은 전혀 손대지 않은 진짜 사진이라고 말했다. 그리고 힌트도 주었다. "다리가 넷 달린 포유동물이에요."

여전히 감이 오지 않았다.

내 옆에 앉은 사람은 곧바로 그 동물을 거의 완벽하게 알아보았다. 그녀는 만족한 듯 뒤로 기대앉았다. 나는 뚫어져라 보았다. 더 어려웠다. 거꾸로도 보았다. 눈을 가늘게 뜨고도 보았다.

옆자리 여자가 내게 속삭였다. "저게 안 보이다니 말도 안 돼요."

나는 이것을 업으로 삼은 사람이다! 어떻게 안 보일 수 있지? 결국 짐작해야 했다. 나는 오리너구리로 결정했다. 아래 사진을 보기 전에 다시 앞의 사진을 보라. 무엇이 보이는가?

소의 사진이다. 이제 보이는가?

윤곽선이 없었다면 나는 소를 알아보지 못했을 것이다. 고양이가 아닐까 넘겨짚기도 했고, 오리너구리라고 확신하기도 했지만 소는 생각지도 못했다.

얼굴에 윤곽선을 그려 넣은 렌쇼의 소

로빈스는 '착각 혼동illusion confusion'과 뇌가 어떻게 우리를 속이는지에 관해 강의했지만, 내 강의에서는 이 사진을 다른 목적으로 활용하기로 했다. 아무리 사실이라고 해도, 누구도 동일한 방식으로 세상을 보지 않는다는 점을 입증하고자 한 것이다.

나는 여러 해 동안 수천 명에게 소 사진을 보여주고 온갖 답변을 들었다. 용이라는 대답부터 힌덴부르크 비행선, 브래지어를 쇼핑하는 여자라는 대답까지 다양했다. 누구나 볼 수 있지만 모두가 같은 것을 보지는 않는다. 이와 같은 전제는 흑과 백이 명확하지 않고 다양하게 해석할 수 있는 대상을 볼 때 더 복잡해진다.

예를 들어, 토론토의 루스 우스터먼Ruth Oosterman은 두 살짜리 딸과 딸의 작품을 찍은 사진을 인터넷에 게시하면서 사람들에게 단순한 질문을 던졌다. "무엇이 보입니까?" 세계 각지에서 저마다 다른 답변이 쏟아졌다. 토끼 귀, 해변의 야생화, 버드나무, 반항하는 셰틀랜드종 조랑말, 로봇 댄스 파티.

"그림의 형태와 선에서 사람마다 다 다른 것을 보더군요."[74] 루스가 말했다.

루스는 딸의 그림을 해석할 수 있게 되자 엄마와 딸의 공동 작업을 시작했다. 사실 몇 년은 더 지나야 이런 협업이 가능할 줄 알았다. 화가인 루스는 원래 작업실에서 딸을 유모차에 태워 두고 그림을 그렸다. 그러다 딸 이브가 혼자 몸을 가눌 만큼 자라자 옆에 앉혔다. 처음에는 아이가 장난치듯이 그냥 질감을 가지고 놀았지만 나중에는 자기 캔버스 위에 그림을 그리기 시작했다. 불현듯 딸이 이미 공동 작업을 시작했다는데 생각이 미치자, 루스는 딸이 더 크기를 기다릴 수가 없었다.

"이브는 종종 제 작품에 '추가'하곤 했어요. 어느 날 이브의 그림을 보다가 낙서 같은 그림 속에서 두 사람이 해변에 서 있는 모습을 보았답니다."

이브 우스터먼과 그림

　루스는 수채물감으로 이브의 상상력을 채웠다. 이렇게 이브의 첫 작품 〈빨간 배The Red Boad〉가 탄생했다. 이들 모녀는 기발한 초상화로 오스트리아부터 대한민국까지 전 세계에 선풍을 일으켰다. 이브가 주로 잉크펜으로 혼자 밑그림을 그리면 엄마가 딸의 이야기와 노래와 그날의 활동에 따라 세부 묘사를 하고 색을 채운다.

　사람들은 서로 비슷하면서도 각자 고유한 붓으로 자기가 본 장면을 채워 넣는다. 이브의 그림을 다른 누군가가 채워 넣었다면 엄마의 그림과는 분명 달랐을 것이다. 루스는 수채화를 좋아하고 잘 그릴 줄 안다. 그것이 이브의 밑그림을 해석하는 방식을 결정한다. 예술적 재능이 없는 나 같은 사람은 다른 재료를 쓰기도 하겠지만(나는 수채화 물감도 없다) 전혀 다른 이미지를 만들어 낼 것이다.

이브의 그림과 공동 작업의 결과물: 〈빨간 배〉, 루스와 이브 우스터먼

사람마다 사물을 다르게 보는 것은 명백해 보인다. 그러나 이 점을 자주 잊고 오직 하나의 진실한 방법만 있는 것처럼 행동한다. 이제 우리는 누구나 무주의 맹시를 비롯한 지각 오류에 취약하다는 사실을 알기에 다른 사람이 우리가 보는 대로 본다거나 우리가 그들이 보는 대로 본다거나 혹은 둘 중 어느 한 가지가 실제로 존재하는 대상을 정확히 보는 방식이라고 가정할 수 없다.

우리의 지각 필터

남들과 똑같은 눈으로 세상을 보는 사람은 없다. 생물학적으로 타고난 성향부터 학습된 편향에 이르기까지 온갖 요소가 세상을 받아들이는 방식에 영향을 미친다. 사람마다 정보를 다르게 관찰하고 주목하고 수집할 뿐 아니라 수집한 정보를 다르게 지각한다.

지각은 우리가 관찰하고 수집한 정보를 해석하는 방식이다. 내면의 필터라고 볼 수 있다. 지각은 실재하는 대상을 채색하거나 흐리게 만들거나 변형해서 우리가 보고 있다고 생각하는 대상으로 바꿀 수 있다.[75]

보는 과정과 마찬가지로 지각하는 과정도 알아채지 못할 정도로 자동으로 일어나서 일부러 의식하지 않으면 인지하기 어렵다. 어떤 느낌인지 알고 싶은가? 67쪽의 흑백사진을 보라. 이번에는 소를 보지 않으려고 해보라. 불가능하다. 초점을 맞추지 않거나 책을 돌려서 볼 수는 있어도 더 이상 소를 보지 않을 수는 없다. 왜일까? 새로운 지식('소'라는 정보)이 강렬해서 이전의 지각을 지웠기 때문이다.

우리가 무언가를 볼 때마다, 보지 않을 때마다, 보지 않을 수 없을 때마다 어떤 경험을 하는지 잘 보여주는 예다. 지각이 얼마나 간단히 변할수 있고, 또 변화를 거부할 수 있는지 알면 지각에 익숙해지는 데 도움이 된다.

우리의 지각 필터는 우리가 세상에서 접한 고유한 경험에 의해 형성된다. 경험은 사람마다 다르고, 때로는 차이가 매우 크다. 맨해튼 지방검사 사무실 1심 재판부의 변호사 클레어는 세계무역센터에서 두 블록 떨어진 곳에서 남편 매트와 함께 세 자녀를 낳고 살았다. 9·11 아침에 그녀는 가족과 함께 소지품도 챙기지 못한 채 급히 밴에 올라타 뉴저지로 피신해서 몇 주간 머물렀다. 몇 달 뒤 작가인 남편의 삼촌이 부부를 따로 만나서 그날의 경험에 관해 듣고 두 가지 버전의 이야기를 썼다.

클레어는 그 글을 읽고 충격을 받았다. 남편하고는 테러가 발생하기 전후에 내내 함께 있었고 테러가 일어나자마자 함께 뉴욕을 떠났는데,

그 글을 읽으면 두 사람이 같은 경험을 했다는 사실이 믿기지 않았다. 두 사람은 같은 일을 기억하지 않았고, 둘이 함께 떠올린 경험을 서로 같은 식으로 보지 않았다. 클레어가 재로 뒤덮인 아파트 창문으로 사람들이 거리로 쏟아져 나오고 떨어지는 물건에 맞는 모습을 보았다고 말한 데 반해, 매트는 칠흑같이 어두워서 창밖이 보이지도 않고 보고 싶지도 않았다고 기억했다. 복도로 나가기로 했을 때도 클레어는 아이들의 간식과 스웨터를 챙겨야 했던 일을 떠올린 데 반해, 매트는 휠체어가 필요한 노인들 이야기에 집중했다. 매트는 세계무역센터 건물이 그들을 덮칠 거라고 생각했지만 클레어는 연기로 질식해서 죽을 거라고 생각했다.

두 사람은 서로 다른 상황을 기억할 뿐 아니라 감정 반응도 달랐다. 클레어는 근처에 있던 동료들을 부르면서 울며불며 도와달라고 간청했다. 매트는 '죽은 듯 침착'했다. 매트는 삼촌과 통화했지만 대화 내용을 기억하지 못했다. 클레어는 오리건에 사는 아버지에게 전화를 걸어 나눈 작별인사를 한마디도 빠트리지 않고 기억한다.

책으로 나온 그들의 '공포와 상실에 관한 상념'[76]은 클레어에게 아직도 깊은 울림을 준다. 자신이 어떤 상황을 어떻게 지각하는지를 보여주었을 뿐 아니라, 그 자리에 함께 있다고 해도 남들은 같은 상황을 어떻게 지각하는지 짐작하는 것이 불가능하다는 사실을 보여주었던 것이다.

나이도 같고 인종도 같고 사회경제적 계층도 같고 사는 곳도 같은 두 사람이 주어진 상황을 같은 눈으로 보지 않는다면 전혀 다른 사람들은 얼마나 다르게 볼지 생각해 보라. 이를테면 고용주와 고용인, 변호사와 검사, 공화당원과 민주당원, 교사와 학생, 의사와 환자, 보호자와 아동은 얼마나 다르게 볼까? 우리가 보는 어떤 상황이 같은 방의 반대편에 있는 사람이나 전화선 너머의 상대나 지구 반대편에 사는 사람은 고사하고 바로 옆에 있는 사람이 보는 상황과도 전혀 다를 수 있다. 우리에게는 또렷이 보이는 장면도 남들은 송두리째 간과할 수 있다.

나는 워싱턴 D.C.에 살 때 스미스소니언 미술관에서 본 작품 한 점을 강의에 자주 사용한다. 흑인 소녀가 서재 옆 계단 꼭대기에 앉아 있는 가로 2.74미터, 세로1.83미터 크기의 그림이다. 소녀의 머리 위에는 똑같은 세 글자가 적힌 반투명한 구름 두 개가 떠 있다. 세 글자는 'SOB……'다.

SOB를 절망이나 슬픔의 울부짖음으로 생각하는 사람이 많지만 소녀의 입은 닫혀 있고 눈은 젖어 있지 않다. 나는 강의 시간에 문제를 낸다. SOB가 다른 무엇을 의미할 수 있을까요? 정답은 없다. 케리 제임스 마셜Kerry James Marshall이 붙인 제목은 그냥 〈SOB, SOB〉다.

사람마다 고유한 경험과 개인사, 교육, 배경, 관점이 있다. 의료인들은 SOB가 '숨가쁨Shortness Of Breath'이라는 뜻이라고 답하는 반면에, 정비공들은 '사장님 아들Son Of the Boss'이라고 답한다. 텍사스 경찰관들은 SOB를 '국경의 남쪽South Of the Border'의 약자로 본다. 롱아일랜드 사람들에게 SOB는 뉴욕 주 135번 도로인 시포드-오이스터 베이 고속도로Seaford-Oyster Bay Expressway로 읽힌다. 내가 좋아하는 답변은 문자를 많이 보내는 십 대 자녀를 둔 엄마의 대답이다. 그 엄마는 SOB가 자신이 어렸을 때는 주로 남자를 가리키던 '개새끼Son Of Bitch'의 줄임말로 쓰였지만 요즘 아이들은 여자아이들만 지칭하는 말로, '자기밖에 모르는 쌍년Self-Obsessed Bitch'이라는 뜻으로 쓴다고 답했다.

무슨 일(사건이나 공동 작업이나 새로운 고객)에서든 성공하려면 다른 사람들도 당신처럼 보거나 해석할 거라고 간주해서는 안 된다. 당신에게 보이는 것에 관한 해석에 의문을 품지 않으면 말하지 않은 정보를 놓칠 수 있다. 내가 아폴로 로빈스의 흑백사진을 보고 오리너구리라고 생각하고는 당장 일어서서 나가 버렸다면 그것이 소의 사진이라는 사실을 영영 몰랐을 것이다. 그리고 내 경험을 남들에게 사실처럼 전달한다면("그러더니 아폴로 로빈스가 우리한테 오리너구리 사진을 보여주더군요") 나는 잘못된 정보를 퍼트리게 된다. 어떤 대상을 가장 정확히 보려면 남들의 지각을 보고 그들의 관점을 인식해야 한다.

남들이 무엇을 보는지, 또는 무엇을 본다고 생각하는지를 어떻게 알아낼까? 공공 미술, 특히 현대미술의 조각과 설치, 그리고 이런 미술에 대한 사람들의 반응을 보면 된다.

남아프리카의 화가 제인 알렉산더Jane Alexander의 전시 작품 〈설문조사(희망봉에서)Surveys(from the Cape of Good Hope)〉가 2013년 4월 뉴욕의 세인트 존 더 디바인 대성당에 전시되었을 때 나는 한달음에 보러 갔다. 거의 나체인 반인반수의 조각상이 제단 앞에, 신도석에, 안뜰에, 창턱에 설치되어 있었다. 유인원 얼굴을 한 어린 소년, 개머리를 한 남자, 날개가 없는 긴 부리의 새, 흰 가운을 입고 황금 왕관을 쓰고 팔이 뭉툭하게 잘린 고양이의 얼굴을 한 여자 조각상이 있었다. 탄약상자에 앉은 조각상도 있고, 눈가리개를 했으며 몸이 묶여 있고 밧줄 끝에 마체테 칼과 장난감 트럭이 매달려 있는 다른 조각상들도 있었다.

기도와 영적 안식을 위한 공간에서 이렇게 생경한 조각상을 보는 경험이 물론 기이하긴 하지만 앞에서 기술한 관찰은 객관적인 내용이다. 그러나 모든 사람의 관찰이 객관적인 것은 아니다. 이 전시는 기쁨과 혐오를 동시에 불러일으켰다. 〈뉴욕타임스〉에서는 이 전시를 "훌륭하고"[77] "무서울 정도로 아름답다"[78]고 극찬하면서 "성당 설정이 더할 나위 없이 완벽했다"[79]고 본 데 반해, 다른 쪽에서는 "파괴적이고" "충격적이고" "그것이 경배의 공간에 있다는 사실이 당혹스럽다"[80]고 비판했다.

물론 누구나 같은 것을 좋아하지는 않지만(우리는 모두 주관적인 존재

제인 알렉산더의 설치, 〈야수들의 보병대〉, 세인트 존 더 디바인 대성당, 2008~2010

다), 주관성이 우리가 보는 대상의 '진실'에 색칠을 할 수 있다는 점을 명심해야 한다. 관람객들은 동일한 설치 작품을 보면서도 모두 다른 것을 보았다. 녹슨 낫을 비옥함의 상징으로 보는 사람도 있고 파멸의 상징으로 보는 사람도 있었다. 어느 쪽이 옳을까? 둘 다 아니다. 휘어진 날에 둘 중 어느 한 쪽이 표시되어 있지 않은 한 어느 쪽도 옳은 것으로 증명되지 않는다. 객관적이고 정확한 답은 녹슨 낫은 녹슨 낫이라는 것뿐이다. 이것을 다르게 부른다면 사실이 변형된다.

위의 알렉산더의 또 다른 작품 사진을 보라. 무엇이 보이는가? 무엇이 특히 두드러지는가?

이제 사람들의 답변이 각자의 경험이나 우선순위나 심지어 직업에 따라 얼마나 달라질 수 있는지 생각해 보라. 교회에 다니는 사람이라면 배경의 화려한 돋을새김에 주목할지 모르지만, 소매업자라면 조각상의 신발에 관심을 가질 수 있다. 인류학과 학생은 개 공포증이 있는 사람과 다르게 볼 것이다. 지각은 개인의 가치관과 성장 배경과 문화에 따라서도 다르게 형성된다. 개의 머리에 인간의 몸을 한 형상의 나체에 눈길을 두거나 시선을 돌리는 타고난 성향은 조각상의 팔이 부자연스럽게 길다는 사실을 인지하는지 여부에 영향을 미칠 수 있다. 의료 전문가라면 조각상의 늑골에 관해 뭐라고 말했을까? 조직 컨설턴트라면 집단이 열 맞춰 서 있는 모습에 관해 뭐라고 했을까? 무엇보다도 서로가 달리 주목하는 대상을 인지할까? 이를테면 의사는 열 맞춘 모습을 인지하고, 컨설턴트는 늑골을 인지할까?

우리는 제각각인 사람들과 어울려 지내면서 함께 일하기 때문에 다른 사람들이 주어진 상황을 보는 방식에 적응해야 한다. 우리가 다른 사람의 지각을 인지하는지 알아보기 위해 78쪽의 다른 설치미술 사진을 보자. 이 조각상의 표정을 어떻게 설명하겠는가? 보호관찰관이라면 어떻게 설명할까? 보호관찰과 가석방은 대개 약물과 관련이 있으므로 보호관찰관이라면 조각상의 감은 눈과 벌어진 입과 힘없이 뒤로 젖혀진 머리를 약물의 징후로 볼 수 있다. 성폭행을 당한 여자라면 어떻게 볼까? 어쩌면 조각상의 머리가 힘없이 뒤로 젖혀진 것이 아니라 일부러 뻣뻣하게 젖힌 것으로 보고, 눈은 잠깐 감겼을 뿐이며 입이 벌어진 것은 위협의 전조라고 여길 수 있다.

토니 매텔리Tony Matelli가 2014년 2월 웰즐리 대학교에 설치한 실물처럼 보이는 팬티 차림의 남자 조각상은 〈타임〉부터 인도의 〈인터내셔널 비즈니스타임스International Business Times〉에 이르기까지 온갖 매체에서 다뤄지며 한바탕 소동을 일으켰다.[81] 트위터 패러디부터 작품에 반발하는 시위와 탄원서까지 갖가지 반응이 나타났다. 이 조각상을 희극적으로 받아들여서 모자를 씌우고 의상을 입히며 재미있게 즐긴 사람들이 있는 반면에 두려움을 느끼며 철거를 요구한 사람들도 있었다. 이 조각상을

토니 매텔리, 〈몽유병자〉, 2014

길 잃은 불쌍한 사람으로 본 사람도 있고, 위협적인 공격자로 본 사람도 있었다.

이 작품은 퍼포먼스가 아니다. 청동에 채색한 움직이지 않는 구조물이다. 고정된 얼굴 표정에서 어떤 사람은 우울을 보고 어떤 사람은 위협을 본다.

작가는 이 작품을 통해 우리가 사물을 서로 다르게 본다는 사실을 알면서도 그 사실을 믿지 않는 현상을 무심히 보여준다. 매텔리는 "사람들은 저마다의 역사와 저마다의 정치와 저마다의 희망과 두려움과 온갖 것들을 안고 작품에 이른다"고 말하고, 더 나아가 "사람들이 그 작품에서 거기에 없는 것을 볼 것"이라고 추측한다.[82]

작가가 의도적으로 작품에 정서나 정치나 풍자를 담지는 않았을지 모르지만 사람들은 계속 그들에게 보이는 것을 본다. 우리는 모든 것을 같은 방식으로 보지 않는다. 시각적 차이가 존재하는 것은 아니라고 주장하기보다는 각자의 차이를 인정할 때 그에 따른 문제가 줄어든다.

지각은 여러 요소로 형성되고 우리가 보는 내용도 지각에 의해 형성된다는 사실을 인정하기만 해도, 의사소통의 오류와 오해가 줄어들어 남들이 내가 보는 대로 보지 않을 때 화가 나지 않을 것이다. 실제로 남들은 내가 보는 대로 보지 않는다. 그럴 수도 없다. 나 말고는 그 누구도 내가 보는 대로 볼 수 없다.

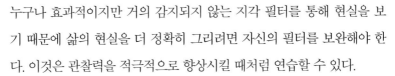

우리는 무의식의 필터를 통해 세상을 본다

누구나 효과적이지만 거의 감지되지 않는 지각 필터를 통해 현실을 보기 때문에 삶의 현실을 더 정확히 그리려면 자신의 필터를 보완해야 한다. 이것은 관찰력을 적극적으로 향상시킬 때처럼 연습할 수 있다.

우리가 보고 생각한 것을 의식적으로 처리하는 능력이 뇌의 뉴런 연결에 온전히 달려 있듯이, 무의식에 남아 있는 것도 마찬가지다. 우리가 알든 모르든 모든 정보는 신경 경로를 통해 전달되고, 이런 경로는 강화하거나 재연결할 수 있다. 이런 연결은 강력하면서도 가변적이라서 동작과 같은 무언가를 생각하기만 해도 실제로 신체적 변화가 일어날 수 있다.

오하이오 주 클리블랜드에 있는 클리블랜드 클리닉의 실험자들은 실제로 전혀 움직이지 않고 두뇌 훈련(12주 동안 하루에 15분씩 손가락 운동을 상상한다)만으로 손가락 힘을 35퍼센트 강화했다.[83] 움직이지 않는데도 근육이 발달한 것은 머릿속으로 동작을 연습하면 실제로 몸을 움직일 때와 동일한 뇌 영역이 활성화되기 때문이다. 두뇌 훈련은 무의식적으로 통제된 과정에도 영향을 미칠 수 있다. 이런 과정도 같은 뉴런 회로를 공유하기 때문이다. 오슬로 대학교의 연구자들은 사람들이 동공 크기를 자발적으로 조절하지 못하는데도 가상의 불빛을 상상할 때 동공이 87퍼센트나 줄어든다는 사실을 발견했다.[84]

우리는 무의식의 함정(예컨대 지각 필터)을 의식으로 끌어내서 함정을 피하려고 노력할 수 있다. 무의식적 필터에 주목하는 순간을 의식으로 끌어낼 수 있다. 평소에는 무의식 차원에 머무는 과정을 의식하는 순간 그 과정이 의식으로 올라온다.[85] 이런 무의식적 필터가 의식에 노출되면 우리는 필터에 초점을 맞추고, 자세히 살펴보고, 필요하면 극복할 수도 있다.

이런 새로운 기술을 완벽하게 숙달하면 그 자체가 무의식적 과정이 된다. 지각 필터를 통해 사물을 관찰하고 핵심적인 사실을 자동으로 발견할 수 있게 된다. 누구나 한 번은 신발 끈 묶는 법을 배운 적이 있기에 잘 알 것이다. 처음에는 적극적으로 생각하고 집중해야 하지만 조금만 연습하면 생각하지 않고도, 사실상 눈을 감고도 할 수 있다.

이제 우리의 지각 필터를 자세히 살펴보자. 무의식중에 당신이 보는 것에 영향을 미칠 수 있는 것들을 잠시 생각해 보자. 예를 들어 매텔리의 조각상에 대한 당신의 반응을 분석해 보라. 기분이 어떤가? 유쾌한가? 불쾌한가? 양가감정이 드는가? 옳고 그른 답은 없다. 누구나 느껴지는 대로 느낀다. 누가 스프레이 페인트로 조각상을 훼손하는 모습을 본다면 어떤 기분이 들겠는가? 누가 조각상 옆에서 우는 모습을 본다면 어떻겠는가?

어떤 대상에 관해 본능적으로 드는 감정은 개인적 경험에 영향을 받고, 이것은 다시 지각 필터(우리가 보는 방식을 왜곡하거나 향상하는 필터)에 영향을 미친다. 당신의 필터를 알아보려면 〈몽유병자〉에 관한 다음 질문을 스스로에게 던져보고, 모든 질문의 답이 '예'라면 그 내용이 구체적으로 무엇일지 생각해 보라.

나는 다음 항목에 영향을 받는가?

- 나 자신의 경험이나 가까운 사람들의 경험
- 내가 사는 지역의 역사나 관련성이나 현재 위치
- 나의 가치관이나 도덕이나 문화나 신앙
- 나의 성장 배경이나 교육
- 나의 직업적 욕망이나 야망이나 실패
- 나의 개인적 욕망이나 야망이나 실패
- 내가 태어날 때부터 좋아하는 것이나 싫어하는 것
- 나의 금전적 경험이나 전망
- 나의 정치적 신념
- 나의 신체적 조건이나 상태(질병, 키, 체중 등)
- 나의 현재 기분
- 내가 동질감을 느끼는 집단과 소속감을 느끼는 조직
- 내가 즐겨 보는 매체: 책, 텔레비전, 웹사이트
- 친구나 동료가 내게 전하는 정보나 인상

당신이 시작하는 데 도움을 주기 위해 이 연습에 대한 내 답변을 소개하겠다.

매텔리의 조각상을 보면 기분이 어떤가?

지나치게 사실적이라서 조금 불편하다. 개인적으로는 위협을 느끼지 않지만 위협을 느끼는 사람이 있다면 이해가 간다.

누가 스프레이 페인트로 조각상을 훼손하는 모습을 본다면 어떤 기분이 들까?

화가 날 것 같다. 나는 그런 행위를 예술작품을 훼손하는 반달리즘으로 여기며 의견 차이를 표현하는 방식으로 용납되지 않는다고 생각한다.

누가 조각상 옆에서 우는 모습을 본다면 어떻겠는가?

걱정될 것이다. 다만 그 사람이 조각상 때문에 우울해서 우는 거라고 보기는 어렵다고 생각할 것이다.

당신의 경험이나 가까운 사람들의 경험에 영향을 받는가?

그렇다. 고등학교 때 친했던 친구의 이야기가 생각난다. 남자친구가 데이트를 마치고 데려다주었는데, 주차장에서 기다리던 이상한 남자와 맞닥뜨렸다고 한다. 그 남자가 성폭행을 하려고 했지만 내 친구가 그의 손가락 끝을 물어뜯어서 겨우 도망칠 수 있었다. 고등학교 때의 또 다른 친구 이야기도 생각난다. 그 친구의 언니가 기독교서점 뒤편에서 일을 하다 성폭행범의 공격을 피하지 못한 이야기다. 그리고 프랑스 시골에서 자전거를 타다가 성폭행을 당한 대학 시절의 교수와 대학 기숙사에 가던 길에 성폭행을 당한 친한 친구의 딸이 생각난다. 여자들이 당한 성폭행 사례가 여러 가지 떠올라서 몹시 불안해진다. 그래서 이런 조각상을 여자 대학교의 캠퍼스에 설치하는 것이 적절한지 의구심을 갖는 사람을 이해한다. 동의하지 않을 수는 있지만, 왜 이런 문제가 제기되었는지는 이해한다.

당신이 사는 지역의 역사나 관련성이나 현재 위치에 영향을 받는가?

그렇다. 나는 다행히 그 조각상과 멀리 떨어진 내 사무실에 있다. 그래서 내게 위협이 되지 않는다고 생각하기 쉽다. 내가 그 앞에 있지 않기 때문이다. 내가 바로 앞에서 실물 크기로, 나보다 훨씬 큰 조각상을 보았다면 나의 지각이 달라졌을 수도 있다.

당신의 가치관이나 도덕이나 문화나 신앙에 영향을 받는가?

아니다.

당신의 성장 배경이나 교육에 영향을 받는가?

그렇다. 나는 미술사 학위를 받은 데다 다년간 미술계 안팎에서 활동해 보통 사람보다 조각상에 더 익숙하다. 그 덕분에 나와 배경이 비슷하지 않은 사람보다는 그 조각상에 덜 감정적으로 반응할 수 있다.

당신의 직업적 욕망이나 야망이나 실패에 영향을 받는가?

아니다.

당신의 개인적 욕망이나 야망이나 실패에 영향을 받는가?

아니다.

당신이 태어날 때부터 좋아하는 것이나 싫어하는 것에 영향을 받는가?

그렇다. 인정하고 싶지는 않지만 솔직히 나는 대머리 남자들을 그렇게 좋아하는 편은 아니다. 단지 개인적 취향과 미적 감각의 문제일 수도 있지만, 나의 이런 취향이 조각상에 대한 나의 지각에 어떤 영향을 미칠지 감안할 수 있다.

당신의 금전적 경험이나 전망에 영향을 받는가?

아니다.

당신의 정치적 신념에 영향을 받는가?

아니다.

당신의 신체 조건이나 상태에 영향을 받는가(질병, 키, 체중 등)?

그렇다. 나는 평균 체형의 여자이고, 이 조각상은 평균 체형의 남자만 한 실물 크기다. 내
가 남자였다면 전혀 다른 반응을 보였을지도 모른다.

당신의 현재 기분에 영향을 받는가?

아니다.

당신이 동질감을 느끼는 집단과 소속감을 느끼는 조직에 영향을 받는가?

아니다.

당신이 즐겨 보는 매체, 예컨대 책, 텔레비전, 웹사이트에 영향을 받는가?

그렇다. 나는 일부 학생들의 진정서를 포함하여 매텔리의 조각상 항의에 관한 기사를 많
이 읽었다.

친구나 동료가 전하는 정보나 인상에 영향을 받는가?

그렇다. 어떤 친구가 내게 이 조각상이 "징그럽다"고 말했는데, 나라면 조각상을 묘사하
면서 이 단어를 쓰지는 않았을 것이다.

● ● ●

우리의 관찰을 변형할 수 있는 요인을 잘 파악할수록 더 빈틈없고 정
확하게 관찰할 것이다. 어떤 대상에 관해 객관적으로 보고해야 한다면

가공되지 않은 관찰 자료를 보고하는지, 자기만의 경험 필터로 걸러서 얻은 관찰 자료에 관한 가정을 보고하는지 자문해 보아야 한다.

관찰은 사실을 연구하는 과정이다. 우리에게는 우리가 본 자료에 영향을 미치거나 흐릿하게 만들 수 있는 지각 필터가 있다는 것도 알고, 다른 사람들에게도 그들만의 필터가 있다는 것도 안다. 그러나 추려 내고 싶은 것은 사실이다. 매텔리의 반라의 남자 조각상을 볼 때처럼 때로는 지각 필터가 의견을 사실로 위장하기도 한다. 예컨대 외상을 경험한 사람이라면 조각상의 손이 들려 있는 것을 보고 공격적이라고 볼 것이다. 또 미국 드라마 〈워킹데드Walking Dead〉의 팬이라면 조각상을 좀비로 묘사할 수도 있다. 어느 쪽도 사실이 아니다. 정확한 설명은 조각상이 손을 들고 팔을 뻗고 있다는 것이다. 조각상은 길을 잃은 걸까, 욕정에 찬 걸까? 어느 쪽도 아니다. 팬티 차림의 대머리 남자일 뿐이다. 이 남자가 징그럽다고 말하는 것은 주관적인 견해다. 이 남자를 징그럽다고 생각하는 객관적 이유를 설명한다면, 조각상을 그냥 재미있다고 생각한 사람들에게 유용한 사실이 드러날 수 있다.

사실을 탐색할 때는 주관적 발견과 객관적 발견을 구별해야 한다. 주관성과 객관성에 관해서는 다음 장에서 자세히 다룰 것이다. 일단 주관적 필터와 주관적 결과가 꼭 쓸모없는 것만은 아니라고 지적하고 싶다. 주관성을 무턱대고 내던질 필요는 없다. 그보다는 다른 사람들이 상황을 바라보는 방식을 이용해 우리가 혼자라면 놓쳤을 법한 새로운 사실을 발견해야 한다. 내게 더 자세히 캐물으면 나는 조각상의 손톱 길이에 불안감이 든다고 밝힐 수 있다. 그러면 남들은 내가 밝힌 내용을 바탕으로 조각상에서 놓쳤을지 모를 부분을 자세히 관찰할 수 있다. 체육관을 운영하는 사람은 조각상의 불룩한 배를 지적할 수 있는 반면에, 발병 전문의나 발에 통증이 있는 사람은 조각상의 이상한 자세를 지적할 수 있다. 여섯 살짜리 아이는 조각상에서 속옷회사 헤인즈^{Hanes}의 경영자와는 다른 부위에 주목할 것이다. 가장 중요한 정보를 놓치지 않으려면 모든 것에 눈을 떠야 하며, 심지어 타인의 주관성에도 눈을 감지 말아야 한다.

가장 흔한 지각 필터

누구나 어떤 대상을 처음 볼 때는 주관성에 빠지기 쉽지만, 구체적인 정보를 수집해 개인적이거나 직업적인 욕구를 충족해야 할 때는 주관성에 더 취약하다. 생계 수단을 찾든 그저 어느 한 사건을 살펴보든, 단지 보고 싶다는 이유나 일 때문에 봐야 한다는 이유로 보아서는 안 된다.

보고 싶은 것을 보기

보고 싶은 것을 보는 아주 흔한 필터는 인지적 편향, 확증 편향,[86] 소망적 보기, 터널시 같은 여러 이름으로 불린다. 이 필터 때문에 선택적으로 정보를 수집하고, 무의식중에 자신의 기대를 지지하는 자료를 찾고 그렇지 않은 자료는 무시하는 위험에 빠진다. 다양한 분야에서 흔히 눈에 띄는 함정이다. 경찰관이 인종 프로파일링(피부색과 인종을 기반으로 용의자를 추적하는 수사 기법―옮긴이)에 의존할 때, 기자가 어떤 사안에 관한 첫 의견을 지지해 줄 전문가들만 인터뷰할 때, 학자들이 자기가 세운 가설을 뒷받침하는 사례 연구를 계획할 때, 관리자가 어떤 직원에 대한 기존 생각을 확인해 주는 업무에만 주목해서 직원을 평가할 때 이런 함정을 볼 수 있다. 부모도 자녀가 일탈 행동을 보이면 정확히 평가하려

애쓰지만, 같은 함정에 빠진다.

소망적 보기가 우리의 지각 경험을 형성한다는 증거는 '빈도 착각 frequency illusion'이라는 현상에서도 발견된다.[87] 이는 어떤 일에 관해 처음 알게 되면 갑자기 곳곳에서 그것이 보이는 현상이다. 예컨대 새 차를 사면 같은 차가 여기저기서 보인다. 그 차가 갑자기 도로로 쏟아져 나온 것이 아니라 전에는 눈여겨보지 않았을 뿐이다. 이 책을 다 읽고 나서도 미술과 관련해서 같은 현상이 나타날 것이다. 미술작품을 세심히 관찰하라는 주문을 받으면 여기저기서 미술작품이 눈에 띌 수 있다. 시리얼 광고와 우산과 노트북 커버에서도 미술작품이 보일 수 있다. 미술작품을 접하는 빈도가 신기하게 증가하는 것이 아니다. 그런 이미지는 늘 그 자리에 있었다. 다만 그런 이미지가 새삼 눈에 들어오는 이유는 새로 향상된 관찰력에 부합하고, 당신이 더는 차단하지 않기 때문이다.

확증 편향은 소망 충족이라는 광각렌즈(그녀는 그것이 진실이기를 간절히 바라서 그런 식으로 보았다)로 보면 비교적 이해하기 쉬운 편이지만, 우리의 기호가 크기, 길이 또는 거리와 관련하여 사물의 상세한 물질적 특성을 보는 방식을 바꿀 수 있다는 사실은 잘 알려지지 않았다.[88] 세계 각지의 연구자들은 우리의 욕구 때문에 사물이 실제보다 물리적으로 더 크고 가깝게 보인다는 사실을 발견했다. 네덜란드의 한 실험에서는 피험자들에게 초콜릿 머핀의 크기를 추측하게 했다.[89] 다이어트 중인 사람들은 그렇지 않은 사람들보다 머핀의 크기를 훨씬 크게 추측했다. 머핀은 칼로리를 따지는 사람들이 먹고 싶어 하는 음식이기 때문이다. 뉴욕에서는 피험자들에게 물병을 보여주고 얼마나 가까이 있는지 물었다.[90] 목이 마른 피험자들은 다른 사람들보다 물이 더 가까이 있다고 응답했다.

믿는 대로 보는 성향은 대체로 무의식 차원에서 일어나지만 특정한 결과를 기대하면 그 기대를 뒷받침하는 증거를 더 열심히 찾게 된다는 점을 인식하기만 해도 그 효과를 줄일 수 있다. 확증 편향은 특히 자기 검증self-verification과 자기 고양self-enhancement의 감각을 주는 정보에서 흔히 나타난다. 욕구를 사실로 착각하지 않으려면 다음 두 가지 질문을 던져야 한다. "이 정보는 내가 처음 생각한 것과 일치하는가?" "이 정보는 개인적으로나 직업적으로나 내게 도움이 되는가?" 두 가지 중 하나만 맞아도 결과가 사실에 기반을 둔 것일 수 있지만, 자신의 기대를 솔직하게 점검하면 정보 수집 과정이 좀 더 투명해질 수 있다.

보라는 말을 들은 것을 보기

가끔은 다른 사람들이 우리의 관찰에 지각 필터를 더할 수도 있다. 우리가 찾아야 한다고 생각하는 것을 찾을 때는 사실을 찾으려는 진지한 마음이 퇴색할 수 있다. 내가 만약 앞의 사진(76쪽)을 보여주기 전에 세인트 존 더 디바인 대성당에 있는 제인 알렉산더의 전시품이 외설적이라는 비난을 받는다고 언급했다면 당신은 내 말을 듣지 않았을 때보다 개 얼굴을 한 인간 조각상의 노출 상태에 훨씬 더 빨리 주목했을 것이다. 또 내가 만약 토니 매텔리의 조각상 사진을 보여주기 전에 속옷 속에 보석을 밀반입한 남자 이야기를 들려주었다면 당신은 아마 그 이야기를 듣지 않았을 때보다 남자의 복장과 그 안의 불룩한 부분에 더 쉽게 주목했을 것이다. 우리는 미처 깨닫지 못하더라도 보라는 말을 들은 것을 보게 된다.

이런 현상을 상쇄하려면 관찰력에 영향을 미칠 수 있는 외부의 제안이나 제약에 각별히 주목해야 한다. 내가 버지니아 대학교 간호대학에서 강의를 마치자 한 학생이 찾아와서 '예외를 기록하는' 의료계의 일반적인 관행에는 한계가 있는 것 같다고 말했다. 예외를 기록하는 방식은 원래 의료 기록 보관을 간소화하고 추이를 더 쉽게 신속히 검토하기 위한 관행이었다. 의료 종사자들은 그래서 정상 상태보다는 특이한 결과나 예외만 기록하게 된다. 따라서 의사와 간호사들은 특히 앞선 교대 직원이 차트에 WDL(정의된 한계 이내)을 기입한 경우에는 환자에게서 찾아야 할 정보를 제한하고 싶어진다.

곧장 차트부터 들춰 보아서는 안 된다. 우선 환자를 직접 보아야 한다. 환자가 어떻게 보이는가? 환자가 당신에게 어떤 반응을 보이는가? 다른 모든 분야의 양식이나 평가나 표준화된 보고서에도 같은 원리를 적용하라. 스스로 상자에 갇혀서 꼼짝 못하게 되지 않도록 주의하라. 첫 관찰에서는 되도록 편견과 제약을 떨쳐 내야 한다. 예컨대 관리자가 직원의 정확성이나 수익성을 평가하는 양식에 집착한다면 직원의 복장이나 행동이나 신체 언어 같은 다른 효과적인 기준을 간과할 수 있다. 주어진 일람표 이상을 보라. 기준에만 주목하고 확인란에 체크하는 데만 집중하다 보면 애초에 완벽하고 정확한 분석이 어려워진다.

이런 이유에서 나는 강의를 듣는 수강생들에게 미술관에 갈 때 작품 옆의 설명을 읽지 말라고 하고, 이 책에서도 필요에 따라 작가나 작품명을 곧바로 소개하지 않는다. 설명을 읽다 보면 의견이 생기고 편견에 빠지게 되기 때문이다. 내가 67쪽의 흑백사진을 〈렌쇼의 소〉라고 바로 알려 주었다면 당신은 어떤 이미지를 아무런 제약 없이 보는 경험과 소를 알아보지 못해서 얻게 될 교훈을 놓쳤을 것이다. 토니 매텔리의 조각상 제목이 〈몽유병자〉라는 것을 알았다면 남자를 캠퍼스에 난입한 사람으로 상상하거나 다른 사람들이 그렇게 본다는 것을 이해하기 어려웠을 것이다.

나는 정부 요원들을 데리고 스미스소니언 미술관에 가서 피라미드에 매끄럽고 둥근 공들이 박혀 있고 반으로 쪼개진 안쪽에 얼굴이 들어 있는 조각상 옆에 서 있었다. 어떤 사람은 새로운 생명이 알을 깨고 나오는 형상으로 보인다고 말하고, 또 누군가는 대포 안에 있는 죽음의 표식을 보았다고 하고, 또 다른 누군가는 구체를 보니 반쯤 초콜릿에 담갔다가 땅콩버터를 한 스푼씩 올린 벅아이 캔디(땅콩버터 퍼지를 초콜릿에 담근 캔디. 오하이오 주의 벅아이 나무와 닮아서 벅아이라는 이름이 붙었다. 오하이오 주와 그 일대에서 많이 먹는다 – 옮긴이)가 생각난다고 말했다. 작품의 제목이 〈고인을 추도하며In Memoriam〉라는 사실을 알았다면 모두의 관찰이 상실과 전쟁 쪽으로 기울었을 것이다. 대신 우리는 더 솔직한 정보를 다채롭게 받았고, 세 번째 참가자가 오하이오 출신이고 배가 고프다는 걸 알았다. 이런 유형의 정보가 관련이 있거나 유용할까? 물론 그럴 수 있다. 친분 없는 상황에서 개인적인 경험의 문이 열리면서 세 번째 남자의 동료들은 그를 이전과는 전혀 다르게 보게 된다. 이를테면 그에게서 중서부 지방의 어머니 부엌에 있는 어린 소년의 모습을 볼 수 있다.

어떤 대상을 완벽하고 정확하게 그려 보려면 구할 수 있는 모든 정보를 취합해 최대한 다양한 관점으로 살펴보고 우선순위를 정하고 이해해야 한다. 설명과 미리 작성된 해설과 기존 정보도 취합할 수는 있지만 그전에 먼저 직접 보아야 한다.

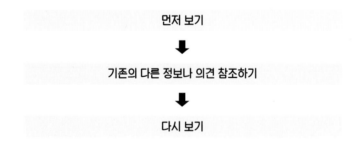

먼저 보기

⬇

기존의 다른 정보나 의견 참조하기

⬇

다시 보기

기본적으로 우리는 두 번 볼 것이다. 처음에는 외부의 영향을 전혀 받지 않고 보고, 그다음으로 새로운 정보를 토대로 한 관점으로 본다. 이 장에서도 먼저 서두에 나오는 사진을 직접 보면서 외부의 영향을 전혀 받지 않았다. 이제 추가 정보를 얻었으니('렌쇼의 소'라는 정보) 67쪽으로 돌아가서 사진을 다시 보자. 제목이 무언가를 의미하거나 어떤 식으로든 익숙하게 들리는가? 렌쇼는 사실 앞 장에서 언급한 새뮤얼 렌쇼와 동일인이다. 시각 전문가인 그가 개발한 항공기 인식 시스템은 제2차 세계대전 중에 비행 전 후보생 28만 5000명을 훈련하는 데 쓰였다.

렌쇼는 오하이오 주립대학에 있는 자신의 연구실에서 화질이 좋지 않게 현상된 소의 사진을 방문객들에게 보여주고 그것이 무엇으로 보이는지 물어보곤 했다. 성인들은 거의 다 틀린 답을 댔다. 렌쇼가 전쟁에 기여한 공로를 취재하던 한 기자는 그것이 유럽의 지도라고 확신하면서 확증 편향을 드러내기도 했다.[91] 반면에 아이들은 렌쇼의 사진을 보고 모두 곧바로 소라고 답했다. 왜일까? 아이들은 경험이 축적된 기간이 짧고, 본래 남의 말을 잘 듣지 않아 시각을 방해하는 관점의 필터가 적기 때문이다.

변화를 보지 못하는 현상

세 가지 주요 지각 필터 가운데 마지막은 변화 맹시change blindness로, 시야에 일어나는 변동을 알아채지 못하는 현상이다. '보이지 않는 고릴라' 실험의 심리학자와 우리의 친구 신사 도둑은 둘 다 우리가 이런 지각적 병폐에 얼마나 쉽게 사로잡히는지를 극적으로 보여주었다.

대니얼 사이먼스 연구팀은 대학에서 지나가는 사람들에게 다가가 길을 묻는 실험을 했다.[92] 두 사람이 대화를 나누는 동안 남자 둘이 불투명한 문을 들고 두 사람 사이를 지나고 그사이에 길을 묻던 사람이 다른 사람으로 바뀌었다. 길을 알려 주던 사람들 가운데 50퍼센트만 상대가 바뀐 사실을 알아챘다. 아폴로 로빈스는 내셔널지오그래픽 채널의 〈브레인 게임Brain Games〉이라는 프로그램에 자문으로 나와서 라스베이거스의 호텔에서 있었던 에피소드를 통해 변화 맹시를 시연했다.[93] 손님들이 호텔 직원과 이야기하는 사이에 직원이 펜을 떨어뜨리고 펜을 주우러 데스크 밑으로 몸을 굽히면 다른 사람이 일어나는 실험이었다. 다른 직원이 나타난 사실을 알아챈 사람은 절반에 못 미쳤다.

뇌가 1초에 1100만 비트의 정보를 접한다는 사실과 우리가 처리하고 집중할 수 있는 정보가 유한하다는 속성을 고려하면, 변화 맹시는 그리 놀라운 현상이 아니다.[94] 변화 맹시와 싸우는 한 가지 방법은 변화가 아주 작아서 실시간으로 관찰하기 어렵다고 해도 항상 모든 것이 변화하고 있다는 사실을 인식하는 것이다. 나무를 생각해 보라. 나무가 자라는 것을 볼 수는 없지만 1년에 몇 센티미터씩 아주 서서히 자란다. 매일 같은 나무를 지나치면서 똑같아 보인다고 생각할 수 있지만 가까이 들여다보면 어떻게 될까?

마크 허시Mark Hirsch가 실제로 해보았다. 그는 19년 동안 매일 차로 위스콘신 플래트빌에 있는 나무 옆을 지나다녔다. 전문 사진가이지만 새 아이폰을 사기 전에는 그 나무를 찍을 생각을 해본 적이 없었다. 그러다 1월의 어느 저녁 흩날리는 눈발에 덮인 그 나무를 지나치다가 차를 길가에 대고 새 아이폰으로 처음 사진을 찍었다. 그는 옥수수 밭 끝에 솟은 키 큰 오크나무 사진에 매료되어 1년간 하루도 빠짐없이 같은 나무를 사진으로 남겼다.[95]

1킬로미터 남짓한 거리에 살면서 수천 번도 더 본 나무이지만 제대로 바라보는 시간을 갖고서야 그 나무와 익숙하던 골짜기가 "낯설고 경이로운 것들을 발견할 수 있는 이국의 땅"[96]이라는 사실을 깨달았다.

마크 허시, 〈그 나무, 2012년 3월 14일〉, 위
〈그 나무, 320일: 2월 6일〉, 가운데
〈그 나무, 51일: 5월 13일〉, 아래

어떤 상황을 접하고 전에 보거나 해본 일과 같을 거라고 생각하면 자기만의 지각 필터로 거르기 때문에 변화를 감지하기가 더 어려워진다. 이렇게 생긴 눈가리개 때문에 중요한 세부 정보를 놓치거나 자동조종장치를 켜거나, 더 심각하게는 자신의 전문 지식이나 능력이나 안전에 관해 주제넘게 나서게 될 수 있다. 그리고 그 순간 모든 것이 위험해질 수 있다.

내 강의에 참석한 어느 수사관은 종종 수사에 착수하기도 전에 '범죄 현장이 어떨지 정확히 안다'고 생각했다고 말했다. 수사관으로 오래 일한 사람에게는 자연스러운 현상이고, 누구나 그러고 싶은 유혹에 빠진다. 그러나 그래서는 안 된다. 의사나 경찰관이나 교사가 "전에 다 본 거야"라고 말하면 잘못이다. 유사한 사례나 사람들을 보거나 유사한 일을 처리해 보았을지는 몰라도 현재 그들 앞에 주어진 새로운 상황은 접해본 적이 없다. 이제껏 존재하지 않은 상황이기 때문이다. 허시의 나무 사진을 보자. 똑같은 나무일 수도 있지만 날씨와 습도와 빛이 동일하지 않다. 나무껍질을 기어오르는 무당벌레는 이전과 똑같은 길로 기어오르지 않는다.

직장이든 교실이든 범죄 현장이든, 고객이든 학생이든 환자든, 사람들이든 문제든 세상에 완벽하게 같은 것은 존재하지 않는다. 똑같은 폐렴, 똑같은 2학년생, 똑같은 사업 거래는 없다. 모든 사람과 상황은 그 나름대로 고유하다. 모두를 똑같이 대하는 것은 상대는 물론 자기 자신도 속이는 짓이다.

착각의 기술

마술사는 변화 맹시와 확증 편향 같은 지각 필터를 이용해서 우리에게 즐거움을 선사한다. 사기꾼도 이런 지각 필터를 이용해서 우리를 속인다. 아폴로 로빈스에 따르면, 사기꾼에게 넘어가지 않는 최선의 방책은 "우리가 항상 제대로 먹히는 기술을 가진 도둑에게 취약하다는 사실을 인지하는 것"[97]이라고 한다.

뇌가 우리에게 쓰는 속임수도 마찬가지일 것이다. 누구나 점차 진화하는 무의식의 필터에 취약하다. 무의식의 필터를 인지하거나 검토하지 못하면 낭패를 볼 수 있다. 이런 무의식의 필터에 맞서 스스로를 무장하려면 먼저 그 존재를 인지해야 한다. 자신의 지각 렌즈를 알아차리면 그 렌즈를 곧장 통과할 수 있다.

4장

어느 하나도
그냥 지나치지 마라
객관적인 감시에서의 누구, 무엇, 언제, 어디

여느 토요일 오후처럼 고급 쇼핑몰은 쇼핑객으로 번잡하다. 학생들, 아기를 데리고 나온 엄마들, 직장인들, 연인들, 모든 연령과 인종의 사람들이 번쩍이는 5층짜리 소매점의 낙원에서 어슬렁거렸다. 쇼핑몰의 중앙에서 밝은 적갈색 에스컬레이터가 둥근 지붕 아래 햇살이 비치는 아트

리움을 십자로 교차했다. 여기서 고객들은 요구르트를 시식하거나 영화를 보거나 최신 유행을 찾아볼 수 있었다. 3만 2000제곱미터의 건물 내부에는 슈퍼마켓과 은행, 카지노, 영화관, 80개 이상의 점포가 들어와서 볼 것도 많고 할 일도 많았다. 어쩌면 지나치게 많았는지도 모르겠다.

2013년 9월 21일, 네 남자가 쇼핑몰의 중앙 입구로 들어와 수류탄을 던지기 시작했다. 이들이 안에 들어서자 정확히 가늠하기 어려운 수의 사람들이 합류해서 닥치는 대로 자동화기를 발사했다. 이들 소규모 테러 집단(많아야 여덟 명이었을 것이다)은 케냐 나이로비의 웨스트게이트몰을 나흘간 점거한 채 68명을 사살하고 175명 이상에게 부상을 입히고 건물 대부분을 폭파했다.[98]

어떻게 이렇게 적은 사람들이 복잡하게 뻗어 나간 현대적인 쇼핑몰을 그렇게 오래 점거하고 수백 명을 억류할 수 있었을까? 완벽한 관찰과 더불어 현지인과 방문객과 쇼핑객과 경찰 사이의 의사소통 단절이 그 원인이었다.

쇼핑몰에 억류된 친구들에게 문자메시지를 받은 시민들은 도움을 구하려 했지만 경찰특공대도, 지휘본부도 보이지 않고 정부의 조직적인 대응도 보지 못했다. 쇼핑몰 보안팀은 도망쳤다. 쇼핑몰 내 은행의 무장 경비들은 구석으로 숨었다. 테러가 시작되고 몇 시간이 지났는데도 방어선이 설치되지 않아 사람들은 처음에 테러범들이 그냥 도주한 줄 알았다.

뒤늦게 경찰과 군인들이 현장에 나타났을 때는 무전기가 서로 다른 주파수로 설정되어 있어서 소통하지 못했고, 야간투시경도 없어서 날이 저문 뒤에는 할 수 있는 일이 많지 않았다. 아무도 건물의 설계도를 찾을 수 없었다. 지도라고는 웨스트게이트 홈페이지에서 인쇄한 것밖에 없었다. 홈페이지는 세계 곳곳의 사람들이 소식을 듣고 몰려들자 곧 다운되었다.

테러 사건 내내 피해자들과 당국이 직면한 가장 큰 난관은 누가 좋은 쪽인지 파악하기 어렵다는 점이었다. 현장에서 총을 든 사람들은 범인들만이 아니었다. 비번인 경찰과 지역 폭력배, 자경단, 영국 공군 특수부대 요원, 무장한 일반 시민들이 있었다. 그리고 그들이 입은 제복도 그들이 쓰는 언어만큼 다양했다. 테러범들은 도중에 옷을 갈아입었다. 테러범들이 이슬람교 인질들을 살려 준다는 소문이 돌자 쇼핑객들은 옷을 나눠 입으며 국적을 위장하려 했다. 밖에서는 케냐의 지역 경찰이 자기네 비밀요원을 테러범으로 오인해서 사살하는 사고가 발생했다. 이런 끔찍한 혼란 탓에 건물 진입 작전이 며칠이나 지연되었다.[99]

구조대가 자기네끼리 언쟁을 벌이는 사이 테러범들은 쇼핑몰에 미리 숨겨 둔 탄약으로 무기를 장전하고 나흘간 가까스로 몸을 숨긴 쇼핑객들을 찾아 심문하고 고문하고 신체를 훼손했다.

당신이 그 안에 있었다면 어땠을까? 당신의 가족이 그 안에 있었다면 어땠을까? 웨스트게이트 공격은 극단적인 군중 폭력 사례이지만, 그리 이례적인 사건은 아니다. 2005년부터 2012년까지 세계 각지에서 쇼핑몰 총격 사건이 16회 발생했는데, 그중 12회가 미국에서 일어났다.[100] 2015년에는 소말리아의 테러 집단 알샤바브가 추종자들에게 미국 미네소타의 쇼핑몰에서 케냐의 쇼핑몰 테러와 같은 공격을 감행하도록 촉구했다.

중요한 정보를 빠트리거나 잘못 처리하면 개인의 안전에만 위협이 되는 것이 아니다. 직업적 명성, 기업의 평판과 수익에도 영향을 미친다. 우편물실에서 회의실까지 정보가 잘못 처리되면, 주식과 금융부터 고용과 고객 신뢰에 이르기까지 기업의 다양한 측면을 침해할 수 있다. 오늘날과 같은 디지털 시대에는 기업의 위기에 관한 뉴스가 즉각 국제뉴스로 퍼진다. 영국계 로펌 프레시필즈 브룩하우스 데링거Freshfields Bruckhaus Deringer에서 실시한 세계적 연구에 따르면, 위기를 맞은 기업의 53퍼센트는 1년 뒤에도 위기 이전 수준으로 주가가 회복되지 않았다.[101]

위기는 조직의 결함을 순식간에 만천하에 드러낼 만큼 혹독한 시련이다. 그러나 위기 상황에서만 우리가 본 정보를 정확히 정리하고 소통해야 하는 것은 아니다. 주어진 상황을 객관적으로 관찰하고 사실과 허구를 구별하며 정보의 우선순위를 정하고, 어떤 상황에서든(목숨이 걸려 있든 생계가 걸려 있든) 정보를 효율적으로 전파해야 한다. 이제 더 잘 대비하려면 어떻게 해야 할지 단계별로 알아보자.

사 실 대 허 구

앞 장에서 살펴본 지각 필터 때문에 뇌에서 간혹 가정을 사실로 처리할 수 있다. 이제 이 책 전체에서 연습하는 방식대로 가정과 사실의 차이를 살펴보자. 우선 아래 두 그림을 보자.

각 그림에는 짧은 머리의 백인 여자가 다리를 드러내고 고개를 숙이

고 앉아 있다. 두 그림이 비슷해 보이는가? 비슷해 보인다면 에드워드 호퍼Edward Hopper라는 화가가 그린 작품이기 때문일 것이다. 그러나 이 정보를 바탕으로 곧바로 어떤 결론에 이르러서는 안 된다.

아래 두 여자를 보자.

같은 여자인가? 같은 여자다. 부유한 예술 후원자가 두 화가에게 아내의 초상화를 의뢰했는데, 바로 그의 아내 모드 데일Maud Dale이다. 같은 작가일까? 아니다. 왼쪽은 프랑스 화가 페르낭 레제Fernand Léger의 그림이고, 오른쪽은 그보다 16년 전에 미국의 조지 벨로스George Bellows가 그린 그림이다.

관찰한 정보에서 자료를 잘 수집하고자 한다면 느낌이나 겉모습이나 과거의 경험에 따라 (누가 어떤 사람인지를 포함하여) 뭔가를 가정할 수는 없다. 마찬가지로 다양한 상황에서 사실도 확인하지 않고 너무 빨리, 또는 너무 이르게 행동하면(사업 문제에 관한 해결책을 실행하거나 직원을 질책하거나 관계를 끝내면) 피해를 입을 수 있고, 때로는 그 피해가 치명적일

수 있다.

나이로비 웨스트게이트 쇼핑몰 테러 당시에 쇼핑몰 안에 억류된 쇼핑객 중에서 무장 괴한의 정체를 잘못 추측한 사람들은 끔찍한 대가를 치러야 했다. 사실 아군인 경찰과 시민과 테러범이 모두 비슷하게 무장하고 비슷한 차림이었다. 테러범들이 당국 요원처럼 보이는 제복을 입고, 비밀경찰이 일상복을 입었기 때문이다. 나쿠마트 슈퍼마켓에 숨어 있다가 살아 나온 사람들의 전언에 따르면, 총을 든 사람들이 몇 시간 뒤에 그들이 숨은 곳에 와서 구조대라고 밝히면서 숨어 있던 사람들에게 밖으로 나오라고 말했다고 한다. 이제 살았다고 생각하고 밖으로 나간 사람들은 테러범들에게 총격을 당했다.[102]

누가 사실이라고 말한다는 이유만으로 사실이 되는 것은 아니다. 사람들은 거짓말을 하고, 앞에서 살펴보았듯 우리 눈도 항상 진실을 말할 거라고 믿을 수는 없다. 사실이 정말 사실인지 확인하려면 매번 검증해야 한다.

나는 강의를 위해 혼자 세계 각지를 다니면서 개인적인 안전을 비교적 잘 지키고 있다고 자부하지만 경찰 전문가들에 따르면 결코 충분한 것은 아니다. 예컨대 펜실베이니아 해리스버그에서 열리는 FBI 훈련 행사에서 강의하기 위해 기차역에 도착했을 때 FBI가 배정해 준 운전사에게서 역 앞에 회색 도요타 픽업트럭이 대기한다는 문자를 받았다. 나는 한눈에 그 차를 발견해서 기쁜 마음으로 친절한 운전사에게 짐을 건네고 차에 올라탔다. 문이 닫히고 차가 움직이기 시작했을 때 운전사가 나를 놀라게 했다.

"제가 기대가 컸네요." 운전사가 말했다.

기대가 크다니? 무슨 기대?

"저한테 신분증을 보여달라고 요구하지 않으셨잖아요. 제가 다른 사람일 수도 있었는데."

"하지만 이 차 제조사와 모델명을 문자로 받았어요." 내가 힘없이 항변했다.

"이런 특별할 것 없는 회색 트럭이요? 아까 그 기차역에 회색 트럭이 몇 대나 서 있었을까요?"

나는 몰랐다. "그래도 저한테 문자를 보내셨잖아요." 내가 다시 말했다.

"그게 제가 보낸 건 줄 어떻게 알아요? 선생의 전화번호는 생각보다 찾기 쉬워요. 누가 선생을 납치하기로 마음먹으면 손쉽게 넘어가셨을 겁니다."

물론 틀린 말이 아니었다. 그에게 한 수 배웠다. 더 주의해야 한다. 범죄자들이(또는 경쟁자들이) 방어 태세를 늦추지 않으므로 우리도 경계를 게을리해서는 안 된다.

게다가 겉으로 보이는 모습이 거짓일 수 있다는 점을 명심해야 한다. 어떤 사람이 손을 내밀고 미소를 짓는다고 해서 그 사람이 좋은 사람이거나 당신이 만나기로 한 사람이라는 뜻은 아니다. 나는 교통안전국^TSA 의 행동 탐지 요원들과 함께 일하면서 공항 터미널의 잘 차려입은 남자가 부자가 아니라 외모로 속이려고 위장한 마약 밀수범일 수 있다는 사실을 배웠다. 마찬가지로 소박한 행색의 할머니가 엄청난 부자일 수도 있다. 나이 든 여자의 옷차림이라는 사실에는 '올이 드러난 스웨터, 뒤꿈치가 닳은 캔버스 운동화, 왼손 약지의 작은 금반지'가 포함되지만 그 여자가 '중산층'이라거나 심지어 '과부'라는 정보는 포함되지 않는다. 금반지를 꼈다고 해서 자동으로 결혼했다는 뜻이 되는 것은 아니다.

오직 사실만

흔히 우리 앞에 쌓인 정보의 더미에서 입증된 정보만 발견하려면 새로운 장면이나 환경을 평가할 때 사실을 모두 수집하는 것을 첫 번째 목표로 삼아야 한다. '사실'은 '실제 경험이나 관찰에 의해 알려진 진실'로 정의된다. 항상 열린 마음으로 명백한 정보를 꿰뚫어 보되, 진실이라고 가정하는 것이 아니라 진실이라고 관찰할 수 있는 정보에만 주목해야 한다.

무엇을 보든(그림이나 병실이나 파티에 모인 동료들이나 광장이나 공항에 있는 사람들의 행렬), 기자와 경찰관과 과학자가 채택하는 정보 수집의 기본 모형을 통해 누구, 무엇, 언제, 어디를 살펴보아야 한다. 이 장면에는 누가 관련되어 있는가? 무슨 일이 벌어졌는가? 언제 일어났는가? 그리고 어디서 일어났는가? ('왜'는 7장에서 살펴볼 것이다.)

이제 96쪽에 실린 에드워드 호퍼의 그림을 살펴보면서 사실을 얼마나 수집할 수 있는지 알아보자. 거듭 말하지만 이 작품을 미술작품으로 감상하는 것이 아니라 데이터로 활용할 것이다. 호퍼의 이 그림을 앞으로 몇 쪽에 걸쳐 분석하는 것이 지나치게 상세하다고 여길 수 있지만 이것이 핵심이다. 어느 하나도 그냥 지나치지 말라. 시간을 내어 그 과정을 흡수하라.

누구?

이 그림의 주인공은 누구인가? 외로운 여인. 확실한가? 다시 보라. 실내에 또 누가 있는가? 창문에 다른 사람의 모습이 비치는가? 아니다. 혼자 있는 것으로 보인다.

이 사람에 관해 또 무엇을 아는가? 결혼을 했을까, 독신일까? 알 수 없다. 여자의 이름을 아는가? 모른다. 여자를 어떻게 명확히 묘사할 수 있을까? 백인이고 이십 대나 삼십 대로 보인다. 혼자 있지 못할 만큼 어려 보이지 않는다. 얼굴에 주름이 없는 것으로 보아 십 대 후반부터 사십 대 초반 정도일 것이다. 실제 나이를 알아낼 수는 없지만 다른 가능성을 제거했다. 열 살은 아니고 예순 살도 아니다.

키는 어떤가? 키가 얼마나 되는지 말할 수 있는가? 그렇다. 실내의 크기로 볼 때 여자는 보통 크기로 보이는 테이블과 의자에 앉아 있다. 따라서 표준 규격의 테이블에 대역을 앉혀서 측정하거나 왼쪽의 문손잡이와 비교해서 상당히 근접한 키를 추정할 수 있다.

체중은 어떤가? 헐렁한 코트를 입고 있어서 몸통이 보이지는 않지만 가느다란 목과 손가락과 날씬한 다리와 다소 밋밋한 가슴이 보인다. 평균 체중이거나 평균에 약간 못 미치는 정도이고 과체중은 아니라고 결론을 내릴 수 있다.

무엇을 입고 있는가? 코트와 모자. 구체적으로 살펴보자. 그림 속 여자에 관해 다른 사람에게 설명하고, 코트를 입고 모자를 쓴 다른 여자와 구별해야 한다면 어떻게 설명하겠는가? 여자는 칼라와 소매에 갈색 모피를 댄 긴팔의 초록색 코트를 입고 있다. 앉은 상태로 코트가 무릎까지 내려오므로 일어서면 더 길 것이다.

여자의 의상에 관해 또 무엇을 관찰할 수 있는가? 오른쪽에 조그만 모조 체리 송이가 달린 노란색 모자를 쓰고 있다. 챙이 아래로 늘어져서 얼굴에 그림자가 졌다. 여자가 골라 쓴 모자가 어떤 종류인지 알면 여자에 관해 더 많은 정보를 알아낼 수 있다. 그럼 어떤 종류의 모자인가? 나도 당신도 모자상이 아니므로 이 모자를 찾아보아야 한다. 인터넷에서 간단히 검색할 수 있다. 다만 사실에 입각해 자세히 설명해야 좋은 결과를 찾아낼 수 있다. 내가 구글에서 '여자 모자'를 검색했을 때 결과가 6700만 개나 나왔다. '꼭 맞고 챙이 내려온 여자 모자'라고 검색하자 결과가 300만 개로 줄어들었고, 맨 위의 세 사이트에서 곧바로 정답을 제시했다. 클로시cloche라는 모자였다. 조금 더 검색한 뒤 나는 클로시가 머리에 꼭 맞는 종 모양의 모자로 1908년에 처음 나와서 1920년대에 크게 인기를 끌었다는 정보를 얻었다.

여자의 신발은 보이지 않지만 여자가 한손에만 장갑을 끼고 있는 것을 알았는가? 다른 한 짝은 어디 있을까? 보이지 않는다. 이쯤 해서 "그래서요? 알 게 뭡니까?"라고 물을 수 있다. 그러나 삶의 비밀은 아주 작은 세부 정보를 통해 드러날 때가 많다. 사소한 정보가 범죄를 해결할 수 있다. 사소한 정보가 중요한 진단으로 이어질 수도 있다. 사소한 정보가 큰 정보를 밝혀낸다.

여자가 장갑을 한 짝만, 왼손에만 끼고 있다는 사실은 중요한 정보다. 특히 오른쪽 장갑이 다른 곳에서 발견된다면 가장 중요한 사실일 수 있다. 범죄 현장에서 장갑 한 짝이 발견된 것은 O. J. 심슨 살인 사건 재판에서 결정적인 부분이 되었다.

우리의 주인공이 장갑을 한 짝만 끼고 있다는 사실이 여자의 심리 상태를 반영할지도 모른다. 여자는 정신이 산만한가? 서두르는가? 여자가 앉은 테이블에 빈 접시와 잔과 받침이 놓여 있다는 사실은 여자가 이 테이블에 한동안 앉아 있었음을 의미한다. 여자는 장갑을 껴서 왼손의 무언가를 감추려는 것일까? 손이 기형일까? 더러운 자국을 감추려는 것일까? 결혼반지를 감추려는 것일까? 이런 질문의 답을 알 수는 없지만 사실을 일목요연하게 정리하다 보면 적확한 질문을 던지게 된다.

보석은 어떤가? 왼쪽 귀의 붉은색이 빨간색 귀걸이일까, 아니면 동그랗게 말린 머리카락일까? 귀걸이처럼 보이지만 코의 맨 아랫부분을 기준으로 삼아서 귀가 있어야 할 자리를 추정하면 붉은 동그라미를 귀걸이라고 보기에는 위치가 너무 높다.

오른손 약지에 반짝이는 것이 반지일 수도 있고, 아니면 약손가락과 새끼손가락이 약간 떨어져 있어서 그 사이로 흰색 테이블이 보인 것일 수도 있다. 손이 놓인 모습을 더 자세히 살펴보면, 만약 손가락이 떨어져 있었다면 그 사이로 진갈색 소매가 보이지 테이블이 보이지는 않을 거라는 사실이 드러난다.

여자가 팔찌를 했는지는 알 수 없지만 목걸이를 한 것으로 보이지는 않는다.

여자의 신체 언어는 어떤가? 입술을 떼 금방이라도 말할 것 같지만 누구와 함께 있지는 않다. 여자는 코트를 입고 있다. 그리고 장갑을 끼지 않은 오른손으로 잡은 잔을 내려다보고 있다.

컵에 담긴 것은 무엇일까? 커피일까? 어떻게 확신할 수 있을까? 유리컵이 아니라 잔이 있다는 것은 찬 음료가 아니라 따뜻한 음료가 담겨 있다는 뜻이다. 핫초콜릿을 마시고 나면 흔히 남는 거품이나 갈색 잔여물이 보이지 않는다. 뜨거운 차를 마실 때 나오는 티백이나 스푼도 없다. 따라서 커피가 가장 그럴듯해 보이지만 아직 사실은 아니다.

어떤 사람의 복장과 행동, 대상과의 상호작용을 객관적으로 평가하는 수사 기법을 동원하면 공항의 일반 여행객이 테러범으로 돌변할지 모를 상황부터 길가에 차를 세우고 기다리는 운전자가 납치범일지 모르는 상황까지 어떤 상황에서든 미지의 인물의 정체나 의도를 밝히는 데 도움이 된다. 케냐의 쇼핑몰에 간신히 몸을 숨긴 이들이 사람들의 신발이 제복과 어울리는지, 총이 어떤 종류인지, 걸음걸이가 어떤지 확인했다면 그들을 구조할 사람이 누구이고 살해할 사람이 누구인지 더 많은 정보를 얻었을 것이다.

무엇?

우리의 조사 모형에서 두 번째 질문은 무엇이 일어났는지, 또는 일어나고 있는지다. 주된 행위는 무엇인가? 호퍼의 그림에는 별다른 행위가 없다. 여자 혼자 테이블 앞에 앉아서 잔을 들고 있을 뿐이다. 그림에는 다른 사람이나 다른 사람을 암시하는 힌트도 없다. 여자는 고개를 숙인 채 입을 다물고 있다. 앞에는 빈 접시가 있고 그 옆에 잔과 받침이 있어서 여자가 뭔가를 다 먹었을 만큼의 시간 동안 그 테이블에 앉아 있었음을 알 수 있다.

그러나 매번 이렇게 단순한 것은 아니다. 실생활의 많은 장면처럼 복잡한 그림이 많다. 이제 1장에서 그냥 지나친 31쪽의 그림을 자세히 들여다보자. 무슨 일이 일어나는가?

세 여자와 수염 난 남자 하나가 음식이 차려진 작은 테이블을 둘러싸고 앉아 있다. 여자 하나가 종이를 들고 있고, 다른 하나는 아기를 안고 있고, 또 다른 하나는 유리컵을 든 손을 앞으로 내밀고 있다. 긴 머리의

얀 스테인, 〈노인이 노래하고 어린아이가 파이프를 불다〉, 1668~1670

남자가 테이블 옆에 서서 앉아 있는 여자의 유리컵에 음료를 따르고 있다. 그의 왼쪽 옆에는 앉아 있어서인지 그냥 키가 작은 건지 모를 남자가 소년의 입에 물린 긴 파이프를 잡고 있다. 그 뒤로 벽 쪽에서 백파이프처럼 생긴 악기를 들고 입에 리드를 문 남자가 관객을 똑바로 쳐다보고 있다. 이 그림에서 유일하게 시선을 관객에게 둔 인물이다. 그림 속의 사람들은 동물들에 둘러싸여 있다. 앵무새로 보이는 긴 꼬리 깃털이 달린 열대 조류가 한구석의 높은 횟대에서 사람들을 내려다보고, 그 옆벽에 높이 매달린 새장에는 비슷하게 생긴 작은 새 두 마리가 있다. 얼룩개 한 마리가 코를 들고 꼬리를 세우고 관객에게는 보이지 않는 화폭 밖의 무언가를 쳐다본다.

이 사람들은 무엇을 하고 있을까? 확실히 결론을 내릴 수는 없지만 사실이 아닌 가정을 제거하는 데 도움이 될 만한 정보를 수집할 수 있다. 저녁을 먹는 중일까? 그런 것 같지는 않다. 둘러앉은 테이블이 작은데다 식기와 수저도 놓여 있지 않다. 그림 속의 사람들이 거의 다 웃고 있지만 표정이 없는 사람도 있고 백파이프 연주자는 수심에 잠겨 있지만 긴장이나 갈등은 없어 보인다. 서로 관계가 있는 사람들일까? 그런지 아닌지 입증해 줄 사실이 없으므로 그렇다고 가정할 수 없다. 이웃들이거나 주막에 모인 손님들일까?

무슨 일이 벌어지고 있는지 완전히 파악하지는 못했어도 무슨 일이 일어나고 무슨 일이 일어나지 않는지 파악하는 데 도움이 되는 여러 가지 사실을 찾아냈다. 그림 속의 사람들에게는 음식과 술, 음악과 동료애가 있다. 다들 옷을 제대로 갖춰 입고 조각이 새겨진 가구에 앉거나 그 주위에 둘러 앉아 있다. 아이들이 있다. 동물들이 차분하다. 이로써 적어도 무슨 일이 일어나지 않는지는 알 수 있다. 바깥에 폭풍우가 몰아치고 있지는 않다. 사람들이 굶주리지는 않았다. 수심 어린 파이프 연주자를 제외하고 사람들의 태도가 느긋하고 다들 서로를 아는 분위기다.

시간을 들여서 무슨 일이 일어나는지 분석하는 작업은 중요하다. 나이로비 쇼핑몰 테러에서 많은 사람이 주위에서 무슨 일이 벌어지는지 파악하지 못하는 바람에 비극을 맞았다. 몇몇 쇼핑객은 처음에 총성을 듣고 가스난로가 폭발하거나 은행 강도가 든 줄로 알았다. 먼저 어떤 상황인지 파악하지 않고 도망친 사람들은 곧장 테러범들의 사선射線으로 뛰어 들어갔다. 가만히 기다리면서 분석하고 테러 공격이라는 사실을 파악한 사람들은 안전한 은신처를 찾았다. 차분하고 명백하고 따로 조사할 가치가 없어 보이는 상황에서도 '무엇'을 간과하고 곧장 결론에 도달하려는 충동을 눌러야 한다. 그러지 않으면 미처 발견하지 못한 소중한 사실을 놓치게 된다.

(
언제?
)

이제는 행위가 언제 일어났는지 알아보자. 96쪽 호퍼의 그림 속 장면이 일어난 때에 관해서는 어떤 사실을 알 수 있을까?

한 해 중 어느 시기인가? 가장자리에 모피를 덧댄 여자의 옷을 보면 늦가을이나 겨울로 보이지만 모조 체리로 장식된 노란색 모자는 늦가을이나 겨울과는 어울리지 않는다. 이른 봄이거나 계절에 맞지 않게 유독 추운 날일 수 있을까? 어느 쪽이든 모자가 다소 얇아 보여서 한겨울은 제외되고, 따뜻한 날씨에는 코트가 과해 보여서 한여름도 제외된다.

하루 중 언제일까? 날이 저문 이후의 언제일까? 이른 봄과 늦은 가을에는 낮이 짧으므로 오후 5시에 이미 완전히 해가 떨어지고 오전 7시까지 계속 어두운 곳이 많기 때문에 어두운 창문이 제시하는 시간의 범위는 14시간이다. 그러나 창밖에 인공 불빛도 없다는 점에서 범위를 좁힐 수 있다. 환하고 깨끗한 실내를 보면 시내의 위험하거나 으슥한 구역은 아니므로 창 밖에 다른 활동이 있어야 한다. 예컨대 가로등이나 자동차 헤드라이트라도 있어야 한다. 그런 것조차 없으므로 사람들이 밖에 나와서 돌아다니지 않는 아주 늦은 시간이거나 고립과 고독의 분위기를 조성하기 위한 미학적 선택이라는 뜻이다. 어느 하나라도 관찰로 알아내야 한다.

몇 년, 또는 어느 시대일까? 여자의 모자를 보면 1920년대일 수 있다. 클로시의 발전에 관해 더 알아보면 1928년에는 챙이 사라지거나 뒤집히는데, 여자의 모자는 챙이 아래로 내려와 있으므로 1928년 이전일 가능성이 높다.

어디?

마지막으로 '어디'인지 평가해야 한다. 호퍼의 그림에서 이 장면의 배경은 어디인가? 창문에는 로고 하나 없고 글자라고는 어디에도 보이지 않으므로 관찰 방법으로 좀 더 알아보아야 한다.

벽과 문, 창문과 전등을 기준으로 볼 때 실내라는 것을 알 수 있다. 장소는 깨끗하고 관리가 잘되어 있고 조명이 밝다. 금색 라디에이터와 문 손잡이에는 상하거나 닳은 흔적이 보이지 않는다.

흰색 상판의 둥근 테이블 하나와 진한 갈색 의자가 두 개 보인다. 하단 오른쪽 구석에 다른 의자의 등받이가 보이는 것으로 보아 테이블과 의자 세트가 적어도 하나는 더 있다는 것을 알 수 있다. 의자 모서리를 보지 못했는가? 이것이 중요할까?

위치에 관한 사실(당신이나 당신이 살펴보는 장면의 대상 주위에 있는 것)을 아는 것은 중요할 뿐 아니라 예상치 못한 상황에서 목숨까지 구할 수 있다. 어두운 극장에서 비상구가 어디 있는지, 비행기에서 비상구 좌석 줄이 어디인지, 자연재해가 발생할 때 재해 대피소와 가장 튼튼한 출입구가 어디인지 알아두면 큰 차이를 끌어낼 수 있다. 상황 인식은 항공 교통 관제와 긴급 구조부터 복잡한 도로에서 운전하거나 자전거를 타는 일까지 다양한 상황에서 의사 결정에 매우 중요하다.

앞서 말했듯이 나는 직업상 자주 여행하고 혼자 호텔에 자주 묵는다.

호텔은 다닥다닥 붙은 방들의 소음을 무시하도록 길들여진 손님들이 잠시 머물다 가는 휑하면서도 복잡한 공간이므로 누구에게든 안전하지 않을 수 있다. 그래서 나는 외부에서 진입하기 쉬운 1층에는 방을 잡지 않는다. 그리고 예상치 못한 긴급 상황에 대비해 가까운 엘리베이터와 계단을 찬찬히 확인해 둔다. 내가 어디에 있고 내 주변에 누가 있으며, 제일 가까운 출구가 어디 있는지를 꼼꼼히 알아두는 것이 나의 안전에도 중요하므로 나는 엘리베이터를 타거나 계단을 오르거나 지하철이나 버스를 타기 전에 미리 알아 둔다.

웨스트게이트 쇼핑몰 테러 사건의 생존자인 일레인 당Elaine Dang도 그렇게 했고, 그 덕에 살아남았다. 샌디에이고 출신으로 케냐에서 일하던 스물여섯 살의 일레인은 첫 수류탄이 터질 때 어린이 요리대회에 참석한 상태였다. 일레인은 CNN과의 인터뷰에서 대회 진행자가 사람들에게 주차장으로 뛰어가라고 말했다고 밝혔다. 그녀도 처음에는 진행자의 말을 따랐다가 곧 사람들이 몰리면 위험할 수 있다고 판단했다. 그래서 대신 대회장으로 돌아갔다. 대회장에서 몸을 숨길 만한 커다란 조리대를 봐두었기 때문이다. 그리고 덕분에 살아남았다. 다른 사람들은 맹목적으로 주차장으로 뛰어가서 살아남지 못했다.[103]

다시 호퍼의 그림으로 돌아가서 장소를 더 자세히 살펴보고 뭔가 다른 것이 보이는지 알아보자. 테이블에 빈 접시가 있고, 여자가 받침에 받쳐 잔을 든다. 따뜻한 음료와 음식을 팔고 테이블과 의자가 여러 개 있는 공간은 어떤 곳일까? 레스토랑일까, 작은 식당일까, 커피숍일까? 테이블에는 그 밖에 여느 레스토랑이나 작은 식당에서 흔히 보이는 것이 없다. 냅킨도 없고, 소스도 없고, 소금과 후추도 없고, 메뉴판도 없다. 주인이 서 있지도 않고, 환영 팻말이나 계산대 직원도 보이지 않는다.

무엇이 보이는가? 여자 뒤편으로 창턱에 음식처럼 보이는 뭔가가 있다. 반짝거리는 빨간색과 주황색과 노란색 과일이 담긴 그릇. 오른쪽에는 아래로 내려가는 층계참의 난간 윗부분이 보인다. 매장 전면의 커다란 유리창이 유독 눈에 띈다. 건물 안으로 뻗은 두 줄의 조명이 보인다.

그러면 1920년대 중반에 깨끗하고 정리가 잘되어 있으며, 음식과 음료를 팔고, 밤에 열고, 여자 혼자 가도 안전한 장소는 어디일까? 이 정보로 인터넷을 검색해서 답을 찾을 수 있다. 자동판매 식당^{automat}. 자동판매 식당은 웨이터가 없는 '레스토랑'이다. 셀프서비스 자판기가 벽에 늘어서 있다. 손님들이 5센트 동전을 넣고 원하는 음식을 고를 수 있다. 혼앤드하다트^{Horn & Hardart}가 1902년에 최초로 자동판매 식당을 열었다. 한때는 세계 최대의 레스토랑 체인으로서 하루에 80만 인분을 제공했다. 당시의 자동판매 식당에는 주로 호퍼의 그림에서처럼 흰색 카라라^{Carrara} 유리로 덮인 둥근 테이블이 있었다. 그리고 시내에서 가장 맛있는 커피로 유명했다.

객관적 관찰과 기술에서 좋은 답이 나온다

지금은 미술작품으로 관찰력을 기르는 연습을 하고 있으니 그림의 배경이나 화풍이나 작가에 관해 아는 것이 본질적인 부분도 아니고 꼭 필요한 것도 아니다. 다만 그림에 관한 정보를 일부 안다면 그 정보를 바탕으로 제대로 관찰했는지 여부를 확인할 수 있다.

이 작품의 제목은 〈자동판매 식당^{Automat}〉이고, 1927년에 처음 전시되었다. 그림 속 여자는 호퍼의 아내가 젊었을 때의 모습이지만 호퍼가 그림 속 여자를 누구로 표현하려고 했는지, 여자가 어디에서 왔는지 또는 어디로 가려고 하는지, 기분이 어떤지는 알 길이 없다. 모든 답을 알지는 못해도 관찰력을 발휘할수록, 사실을 더 많이 수집하고 정리하고 처리할수록, 더 많이 알 수 있다.

케냐 웨스트게이트 쇼핑몰에서 스스로 어떤 사실을 알고 어떤 사실을 모르는지 관찰하고 정리한 사람이 많았다면 더 많은 사람이 살아남았을 수도 있다. 예를 들어, 사파리콤Safaricom 휴대폰 매장 내실에 숨어 있던 사람들은 통풍구에서 나는 소음을 듣고 그쪽으로 탈출할까 생각하다가 그 소음이 다른 인질의 소리인지 테러범의 소리인지 확인할 길이 없다고 판단했다. 그들은 사실을 몰라서 그 자리에 머물러 있던 덕분에 목숨을 구했다.

부상당한 케냐인 하나가 다른 쇼핑객들과 함께 후송될 때 누군가 그 사람의 주머니에서 기관총이 떨어지는 것을 보았다. 그것을 보지 못했다면 그 테러범은 풀려나지 않았을까? 결국 그는 체포되었다.

테러 공격이 발생하기까지 몇 달 동안 알아채거나 보고하지 않은 자잘한 정보가 얼마나 많았을까? BBC 보도에 따르면 테러범들은 웨스트게이트 쇼핑몰의 매장 하나를 몇 달 동안 빌려서 무기를 몰래 반입해 엄청난 양을 쌓아 두었다고 한다.[104] 이들의 움직임과 무기를 운반하는 모습이 어떻게 사람들 눈에 띄지 않았을까? 누구든 이렇게 바쁘거나 다른 데 정신이 팔려 있거나 보지 않으면 중요한 사실을 놓친다. 케냐 쇼핑몰 테러가 발생하고 일주일 뒤, 샌프란시스코의 복잡한 통근열차에 탄 승객들은 니콤 테파카이소네Nikhom Thephakaysone가 45구경 권총을 몇 번 들어서 코에 문지르고 통로 건너편의 어린 학생을 겨냥하는 모습을 보지 못했다. 〈샌프란시스코 크로니클San Francisco Chronicle〉에 따르면 수십 명의 승객이 고작 몇 미터 떨어진 곳에 서 있거나 앉아 있었고, "모두의 눈길이 스마트폰과 태블릿에 꽂혀 있어서"[105] 스무 살의 저스틴 밸디즈

Justin Valdez가 총에 맞아 죽기 전에는 아무도 눈을 들지 않았다고 한다.

객관적인 관찰력은 목숨이 위험할 때만 필요한 것이 아니다. 사생활이나 직장 생활의 여러 측면에서도 긴요하다. 나는 아이들을 상대하는 직군의 사람들(의료 종사자, 교육자, 가족복지 조사관)에게 자주 강의하면서 객관적인 보고의 중요성을 새삼 깨닫는다. 메릴랜드의 사회복지사는 내게 멍의 중요성을 알려 주었다.

어떤 아동을 "멍투성이"라고 보고하는 것과 "10센트짜리 동전만 한 노란색과 자주색의 둥근 멍 세 개가 슬개골 바로 밑에 있다. 왼쪽 다리에 하나 오른쪽 다리에 두 개 있다"라고 보고하는 것에는 중요한 차이가 있다. 두 번째 보고는 정강이를 자주 부딪히는 여느 활동적인 아이들에 관한 설명으로도 볼 수 있다. 멍의 위치만큼 색깔과 모양도 중요하다. 동그란 멍은 주로 뭔가에 부딪혀서 생긴다. 길거나 직사각형이거나 손바닥 모양인 멍은 그렇지 않다. 멍은 다 낫기 전까지 붉은색이 있을 수 있지만 노란색 멍은 주로 처음 충격을 받은 뒤 적어도 열여덟 시간이 지났다는 뜻이다. 그리고 멍은 점점 옅어지므로 멍을 관찰하는 시점에 명확하고 객관적으로 기술해야 한다.[106]

객관적 기술의 중요성은 카푸치노 주문처럼 삶에서 그리 중요하지 않아 보이는 일에도 똑같이 적용된다. 원하는 카푸치노를 마시려면 정확한 용어를 통한 주문이 고객으로부터 시작해서 계산원으로 이어지고 바리스타에게서 종결되어야 한다. 관찰이나 소통의 과정에서 나태해지면 모든 당사자의 시간과 돈을 허비하게 되고, 모두에게 불만을 야기할 수 있다. 망친 커피 한 잔이 뭐가 그리 대수일까? 그러나 아침의 커피 한 잔 없이 하루를 시작할 수 없거나 커피를 파는 일에 종사한다면 물론 중요하다. 작은 실수가 쌓인다. 스타벅스 매장 2만 곳에서 하루에 한 잔씩만 잘못 준비한 커피를 그냥 버린다고 해도 1년이면 850만 잔이나 손해를 보는 셈이다.[107] 두 잔을 잘못 주문하면 두 배로 늘어나서 1700만 잔이 넘는다. 모두 사전에 막을 수 있는 손실이다.

강의를 하다 보면 간혹 그림에서 사실을 파악하는 작업이 자신의 일상적 업무와는 전혀 상관이 없다고 시큰둥해하는 참가자들이 있다. 나는 이런 의견에 동의하지 않는다. 어떤 직업에 종사하든 특히 수위, 고객 응대 담당자, 접수원, 비서처럼 비즈니스의 '최전선'에서 일하는 사람들에게는 객관적 감시가 필요하다. 우리나 주위의 사람들이 객관적 감시를 얼마나 잘하는지 항상 파악되는 것은 아니다. 항공기 승무원을 예로 들어 보자. 승무원은 항공사의 사절이자 호스트와 웨이터, 안전 전문가, 관리 및 재고 전문가, 일정 관리자, 운반 담당자, 컨시어지 역할만 하는 것이 아니라 긴급 구조원이자 사실상 최초 대처자의 역할도 맡는다. 승무원은 승객에게 인사하고 자리를 안내하는 일상적 업무를 수행할 때도 국제민간항공기구International Civil Aviation Organization, ICAO에서 '신체 건강한 승객Able-Bodied Passenger, ABP'이라고 부르는 사람들, 즉 위급 상황에서 지원할 수 있는 사람들을 찾는다. 출구마다 ABP가 세 명씩 있어야 한다. ABP의 규모와 형태, 나이와 좌석 위치는 비행마다 달라진다. 서명으로 등록한 명단도 없고 사전에 결정된 ABP 지표도 없다. 새로 승객들이 탑승하는 동안 승무원이 기민하고 신중하게 판단해서 신속히 찾아내야 한다. ABP는 대개 자기가 ABP로 인식된 줄도 모른다.

ABP는 15세 이상이어야 하고, 두 팔과 두 손과 두 다리를 다 쓸 수 있어 기동력이 좋아야 하며, 영어를 읽고 이해하고 소통할 수 있어야 하고, 안전벨트를 연장할 필요가 없어야 하며, 일행이 있으면 남보다 일행을 먼저 도와줄 가능성이 크므로 일행이 없는 승객이어야 한다. 승무원은 신체적·인지적·정신적 능력을 적절히 갖춘 ABP를 찾을 뿐 아니라 중압감이 심한 상황에서도 침착하게 지시를 이해하고 따를 수 있는 승객을 파악하도록 훈련받는다.

　이상의 특징은 객관적 관찰을 통해 판별된다. 승무원은 1년에 수천 명씩 상대하는 사람이라 외모만으로는 아무것도 가정해선 안 된다는 사실을 누구보다 잘 안다. 어떤 사람이 어떻게 보인다는 이유만으로 영어를 못한다거나 비위가 강하다거나 스낵을 나눠 먹은 예쁜 여자와 일행이라고 단정할 수는 없다. 승무원은 겉으로 드러난 단서를 살펴 신중히 듣고 종합해서 결론을 도출해야 한다. 키 180센티미터 이상의 건장한 남자가 승무원에게 난기류에 관해 물었다면? 그 사람은 제외된다. 지팡이를 짚고 걷는 여자라면? 역시 제외된다. 앞자리 여자의 가방을 친절하게 올려주는 신사라면? 괜찮은 후보다.

　사실을 수집할 때는 관찰한 내용이 주관적이 아니라 객관적이 되도록 신중을 기해야 한다. 그 차이가 작을 수 있어도 결정적으로 중요하다. 말 그대로 사실과 허구의 차이다. 객관적 관찰은 경험이나 수학적 사실에 기초한다. 주관적 관찰은 가정이나 의견, 감정이나 가치관에 기초한다. '끔찍하게 멍이 들었다'는 주관적 관찰이고, '멍이 둥글고 직경 약 2.5센티미터이고 자주색이다'는 객관적 관찰이다.

어떻게 주관성을 피할 것인가

객관적 관찰을 유지하는 데는 계산하거나 추산하거나 측정 도구를 이용해 수량화하는 방법이 있다. '작다'의 의미는 사람마다 다르다. 무당벌레는 개에 비해 작지만 개는 코끼리에 비해 작다. 숫자를 총합하면 해석과 의심을 없애는 데 도움이 된다. '작다'는 주관적이지만 '지름 2.5센티미터'는 주관적이지 않다. 측정이 가능할 때마다 측정하고 측정이 불가능하면 추정하되, 항상 수치를 사용해야 한다. 에드워드 호퍼의 작품 〈자동판매 식당〉에서 여자의 머리 위 천장에 등이 '많다'고 말하기보다는 '등이 일곱 개씩 두 줄이 있다'고 말해야 한다. '의자가 몇 개 있다'고 말하기보다는 구체적으로 '짙은 색 나무로 된 팔걸이 없는 의자가 세 개 보인다'라고 진술해야 한다.

수를 세거나 측정할 수 없는 현상이라도 수량화할 수 있다. 개가 '냄새난다'고 말하기보다는 수량화해서 '1에서 5까지의 척도에서 5가 냄새가 가장 지독한 정도라고 가정할 때 개에서 나는 냄새는 4였다'고 진술한다.

마지막으로, 서술형용사를 비교명사로 바꿔야 한다. '냄새나는'이라는 표현은 주관적이다. '냄새가 나쁘다'도 마찬가지다. 어떤 사람에게는 나쁜 냄새가 다른 사람에게는 좋을 수 있다(풀 벤 냄새, 가솔린 냄새처럼). 그 대신 구체적인 명사를 찾아서 설명하려는 냄새와 비교해야 한다. "그 개에서는 죽은 생선 비린내가 났다."

그러나 객관성을 추구하는 시도가 관찰에서 끝나는 것은 아니다. 결론을 끌어낼 때도 의견이 아니라 사실만 근거로 삼아야 한다. 예컨대 호퍼의 그림을 한 번도 본 적 없는 상태에서 다음 두 가지 요약을 들었다고 해보자. 어느 쪽이 객관적이고, 어느 쪽이 주관적일까?

- 쓸쓸해 보이는 여자가 커피숍의 흰색 둥근 대리석 테이블 앞에 앉아 있다.
- 입을 다물고 시선이 아래로 향한 여자가 흰색 상판의 둥근 테이블 앞에 혼자 앉아 잔과 받침을 들고 있다.

두 가지 설명 모두 같은 장면을 기술하고, 둘 다 여자가 춤을 추거나 웃는 것이 아니라 묵묵히 아래를 내려다보고 있는 모습을 전한다. 그러나 첫 번째 설명은 쓸쓸하다, 즉 외롭거나 슬프다는 의미의 형용사로 결론에 이르렀다. 사실에 관한 진술이 아니라 여자의 표정에 관한 주관적 해석이다. 두 번째 진술은 객관적 사실(여자의 시선이 아래로 향해 있고 입은 다물었다)에 기초하고, 여자의 기분에 관한 가정을 덧붙이지 않고 여자의 얼굴과 표정을 묘사한다.

첫 번째 진술에서는 여자가 커피숍에 앉아 있다고 결론을 내렸다. 두 번째 진술에서는 사실상 여자가 잔을 들고 있다고 진술하긴 했지만 어떤 장소이고 잔에 무엇이 담겨 있는지 추측하지 않았다. '커피숍'이라고 말하든 '잔과 받침을 들고 있다'고 말하든, 그것이 그렇게 중요할까? 매우 중요하다. 여기서는 여자가 어디에 있는지는 입증되지도 부정되지도 않았다. 위치처럼 중요한 정보를 특히 그 장면에 낯선 사람이나 정보를 충분히 접하지 못하는 사람에게 무심히 사실처럼 진술해 버리면 더 많은 허위 가정이 '사실'로 돌변할 수 있다.

일례로 매텔리의 〈몽유병자〉 조각상에 대한 논란에서 위치는 무엇보다 중요한 요소였다.[108] 시위자들 중 몇몇은 대학 행정부가 그 조각상을 여학생들만 다니는 대학에 설치하도록 허용함으로써 학생들에게 '안전한' 교육 환경을 제공하는 책임을 방기했고, 이것은 심각한 혐의라고 주장했다. 쟁점은 웰즐리 대학교 영어과 교수의 표현처럼, "팬티를 입은 추접한 남자"[109]에 관한 것이 아니라 그 남자가 있는 곳, 즉 여학생들만 다니는 학교에 관한 것이었다. 〈보스턴 글로브Boston Globe〉는 조각상이 캠퍼스에서 "눈에 잘 띄는"[110] 곳에 있다고 보도하여 객관적으로 조사하지 않은 채 논쟁에 불을 지폈다. '눈에 잘 띄는'은 주관적인 표현, 즉 중요도에 관한 의견이다. 그러나 사실이나 논리적 정보 없이 조각상의 위치를 '눈에 잘 띄는'이라고 표현함으로써 학생들이 그 조각상에 '겁을 먹거나' 그 조각상을 피해 다닐 수 없다는 식의 보도를 부추겼다.[111]

당신이 기자이거나 웰즐리에 다니는 학생의 부모이거나 재단 이사회의 구성원이라면 조각상의 배치에 관한 사실을 모두 수집해야 가장 유익할 것이다. 이 조각상은 아무런 고려 없이 배치된 것이 아니었다. 교내 데이비스 박물관의 바로 건너편이기도 했고, 특히 사실주의적 인간 조각상으로 구성된 '매텔리 전시장의 나머지 작품들'이 전시된 1층과 4층의 창문에서 잘 보이는 위치이기도 했다. 데이비스 박물관 관장 리사 피시먼Lisa Fischman이 설명했듯이, 〈몽유병자〉는 "(박물관 내부의) 전시를 대학 세계 너머와 연결하기 위해"[112] 설치된 것이었다. 피시먼은 그 작품을 '박물관을 탈출하는 예술'로 보았다. 대학 관계자들의 설명에 따르면 이 작품은 기숙사 앞처럼 학생들의 사생활을 침해할 만한 구역에 설치되지 않았으며, 사람들이 다니는 길이 없고 울타리가 둘러처진 잔디 안에 설치돼 있어서 학생들이 이 작품과 반드시 마주치게 되는 것도 아니었다.

〈몽유병자〉의 위치에 관한 객관적 관찰 정보를 모두 찾아내려는 노력은 웰즐리 대학이 학생들에게 예술을 맞닥뜨리게 하거나 예술로 괴롭히려고 의도한 것인지를 판단하는 데 중요하다. 마찬가지로 우리에게는 객관적 관찰 정보를 되도록 많이 수집할 책임이 있다(처음 본 정보나 피상적으로 언뜻 본 정보, 리스트의 체크상자에 만족해서는 안 된다). 그래야 우리가 도달한 결론이 가정이 아니라 사실에 기초한다고 확신할 수 있다.

가정의 위험

자료를 조사하는 동안 나는 아들에게 책을 읽어 주다 가정의 단점에 관한 훌륭한 글을 접했다. 레모니 스니켓Lemony Snicket의 '위험한 대결Unfortunate Events' 시리즈 다섯째 권인《공포의 학교The Austere Academy》에 나온 글이다.

> 가정假定은 위험하다. 모든 위험한 것(폭탄이나 스트로베리 쇼트케이크)을 만들 때처럼 아주 작은 실수만 저질러도 끔찍한 재앙을 맞을 수 있다. 가정한다는 것은 당신이 옳은지 보여주는 증거도 거의 혹은 전혀 없이 무엇이 어떻다고 믿는다는 뜻이고, 이것이 얼마나 끔찍한 결과로 이어질 수 있는지를 단박에 알 수 있다. 예를 들어 어느 날 아침 눈을 떠서 실질적인 증거가 전혀 없는데도 침대가 늘 있던 자리에 있다고 가정할 수 있다. 하지만 침대에서 일어나 침대가 바다로 떠내려간 사실을 발견하면 이제 당신은 잘못된 가정으로 끔찍한 상황을 맞는다. 아침에는 특히 너무 많은 것을 가정하지 않는 편이 낫다는 것을 알 수 있다.[113]

주관적 결론과 객관적 결론 사이의 미세한 차이도 중요할 수 있다. 호퍼의 그림을 설명할 때 '흰색의 둥근 대리석 테이블a round, white, marble table'과 '흰색 상판의 둥근 테이블a round, white-topped table'은 고작 한 단어 다르지만 그 단어는 매우 중요하다. 대리석으로 만든 테이블인지는 증명되지 않았다. 따라서 '대리석 테이블'은 사실이 아니다. 페인트로 칠한 나무이거나 카라라 유리일 수도 있다. 오스카 바흐Oscar Bach라는 유명한 장인이 1920년대에 흰색 오닉스로 테이블 상판을 만들었다. 첫 번째 설명에서는 테이블이 '흰색'이고 '대리석'이라고 설명하지만 얼마나 하얗고 어디가 하얀지는 설명하지 않는다. 전체가 흰색인 테이블과 상판만 흰색인 테이블 사이에는 명백한 차이가 있고, 전체가 대리석인 테이블과 상판만 대리석인 테이블도 마찬가지다.

테이블이 어떤 재질인지가 중요할까? 매우 중요할 수 있다. 고란 토마세비치Goran Tomasevic와 함께 나이로비의 웨스트게이트 쇼핑몰에 들어간 경찰들은 사물의 재질을 알아챈 덕에 겨우 목숨을 건졌다. 동아프리카 로이터통신의 수석 사진기자인 토마세비치는 테러범들과의 총격전 중에 경찰과 함께 거대한 기둥 뒤에 숨어 있었다. 그는 기둥이 건물에 붙어 있지 않은 걸 보고 기둥을 두드려서 속이 비었다는 사실을 알아챘다. 옆에 있는 경찰들에게도 두드려 보라고 했다. 그들은 두드려 보고는 "그래서요?"라고 물었다. 토마세비치는 기둥이 얇은 재질이라 총탄을 막거나 엄호물이 되어 주지 못한다고 설명했다.[114] 그들은 재빨리 안전한 위치로 옮겨서 살아남을 수 있었다.

가정은 주관적인 정보에 근거하든 사실에 근거하든 위험할 수 있다. 앞에서 이미 공항에서 줄을 서서 기다리는 중년 여인이 왼손 약지에 반지를 꼈다고 해서 반드시 결혼이나 약혼을 했거나 미망인이라는 뜻은 아니라고 설명했다. 평생 혼자 산 여자일 수도 있다. 35쪽의 머리에 깃털을 쓰고 누군가의 벌거벗은 등을 그린 그림을 든 백인 여자의 그림으로 돌아가 보자. 1장에서 우리는 여자가 반지를 끼고 있는 걸 보았다. 실제로 왼손 약지에 반지가 보이니 사실이다. 그렇다고 여자가 결혼이나 약혼을 했다거나 미망인이라고 가정하는 것이 꼭 옳지는 않다. 사실 여자는 창녀다. 마찬가지로 108쪽 그림에서 테이블 주위에 둘러앉은 사람들이 친척이라거나, 호퍼의 〈자동판매 식당〉 속 여자가 누군가를 기다리고 있다고 가정할 수는 없다.

주관적인 추론은 관찰과 지각에 근거하므로 항상 알아채거나 묵살하기가 쉽지는 않다. 아무리 훌륭한 조직이라고 해도 가정을 완전히 제거하지는 못한다.

미국의 정보기관이 이라크의 대량 살상 무기Weapons of Mass Destruction, WMD 프로그램을 오판한 과정을 밝혀내기 위해 구성된 이라크정보위원회Iraq Intelligence Commission는 2005년에 미국 대통령에게 601쪽짜리 조사보고서를 제출했다. 이 보고서에서는 이렇게 결론지었다. "주된 원인은 정보기관에서 이라크의 WMD 프로그램에 관해 양질의 정보를 수집하지 못했고, 수집한 정보를 분석하는 데 심각한 오류를 범했으며, 확실한 증거가 아니라 가정에 기초하는 분석이 얼마나 많은지 명확히 파악하지 못했다는 것이다."[115] 더 나아가 "분석자들이 지나치게 자신의 가정에 얽매였다"고 밝히고, "그들이 내린 결론이 대부분 추론과 가정에 근거를 두었다"고 설명했다.

공공 기업이든 민간 기업이든 외부 조사 기관이 모든 통신에 접근해서 파헤치는 과정을 견딜 수 있는 곳이 얼마나 될까? 당신의 회사라면 가능할까? 우리는 모두 생각보다 가정을 많이 한다. 눈덩이가 불어나듯 아주 작은 한 덩이도 비탈길로 내려가면서 점점 커진다.

초기부터 가정할수록 이후의 관찰 내용이 더 많이 왜곡되므로 더 위험해질 수 있다. 관찰 첫 단계의 정확성이 무엇보다 중요하다. 당신이 목격자이거나 뉴스를 처음 접하거나 최초 보고서를 작성하는 사람이라면 객관성을 기하고 상세히 관찰을 보고할 책임이 있다.

· · ·

    효과적인 관찰의 구성 요소(누가, 무엇, 언제, 어디)를 알아보았으니 이제부터는 평범한 장면 너머로 중요한 정보를 드러낼 수 있는 세부 요소를 살펴보자.

5장

평범한 장면에 무엇이 숨어 있을까?

눈앞에 두고 보지 못하는 것

존 싱글턴 코플리, 〈존 윈스럽 부인〉, 1773

〈존 윈스럽 부인Mrs. John Winthrop〉을 만나 보자. 뉴욕 메트로폴리탄 미술관으로 '직접' 만나러 갈 수 있다.[116] 윈스럽 부인의 초상화는 부인이 하버드 대학의 교수인 두 번째 남편과 결혼한 1773년에 존 싱글턴 코플리John Singleton Copley가 그린 작품이다. 사실주의가 특징인 이 작품은 객관적 관찰을 연습할 기회를 완벽하게 제공한다. 잠시 시간을 내어 이 장면에서 누구, 무엇, 언제, 어디를 가능한 한 많이 관찰해 보라.

드레스의 짙은 파란색을 보았는가? 두 겹으로 된 흰색 레이스 소매를 보았는가? 가슴에 달린 파란색과 검은색과 흰색의 줄무늬 리본을 보았는가? 모자 위의 빨간색과 검은색과 흰색의 줄무늬 리본을 보았는가? 갈색 머리에 V자 머리선을 보았는가? 목에 감긴 여섯 줄의 진주목걸이를 보았는가? 턱이 여러 겹이고 보조개가 팬 것을 보았는가? 붉은색 의자 덮개를 보았는가? 짧고 정갈한 손톱을 보았는가? 왼손 약지의 석류석과 다이아몬드 반지를 보았는가? 손에 든 천도복숭아를 보았는가? 하나는 아직 가지에 붙어 있는 것을 보았는가?

이 그림은 호퍼의 〈자동판매 식당〉의 창밖 풍경과 비슷하게 평범하고 어두운 배경에 혼자 있는 인물을 묘사하지만 세부 묘사가 정교해서 주의깊게 관찰하면 호퍼의 그림보다 모델에 관해 훨씬 더 많은 정보를 준다. 모델의 보디스bodice, 드레스의 상체 부분 질감이 다양하고 손목에 주름이 잡혀 있으며, 얼굴에는 우아한 주름이 많이 잡혀 있다.

이 그림에서 무엇이 보이는지 정리하면서 가장 강렬한 특징 하나를 흔히 놓친다. 바로 모델이 앉아 있는 마호가니 테이블이다. 테이블을 보았는가? 보았다면 꼼꼼히 살펴보았는가? 테이블은 사실 이 작품에서 가장 절묘한 솜씨가 담긴 부분으로, 화가의 기교를 입증하는 증거다. 화가는 이 테이블에 윈스럽 부인의 피부와 손가락과 소매 레이스의 정교한 문양, 심지어 천도복숭아의 비친 모습까지 묘사했다.

테이블은 그림의 아래쪽 3분의 1이나 차지한다. 이렇게 큰 부분을 놓치기란 불가능해 보이지만 대다수 사람이 미처 보지 못한다. 실제로 우리는 크든 작든 무수한 상황에서 '마호가니 테이블'을 놓치고, 그 사이 평범한 장면에 숨은 중요한 정보를 놓친다. "등잔 밑이 어둡다"라는 속담이 있을 만큼 흔한 현상으로, 〈캐나다의학협회저널Canadian Medical Association Journal〉에서는 '냉장고 맹시refrigerator blindness'[117]라는 재미있는 이름을 붙였다(마요네즈통을 바로 앞에 두고도 보지 못한 때가 몇 번인지 헤아리기도 힘들다).

두 해 전에 여동생이 허리 통증으로 입원했다. 옆자리의 아흔 살 노인은 심장장치를 달고 산소마스크를 쓰고 있었다. 병상 옆에는 그의 아내가 앉아 있었다. 여동생이 바륨(신경안정제)의 행복감에 빠져드는 사이 나는 그 부인과 대화를 나눴다.

우리가 한창 이야기를 나눌 때 서른 중반쯤으로 보이는 응급실 레지던트 둘이 복잡해 보이는 기계를 끌고 들어와 노인 환자에게 다가왔다. 그들은 한마디 말도 없이 우리가 있는 줄도 모른 채 노인의 가슴에 패치를 붙이고 화면 속 영상을 흘끔거리며 큰 소리로 대화를 나눴다. "저게 왜 생겼지?" "이런 식으로는 폐가 얼마나 더 작동할지 모르겠어." "이 양반의 폐 질환 병력을 알고 싶은데."

환자의 아내가 정중히 끼어들었다. "선생들이 궁금해하는 걸 제가 다 답해 드릴 수 있어요."

"누구신데요?" 그들은 그제야 부인을 본 양 놀라서 물었다.

"이 사람 부인이에요. 응급실에 들어온 게 이번이 여섯 번째니까 남편 상태에 관해서는 제가 다 말씀드릴 수 있어요."

레지던트 하나가 답했다. "아, 아까 들어올 때 부인을 못 봤습니다. 아시는 대로 말씀해 주세요." 두 레지던트는 기계에만 정신이 팔려서 환자의 전체 병력을 간과했다. 그리고 그 정보는 그들 앞에(평범한 장면 속에) 놓여 있었다.

평범한 장면 속에서 뭔가(환자의 아내, 마호가니 테이블, 마요네즈통)를 놓칠 때는 소스통 하나와 가구의 일부를 간과할 때처럼 항상 무해한 것만은 아니다. 우리가 빠트린 정보가 문제를 해결하거나 환자를 진단하거나 사건을 해결하는 데 필요한 다른 중요한 정보를 모호하게 만드는 경우가 많다.

2007년 10월 30일에 스팅과 빌리 조엘, 앤디 워홀을 오랜 고객이자 친구로 만나온 유명 록음악 매니저 겸 부동산 중개인인 린다 스타인 Linda Stein이 맨해튼에 위치한 자신의 펜트하우스에서 시신으로 발견되었다.[118] 이 사건으로 뉴욕이 발칵 뒤집혔다. 스타인의 죽음이 살인 사건으로 판명되어서만이 아니라 그녀가 살던 건물이 뉴욕에서 가장 안전한 곳이었기 때문이다.

18층에 있는 스타인의 펜트하우스는 안내원이 직접 운행하는 전용 엘리베이터로만 접근할 수 있고, 방문객은 모두 안내데스크에서 이름을 확인해야 했으며, 안내데스크의 감시카메라에 사람이 드나드는 장면이 하나도 빠짐없이 기록되었다. 낯선 사람은 펜트하우스에 있는 스타인에게 접근할 수 없었다.

경찰에서는 외부 침입 흔적을 전혀 발견하지 못했고, 시신이 엎드린 자리의 피 웅덩이를 제외하면 펜트하우스 내부도 깨끗했다. 부검 결과 스타인이 무거운 막대기로 24~80회 가격당한 것으로 밝혀졌지만 사건 현장에서는 범행 도구가 나오지 않았다. 성폭행 흔적도 없고 중요한 물건을 도난당한 것도 아니며, 저항 흔적도 전혀 남아 있지 않았다. 면식범의 소행으로 보였지만, 누구였을까?

아파트 기록에 따르면 스타인은 살해당한 날 건물에서 나간 적이 없고, 그날 밤늦게 딸에게 시신이 발견되기 전까지 방문객은 단 한 명뿐이었다. 개인비서 내태비어 로어리Natavia Lowery였는데, 그녀는 오전 11시 56분 왼손에 봉지 하나만 들고 스타인의 아파트 건물로 들어갔다가 오후 1시 19분 커다란 빨간색 쇼핑백을 왼팔에 걸고 (스타인의) 특대형 초록색 핸드백을 왼쪽 어깨에 걸치고 나갔다.[119] 로어리는 스타인의 지갑과 휴대폰을 가지고 혼자 건물에서 나간 뒤 스타인의 전화를 대신 받아서 스타인의 전 남편에게 스타인이 센트럴파크에 "조깅하러 나갔다"고 말했다.[120] 스타인이 유방암과 뇌종양으로 헤어드라이어조차 직접 들지 못할 만큼 몸이 약해진 상태였다는 점에서 이상했다. 경찰은 로어리가 과거에도 상사에게서 물건을 훔친 전력이 있고, 다른 범죄 전력도 있다는 사실을 알아냈다.[121] 그러나 도둑질과 거짓말을 했다고 해서 자동으로 살인자가 되는 것은 아니다. 경찰에게는 의심을 확인해 줄 만한 단서, 로어리의 유죄를 확실히 입증해 줄 만한 사실이 필요했다.

경찰은 로어리가 스타인의 아파트 건물에 들어왔다가 나가는 모습이 찍힌 감시카메라 원본에서 답을 찾을 수 있을 줄 알았다. 그러나 몇 시간 동안 면밀히 살펴봐도 특이한 장면을 찾아내지 못했다. 로어리가 핸드백과 스타인의 소지품을 들고 나간 것은 맞지만 개인비서들은 상사의 심부름을 하고 부탁을 들어주면서 종종 그렇게 한다. 핸드백에 무엇이 들어 있었을까? 더러운 세탁물이나 피 묻은 흉기가 들어 있었을까? 아무도 보지 못했다. 로어리가 급히 나가기는 했지만 특별할 것은 없었다.

사건 관계자들이 비디오테이프를 무수히 돌려 보았다. 그러다 수사 막바지에 이르러 누군가 로어리의 바지가 뒤집혀 있어서 건물을 나설 때 피가 보이지 않았을 수 있다고 판단했다. 여러 사람이 다시 테이프를 면밀히 조사했다. 이렇게 결정적인 부분을 그동안 모두가 놓칠 수 있었다는 것이 불가능해 보였다. 어쨌든 실제로 로어리의 바지는 건물로 들어갈 때와 나올 때가 달랐다. 로어리가 카고바지를 입고 있어서 그렇게 미세한 변화가 아니었다. 바지를 바로 입었을 때 보이던 왼쪽 허벅지의 헐렁한 주머니가 건물에서 나올 때는 보이지 않았다. 주머니가 있어야 할 자리에 짙은 색 솔기가 양쪽 바짓가랑이를 따라 길게 내려와 있었다.[122]

경찰이 찾던 기회였다. 로어리가 핸드백의 내용물에 관해 거짓말을 할 수 있고 진실이 끝내 밝혀지지 않았을 수도 있지만, 사실은 남아 있었다. 로어리가 린다 스타인의 집에서 나설 때 일부러 바지를 뒤집어 입었다는 사실. 결코 일상적이고 평범한 일이 아니었다. 경찰은 로어리가 혈흔을 감추기 위해 그랬다고 추정했다.

재판에서 로어리가 바지를 뒤집어 입은 사실을 입증하는 사진이 중요한 증거로 제출되었고, 배심원단은 그 증거를 납득했다. 배심원이었던 켈리 뉴턴Kelly Newton은 이렇게 말했다. "바지가 결정적이었어요. 주장을 공고히 뒷받침해 주었죠."[123] 로어리는 유죄로 판결되어 27년형을 선고받았다.

경찰이 애초에 어떻게 이렇게 중요한 부분을 놓칠 수 있었을까? 마호가니 테이블과 마요네즈통을 보지 못하는 것과 마찬가지다. 우리는 애초에 그렇게 태어난 것이다.

생물학적 '맹시'

뭔가를 보면서도 보지 못하는 현상을 심리학에서는 다양한 이름으로 부르지만(무주의 맹시, 주의 맹시, 지각 맹시, 친숙성 맹시, 변화 맹시 등) 공통점이 하나 있다. 맹시라는 점이다. 간혹 시선에 놓여 있는 대상을 보지 못하는 데는 생리적인 이유가 전혀 작용하지 않는다.[124] 우리는 예상치 못했거나 지나치게 익숙할 때, 또는 섞여 있거나 이상하거나 혐오스러울 때 대상을 못 보고 지나친다. 그러나 이런 인지적 맹점은 시각전달 체계의 문제가 아니라 오히려 중요한 적응 기술이자 뇌의 놀라운 효율성을 보여주는 증거다.[125]

세상에는 무한한 정보와 자극이 넘치지만 우리의 뇌는 눈에 보이는 모든 정보를 처리할 수도 없고, 또 그래서도 안 된다. 모두 처리한다면 데이터에 압도당할 것이다. 타임스스퀘어에 서 있다고 생각해 보라. 눈을 크게 뜨면 수천 가지 물리적 대상이 한꺼번에 들어오지만(번쩍거리는 광고판 수십 개, 환하게 불이 켜진 건물, 깃대, 택시, 상점, 거리공연자, 매일 같은 자리를 오가는 33만 명의 사람들) 그 모두가 '보이지는' 않는다.[126] 뇌에서 주변 환경을 자동으로 걸러 내고 정보의 작은 일부만 받아들여서 우리가 정보의 과부하로 마비되지 않도록 보호해 준다.

휴대전화로 통화하면서 길을 걸을 때 현대인의 뇌가 무엇을 해내는지 생각해 보자. 우리 몸은 길을 찾아가면서 잠재적 장애물을 탐색한다. 그리고 우리는 특정 방향으로 향한다. 통화 중인 상대와 대화를 이어 가면서 말하고 듣고 대꾸한다. 이런 일을 어렵지 않게 해낸다. 이렇게 할 수 있는 것은 뇌에서 불필요한 정보를 걸러 내기 때문이다. 예컨대 인도의 개미, 나뭇가지의 산들바람, 방금 스쳐간 남자의 코밑에 조금 난 수염 따위를 걸러 내는 것이다. 가는 길에 보이는 모든 정보에 주목한다면 집에 도착할 수도 없다.

컬럼비아 대학교의 심리학 및 교육학과 교수이자 스탠퍼드 대학교의 명예교수인 바버라 트버스키Barbara Tversky 박사는 이렇게 설명한다. "세계는 매우 혼란스럽다. 너무나 많은 일이 동시에 일어나고(시각적으로나 청각적으로나 그 밖의 무엇으로나), 우리는 범주로 나누는 식으로 대처한다. 우리는 적절히 행동하는 데 필요한 최소한의 정보를 처리한다."[127]

감각기관으로 들어온 과도한 정보에서 관련이 있거나 중요한 정보를 추려 내는 과정은 신속하고 불수의隨意적이고, 과학자들이 보기에는 다소 무의식적이다. 뇌가 주변 환경에서 들어온 정보를 훑어보다 보면 뭔가가 주의를 끈다. 그러면 그 정보가 의식으로 올라온다. 주의력은 유한하므로 입력된 정보 중 아주 적은 양만 '인식'된다. 범주로 분류되지 않은 정보는 동화되지 않은 채 뇌를 그냥 통과한다. 존재하지만 인식되지 않는 것이다. 물론 무언가를 인식하지 못한다고 해서 존재하지 않는다는 뜻은 아니다. 타임스스퀘어에서 팬티를 입고 기타를 치는 카우보이는 우리가 '보든' 안 보든 그 자리에 있다. 누가 보든 안 보든 연로한 환자의 아내가 병실에 있고, 로어리의 바지가 뒤집혀 있었던 것처럼.

뇌는 빈칸을 자동적으로 채운다

이처럼 정보를 걸러 내는 타고난 능력 덕분에 우리는 감각기관에 입력된 무수한 정보 중에서 한정된 일부에만 집중할 수 있다. 이런 능력이 없었다면 인간은 하나의 종으로서 발전하지 못했을 것이다.[128] 선사시대의 수렵인들이 높게 자란 풀숲에 숨어 가젤이 어슬렁 다가오기를 기다리면서 눈앞의 풀잎이 흔들릴 때마다 집중했다면 저녁을 먹지 못했을 것이다. 혼란스러운 세상에서 우리는 일부 선택된 정보에만 주목할 수 있기 때문에 사람 많은 식당에서 대화를 나누거나, 운전하면서 자녀가 구구단 외는 것을 도와주거나, 함성을 지르는 관중 앞에서 경기를 뛸 수 있는 것이다. 우리는 일상적으로 현재 주어진 상황에 중요한 정보만 지각한다. 그리고 그 과정을 인식하지 못할 만큼 신속히 처리한다.

트버스키는 이렇게 말한다. "신속히 추상화에 이르러야 한다. 그래야 어떤 상황인지 이해하고 우리가 보고 있는 장면과 주요 대상, 행위와 활동을 파악해서 어떻게 행동할지 판단할 수 있다." 그러기 위해서 뇌에서는 "주변 환경에 관해 일반적인 범주를 신속하게 구성한다."[129]

이제 우리는 정보가 불완전하다는 것을 안다. 그런데도 이렇게 즉석에서 자료를 조직화할 수 있는 것은 뇌에서 자동으로 틈새를 메워 주기 때문이다.[130] 덕분에 글자가 뒤죽박죽 섞이고 모음이 빠진 상태에서도 리듬을 잃지 않고 단어를 읽을 수 있다. 이런 능력은 문자메시지가 대화를 대신해서 일상적 의사소통의 가장 중요한 형태로 자리 잡은 이유만 설명해 주는 것이 아니다. 더 나아가 역사적으로 우리의 생존에도 기여해 왔다.[131]

원시 수렵인은 풀잎 너머에 어슬렁거리는 작은 가젤에게 집중할 수 있었다. 그렇다고 해서 뇌가 가까이에서 무겁게 바스락거리는 소리를 듣거나 인식하지 않는다는 뜻은 아니다. 풀잎이 바스락거리는 소리만 듣고도 생각할 겨를 없이 근처에 포식 동물이 있다고 판단하고 도망쳐 목숨을 구할 수 있었다. 바스락거리는 소리가 들리면 사자가 가까이 있을 수 있다는 지식은 뇌에서 자동으로 채워 넣는다. 그리고 뇌는 달리 허락을 구하지 않고 도피 명령을 내린다.

자기 보호 측면에서는 이렇게 자동으로 틈새를 메우는 능력이 꽤나 유용하다. 그러나 현대 세계에서는 일상적으로 생사가 걸린 결정과 마주하는 것이 아니라 그저 최고의 관찰과 소통 능력을 활용하려는 것이므로 틈새를 메우는 것이 오히려 방해가 될 수 있다. 예를 들어 다음 문장을 한 번만 읽으면서 'F'를 모두 세어 보라.

ARTIST FABIO FABBI PAINTED DO—
ZENS OF DEPICTIONS OF ORIENTAL
LIFE ALTHOUGH HE WAS OF ITA—
LIAN HERITAGE HIMSELF.

얼마나 찾았는가? 네 개? 여섯 개? 위 문장에는 'F'가 일곱 개 있다.

정답을 맞힌 사람도 있겠지만 대다수는 틀렸을 것이다. 뇌가 신속히 생각하느라 'of' 같은 단어의 'F' 자리에 'V'를 넣기 때문이다. 'F'라는 글자가 만드는 소리가 'V'이기 때문이다.

몇 년 전 인터넷에 이 연습(솔직히 나도 처음에는 두 개 적게 답했다)과 유사한 연습이 천재 테스트 또는 조기 알츠하이머 지표라는 제목으로 떠돌았다. 사실은 어느 쪽과도 거리가 멀지만 무엇을 찾는지 알고 다른 일로 주의가 산만하지 않을 때조차 뇌가 어떻게 우리로 하여금 실수하게 하는지 보여주는 좋은 예다. 관찰력과 지각력이 뛰어나다고 자신하더라도 우리는 복잡한 현실 세계에 대처하도록 진화하면서 모든 것을 보지 않고 모든 것을 지각하지 않는다. 한 문장에서 'F'를 놓치는 것이 중요한 문제로 보이지 않지만, 우리가 미처 보지 못하는 많은 경우에 중요한 문제가 되기도 한다.

세부 정보(를 놓치지 않는 것)의 중요성

사소한 부분이 큰 차이를 만든다. 중요한 전화회의 일정을 정할 때 동부표준시EST와 태평양표준시PST의 차이, 아이의 축구 연습이 끝나고 데리러 갈 때 오후 5시 30분이 아니라 6시 30분에 가는 것의 차이, 소금 1티스푼과 1테이블스푼의 차이는 매우 크다. 사업에서 중요한 세부 정보를 놓치면 신뢰가 무너질 수 있다. 삶에서 중요한 세부 정보를 놓치면 재앙을 맞을 수 있다.

반면에 세부 정보를 찾아서 집중하면 재앙을 피하는 데 도움이 될 뿐 아니라 성공이나 해결책에 이를 수 있다. 세부 정보에 집중한 덕에 성공한 10억 달러 규모의 기업들을 생각해 보라. 애플이 미학적 완성도로 명성을 얻은 것은 결코 우연이 아니었다. 애플은 사진가의 루페(소형 확대경)로 화면의 픽셀 하나하나를 살펴보는 과정부터 포장 디자이너 팀을 꾸려서 몇 달간 상자 개봉 체험을 완성하는 과정까지 일일이 세심한 주의를 기울였다.[132] 월트 디즈니는 오디오애니매트로닉스Audio-Animatronics라는 새로운 형태의 로봇 애니메이션을 개발하는 데서 만족하지 않았다. 디즈니는 엔지니어들에게 아주 까다로운 작업이라는 설명을 듣고도 '마법의 티키 룸Enchanted Tiki Room'의 열대의 새들과 '대통령의 홀Hall of Presidents'의 대통령들이 스포트라이트를 받지 않을 때도 사실적으로 숨을 쉬고 꼼지락거리고 이리저리 움직이도록 제작해야 한다는 고집을 굽히지 않았다. 디즈니는 그래야 "사람들이 완벽함을 느낄 수 있다"[133]고 말했다. 고객서비스협회Institute of Customer Service에서 고객만족도 부문 1위로 선정한 버진애틀랜틱Virgin Atlantic 항공사가 기내 서비스 키트와 아동용 오락 백팩과 기내 마사지까지 세세한 부분에 신경 쓰는 것은 결코 우연이 아니다.[134] 이 항공사는 홈페이지에 그들이 세심하게 관심을 기울인다는 점을 광고한다. "저희는 모든 세세한 부분을 제대로 갖춥니다."[135]

세세한 부분을 숙지하면 경쟁에서 우위를 점할 수 있다. 물론 철저하고 사려 깊은 태도가 누구에게나 중요한 가치는 아니다. 다만 이런 가치를 우위에 두면 이런 데 신경 쓰지 않는 무리 중에서 발군이 될 수 있다.

세세한 부분을 설명하는 능력을 길러 두면, 자동차의 촉매 변환기 고장을 진단하든 대학수능시험SAT에서 정답을 찾든 다양한 문제 해결에 요긴하다. 우리가 선천적으로 간과하는 세세한 부분에 해결책이 들어 있을 때가 종종 있다. 남들이 보지 않는 부분에 주목하는 능력이 모든 분야에서 성공과 실패를 가를 수 있다.

마커스 슬론Marcus Sloan은 여느 고등학교 수학 교사와는 달리 SAT를 걱정하지 않았다.[136] 그가 밤잠을 못 이룬 이유는 뉴욕 주 졸업시험 때문이었다. 고등학교 졸업장을 따려면 수학 과목을 통과해야 하는데, 그가 가르치는 도심의 작은 공립학교에서는 1년 만에 졸업생 비율이 76퍼센트에서 53.6퍼센트로 크게 떨어졌다.[137] 그는 제자들이 빈곤의 고리를 끊으려면(학교 측에서는 학생들의 99퍼센트를 '경제적 소외 계층'[138]으로 분류했다) 일단 졸업장을 받아야 한다고 생각했다.

슬론은 매일 아침 브롱크스에 있는 학교의 금속탐지기를 통과하면서 스스로 힘든 일을 떠맡았다는 사실을 실감했다. 외부감사에서는 학생들이 학교에 잘 나오지도 않고, (출석하더라도) 무례한 것으로 나타났다. 학교는 학생들의 장기 결석으로 골머리를 앓았다.[139] 규모가 비슷한 뉴욕의 다른 학교들의 출석률이 90.5퍼센트인 데 비해 이 학교의 평균 출석률은 72퍼센트에 지나지 않았다. 더 심각한 문제는 졸업시험 점수였다. 뉴욕 주 학생들의 77퍼센트가 수학 과목에서 합격점을 받았지만 슬론의 학교에서는 39퍼센트만 통과했다.

슬론이 담임을 맡은 학급의 학생들도 마찬가지였다. "학생들이 집중하는 시간이 짧고 새로운 개념을 이해하는 데 어려움을 겪습니다." 첫해를 가르치고 나서 슬론은 학생들의 성적이 나쁜 것은 지능이 떨어져서가 아니라고 판단했다. 학생들이 수학 문제를 풀지 못하는 이유는 긴 질문에 집중하고 세부 정보에 주목하는 것을 어려워했기 때문이다. 두 가지 모두 다단계 수학 문제를 푸는 데 필요한 요소였다.

슬론은 이렇게 설명했다. "우리 학생들은 표준화된 시험에서 한두 가지 선택 사항을 제거한 다음에 문제에 나온 필요한 정보를 알아채거나 주어진 정보에서 추론해 정답을 찾아내는 걸 어려워합니다. 문제의 지문에서 핵심 정보를 간과하거나, 문제에서 필요한 정보를 선택하는 대신 모든 정보를 다 활용하려고 합니다."

그는 2006년 6월 15일에 시행된 뉴욕 주 졸업 시험에서 예를 들었다.[140] "벽의 꼭대기부터 벽에서 주어진 거리만큼 떨어진 곳의 바닥까지 측정한 내려본각을 제시하는 문제가 있었습니다. 시험지를 채점하다가 문제에 주어진 내려본각이 아니라 올려본각을 적용한 학생이 많다는 것을 알았습니다." 그가 수업 중에 지난번 졸업 시험 문제를 연습 문제로 풀어 보라고 했는데, 그중 많은 문제가 올려본각을 알아내는 문제였던 것이다. 그리고 이번 시험에서 학생들은 '올려본'에서 '내려본'으로 달라진 단어를 하나 빠트린 탓에 결국 오답을 찾았다. 이와 같은 결과는 학생들의 공부 양이나 어느 각이든 찾는 수학 능력과는 상관이 없었다.

슬론은 이처럼 단순하지만 결정적인 실수(핵심 요소를 놓치는 것)가 학생들의 미래를 망치고 있다고 판단하고, 당장 바로잡기로 했다. 일단 어려운 책임을 다하려면 평범한 것에서 뭔가를 끌어낼 필요가 있었다.

"저는 학생들을 수학을 잘하게 만드는 사고 유형으로 끌어들일 만한 창의적인 수단을 원했습니다."

슬론은 내가 맨해튼의 프릭 컬렉션에서 의대생들을 대상으로 진행한 강의에 대해 전해 듣고 얀 페르메이르가 그의 제자들에게 도움이 될지 알아보고 싶어 했다.

"의대생들의 진단 능력을 향상해 준 방법이라면 저희 학생들에게도 효과적일 것 같았습니다. 세세한 부분까지 관심을 갖는 예리한 감각은 의학에도 중요하지만 수학을 비롯한 여러 분야에도 중요하니까요."

나는 그의 말에 전적으로 동의하고 슬론의 학교를 방문했다. 학생들에게 미술작품을 선별한 슬라이드를 보여주면서 객관적 관찰과 관련이 있는 세세한 부분을 찾아보는 개념을 소개했다. 일주일 뒤 슬론이 9학년과 10학년 학생들을 데리고 프릭 컬렉션으로 미술관 견학을 왔다. 학생들은 관찰 과정에 관해 토론하고 그들이 감상한 작품에 관한 연습 문제를 만들었다. 우리는 학생들을 소집단으로 나눠 미술작품을 관찰하게 한 다음 집단별로 나와서 전체 학생들에게 관찰 내용을 발표해 전반적인 관찰과 상세한 관찰을 명확히 설명하는 연습을 시켰다.

결과는 놀라웠다. 학생들은 주의 깊게 듣고, 열심히 참여하고, 질문에 관해 진지하게 생각한 끝에 답을 내놓았다. 슬론은 달라진 모습에 감탄했다.

그는 이렇게 말했다. "몇몇 아이들은 몰라보겠더군요. 눈빛이 초롱초롱하고 열심히 참여하는 모습이 활기차 보이기까지 했어요. 평소에는 공부를 어려워하고 수업을 방해하던 학생들이 진지하게 몰두하는 모습을 보니 저도 아주 신이 났습니다."

미술관 훈련에 참여하고 교실로 돌아온 학생들은 다른 학생들보다 수학 문제에서 연관성을 더 쉽게 알아보았다.

우리는 고등학교 수학 시간에 두 집단의 학생들을 대상으로 훈련을 이어 갔다. 각각 다른 행사로 미술관을 방문한 학생들이었다. 그 후 설문 조사에서 압도적인 다수가 미술작품을 관찰하는 과정이 즐거웠으며, 이런 기회를 더 얻고 싶다고 밝혔다. 설문에 응답한 학생들의 3분의 2 가까이가 세부 정보를 발견해서 주목하는 노력의 중요성에 관해 적었다. 바로 슬론이 학생들에게 심어 주고 싶어 한 부분이었다. 이보다 더 고무적인 결과가 있었다. 그해 졸업 시험에서 수학 과목 합격점을 넘은 학생의 비율이 44퍼센트로 증가하고, 이듬해에는 59퍼센트까지 증가했다.[141]

슬론은 중요한 문제를 해결하려고 시도했다. 표준화된 시험에서 성적이 모자란 학생들의 점수를 올릴 방법을 찾는 문제였다. 다른 교사들은 전과 같은 방법(연습 문제를 풀게 하는 방법)을 되풀이했고, 효과를 보지 못했다. 평범한 장면에 숨은 중요한 세부 정보를 놓친 것이다. 학생들의 얼굴에서 집중하지 않고 관심도 없는 표정을 보지 못했다. 슬론은 이런 표정을 보았고, 연습 문제를 내주기 전에 우선 학생들의 좋지 못한 태도와 집중하지 못하는 모습부터 해결하기로 했다. 문제의 해결책은 수학에 있지 않았다. 학생들의 마음가짐에 있었다. 학생들은 예술을 관찰하는 새로운 활동에 몰두하면서 눈을 더 크게 떠 일상에서 놓치던 세세한 부분을 더 많이 발견할 수 있었다.

세부 정보를 중시하는 태도

뇌가 어떻게 정보를 처리하고 걸러 내고 간과하고 망각하고 변형하는지 안다는 전제하에, 어떻게 세부 정보를 더 중시할 수 있을까? 첫 번째 단계는 우리가 이미 수행하고 있기 때문에 가장 쉽다. 인식의 단계다.

고장 난 줄도 모르면 고칠 수 없다. 웨스트버지니아 의과대학의 심리학자이자 안과 교수인 메어 그린Mare Green 박사는 "사람들은 흔히 인지하지 못하는 줄도 모르므로 무주의 맹시를 거의 경험하지 않는다고 착각한다"[142]고 주장한다. 지금까지 우리는 선천적 맹시를 알아봤으니 의식적으로 극복하려고 노력할 수 있다.

모든 자동차에는 운전석에 앉으면 보이지 않는 공간, 즉 사각지대가 있다. 보이지 않는 것을 보이게 만들려면 우선 문제를 인지하고 직접 어깨를 돌려서 보거나 백미러를 조정해야 한다. 스테이트 팜State Farm 보험사에서는 신규 운전자들에게 사각지대를 제대로 이해하고 안전하게 운전하는 법을 익히려면 운전대를 오래 잡아 보는 수밖에 없다고 조언한다.[143] 이와 같은 개념이 우리의 시각적 사각지대에도 적용된다.

지각하는 데는 주의력이 필요하므로 세세한 부분을 적극적으로 찾아보아야 한다.[144] 미술작품에서 특히 세세한 부분을 많이 관찰할수록 더 많이 보인다. 평범한 장면에 숨은 마호가니 테이블을 보는 법을 배우기 위해 그 그림으로 다시 돌아가서 살펴보자. 125쪽으로 가서 윈스럽 부인 앞의 마호가니 테이블을 관찰해 보자. 테이블 위와 주위에서 앞에서는 보지 못했지만 새로 보이는 부분이 있는가?

테이블의 왼쪽 아래 구석에 비스듬한 모서리를 따라 밝은 부분이 보이는가? 북서쪽에서 남서쪽으로 사선으로 내려오는 나뭇결이 보이는가? 테이블에 비친 윈스럽 부인이 보이는가? 드레스의 파란색과 레이스 소매의 흰색이 보이고 레이스 가장자리에 댄 가리비 모양의 주름 장식도 보인다. 부인의 손에 들린 천도복숭아 줄기가 테이블에 비쳐 보이는데 줄기를 테이블에서 살짝 떼어서 들고 있는 것으로 보인다. 부인의 팔이 테이블에 비치고 손가락 여덟 개도 보인다. 엄지는 보이지 않는다.

윈스럽 부인의 손을 자세히 살펴보자. 부인은 하버드 대학교의 저명한 교수이자 미국 최초의 유명 천문학자인 인물과 결혼했다. 왼손 약지에 석류석과 다이아몬드가 박힌 결혼반지가 보이지만 마호가니 테이블에 비친 손에는 반지가 보이지 않는다.

처음 이 그림을 볼 때 마호가니 테이블을 보지 못한 사람이라면 사라진 결혼반지도 보지 못했을 것이다. 이 그림을 그린 화가 코플리가 마호가니 테이블에 비친 모습을 재현하는 데 공을 들인 점으로 미루어 보아 반지를 무심코 빠트렸을 것 같지 않으므로 그냥 간과하기 어려운 인상적인 부분이다. 코플리가 테이블에 비친 상에서 반지를 빠트린 이유에 관한 기록은 없다. 윈스럽 부인의 결혼 생활에 관한 설명일 수도 있고, 화가가 단순히 관객과 시각적 게임을 벌이는 것일 수도 있다. 사라진 반지의 의미를 알아야 반지의 부재를 목록에 넣을 수 있는 것은 아니지만, 그 사실을 인지해야 한다. 인지하지 못하면 나중에 필요한 중요한 정보를 빠트릴 수 있다. 이런 사소한 부분 하나가 언제 사건을 해결하거나 찾아내기 어려운 답을 제시할지는 아무도 모른다.

미세하지만 중요한 부분을 놓치면 자칫 그 부분이 연결해 줄지 모를 다른 중요한 부분을 놓칠 수 있다. 우리는 마호가니 테이블을 보고 사라진 반지를 볼 수 있다. 병상 끝에 앉은 환자의 부인을 보고 환자의 상세한 병력을 볼 수 있다. 뒤집어 입은 바지를 보고 일부러 감추려 한 정황을 볼 수 있다. 많이 볼수록 우리나 우리와 함께 일하는 누군가가 전에는 떠올리지 못한 해결책을 찾아낼 가능성이 커진다.

비언어적 의사소통에서 세부 정보

평범한 장면에 중요한 정보가 숨어 있는 또 하나의 예는 다른 사람들이 우리에게 보내는 신체적 단서인 신체 언어다. 비언어적 의사소통은 매우 강력해서 범죄율이 높은 지역의 경찰관들은 주머니에 손을 넣으면 권위나 권태의 신호로 비치므로 손을 넣지 않도록 훈련받는다. 그들은 언제든 경계 태세를 늦추지 않아야 한다.

윈스럽 부인이 천도복숭아 줄기를 어떻게 잡았는지 살펴보자. 필기도구를 쥔 양 손가락이 가지런하다. 화가가 윈스럽 부인에 관한 단서를 남기려고 일부러 이렇게 그렸을까? 이런 맥락에서 더 자세히 조사해 보면 윈스럽 부인이 미국 독립전쟁 중에 의미심장한 글을 많이 쓴 작가였다는 사실을 알게 된다.[145] 윈스럽 부인의 편지와 연감과 일기는 1인칭 시점으로 쓴 중요한 자료로 인정받아 하버드 대학교에 보관되어 있다.

세세한 부분을 찾아볼 때는 어떤 사람이 천도복숭아 줄기를 어떻게 잡고 있는지 눈여겨보아야 한다. 표정과 자세, 어조, 눈맞춤에 주목해야 한다. 어떤 사람이 서 있는 자세를 살피고, 그 사람이 아랫입술을 무는지에 주목해야 한다. 이것은 누구나 수집할 수 있는 사실이다. 나는 신체 언어 전문가는 아니지만 (의식적으로 신체 언어를 관찰하다 보니) 사람들의 비언어적 단서를 잘 알아채게 되었다. 나는 누가 나하고 말하고 싶어 하지 않는지 알 수 있다. 이런 사람들은 눈에 띄게 눈맞춤이 적고 말을 빨리 해서 딱 할 말만 하고 넘어가려고 한다. 대화를 길게 이어 가고 싶어 하지 않는 사람은 내게서 멀찌감치 떨어져 서 있는 경향이 있다. 평균적인 눈 깜빡임 속도를 알아야만 어떤 사람이 당신과 시선을 마주치지 못하는지 알 수 있는 것은 아니지만, 그 사람의 눈을 보지 않으면 결코 알 수 없다.

뉴욕 주의 보험조사관으로 10년간 활동해 온 보니 슐츠Bonnie Schultz는 어떤 사람의 신체 언어만 보고도 그 사람이 거짓말을 하는지를 알 수 있다고 자신했다.

"미묘한 부분이지만 볼 수 있어요. 그런 사람들은 시선이 흔들리거나 전혀 눈맞춤이 되지 않아요. 약간 돌아서 있거나 어깨가 경직되어 있죠."

최근에 나는 생일 선물로 받은 마사지 상품권을 쓰려고 스파에 갔다.

어둡게 조명을 낮춘 치료실에 들어서자 내가 무슨 말을 꺼내기도 전에 치료사가 먼저 내게 추운지, 목이 아픈지 물었다. 내가 낯선 환경을 둘러보던 처음 몇 초 동안 치료사가 나를 유심히 살핀 것이다. 치료사는 내가 구석에 놓인 난로를 흘끔 쳐다보고 초조하게 목을 만지는 모습을 본 터였다. 둘 다 무의식중에 나온 사소한 행동이었다. 치료사는 나의 신체 언어에서 세세한 정보를 수집하는 것만으로 세계 최고의 고객 서비스를 제공했다.

마커스 슬론의 학생들이 "우리는 지루하다"라고 적힌 플래시 카드를 들고 있었던 것은 아니다. 나도 스파에서 불편한 마음을 말로 털어놓은 것이 아니다. 슬론과 나의 마사지 치료사는 우리의 자세와 시선에서 이런 메시지를 읽어 냈다. 누구나 원하는 것이나 의도하는 바를 입 밖에 꺼내는 데 익숙한 것은 아니다. 다만 사람들이 표현하는 방식을 알면 그들에게서 거래나 충성심이나 신뢰를 얻어 낼 수 있다.

보기 위한 전략

인지하고 주목하는 방법 외에도 몇 가지 구체적인 전략으로 의도하지 않은 시각적 실수를 방지할 수 있다. 내 고객들 중 일부는 작업에 코드명을 사용한다. 나도 단계별로 기억하는 데 도움이 될 만한 이름을 붙이기로 했다. 코드명은 COBRA다. 근사하게 들려서만이 아니라 뱀들의 왕인 코브라는 시력도 좋기 때문이다. 코브라는 밤눈을 타고나서 400여 미터 떨어진 곳의 먹잇감도 볼 수 있고 지나치리만큼 정확하게 상대의 눈에 독을 뱉는 무시무시한 습성도 가지고 있다.

우리의 목적에 맞게 COBRA(위장Camouflaged, 하나씩One, 휴식Break, 조정 Realign, 부탁Ask)는 위장한 것에 집중하고, 한 번에 하나씩 상대하고, 휴식 을 취하고, 기대를 조정하고, 다른 사람에게 같이 보자고 부탁하도록 우 리를 일깨움으로써 숨겨진 세부 정보를 밝히는 데 도움이 된다.

위장된 것에 집중하라

우리에게는 두드러지거나 주변과 어울리지 않는 대상을 찾는 타고난 생존 본능이 있기 때문에 마호가니 테이블처럼 눈에 잘 띄지 않는 물건 을 인지하기가 더 어렵다. 배경 속에서 희미해지거나, 군중 속으로 사라 지거나, 자연스럽게 위장하거나, 물리적으로 작거나, 감지하기 어려운 사물을 알아보는 것은 무척 어렵다. 위험에서 살아남으려고 대비하는 생존주의자와 군인과 범죄자들은 이런 성향을 이용해서 잘 적응하는 반 면에 나머지 보통 사람들은 자동으로 눈에 띄지 않는 대상을 찾으려면 더 열심히 보아야 한다.

경찰은 내태비어 로어리의 뒤집어 입은 바지를 보지 못했다. 처음에 는 별다르게 보이지 않아서였다. 그들은 로어리가 바지를 입고 있을 거 라고 예상했고, 바지가 깨끗해 보여서 더 자세히 살펴볼 필요성을 느끼 지 못했다. 로어리가 팬티만 입고 그 건물에서 나왔다면 특이했을 것이 다. 단박에 눈에 띄어서 경찰이 바로 알아챘을 가능성이 높다. 노인 환 자의 부인이 강렬한 보라색 머리를 했다면, 특이한 머리색이 눈길을 끌 어서 레지던트들이 부인을 바로 알아챘을 것이다. 그 대신 부인은 병원 의 다른 사람들 사이에 섞여 들어갔다.

우리는 본능적으로 새롭고 혁신적이고 흥미진진한 것에 끌린다. 평범 한 장면에 숨은 것은 그저 평범해 보이므로 이런 부분을 알아보려면 첫 눈에 간과할 법한 세부 요소를 의식적으로 찾아야 한다. 그러려면 다시 보아야 한다. 전체 장면을 구석구석까지 보고 또 보아야 한다. 그런 다음 되도록이면 주어진 대상이나 장면의 위치를 바꾸어 보아야 한다. 마지막으로 자신의 위치를 바꿔 본다. 가까이 다가갔다가 뒤로 물러난다. 둘러보면서 시점을 바꿔 본다. 특이한 각도에서 보면 그다지 특이하지 않은 세부 요소가 드러날 수도 있다.

한 번에 하나씩

'감춰진' 세부 요소를 발견할 확률을 높이려면 예리하고 고집스럽게 집중하면서 오직 주어진 과제에만 주목해야 한다. 한 번에 여러 가지 작업을 수행하는 것이 정상인 멀티태스킹의 시대에 오직 한 가지 작업에만 집중하라고 하면 생뚱맞아 보일 수 있지만 사실 멀티태스킹을 할 때 효과와 효율성은 떨어진다.[146] 애초에 뇌가 한 번에 수백만 가지를 추적하거나 주목하지 못하기 때문이다. 얼마나 감당할 수 있을까? 최신 연구에서는 작업 기억working memory의 한계는 눈에 덜 띄는 과제 네 가지라고 제안한다.[147]

스탠퍼드 교수 클리퍼드 내스Clifford Nass는 한 단계 더 나아가 "멀티태스킹을 하는 사람들은 멀티태스킹의 모든 부분에서 서툴다"[148]고 주장한다. 내스 교수는 기능적 자기공명영상functional Magnetic Resonance Imaging, fMRI을 이용하여 뇌가 여러 가지 작업을 수행하는 사이 뇌를 연구한 뒤 멀티태스킹을 자주 하는 사람들은 "무관한 정보를 무시하는 데 서툴고, 머릿속에 든 정보를 섬세하고 깔끔하게 정리하는 데 서툴며, 한 과제에서 다른 과제로 넘어가는 데 서툴다"[149]는 결과를 얻었다.

빌라노바 대학교의 인지과학 프로그램 소장 찰스 포크Charles Folk 박사는 그 이유를 이렇게 설명한다. "과제를 수행할 때는 언제나(시각 과제든 청각 과제든 그 밖의 과제든) 특정 인지 조작에 의존한다. 과제를 많이 수행할수록 한정된 자원에서 더 많은 것을 끌어낸다."[150]

뇌에 무거운 인지적 부담이 부과되면 평소보다 더 많은 정보가 걸러지지 않고 그냥 빠져나간다.[151] 따라서 경찰이 다른 범죄 사건에 관한 보고서를 작성하고 통화하면서 린다 스타인의 아파트 감시카메라 화면을 보았다면 중요한 정보를 찾아낼 가능성이 크게 줄었을 것이다.

멀티태스킹으로 한정된 자원을 너무 많이 소진하지 않으려면 주어진 과제에만 집중해야 한다. 현재 '모노태스킹' 또는 '싱글태스킹'이라는 개념이 비즈니스 세계에 출현하고 있다. 주의를 산만하게 하는 일들을 한쪽에 치워 두고, 컴퓨터를 끄고, 전화도 보지 말고 오로지 관찰하라. 한 번에 여러 가지를 감당해야 하는 세계에서는 어려울 수 있다. 사실 평균적으로 한 직원이 30가지에서 100가지 정도의 프로젝트를 안건으로 내놓고 한 시간에 일곱 번 방해받고 하루에 최대 2.1시간 주의를 빼앗긴다는 보고가 있다. 그러나 〈포브스〉에서는 "집중력이란 다년간의 멀티태스킹으로 약화된 경우에는 다시 단련시켜야 하는 정신의 근육"[152]이라고 주장한다. 이런 이유로 내 강의에서는 전화를 허용하지 않고 사람들을 밖으로 데리고 나가곤 한다. 주의를 빼앗는 일들이 끊임없이 머릿속에 맴돌지 않으면 우리는 관찰하는 대상에 집중할 수 있고, 결과적으로 훨씬 더 많이 볼 수 있다.

휴식을 취하라

모노태스킹의 근육을 풀어 줄 때는 과용하지 않도록 주의해야 한다. 인간의 뇌는 한 가지 일에 한 번에 몇 시간씩 집중하도록 설계되지 않았다. 뇌는 과도한 자극을 피하기 위해 바로 앞에 있는 것이 무엇이든 당장 그것에 길들여진다.[153] 그래서 우리가 앉아 있는 의자나 우리가 입은 옷의 감촉을 더는 느끼지 않는 것이다. 뇌의 이런 타고난 필터를 고려하면, 우리가 계속 살펴보고 또 거기 있는 줄 알면서도 '마호가니 테이블'(또는 자동차 열쇠나 잃어버린 영수증이나 예산의 균형을 맞추는 방법)을 못 보는 이유를 이해할 수 있다.

심리학자들은 휴식을 취하기만 해도 인지 통제 체계가 경계를 유지하고 장시간 집중할 수 있다고 믿는다. 전문가들이 권하는 방법은 두 부분으로 구성된다. 첫째, 20분마다 잠깐씩 머리를 식혀야 한다. 한 가지 일에 몰두하다가 잠시 집중력을 풀어 주는 것이다. 이때는 현재 몰두하는 활동과 전혀 다른 활동을 선택해야 한다. 보고서를 읽고 있었다면 이메일을 읽을 것이 아니라 누군가와 직접 마주 보고 대화를 나누는 식의 전혀 다른 기능을 쓰는 활동으로 전환해야 한다. 둘째, 90분 동안 일하고 10분 휴식을 취해야 한다.[154] 되도록이면 밖으로 나가서 산책을 하거나, 책상 앞에서 하는 요가라도 좋으니 운동을 하거나, 즐거운 일을 하거나, 원기 회복을 위한 낮잠을 잔다.

과도한 소음과 감각의 과부하는 뇌에 스트레스를 가중하고 뇌의 효율성을 떨어뜨릴 수 있다.[155] 현장에 소음이 심하거나 사람이 많다면 자리를 떠났다가 나중에 돌아오는 방법을 고려해 보라. 조용한 곳을 찾아보라(근처 미술관을 강력히 추천한다!).

많은 유명인이 휴식을 취하다가 그들의 유명한 해법을 찾아냈다.[156] 아이작 뉴턴은 전염병이 유행하던 시기에 케임브리지 대학교가 문을 닫자 집으로 돌아가 지내던 중 사과가 떨어지는 것을 보고 평소 붙잡고 있던 중력에 관한 문제를 해결했다.[157] 1901년에 프랑스의 수학자 쥘 앙리 푸앵카레Jules Henri Poincaré는 몇 주간 씨름하고도 수학 이론을 증명하지 못하다가 작업대를 떠나 지질학 현장 연구를 가서 해변에 하루 머물던 중 증명할 방법을 발견했다. 그는 자신의 성공을 이렇게 분석했다. "어려운 문제를 풀 때는 대개 첫 공략에 좋은 성과를 얻지 못한다. 길든 짧든 휴식을 취하고 다시 자리에 앉아 문제를 풀어 본다. (…) 이런 의식적 노력으로 더 큰 결실을 얻는 이유는 하던 일을 멈추고 휴식을 취하면서 정신에 에너지와 신선함을 불어넣었기 때문이다."[158]

내가 살인 사건 수사관들을 미술관으로 부르면, 그들은 용의자에 관한 정보를 수집하면서 직면하는 난관에서 벗어나고 경찰 세계와 동떨어진 활동에 집중하면서 결국 자신들이 하는 일에 관해 새롭게 생각하지 않을 수 없다. 상황을 다르게 보면 새로운 관점이 생기고, 전에는 빠져나갔던 기회가 주어질 때가 많다. 예술을 살펴보는 것이 새롭고 특이한 활동인 사람들에게도 마찬가지다. 이 책에 실린 그림을 매일 온종일 들여다보는 것을 업으로 삼은 사람이 아닌 이상, 여기 나오는 작품을 분석하면 뇌를 '충전'하는 데 도움이 될 것이다.

기대를 조정하라

우리가 예상 밖의 것들을 종종 놓치는 이유는 그 자리에 있어야 한다고 생각하는 대상에 과도하게 집중하기 때문이다. 수사관들은 내태비어 로어리가 린다 스타인의 아파트 건물에서 큰 가방을 들고 나올 때 그 안에 범행 도구가 들어 있다고 확신했다. 그래서 가방의 모양과 바닥의 불룩 튀어나온 부분과 얼마나 묵직해 보이는지에 주목했다. 재판에서 수석검사는 로어리가 가방을 들고 나오는 모습이 찍힌 화면을 보고 "안에 뭔가 묵직하게 들어 있다"[159]고 말했다. 그래서 가방에 관심이 쏠렸지만 배심원들에게 용의자가 유죄라는 확신을 준 것은 잘 보이는 곳에 있던 바지였다. 수사관들은 그냥 보지 않고 명백한 증거(문자 그대로 피해자를 가격한 도구)를 찾고 있었던 것이다.

인간의 이런 타고난 기대가 인지 작업에 추가로 필터를 더하기 때문에 뇌에서는 관련이 없다고 지각한 정보를 간과한다. 우리는 뇌에서 무엇을 걸러 내는지 '알지' 못하므로 선입견을 버리고 그냥 보라고 스스로 상기시켜야 한다. 그리고 때로는 다른 누군가로 하여금 보게 해야 할 수도 있다.

다른 사람에게 같이 보자고 부탁하라

끝으로 사람마다 세계를 다르게 지각하므로 다른 사람에게 도움을 구해서 탐색할 수 있다. 다른 사람을 끌어들여 새로운 눈으로 보게 하라. 관점과 배경과 의견이 다른 사람일수록 좋다.

남에게 도움을 구하지 않는 사람들은 대개 무능해 보일까봐 두려워하지만 사실 도움을 구하지 않는 사람이 무능해 보일 수도 있다. 우리가 해결하려는 문제의 답을 다른 사람이 알 수도 있고, 다른 사람의 시선으로 보려다 보면 우리가 해결책을 찾는 데만 몰두하고 있다는 사실이 증명되기도 한다.

• • •

데이브 블리스^{Dave Bliss}는 바로 앞에 답이 있는 줄 알면서도 답을 보지 못했다. 청소 업체의 영업부장인 블리스는 대형 고객을 새로 잡았지만 걸림돌이 하나 있었다. 그 고객이 현재 다른 경쟁 업체와 계약을 맺고 있었던 것이다.

건물 40동 규모의 의료 시설인 잠재 고객은 블리스의 회사로서는 대규모 거래였다. 블리스는 거래를 반드시 성사하기로 결심했다. 블리스가 청소 업체를 자기네로 바꾸면 연간 13만 7000달러를 절약할 수 있다고 제안하자 잠재 고객은 당장 서명하고 싶어 했다. 그런데 한 가지 문제가 있었다. 다른 청소 업체와 5년 계약으로 묶여 있고 아직 3년이나 남은 상태였다.

"당신이 우리를 이 계약에서 풀어 줄 방법만 찾아내면 서명하겠습니다." 고객사의 설비 책임자가 블리스에게 말했다.

블리스는 경쟁 업체의 계약서에 분명 빠져나갈 구멍이 있다는 것을 알았지만 깨알 같은 글씨로 적힌 법조항을 몇 시간씩 들여다봐도 아무것도 나오지 않았다. 조건이 매우 확정적이었다. 사실 그는 날짜에 주목했다. '이 계약서는 작성일을 기준으로 설치일로부터 60개월간 효력이 있습니다.' 계약서는 2013년 4월 4일에 날인되었는데, 일주일 후 서비스가 시작되었고 모든 면에서 괜찮은 수준이었다.

블리스는 최근에 내 강의를 듣고 COBRA를 시도해 보기로 했다. 그는 첫 단계인 위장을 떠올렸다. 정답이 바로 앞에 숨겨져 있을 수 있었다. 그는 대부분의 시간에 날짜 문제를 해결하고 계약서에서 빠져나갈 구멍을 찾아보았지만 이것이 정답은 아닐지도 몰랐다. 어쩌면 계약서의 다른 부분에 집중해야 할 수도 있었다.

한 번에 하나씩. 블리스는 방해받지 않으려고 전화를 음성메시지로 돌리고 노트북도 닫고 가만히 들여다보았다.

휴식. 20분이 지나도록 아무것도 찾지 못했고, 단어들이 서류 위에서 헤엄치기 시작했다. 그는 휴게실에 가서 머리를 식혔다. 다시 사무실로 돌아왔을 때는 기분이 한결 나아졌다. 환경이 달라진 데다 남아 있던 생일 케이크를 발견하고 기분이 좋아졌던 것이다.

기대를 조정하기. 무엇을 발견할 것으로 기대하는가? 블리스는 스스로에게 이 질문을 던졌다. 경쟁 업체의 계약을 깨뜨릴 방법. 어쩌면 잘못된 기대인지도 몰랐다. 정반대로 모색해야 할까? 문득 이런 의문이 들었다. 고객이 그 계약 안에 계속 남아 있는 방법? 고객이 블리스의 업체를 고용하면서도 다른 경쟁 업체와의 현재 계약을 유지할 방법이 있을까?

다른 사람에게 함께 보자고 부탁하기. 블리스는 변호사 친구에게 전화를 걸었다.

"어떤 회사가 다른 업체와의 기존 계약을 깨지 않고도 우리 업체 서비스를 이용할 방법이 있을까?" 그가 물었다.

"그럼." 변호사가 답했다. "다른 업체의 계약서에서 최소 요구 조건을 찾아봐."

최소 요구 조건? 블리스는 그의 업체에는 최소 주문 요구 조건이 없다고 생각했지만, 그런 조건이 있어야 했다. 재빨리 훑어보니 제12조에 이런 조항이 보였다. "최소 요금: 서비스당 50달러."

드디어 찾았다. 블리스에게 연간 83만 2000달러짜리 계약을 안겨 줄 문구였다. 잠재 고객은 기존 청소 업체와의 계약을 이행하기 위해 서비스당 50달러만 이용하면 되었다. 일주일에 하루 동안 건물 한 동을 청소하는 수준으로 현재 청소 업체를 이용해 1년에 2600달러만 지불하면 되고, 연간 13만 4000달러 이상을 절약하는 조건으로 블리스와 계약할 수 있었다. 블리스는 거래를 따냈다.

생물학적으로 정보를 놓친다고 해도 인지 능력으로 중요한 세부 정보가 그냥 흘러 나가지 않도록 막을 수 있다. 뇌가 객관적 관찰과 지각을 더 효율적으로 수행하도록 훈련하면 더 많이 볼 뿐 아니라 더 적게 간과하는 데도 도움이 된다.

큰 그림의 중요성

중요한 세부 정보를 포착하는 능력을 기르는 동안, 의미 있는 세부 사항을 찾으려다가 자칫 다른 중요한 정보를 놓치는 일이 생기지 않도록 주의해야 한다.

1972년 12월의 어느 맑은 밤 11시 32분에 이스턴항공 401편 조종사들이 JFK 공항에서 록히드 트리스타 여객기를 순조롭게 몰고 와서 이스턴항공의 홈공항인 마이애미 국제공항으로 착륙할 준비를 하던 중 부기장이 조종석의 착륙 기어 표시등이 꺼진 것을 발견했다.[160] 32년 경력에 비행 시간 2만 9000시간 이상을 기록한 기장은 관제탑에 이렇게 무선을 보냈다. "선회해야 할 것 같다. 버튼이 아직 켜지지 않았다."[161]

기장은 안전 순항고도인 2000피트에서 자동조종장치로 돌려놓고 기어 핸들 아래 네모난 'Down and Locked' 버튼에 초록 불이 들어오지 않는 이유를 파악하기 시작했다. 과부하로 고장이 난 걸까, 아니면 착륙 기어가 제자리에 고정되지 않았을까? 그 후 7분간 기관사들은 조그만 버튼 하나에 집착했다. 이리저리 움직여 보고, 잡아 빼려고도 해보고, 욕도 하고, 펜치로 돌리다 더 고장이 날까봐 걱정하기도 하고, 손수건을 받쳐 보기도 하고, 이전 테스트에서는 버튼이 작동했는지 묻기도 하고, 비틀어도 보고, 눌러도 보고, 버튼의 렌즈가 잘못 조립되었을 가능성에 관해 논의해 보고…… 초록불이 들어오게 하려고 온갖 시도를 다했다. 조종실 음성 녹취록에 따르면 그들은 그 작은 버튼 이외의 모든 것을 놓쳤다.

그러다 어느 순간 기장이 W자 모양의 항공기 '운전대'인 조종대에 몸을 기대고, 아마도 뒤에 있는 누군가와 대화하기 위해 몸을 돌리면서 자동조종장치를 최종 위치 유지 모드로 돌려놓은 듯했다. 기장은 조종대에 기댄 탓에 항공기가 하강하는 줄도 몰랐다. 항공기는 에버글레이드 습지 위로 완만하게 하강했다. 조종석의 어느 누구도 알아채지 못했다. 250피트를 떨어져서 조종실에 고도 경보가 울렸는데도 아무도 알아채지 못했다. 다들 12달러짜리 표시등 하나에 몰두한 나머지 항공기를 곧장 바닥으로 몰고 가면서 땅에 닿기 10초 전까지도 알아채지 못했다.

국가교통안전위원회는 잔해를 조사한 뒤 착륙 기어는 제자리에 내려와 잠겨 있었고 착륙 기어 표시등은 실제로 과부하로 고장 난 것으로 판단했다.[162] 조종사들이 조종실 밑의 착륙 기어 상태를 눈으로 확인할 수 있는 작은 창을 보기만 했어도 그 사실을 알았을 것이다.[163] 게다가 실제로 바퀴가 올라가 있었더라도 수동으로 내릴 수 있었다. 버튼 하나에 정신이 팔리지 않았다면 안전하게 착륙할 수 있었다. 그러나 그 사고로 조종실의 파일럿 전원을 포함해 탑승객 176명 중 101명이 목숨을 잃었다.[164]

조종사들을 탓하고 싶은 마음이 들겠지만, 누구나 이렇게 무주의 맹시에 현혹된다.[165] 터널시를 해결하는 방법은 다른 부주의한 시각적 실수와 싸우기 위해 채택해야 하는 전략과 동일하다. 말하자면 다른 방향을 보고 가장자리를 살펴보고 활동을 잠시 중단하고 한 발 뒤로 물러나서 전체 그림을 확인해야 한다.

교육자들은 큰 그림(단순한 체계건 복잡한 체계건)을 잘 보는 학생들은 시각적으로 잘 배우는 사람이라고 말한다. 마찬가지로 미술과 시각 매체를 꼼꼼히 살펴보면 시공간 지능을 단련할 수 있고, 궁극적으로 큰 그림을 더 명확하게 보는 데 도움이 된다.

그림 그리기

어떤 사건에 관한 대화는 주로 그 사건이 일어난 뒤에 한다. 우리는 우리가 본 장면에 관해 말하고, 문자메시지를 보내고, 이메일을 보내고, 글을 쓴다. 그러는 사이에 무심코 중요한 요소를 빠뜨린다면 우리와 소통하는 상대는 직접 그 자리에 있던 사람이 아니므로 우리가 전달하는 정보가 누락되었는지 여부를 알 길이 없다. 우리에게는 1차 정보원으로서 중요한 세부 정보를 모두 담으면서도 큰 그림을 전달할 책임이 있다.

내가 변호사로 일할 때 판사들은 (참석하지 않은 판사나 배심원에게도) 전체 사건을 구체적으로 전달할 수 있게 세부 정보를 풍부히 담아서 완벽하게 진술하도록 유도했다.

그래서 종종 우리에게 정보를 전달하는 과정을 '그림 그리기'로 생각하라고 요구했다. 이 말은 아동복지사가 가정방문 보고서를 작성하거나 보험사정인이 보상금 청구를 조사하기 위해 증인에게서 이야기를 끌어내는 데도 적용된다.

우리가 본 장면에 관해 '그림 그리기'를 하려면 우선 빈 캔버스에서 시작해야 한다. 다른 사람들에게는 우리가 의도적으로 그려 넣은 것만 '보일' 것이다. 캔버스를 공백이나 미완성으로 남겨 놓아서는 안 된다. 큼직큼직한 붓질과 세세한 붓질까지 모두 활용하여 정확하고 개관적이고 기술적인 사실을 그려 넣어서 관찰을 기록해야 한다.

예를 들어 나는 가족보호서비스 조사관들과 일하면서 조사관들에게 방문하는 집을 기술할 때 현관에서 시작하지 말고 집 앞에 차를 세우는 순간부터 기술하라고 조언한다. 잔디가 웃자랐는가? 시끄럽거나 위험한 도로 옆에 있는가? 쓰레기가 쌓여 있는가? 그리고 일단 안으로 들어가면 전체 환경을 훑어보아야 한다. 바닥이 깨끗한가? 동물이 있는가? 있다면 건강하고 보살핌을 잘 받은 것처럼 보이는가? 집 안의 냄새는 어떤가? 창문에 커튼이 달려 있는가?

그다음으로 세세한 부분에도 주목해야 한다. 커피 테이블에 무엇이 놓여 있는가? 컵인가? 구부러진 스푼인가? 라이터인가? 성경인가? 종이와 크레용인가? 포르노 잡지인가? 지금은 판단하는 단계가 아니다. 사실을 수집하는 단계다.

아이들을 만나면 일단 치아 상태부터 확인해야 한다. 치아가 깨끗한가? 아니면 치과에 가본 적이 없어 보일 정도로 충치가 심한가? 이런 세세한 부분을 통해 아이들이 얼마나 보살핌을 받는지에 관해 큰 그림을 그릴 수 있다.

나는 조사관들에게 어느 집을 방문하라는 요청이 들어온 이유를 생각해 보고 그 이면의 의미를 따져 보라고 교육한다. 보고된 사건에만 초점을 맞추면 집 안에서 더 강력한 경고신호를 놓칠 수 있고, 그 결과 아동을 더 큰 위험에 빠뜨릴 수 있다. 조사관들은 세부 정보를 성실히 작성해야 할 뿐 아니라 가족 역학의 나머지 부분도 이해해야 한다. 이 연습이 보상을 안겨 줄 때가 있다.

사회복지사인 조애나 롱리Joanna Longley는 아동 방임 사건을 조사하기 위해 펜실베이니아 시골의 한 가정을 처음 방문하고 모든 관련 정보를 보고서로 작성해서 동료들이 이해할 수 있는 그림을 그렸다.[166] 그 집은 전면의 깨진 창문을 판자로 덮었고, 우편함 구멍은 강력테이프로 막아 놓았으며, 현관으로 나와서 엄마라고 밝힌 여자는 롱리를 집 안에 들이려 하지 않았다. 엄마는 방어적인 태도로 살짝 열린 문틈에 몸을 끼우고 섰고, 담배 냄새가 났으며 눈이 많이 오니 잠시 눈을 피하게 해달라는 롱리의 부탁을 무시했다.

엄마가 협조적이지 않았고, 롱리도 무척 불편했다. 그러나 롱리는 그들의 대화에 흐르는 주관적 감정이 아니라 주어진 상황의 사실들에 집중했다. 머릿속으로 큰 그림을 그리면서 그냥 포기하고 떠나면 그 집 아이들에 관해 전문적인 평가를 내릴 기회도 영영 사라진다고 판단했다.

롱리는 상대의 무례한 태도에 모욕감이 들고 상처를 입었으며 발가락도 시렸지만 계속 지켜보면서 객관적 태도를 잃지 않았다. 롱리의 목표는 그 집 아이들을 직접 만나서 아이들의 건강과 발달 상태, 외모를 상세히 기록하는 데 있었다. 이상적인 상황은 아니지만 현관 앞에서도 해낼 수 있었다.

롱리는 문 앞에 서서 아이들을 한 명씩 간단히 면담하고 당장 위험에 처한 정도는 아니라고 판단했다. 롱리는 또한 사실을 꼼꼼히 살펴서 주관적 관찰을 걸러 냈다. 엄마의 처신이 정중하지 않지만 그렇다고 폭력적인 것도 아니었다. 통명스러운 태도는 방어적인 심리에서 기인한 것일 수 있지 않을까? 과거에 관계 당국과 관련해 안 좋은 경험을 했을 수도 있었다. 그 엄마는 그 집의 어른이고, 그 집은 그녀의 것이므로 누구를 집 안에 들일지 말지 결정할 권리는 그녀에게 있었다.

아이들의 안전에 관한 중요한 정보를 찾기로 마음먹고도 집 밖에서 하라는 엄마의 뜻을 존중한 롱리의 노력은 성과를 거뒀다. 엄마의 권위를 인정해 준 덕에 엄마의 신뢰를 얻고 다음에 다시 그 집을 방문할 때는 집 안으로 들어갈 수 있었다. 엄마도 나중에는 마음을 열고 롱리에게 협조해서 아이들의 생활을 향상하기 위해 함께 노력하기 시작했다.

그러면 이제 실제 그림을 보고 크고 작은 정보를 찾으면서 '그림 그리기'를 연습해 보자.

옆의 두 이미지를 살펴보자. 빈 캔버스를 가정하기 위해 우선 두 신사

길버트 스튜어트, 〈조지 워싱턴(랜즈다운 초상화)〉, 1796

알렉산더 가드너, 〈에이브러햄 링컨〉, 1865

가 누구인지 모른다고 하자. 1번과 16번이라고 부르겠다. 4장에서 익힌 조사 모형과 체계적 정리를 위한 현대적인 기록 장치(펜과 종이, 스마트폰, 포스트잇)를 활용하여 두 장면에 관한 객관적 관찰을 완성하자. 누구, 무엇, 언제, 어디에 관한 모든 사실을 최대한 많이 적어 보자. 두 이미지를 비교하고 대조하자. 예를 들어 1번은 서 있지만 16번은 앉아 있고, 둘 다 얼굴이 왼쪽을 향하고 있고 4분의 3의 옆모습이 보인다. 이 연습에 2분에서 5분 정도 투자하는 것이 바람직하다. 시작하라.

무엇을 찾았는가? 옷의 차이를 적었는가? 배경의 차이를 적었는가? 머리카락의 차이를 적었는가? 피부색이 유사하다거나 두 사람 모두 테이블 옆에 있다는 점을 적었는가? 두 테이블의 높이와 위치와 모양 따위의 차이를 적었는가?

신체 언어는 어떤가? 두 사람의 자세를 어떻게 기술하겠는가? 정보 분석 강의에서 한 학생이 "16번은 수동적인 반면에 1번은 좀 더 개방적이다"라고 말했다. '수동적'이라는 말은 주관적이고 해석의 여지가 있다. 나는 강의실 뒤쪽에 앉은 외향적이고 활달한 학생도 역시 비슷하게 팔을 모으고 있지만 그를 '수동적'이라고 말하지 않는다는 점을 지적했다. 좀 더 객관적이고 구체적으로 기술해 보자. 1번은 오른손 손바닥이 위로 향하고 손을 펴고 있지만 16번은 팔을 앞으로 모으고 손끝이 닿아 있다.

1번은 왼손에 칼을 들었지만 16번은 오른손에 안경을 든 점을 적었는가?

두 사람의 표정은 어떻게 다른가? 나는 16번이 애써 웃음을 짓고 있다고 말하고 싶지만 그 또한 주관적 추론이다. 좀 더 구체적으로 16번의 입가가 약간 올라가 있다고 표현하자. 그 밖에도 16번은 머리카락이 헝클어져 있고 눈 밑이 움푹 꺼졌으며 넥타이가 비뚤어져 있고 양복이 주름져 있다는 식의 객관적인 세부 정보를 기술할 수 있다. 미국의 대통령이라는 이유만으로 이미지 속 모습이 약간 지저분해 보이지 않는 것은 아니다. 인간 조건을 관찰하는 그대로 인식하고 활용해야 한다. 그러면 이 초상화에 관한 전반적 인상에 엄청나게 기여할 수 있는 소중한 정보가 된다.

이제 다시 두 이미지로 돌아가서 특히 구체적인 정보를 탐색하라. 눈에 띄는 대로 적어 보자.

세부 정보를 기록하면서 1번의 신발 버클이나 16번의 조끼에 걸린

시곗줄을 포함했는가? 1번이 손에 든 칼이 칼집에 들어 있고 16번의 손에 든 안경이 접혀 있다고 기록했는가? 오른쪽 이미지의 잡티를 기록했는가? 왼쪽 이미지에서 테이블 아래 세워진 책에 관해 기록했는가? 이를테면 주인공의 무릎 높이까지 오는 큰 책 두 권이 금색 테이블 다리에 기대 놓인 부분을 기록했는가?

1번 그림에서 오른쪽 상단 구석의 무지개를 보았는가? 보지 못했다 해도 이제는 〈렌쇼의 소〉에서처럼 무지개를 보지 않을 수 없을 것이다. 무지개는 여러모로 이 그림의 '마호가니 테이블'이다. 배경에 걸려 있고 별로 중요해 보이지 않지만 실제로 존재하고 주목할 만한 가치가 있다. 이 그림에서 인상적인 세부 요소다. 미국 미술사에는 조지 워싱턴 그림이 적어도 2만 5000점은 있지만 그중에서 무지개가 있는 그림은 석 점밖에 없다. 이런 사실을 알면 이 작품의 시기를 알아내는 데 도움이 된다. 이 작품은 워싱턴이 대통령직에 오른 지 만 1년이 되던 해인 1796년에 그려졌다. 무지개는 미국 초대 대통령이 수십 년의 격랑을 뚫고 젊은 나라에 무지개를 드리웠고 앞날이 번창하리라는 것을 상징하기 위해 그려졌다.

무지개나 안경, 칼집이나 큰 책을 보지 못한 사람은 세세한 부분을 탐색할 때 COBRA를 거쳐야 한다는 점을 기억하길 바란다. 말하자면 위장되어 있을 요소를 찾아보고, 하나의 과제에 집중하고, 휴식을 취했다가 다시 탐색하고, 무엇이 보일지에 관한 기대를 조정하고, 다른 사람에게 같이 보자고 부탁해야 한다.

마지막으로 우리가 두 이미지에서 놓치지 말아야 할 큰 그림 관찰 요소는 무엇일까? 너무나 '명백해서' 대다수가 굳이 기록할 필요가 없다고 여기는 요소는 무엇일까? 뒤로 물러나서 그리 사소하지 않은 사실을 생각해 보라.

한쪽은 흑백이지만 다른 쪽은 색채가 있다. 그리고 많은 사람이 놓치는 또 하나의 중요한 사실은 바로 한쪽은 그림이고 다른 쪽은 사진이라는 점이다. 모든 것을 알아채야 한다. 윈스럽 부인의 마호가니 테이블처럼.

당신의 마호가니 테이블은 무엇인가?

여기서는 사람들이 번쩍이는 가구나 병상 아래 앉아 있는 환자의 부인, 수학 시험에서의 올려본각, 뒤집어 입은 바지를 제대로 보지 못한다는 점이 관건이 아니다. 그보다는 보이지 않지만 보이는 것이 바로 성공의 핵심이라는 점이 중요하다. 간혹 사람들은 답을 찾는 데 정신이 팔려 답을 알려 주는 정보를 놓치곤 한다.

나는 내 강의에 참석한 경영자들에게 바로 앞에 놓인 정보를 놓치지 말라고 일깨워 주기 위해 "당신의 마호가니 테이블은 무엇입니까?"라고 물었다. 누구의 삶에나 마호가니 테이블이 하나쯤(어쩌면 둘 이상일 가능성이 높다) 있다. 그것은 우리의 작업에 중요할 수 있지만 우리가 보지 못하는 것이다.

당신도 주변과 집과 직장을 둘러보면서 스스로에게 같은 질문을 던져 보라. 나의 마호가니 테이블은 무엇일까? 나는 평범한 장면에 숨어 있는 무언가를 찾을 수 있는가?

• • •

　지금까지 관찰의 기술을 익히는 방법을 배웠다. 오직 사실만 수집하고, 객관적 정보를 주관적 정보에서 분리해 내고, 사소한 세부 정보와 크지만 숨겨진 정보를 꾸준히 지켜 보는 방법이다. 이제부터 우리 안의 정보 분석가를 불러내 우리가 발견한 사실을 이해하는 법을 알아보자.

발견은 누구나 본 것을 보고
누구도 생각지 못한 것을 생각하는 일이다.
알베르트 센트죄르지(Albert Szent-Gyorgyi)

2부

분 석 하 기

6장 사방을 주시하라
모든 각도에서 분석하기

국제적인 대도시 리우데자네이루를 굽어보는 전망 좋은 언덕에 자리 잡고도 판잣집이 모여 있는 이 도시의 가장 오래된 빈민가 모로다프로비덴자Morro da Providência는 리우의 다른 시민들에게는 거의 보이지 않는 곳이다. 극단적인 빈곤과 흉악한 범죄가 기승을 부리는 이곳의 주민들은 경제적으로든 지리적으로든 사회적으로든, 모든 면에서 소외되었다. 택시도 구급차도 여기까지는 들어오지 않는다. 이곳에 드나들려면 365개의 계단을 오르내려야 한다. 뉴스 취재팀조차 신변의 안전에 대한 두려움으로 이 언덕을 오르려 하지 않는다. 꼭 취재해야 할 일이 있으면 헬리콥터를 띄워서 멀리 떨어진 채로 보도한다. 이곳에서는 특수한 준군사 부대가 치안을 담당하지만 주민들은 그 지역의 마약왕을 보듯이 그들을 의심과 불신의 눈으로 바라본다. 그도 그럴 것이, 두 조직이 손을 잡았다고 알려졌기 때문이다.

2008년 6월에 군인 11명이 프로비덴자의 청년 다섯 명을 체포하려 했다.[167] 그중 두 명이 도망치고 나머지 열일곱 살, 열아홉 살, 스물세 살의 청년 셋은 권위를 무시한 죄로 기소돼 병영으로 끌려갔다가 인근 빈민가의 갱단으로 팔려간 것으로 알려졌다. 그리고 그들의 시신이 훼손된 채 쓰레기장에서 발견되었다.

희생자들(학생 두 명과 젊은 아버지 한 명)의 가족과 친지와 친구들은 그들의 죽음을 애도했지만 리우의 시민들은 애초에 그런 일이 벌어졌는지조차 몰랐다. 빈민가 주민들은 작은 시위를 벌여 정의를 요구하며 리우의 관심을 끌어 보려 했지만 아무런 소용이 없었다. 세상은 계속 그들을 못 본 척했다.

그러다 거대한 눈[目]이 나타난 그날이 왔다.

어느 날 아침 리우 시민들이 눈을 떴을 때 뭔가 새로운 것이 나타났다. 밤사이 프로비덴자 언덕의 허물어져 가는 집들이 사람의 눈을 클로즈업으로 찍은 흑백사진을 확대한 거대한 그림으로 도배되어 있었다.

집들의 옆면에서 크게 뜬 눈이 전혀 깜빡이지도 않고 내려다보면서 기다렸다. 아무도 보고 싶어 하지 않는 빈민가가 갑자기 사람들을 주시하기 시작했다.

눈은 어떤 의미였을까? 누구의 눈이었을까? 어떻게 그곳에 붙어 있을까? 기자들은 여전히 빈민가로 들어가 직접 보기를 두려워하면서도 눈 사진을 촬영해 내보내며 시민들에게 답을 구했다.

그 눈은 JR이라는 이니셜로만 활동하는 프랑스 출신의 자칭 '사진 그래피티 예술가photograffeur'(프랑스어로 'graffeur'는 '그래피티 예술가'라는 뜻이다)의 작품이었다.[168] 모자와 선글라스로 정체를 숨기고서만 대중 앞에 나서는, 키 크고 마른 남자인 JR은 빈민가 청년들이 살해당한 사건을

JR, '여자들은 영웅이다' 프로젝트 〈모로다프로비덴자 빈민가의 행동, 나무, 달, 지평선, 리우데자네이루〉, 2009

접하고 브라질로 날아가 자신이 도움을 줄 수 있는지 알아보았다. 그는 빈민가로 올라가 처음 마주친 사람에게 자기를 소개했다. 그곳에 한 달 동안 머물며 가능한 한 많은 사람(지역사회의 지도자, 마약상, 교사, 청소년, 지역 예술가)을 만나면서 주민들의 신뢰를 얻고 도움을 요청했다.

JR은 이렇게 설명한다. "이 빈민가는 도시 한가운데 있지만 지도에는 마치 이곳에 없는 것처럼 되어 있습니다. 이곳 사람들은 말합니다. '여기들 보세요, 우리 여기 있어요, 당신네들 바로 앞에 있어요. 당신들은 우리가 존재하지 않는 것처럼 굴지요.'라고."[169]

JR은 빈민가 사람들에게 목소리를 주기 위해 이곳 여자들을 아주 가까이에서 단호하게 카메라에 담았다. JR에게 눈은 모든 것이다. 그는 우리가 사람들의 시선을 얼마나 자주 피하는지에 주목하고, '당신의 얼굴'이라는 그의 예술이 치유책이 될 수 있기를 바란다.[170] 그는 사진을 방수

비닐에 인쇄하고는 주민들에게 거대한 사진을 거는 법을 알려 주었다. 그리고 사라졌다. 그제야 호기심을 보인 세계 언론은 젊은 희생자들의 가족을 비롯한 사진 속 모델들과 인터뷰했다.

JR은 이렇게 말한다. "나는 사진을 붙이고 곧바로 브라질을 떠났다. 거대한 사진이 나타나자 방송국 취재진들이 빈민가 아래로 모여들어 왜 혹은 누가 그런 일을 벌였는지 설명해 주기를 기다렸다. 이 프로젝트(그들의 프로젝트)에 관해 언론에 설명한 사람들은 여자들이었고, 나는 그들 각자가 자신의 언어로 해석하는 방식에 크게 감동했다."[171]

사람들로 하여금 신문 헤드라인 너머의 인간을 보게 하려는 JR의 계획은 효과가 있었다. "이번만은 언론이 빈민가의 폭력과 인신매매를 그냥 덮지 않고 사람들의 목소리를 들었다."[172]

JR은 '여자들은 영웅이다'라는 제목의 프로젝트를 통해 리우데자네이루와 세계 사람들이 뒷마당의 어두운 그림자를 바라보는 관점에 변화를 일으키는 데 일조했다.[173] 허물어져 가는 콘크리트 집들에 그곳 사람들의 이미지가 실물보다 더 크게 내걸리자 더는 문명의 불가피한 부작용이자 타락의 현장으로만 치부하기가 어려워진 것이다.

이 프로젝트는 빈민가 주민들이 스스로를 보는 관점에도 변화를 주었다. 세계적 작품의 모델이 되었다는 새로운 자부심이 생긴 것이다. 그리고 이런 식의 세계적인 운동에 참여하면서 변화를 일으킬 수 있는 자신의 능력에 관한 생각도 달라졌다. 이제 모로다프로비덴자의 홈페이지도 생겼고, 주민들은 JR이 남기고 간 문화 중심지에서 매주 행사를 주최한다.

JR의 사진 덕분에 시정부의 관점까지 달라졌다. 리우 시장은 JR에게 그의 사진이 시의 정치적 결정에도 영향을 미쳤다고 말했다.[174] 애초에 발단이 된 사건에 연루된 브라질 경찰관들이 체포되고 희생자들(마르코스 파울루 다 실바, 웰링턴 곤잘레스, 데이비드 윌슨)의 명예가 회복되었고, 전 세계의 뉴스 매체에서 이들을 추모했다.

JR과 무시당한 빈민가의 사연은 관점이 가장 중요하다는 사실을 보여준다. 관점이 없다면 사건의 일부만 그리게 된다. 단지 프로비덴자 사건에 관한 경찰 보고서만 읽고 말든지, 또는 희생자의 어머니와 잠깐 이야기만 나누고 가버리면 정보를 뒤에 남기고 떠나는 셈이다. 폭넓게 평가하고 분석하려면 모든 각도에서 검토해야 한다.

미술에서 관점perspective, 원근법은 작품이 보이는 실제 각도를 의미한다. 화가는 원근법을 신중히 고려하고 많은 경우 보는 이의 시선을 의도적으로 조작한다. 예를 들어 르네상스 화가들은 모든 선이 모이는 듯 보이는 소실점이 성모마리아의 자궁에 정확히 떨어져 예수의 어머니로서의 중요성이 부각되도록 작품을 구성했다. 우리도 의식적으로 원근법을 조정하여 가능한 한 모든 단서를 찾을 것이다.

관점perspective은 '꿰뚫어 보다'라는 뜻의 라틴어 'perspicere'에서 유래한 단어로, 뭔가를 고려하고 평가하는 관점으로 정의된다.[175] 14세기에 처음 생긴 이 단어는 원래 물건을 가리키는 말로, 사물을 보는 방식을 변형하는 광학유리를 뜻했다. 따라서 망원경의 관점은 망원경에 들어 있는 곡면 유리를 지칭했다. 이와 같은 정의에 따라 관점을 우리가 보는 또 하나의 렌즈로 간주할 수 있다.

1부에서는 정보를 수집하는 방법을 배웠다. 이제부터는 우리가 밝혀낸 정보를 꿰뚫어 볼 것이다. 우선 관점을 안과 밖 모두에서 이해하고 분석할 것이다.

물리적 관점

역대 최고의 베스트셀러 저자인 웨인 W. 다이어^{Wayne W. Dyer} 박사는 성공의 비결이 그가 매일 신조로 삼는 "대상을 바라보는 시각을 바꾸면 그 대상이 바뀐다"[176]라는 말에 있다고 말한다. 비유적으로나 문자 그대로나 어떤 대상을 볼 때 서 있는 위치에 따라 그 대상을 보는 관점이 극적으로 달라질 수 있다는 뜻이다. 따라서 물리적으로 가능한 모든 각도

주세페 아르침볼도, 〈정원사〉, 1590년경

에서 주어진 자료에 접근해야 한다. 뒤를 보고, 밑을 보고, 구석을 보고, 지금 이 책의 밖을 보라. 뒤로 물러나기도 하고, 쭈그려 앉아 보기도 하고, 이리저리 돌아다녀 보기도 하라. 어떤 대상이 항상 첫눈에 한 각도에서 보이는 모습인 것만은 아니다. 앞 쪽의 음식이 담긴 그릇을 보라.

무엇이 보이는가? 양파, 당근, 버섯, 순무, 파스닙, 마늘, 박하 잔가지, 중간쯤의 털이 많은 것(밤인데, 이것은 검색해 봐야 했다), 몇 가지 상추류. 기본적으로 근사한 한 끼 식사에 곁들일 만한 음식 재료다. 반사되는 금속 재질인 듯한 검은 그릇에 담겨 평편한 곳 위에 놓여 있다.

이번에는 같은 이미지를 거꾸로 돌려서 보자.

주세페 아르침볼도, 〈정원사〉, 1590년경

새로운 관점으로 보면 이미지가 완전히 달라진다. 음식 재료가 가득 담긴 모습이 아니라 이제는 사람 형상이 보인다.[177]

다시 앞으로 돌아가서 원래 그림을 보자. 턱수염이 난 남자가 숨어 있는 모습이 보이는가? 이 그림을 옆에서 보기도 하고 뒤집어도 보는 식으로 모든 각도에서 보았다면 남자의 형상이 보였을 것이다. 나는 강의를 진행하면서 그런 학생을 딱 한 명 보았다. 컬럼비아 대학교에서 저널리즘을 전공하던 그 학생은 미술관 벤치에 누워 벤치 끝에서 머리를 아래로 내린 채로 그림을 거꾸로 보았다. 누구든 그런 식으로 열심히 보아야 한다.

얼마 전에 나는 국제공항 터미널의 외국 수하물 찾는 곳에서 나를 마중 나온 동료를 기다리고 있었다. 나는 분주한 사람들 속에서 눈에 띄려고 최선을 다했다. 그래서 앉았다. 주위의 모두가 걷거나 가방을 잡고 있거나 사전과 지도를 들여다보거나 수십 개의 줄에 서서 기다리는 틈에서 내가 그 자리에 앉자 곧바로 눈에 띄었다.

공항터미널에 앉았다가 잠이 든 적이 있었지만 매번 사람들이 똑같이 행동하는 게이트 옆에서 몰래 벽에 기댄 채였다. 이번에는 수하물 찾는 구역의 커다란 기둥에 기대어 주저앉아 있으니 동료를 놓칠 리가 없었다. 이런 식으로 밑에서 보자 서서는 보이지 않았을 세세한 부분이 보였다. 당장 나는 시야의 대부분을 가리는 커다란 캐리어들을 보면서 우리 시대의 수하물 전문가가 되었을 뿐 아니라 양말과 신발, 발목 문신, 사람들이 발을 딛는 방식, 떨어뜨리는 물건, 사람들이 초조하게 이리저리 움직이는 모습에 주목했다. 관찰에 깊이 빠져든 탓에 갑자기 눈앞에 얼굴이 나타나서 깜짝 놀랐다. 자기와 눈높이가 맞는 사람을 드디어 만난 여자아이가 기뻐하면서 방긋 웃는 얼굴로 안타깝게도 내가 모르는 언어로 쫑알거렸다. 아이는 아장아장 걸어가면서 자신의 시점을 내게 남겼다. 문득 나는 시선이 남들의 무릎까지밖에 오지 않고 아무도 눈을 맞춰 주지 않을 때 세상이 얼마나 낯설고 소란스럽게 보이는지 깨달았다.

이것은 우리의 물리적 관점을 바꾸는 마법이다. 새로운 사실을 제시할 뿐 아니라 지각까지 바꿀 수 있다. 이제 세계에서 가장 유명한 미술 작품 중 하나인 미켈란젤로Michelangelo의 〈다비드David〉를 분석하면서 얼마나 극적인 변화가 일어날 수 있는지 알아보자.

이 작품의 누구, 무엇, 언제, 어디는 잘 알려져 있다. 성서에 나오는 영

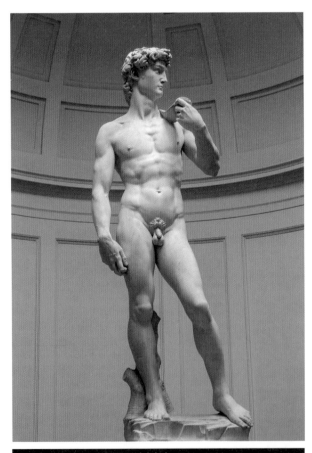

미켈란젤로, 〈다비드〉, 1501~1504

웅 다비드가 거인 골리앗과 싸우기 직전의 모습을 묘사한 근육질의 나신상이다. 하얀 대리석을 통으로 깎아서 만든 이 조각상은 정면을 향해 서서 얼굴을 왼쪽으로 돌리고 체중을 오른발에 실어 중심을 잡고 왼팔을 굽힌 채 오른팔은 옆에 내렸다. 투석기와 돌을 쥐고 있는데, 그 모습은 피렌체 아카데미아 미술관에서 조각상을 위해 설치한 천창天窓 아래에서 볼 수 있다.

다비드는 흔히 강인하고, 영웅적이고, 느긋하고, 번민에 사로잡혀 있고, 사색적이고, 평온한 존재, 심지어 천상의 존재로까지 불렸다. 16세기 역사학자 조르조 바사리Giorgio Vasari는 이렇게 적었다. "이 작품만큼 편안하거나 우아한 포즈를 본 적이 없고, 조화와 디자인과 예술적 기교의 면에서 발과 손과 머리가 이렇게 잘 어울리는 작품을 본 적도 없다."[178] 미술평론가들은[179] 다비드가 "특출한 자신감을 전달"[180]하고 "완벽한 남자"[181]이며, 심지어 "남성의 아름다움을 평가하는 기준"[182]이라고 평했다.

아름다움은 주관적인 견해이지만, 옆 쪽의 〈다비드〉 사진을 살펴보면서 널리 알려진 특징(우아함, 평화로움, 느긋함)이 우리가 관찰한 내용과 일치하는지 알아보자. 다비드의 얼굴은 매끄럽고 주름이 없다. 입은 다물고 있고 입술이 살짝 올라가서 엷은 미소를 짓는 것처럼 보인다. 자세는 편안하고, 오른쪽 어깨가 약간 아래로 기울고, 오른손이 허벅지에 내려와 있다.

다비드를 다른 각도로 보면 우리의 평가가 어떻게 달라질까? 다비드는 높이가 거의 5미터에 이르고 2미터 높이의 받침대 위에 놓여 있어서 직접 본 사람이든 앞의 사진으로 본 사람이든 대다수가 전면에서 멀찍이 떨어져 올려다보았다. 그런데 뒤로 돌아가서 눈높이를 맞춰 다른 관점에서 보면 이야기가 달라진다.

미켈란젤로, 〈다비드〉(세부)

　더 높이 더 가까이 다가가서 〈다비드〉를 보면 평화롭고 느긋한 이미지는 사라진다. 미켈란젤로가 이 작품을 조각할 때처럼 위에서 볼 수 있다면 다비드의 얼굴이 바짝 긴장한 모습으로 보일 것이다. 콧구멍이 벌어져 있고, 두 눈이 부릅뜨여 있고, 눈썹 근육에 깊은 주름이 잡혀 있다. 가까이에서 보면 걱정에 사로잡힌 듯 한곳을 응시하고 있다. 실제로 360도 회전 컴퓨터 연구에서는 느긋하고 온화한 남자와는 정반대의 모습이 나타났다. 다비드의 몸에 드러난 모든 근육이 긴장되어 있다. 피렌체 대학교 해부학 교수들은 다비드상의 모든 부분이 "공포와 긴장과 공격성이 결합된 느낌을 자아낸다"[183]고 주장한다.

가까이에서 자세히 살펴보면 다비드가 육체적으로 완벽하다는 환상도 깨진다. 다비드는 사실 눈이 약간 사시다.[184] 두상이 납작하고 비율이 조금 이상하다. 손은 기형처럼 크고 이탈리아에서 '피셀로pisello, 완두콩'라고 불리는 그의 성기는 크기가 조화롭지 않다.[185] 머리가 몸에 비해 지나치게 크고, 피렌체 의사들에 따르면 등에는 근육 하나가 부족하다.

다비드를 다른 각도로 보면 다른 '사실'들에도 의문이 든다. 다비드가 오른손에 잡은 것이 돌일까? 뒤에서 보면 손가락 새로 납작한 원통의 끝이 보여서 돌이 아니라 투석기 손잡이라고 보는 의견도 있다. 손으로 그 물건을 단단히 잡고 있어서 우리에게는 그 물건이 보이지 않고, 린다 스타인의 개인비서가 들고 나온 가방의 내용물처럼 형태만 봐서는 실제로 어떤 물건인지 짐작할 수 없다.

역시 사람들이 흔히 놓치는 관점, 즉 작가의 관점을 고려해야 한다. 미켈란젤로는 사람들이 〈다비드〉를 어떻게 보도록 의도했을까? 학자들은 현재 배치가 잘못되었고 〈다비드〉 앞에 제대로 서려면 옆으로, 그의 시선 쪽으로 이동해야 한다고 말한다. 다비스가 그쪽을 보는 이유는 1504년의 도시 지도자들은 다비드의 "악의에 찬 시선과 공격성"이 "평화롭게 오가는 행인"이 아니라 피렌체의 진정한 적인 로마로 향해야 한다고 판단했기 때문이다.[186] 미켈란젤로의 의지와는 상관없이, 〈다비드〉는 원래 베키오 궁전을 등지고 밖으로 향하는 자세로 서서 남쪽에 있는 이탈리아의 궁극의 수도를 바라보았다. 1873년에 박물관 내부로 옮길 때 방향은 같은 쪽으로 맞추었지만, 박물관 기둥과 오른쪽의 진열대 때문에 정면의 모습이 가로막혔다.

스탠퍼드 대학교의 디지털 미켈란젤로 프로젝트에서 제시한 컴퓨터 이미지를 통해 드디어 다른 관점(위)에서 〈다비드〉를 볼 수 있게 되었

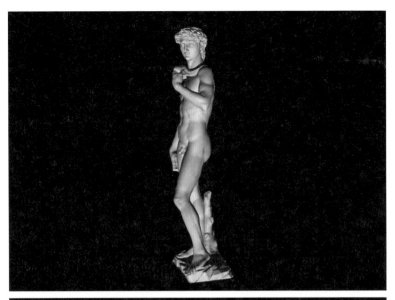

미켈란젤로, 〈다비드〉 디지털 이미지

다.[187] 위에서 보면 〈다비드〉가 전혀 다른 인물로 보인다. 〈다비드〉의 다른 요소에 시선이 간다. 복부의 곡선이 확연히 드러나고 어깨의 투석기가 더 잘 보이며, 뒤쪽의 나무 그루터기가 잘 보이고 성기에서 얼굴로 초점이 올라간다.

미켈란젤로의 관점으로 〈다비드〉를 바라보면 육체의 완성도가 의도된 것임을 알게 된다. 다비드의 눈의 배치가 완벽하지는 않았지만 학자들은 수학에 뛰어났던 미켈란젤로가 관람객이 서 있을 것으로 생각한 바닥에서 바라보면 눈이 가지런하게 보이도록 일부러 비스듬히 배치한 것이라고 믿는다.[188]

가까이에서 자세히 살펴봐야만 다비드 손의 혈관, 손톱 길이, 왼발의 엄지발가락과 검지발가락 사이의 틈새가 보인다. 발가락 사이의 틈처럼 사소한 부분이 왜 중요할까? 범죄 수사에서는 시신과 증거의 정확한 위치뿐 아니라 현장의 모든 것이 중요하다. 범죄 수사가 아니라 제조업, 의학, 파일 보관, 보험 손해 사정, 항공기에서 ABP를 찾는 일 등의 여러 분야에서도 사소한 물리적 자료가 중요하다. 〈다비드〉에서 발가락 사이의 틈새가 중요한 이유는 이렇게 신체 부속물이 벌어지는 모습은 미켈란젤로의 작품에서 서명과 같은 특징이기 때문이다. 〈다비드〉의 뒤에 서명이 새겨져 있지 않으므로 관람객에게 진품이라는 사실을 알리기 위한 미묘한 힌트가 된다. 그러나 작품을 둘러보지 않았다면 이 부분을 발견하지 못했을 것이다.

제2차 세계대전에 참전한 조종사들이 서로에게 항상 모든 방향을 주시하라고 일깨워 주기 위해 만들어 낸 문구가 있는데, 지금도 군대에서 흔히 쓰인다(축구팀 감독들도 이 문구를 좋아한다는 말을 들은 적이 있다). "사방을 주시하라." 바로 앞에 있는 것만 보지 말고 끊임없이 관점을 바꿔야 한다는 뜻이다. 그러면 정보를 더 많이 발견하고, 이야기나 사라진 조각이나 옳은 길이나 진정한 의도나 탈출구를 더 많이 찾는 데 도움이 될 수 있다.

나도 개인적으로 FBI에서 훈련받은 사방 주시 기법을 활용한다. FBI

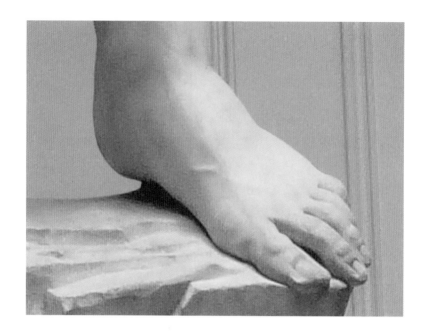

에서는 요원들에게 낯선 지역(낯선 도시의 거리와 들판, 공항 주차장)에서 걸을 때는 주위를 자주 둘러보면서 뒤를 살피라고 훈련한다. 그래야 퇴로를 확보해야 할 순간에 전체적인 조망이 생기기 때문이다. 미리 파악하지 않으면 외부로 나가거나 지나온 길을 되짚어 갈 때(특히 쇼핑몰 대피와 같은 위급 상황에서) 눈에 보이는 장면이 달라져서 혼란에 빠질 수 있다. 들어올 때 지나온 사물의 뒷면이 눈에 들어올 수 있기 때문이다. 새로운 장소에 접근할 때는 의식적으로 모든 각도에서 지형을 파악해 어느 방향으로 가든 기억할 수 있는 그림, 주변 환경에 대한 더욱 완벽한 그림을 그려야 한다.

직접 가서 보라

모든 각도에서 보는 것이 수사에서만 중요한 것은 아니다. 공정이나 제품이나 장사 등 비즈니스의 모든 측면에서 중요하다. 이것은 도요타의 유명한 표어인 현지현물現地現物, 해석하자면 "직접 가서 보라"는 개념의 핵심 원리다.[189] 현지현물은 관리자가 상황에 대한 포괄적 그림을 그리고, 공정을 전체적으로 보고, 세부 정보를 최대한 많이 확보하려면 사무실 컴퓨터 앞에서 벗어나 실제로 작업이 일어나는 현장에 나가 봐야 한다는 뜻이다. 많은 제조업체가 '현장답사'라는 관행으로 이 개념을 채택한다. 직원들은 업무를 더 잘 파악하기 위해 제품이 생산되는 곳이든 판매되는 곳이든, 심지어 사용되는 곳이든 작업에 가장 중요한 장소에 직접 가본다.[190] 〈인더스트리위크Industry Week〉의 빌 와일더Bill Wilder는 이렇게 설명한다. "현장은 경영자의 책상에서는 거의 발견되지 않는다. 그 대신 생산 현장에서 발견된다. 또는 마케팅 부서에서 발견된다. 또는 고객의 사업장에서 발견된다."

'가서 보라'의 또 한 예로 일부 기업은 직원들을 밖으로 내보내 주로 업무를 보는 장소가 아니라 정반대의 장소를 관찰하게 한다. 디트로이트의 보몬트 보건 시스템Beaumont Health System 병원들은 효율성을 추구하는 방법의 일환으로, 직원들로 '개선' 팀을 꾸리고 소속 부서에서 나가 병원을 돌면서 지속 가능한 절약 방법을 찾아보게 했다. 어느 팀에서는 캠퍼스의 스프링클러가 불필요한 구역까지 물을 뿌리는 것을 발견했다. 그리고 수압이 낮은 스프링클러 꼭지로 교체하는 식으로 문제를 해결해 6개월간 18만 달러의 비용과 물 190만 리터를 절약했다. 간호사이자 보몬트의 품질·안전·인가 책임자인 케이 위너커$^{Kay Winokur}$는 "나가서 돌아다녀 보지 않으면 이런 부분은 알지 못한다"[191]고 말한다.

물리적 관점을 바꾸면 정신적으로 벽에 부딪힐 때 도움이 될 수 있다. 고대 그리스인들이 돌길에 홈을 파서 말과 소가 수레를 더 잘 끌 수 있게 했듯이, 효율성을 선호하는 인간의 뇌는 의도적으로 익숙한 양상을 찾으려 한다.[192] 그러나 간혹 이런 바퀴 자국에 얽매일 때가 있다.

영원히 풀리지 않을 것만 같은 문제를 계속 바라보거나 꽉 막힌 생각을 풀려고 부질없는 시도를 해본 경험을 떠올려 보자. 나는 전문적인 제안서를 쓸 때 이런 일을 자주 겪는다. 제안서를 완벽하게 쓰고 싶다. 완벽해야 한다. 그러나 단어가…… 도무지…… 떠오르지…… 않는다. 노트북 앞에 넋 놓고 앉아서 시간만 흘려보내고 다른 일로 넘어갈 엄두를 내지 못한 채 '5분만 더'와 '이미 시간을 너무 많이 허비했잖아'라는 생각의 악순환에 빠진다. 내 작가 친구들과 신경과학이 내게 가르쳐 준 작가의, 또는 다른 모든 종류의 벽을 넘을 해결책이 있다. 자리에서 일어나서 나가라.

연애 지침서 두 권을 쓴 제스 매캔$^{Jess McCann}$은 내게 이렇게 말한다. "난 아무런 진척이 없을 때는 시간을 한 시간으로 제한해. 한 시간이 지나면 자리를 박차고 나가! 마감이 정해진 작업을 하니까 무슨 일이든 완전히 중단할 수는 없어. 프로젝트를 관두고 휴가를 떠나거나 하지는 않지. 다만 물리적 위치를 당장 바꾸는 거야. 15분쯤 밖에 나갔다가 맑은 정신으로 돌아오면 찾으려던 답이 거의 생각나곤 해."[193]

컴퓨터(또는 동료)를 당장 창밖으로 내던져 버릴 것 같은 지경이면 잠시 사무실이나 회사 건물이나 동네를 돌면서 생각을 정리해 보자.

신경 촬영 전문가 로더릭 길키$^{Roderick Gilkey}$ 교수와 클린트 킬츠$^{Clint Kilts}$ 박사는 이렇게 설명한다. "걸어서 돌아다니는 행동 자체가 뇌에 활기를 불어넣는다. 뇌는 상호작용하는 시스템이기 때문이다."[194] 신체 운동과 같은 뇌의 한 영역을 자극하면, 창조적인 문제 해결과 같은 다른 영역도 동시에 자극을 받는다.

그냥 걷는 것보다 더 나은 방법은 걸으면서 주위의 풍경을 관찰하는 것이다. 과학자들은 단지 보기만 해도 뇌의 수행 능력에 큰 영향을 미칠 수 있다는 사실을 발견했다. "관찰로 얻은 경험은 학습과 학습 능력을 향상하는 수행 향상 뉴런을 활성화한다."[195] 길키와 킬츠의 설명이다.

그러려면 우선 걸으면서 객관적 사실(누가, 무엇, 언제, 어디)을 발견하여 정리해야 한다. 당신이 걷는 지역에 낯선 사실이 많을수록 자신의 지각에 초점을 맞추면서, 심리학에서 오직 한 가지 관점에서만 보는 습관을 일컫는 '기능적 고착'[196]에서 벗어날 가능성이 커진다.

똑같은 생각에 얽매여서 무모하게 밀고 나가지 말고 현재의 자리에서 벗어나는 방법으로 매 순간의 관찰력을 발휘하다 보면 결국에는 비판적인 사고력에 불꽃이 튀고 모든 감각이 신선해져서 마음속의 벽이 허물어질 것이다.

관점에 대한 감각

관점의 변화를 위해 산책하러 나가거나 관찰한 정보를 적극적으로 정리하는 동안에는 자료 수집가의 자세로 주어진 모든 자원을 활용하고 단순히 눈에 보이는 것 이상을 보아야 한다. 잡지 〈디스커버Discover〉의 선임편집자인 코리 S. 파월Corey S. Powell은 이렇게 적었다. "자연 세계에 대한 이해는 눈에 보이는 장면뿐 아니라 소리와 냄새와 촉감으로 강화된다. 숲속에서 걷는 경험은 새소리도 없고, 나뭇잎이 쌓여 썩어 가는 흙 냄새도 없고, 나뭇가지가 스치는 소리도 없는 경험과는 다를 것이다."[197]

우리는 모든 감각기관의 관찰을 통해 들어온 정보로 지각하지만 지나치게 시각에만 의존할 때가 많다. 객관적인 분석은 눈에 보이는 것에서 끝나지 않는다. 오감을 모두 활용해 습득할 수 있는 정보를 분류하고 분석해서 관찰 대상에 관한 전체적인 그림을 그려야 한다. 이렇게 하지 않으면 중요한 정보를 빠뜨리게 된다. 병원 로비 냄새와 응급실 냄새, 누군가의 목소리 데시벨, 누군가와 악수할 때의 손아귀 힘, 눈을 똑바로 보는지 아니면 시선을 피하는지 따위는 모두 중요한 정보다.

사실 시각이 가장 강력하거나 생산적인 감각은 아니다. 나는 세계에서 가장 유능한 경찰관들과 일하면서 신문에는 나오지 않는 주요 사건들의 작지만 중요한 막후의 정보에 접근할 수 있다. 이런 세부 정보는 종종 다른 무엇보다 생각을 자극하고 범죄에 관한 진실을 드러낸다. 예일 대학에서 약리학을 전공하는 대학원생으로, 2009년 결혼식 닷새 전에 실종된 애니 레Annie Le 살인 사건을 예로 들어 보자. 이 사건의 수사는 소리에 방해받고 냄새로 해결되었다.

처음에 시각은 경찰에 별다른 도움이 되지 않았다. 감시카메라 영상과 전자키 기록에는 애니 레가 연구실에 들어간 기록만 있고 밖으로 나온 기록은 없었다. 레의 지갑과 휴대전화는 연구실에 그대로 남아 있었다. 그러나 그녀도, 그녀의 시신도 발견되지 않았다. 둘 중 하나를 찾지 못하면 용의자를 기소하기는커녕 찾는 것조차 어려웠다. 닷새가 지나도록 아무것도 발견되지 않자(DNA도 나오지 않고 범행 현장도 확인되지 않았으며, 레도 나타나지 않았다) FBI가 나섰다.

레를 찾지 못한 좌절감에 연구실 앞에 가만히 서 있던 FBI 요원은 아무도 해보지 않은 일을 해보기로 했다. 복도 끝에 있는 남자 연구원들의 연구실에 들어가 보기로 한 것이다. 그는 연구실을 본래의 용도로만 바라보지 않았다. 사건을 더 깊이 이해하고 관점의 변화를 줄 수 있는 곳이 어딘가에 있을 거라고 생각했다. 휴게실 문을 열자 고약한 냄새가 훅 끼쳐 왔다. 휴게실과 연구실 사이의 벽을 허물자 그 안에 박혀 있던 시신이 나타났다.

어째서 아무도 그 연구실에서 썩는 냄새를 맡지 못했을까? 연구실은 실험용 쥐 우리가 있어서 온종일 팬을 돌려 동물 냄새를 없애고 신선한 공기를 주입했다. 그 소리가 끊임없이 들려서 아무도 알아채지 못한 것이다. 사람들이 팬이 돌아가는 소리를 들었다면 팬을 끄고 더 빨리 냄새를 감지했을 것이다.

우리는 지극히 시각적인 세계에 살고 있어서 다른 감각으로 초점을 옮기기 어려울 수 있다. 감각을 적게 사용하니 그 감각을 기술하는 것은 더 어려울 수 있다. 우리는 냄새를 구체적으로 설명하는 데 익숙지 않다. '좋다'거나 '지독하다'거나 하는 식으로 모호하고 질적인 단어에 의존할 때가 많다. 그러나 다른 감각으로 정보를 수집할 때도 시각으로 수집할 때만큼 철저하고 정확해야 한다. 예컨대 '퀴퀴한' 냄새와 '사향' 냄새는 명백히 다르다. 소리와 맛과 사물에 대한 신체감각에도 분명 이런 차이가 있다.

이처럼 감각을 세분하는 능력을 기르려면 공적으로든 사적으로든 모든 감각을 의식적으로 활용해야 한다. 지하철에 있든 식료품점에 있든 지하실에 있든, 냄새와 맛과 소리를 감지해야 한다. 다른 감각을 일깨우기 위해 내가 찾은 최선의 방법은 잠시 눈을 감는 것이다. 최근에 비행기를 탔을 때 눈을 감고서 처음으로 핸드로션과 향수와 베이컨의 향을 맡았다. 눈을 뜨고 있을 때는 어떻게 밀폐된 비행기 안에서 베이컨 냄새를 놓칠 수 있었을까? 비행기는 순항고도로 날고 있었다. 그러니 물론 갑자기 베이컨이 기내에 들어온 것이 아니었다. 눈이 모든 주의력을 지배하고 있었던 것이다. 그래서 나는 눈을 감아 뇌가 다른 감각에도 자원을 배분하게 해주어야 했다.

다행히 모든 감각은 자주 쓸수록 자동으로 활성화된다. 그리고 다른 감각들이 시각 정보를 향상한다. 미술작품을 시각 자료로 활용하듯이 미술을 이용해서 모든 감각을 연마할 수 있다. 해변의 어떤 날을 그린 그림을 보면서 어떤 소리가 들리는지 알 수 있다. 파도가 부서지고 갈매기가 울고 아이들이 떠드는 소리. 그럼 이것을 증명하기 위해 에두아르 마네Édouard Manet의 아래 그림을 분석해 보자. 수월하게 시작할 수 있도록 그림 속 장소를 미리 말해 주겠다. '폴리 베르제르의 술집A Bar at the Folies-Bergère'이라는 파리의 카바레 뮤직홀이다.

무엇이 보이는가?

에두아르 마네, 〈폴리 베르제르의 술집〉, 1882

이 작품은 사람과 사물이 빼곡한 복잡한 그림이다. 사실을 열거해 보자. 다만 시각, 청각, 후각, 촉각을 총동원해야 한다. 오렌지를 코에 대봐야만 오렌지 향이 나는 줄 아는 것은 아니다. 하얀 대리석의 바에 손을 대봐야 바가 단단하고 차가운 느낌인 것을 아는 건 아니다. 그림 속 실내에 들어가야만 얼마나 시끄러운지 아는 것도 아니다. 이런 사실은 실제로 현장에 있지 않아도 추론할 수 있다.

이 그림에는 몇 명이 있는가? 정답을 말하기는 어렵지만 거울 속에 비친 사람이 많으니 추산해 보자. 작은 일부에 보이는 사람을 세어서 곱해 보자. 배경에 50명쯤 있고 전경에는 여자 한 명과 남자 한 명이 있는 것으로 보인다. 주인공은 누구일까? 여자 바텐더일까, 오른쪽 상단 구석의 검은 실크해트를 쓴 콧수염 난 남자일까? 왼쪽 상단 구석에 초록색 뾰족구두만 보이는 여자는 또 누구일까? 공중곡예사일까? 이 여자는 오락을 제공하는 사람으로, 많은 사람이 그녀를 보러 이곳에 왔다. 이 여자는 이 장면에서 가장 중요한 부분일 수 있지만, 우리가 그녀를 발견하지 못했다면 중요한 인물인지 몰랐을 것이다.

그림 속에서 들릴 법한 소리를 꼽아 보자. 유리컵이 부딪히는 소리, 사람들 말소리, 무엇보다 음악소리. 혹시 공기의 흐름에 샹들리에의 크리스털이 짤랑이는 소리나 공중그네의 경첩이 삐걱대는 소리가 날까?

어떤 냄새가 날까? 오렌지, 술, 바 위에 놓인 꽃병의 꽃. 여자의 가슴에 붙은 꽃은 어떨까? 바텐더가 가슴에 꽃을 꽂은 이유는 다른 불쾌한 냄새, 곧 에어컨이 없는 밀폐된 공간에서 자주 목욕을 하지 않는 사람들의 체취를 막기 위해서일까?

실내 공기는 어떨까? 창문이 하나도 보이지 않고 배경에 연기 구름이 자욱한 것으로 보아 바람도 들어오지 않고 통풍도 잘 되지 않는 것으로 보인다. 연기는 어떤 냄새가 날까? 어떤 맛이 날까?

이제 그림을 다른 관점으로 살펴보자. 바 안쪽으로 들어가 바텐더 옆에 서서 그녀의 관점에서 바라보자. 그녀에게는 무엇이 보일까? 조명, 샹들리에, 연기, 사람들. 뒤의 거울에 비친 모습으로 보아 가까이에는 콧수염 난 남자밖에 없다. 남자는 실제로 어디에 있을까? 여자 바로 앞에 서 있었다면 우리의 시야를 가로막지 않았을까? 남자가 우리의 시야를 막지 않으므로 우리가 곧 남자일까? 그러니까 관객은 여자 바로 앞에 서 있는 실크해트의 남자라는 뜻일까?

이제 남자의 입장에 서보자. 우리가 남자라면 여자에게서 무엇을 찾고 있을까? 술일까, 관심일까, 혹은 질문에 대한 대답일까? 우리가 남자라면 여자의 표정과 자세와 반응에 대한 지각이 전혀 달라질 것이다. 우리가 장면 속으로 적극 끼어들면 여자의 텅 빈 시선은 완전히 새로운 의미를 띨 수 있다. 무심하거나 혹사당한 표정이 아니라 무례하거나 게을러 보일 수도 있다.

이번에는 다시 전혀 다른 관점에서 장면을 클로즈업해 보자. 공중곡예사의 관점이다. 앞에서 묘사한 장면과 어떻게 다르게 보이고, 다르게 느껴지고, 다른 냄새가 나고, 다른 소리가 날까? 뜨거운 공기와 연기가 올라와서 기온이 높아지고 공기가 갑갑해질 것이다. 소음은 약간 줄어들거나 아니면 거의 비슷하겠지만 조명과 사람들 위에 매달려 있으므로 조명은 조금 더 밝게 느껴질 수 있다. 곡예사는 위에 있으니 아래를 내려다보는 수밖에 달리 볼 데가 없다. 곡예사에게는 무엇이 보일까? 모자들의 윗부분. 내가 공항에서 만난 여자아이처럼 곡예사는 사람들과 거의 눈을 마주치지 못할 것이다. 이런 사실이 이 장면을 바라보는 곡예사의 관점에 어떤 영향을 미칠까? 수많은 사적 대화의 내용이 바텐더의 귀에 들어가는 사이 곡예사는 한마디도 듣지 못한다. 곡예사는 장면의 가운데 있지 않고 사실상 제거되고 분리되어 있다. 곡예사는 사람들에게 관심이 있을까, 아니면 곡예에만 몰두해 있을까?

세상을 타인의 관점에서 보려고 노력하면 어떤 장면이든 더 선명해질 수 있다. 그러나 그 가치는 미적인 것보다 훨씬 크다. 실제로 타인의 관점과 반응과 관심사를 상상하는 능력은 인간이 가진 가장 중요한 인지 도구다. 그 덕분에 우리는 남들에게 더 잘 공감할 뿐 아니라 남들을 상대할 때(또는 남들을 어떻게 대할지 상상할 때) 통찰력을 발휘할 수 있다.

지금까지 물리적으로 새로운 관점을 얻으면 어떻게 정신적으로 새로운 관점을 얻는 데 도움이 되는지 살펴보았다. 이제는 그보다 더 큰 통찰을 얻기 위해 타인의 입장으로 완전히 들어가 보자. 단순히 타인의 입장에 서보기만 하는 것이 아니라 그 사람의 눈으로 보면 세상이 어떤 모습인지 알아보자.

정신적 관점

《앵무새 죽이기To Kill a Mockingbird》라는 작품에서 애티커스 핀치는 딸 스콧에게 이렇게 말한다. "어떤 사람의 관점에서 생각해 보기 전에는 (…) 그러니까 그 사람에게 들어가 속속들이 알아보기 전에는 그 사람을 제대로 이해하지 못한단다."[198] 사람을 제대로 이해하려면 우선 공감을 끌어내야 한다. 공감은 직장이나 사생활에서 서로 협력하고 갈등을 관리하고 창조적으로 생각하는 데 필요한 능력이다.

〈포브스〉에서는 공감을 "사업을 진척하는 힘"[199]이라고 부른다. 제이슨 보이어스Jayson Boyers는 이렇게 적었다. "실제로 경영자가 성공을 경험하려면 단지 주변 활동을 보거나 듣기만 해서는 안 되고, 기업이 서비스를 제공하는 사람들을 만나 보아야 한다."[200]

　나는 기금 모금 단체와 자주 일하는데, 희망 모금액을 달성하지 못한 팀을 교육해 달라는 요청을 받은 적이 있다. 그 단체는 모든 관련 자료에 자랑스럽게 알린 것처럼 40번째 기념일을 맞이한 상황이라 몹시 당혹스러워했다. 자신들의 오랜 역사를 소개하고 기념하는데도 모금액이 증가하지 않는 이유를 납득할 수 없었던 것이다. 원인은 관점에 있었다. 그들은 연간 캠페인을 그들만의 관점, 곧 그 단체의 직원들의 관점에서 바라보았던 것이다. 그러나 그들이 아무리 자부심을 느낀다고 해도 외부 사람들에게 전달되는 것은 아니다. 나는 기부자의 관점에서 그들이 배포하는 책자를 보라고 주문했다. 기부자가 가장 중시하는 것은 자선단체의 역사가 얼마나 오래 되었는지가 아니다. 그들이 낸 돈이 실제로 누구에게 도움을 주는지를 궁금해한다. 자선단체 직원들은 기념일을 알리는 데 바빠서 그해의 자선 활동을 가장 적게 소개하는 우를 범했다. 이 단체의 기부금 감소 문제는 이처럼 다른 관점에서 바라보는 방법으로 해결되었다.

　영국의 철학자이자 작가인 로먼 크르즈나릭Roman Krznaric은 이렇게 주장한다. "공감은 화목한 결혼 생활을 이어 가거나 사춘기의 자녀와 대화를 나누거나 미운 세 살의 말썽을 다독이는 데 중요한 요소다. (…) 공감은 다른 사람의 입장에 서고 그 사람의 감정과 관점을 이해한다는 것을 보여주는 행동이다."[201]

　육체적으로나 정신적으로나 타인의 입장에 적극적으로 서보는 연습을 해보라. 손가락을 흔들면서 야단치는 것이 아이에게는 어떻게 보일까? 상부에서 내려온 부서 예산 감축 결정이 관리자의 입장에서는 어떻게 보일까? 상여금 한 차례 누락된 것이 하루하루 빠듯하게 살아가는 직원들에게는 어떻게 느껴질까?

당신과 당신이 이해하려는 사람 사이를 가르는 골이 얼마나 넓은지에 따라, 상대의 관점에서 충분히 바라보려면 더 깊이 들어가야 할 수도 있다. 에미상을 수상한 텔레비전 프로그램 〈언더커버 보스Undercover Boss〉에서는 회사의 경영자가 신입사원으로 위장하고 현장으로 들어가서 현장의 삶이 어떤지 확인하면서 상대의 관점을 얻는다. 재미있는 프로그램인 동시에 일종의 사회 실험으로서 경영자들이 달리 얻지 못했을 현실적 성과를 낳았다.

패스트푸드 햄버거 체인점으로 종업원 2만 명과 매장 800개 이상을 둔 체커스앤드랠리스Checkers and Rally's의 CEO 릭 실바Rick Silva는 "별난 상황이기는 하지만 위장해서 현장에 들어간 덕분에 직원들과 진실하게 만날 기회를 얻었다"[202]고 말한다. 실바는 '알렉스 가르시아'라는 수습직원으로 들어가서 잘못 교육받은 매니저에게 학대받는 직원도 있고, 빚을 지고 "디킨스 소설에나 나올 법한 곤궁"[203] 속에 살아가면서도 늘 활기차게 일하는 직원도 있고, 시간제 직원들 다수가 매니저에게만 보상이 돌아가는 인센티브 프로그램에 불만을 품고 있다는 사실을 알았다. "우리를 위한 것이 아니면 아무 의미도 없어요."[204] 실바가 현장에서 나란히 서서 일했던(그리고 따라잡지 못한) 유능한 직원 조해너가 그에게 해준 말이다.

많은 것을 깨닫고 본사로 돌아온 실바는 여러 가지 변화를 시도했다. "이제부터는 [우리의 훌륭한 직원들을] '조해너'라고 부르겠습니다. 현장에는 수많은 '조해너'가 있지만 다들 그럴 만한 이유로 경영진에게 당당히 의견을 말하지 못합니다."[205] 그는 이런 문제를 바로잡기 위해 최고의 직원을 선정하는 '직원 양성' 시범 프로그램을 도입하고 상여금을 매니저뿐 아니라 팀원들에게 직접 지급하기 시작했다.

자녀 양육 및 부부 관계 전문가들은 상상력이 부족할 때 이런 식으로 입장을 바꾸는 실험을 시도해 보라고 권한다. 교육 컨설턴트이자 작가인 제니퍼 밀러Jennifer Miller는 해마다 핼러윈에 영화 〈프리키 프라이데이 Freaky Friday〉(매사에 티격태격하던 엄마와 딸의 몸이 바뀌는 설정의 영화―옮긴이)에 나오는 설정처럼 보호자와 아동이 역할을 바꾸어 가족 내에서 서로의 역할을 체험해 보라고 권한다. 밀러는 본인이 직접 가족과 이런 실험을 해보고는 이렇게 말했다. "타인의 입장에 서서 그 사람의 관점으로 보는 것이 얼마나 불편하고 어려운 일인지 알았다. 정말로 어려운 일이다. 상대에 관해, 상대의 신념과 일상적인 습관에 관해, 상대가 어떻게 보고 듣는지에 관해 적극적으로 생각해야 한다. 당신이 모방하려는 상대가 당신을 지켜보고 있기 때문에 즉각적인 책임도 생긴다. 역할 바꾸기가 끝난 뒤에 나는 종종 [남편이라면] 어떤 상황에서 어떻게 말할지, 또는 [아들이라면] 어떻게 반응할지 생각하게 된다. 이런 실험 하나만으로도 우리 가족의 세계관에 대한 인식이 강화되었다."[206]

다른 사람의 관점에서 보려는 노력으로 공감만 얻는 것은 아니다. 문제를 해결하는 데도 도움을 받을 수 있다. 가상의 인물이나 유명한 사람들의 입장에 서보면 앞이 막혔을 때 생각의 흐름을 바꾸는 데 도움이 될 수 있다.[207] 회사에서든 집에서든, 개인적인 활동에서든 집단 활동에서든, 유명 인사를 선택해서 그 사람의 성격과 개인사와 관점으로 해결책을 찾아보라. 예컨대 셰익스피어라면 당신의 생산성 문제에 어떻게 접근했을까? 오프라 윈프리라면 당신의 제품이나 서비스에서 어떤 새로운 특징이 경쟁 우위를 안겨 줄 거라고 말할까? 스파이더맨이라면 당신이 들은 무례한 말에 관해 뭐라고 말할까?

디지털 시대에는 직접 행동하기 전에 모든 각도에서 조망하는 노력이 스스로를 보호하는 데 반드시 필요하다. 마를린 몰란Marlene Mollan의 열다섯 살짜리 딸이 핼러윈 파티 사진을 트위터에 올려도 될지 엄마에게 의견을 물었다.[208] 사진에서 몰란의 딸은 옷을 제대로 입고 포즈도 적당히 취하고 서 있었는데, 양옆에는 웃통을 벗은 근육질의 또래 남자아이 둘이 서 있었다.

"이 사진에서 제가 이상한 짓을 한 건 없어요. 애들도 그렇고요. 그래도 불량해 보이지는 않는지 확인하고 싶었어요." 몰란의 딸이 말했다.

마를린 몰란은 사진은 한번 올리면 인터넷에서 영원히 떠돌기 때문에 개인적으로는 그 사진에 문제가 없다고 생각하지만 딸에게 되도록 다양한 관점에서 사진을 보라고 권했다.

"이 사진에 네 남자친구는 없잖아. 걔는 어떻게 생각할까?" 몰란이 물었다.

"걔한테도 보여줬는데, 괜찮댔어요. 애들하고 제가 그냥 친구 사이인 걸 알거든요."

"그럼 네가 앞으로 만나게 될 남자친구들은 이 사진을 어떻게 생각할까?" 몰란이 물었다.

"무슨 뜻이에요?"

"네가 저렇게 생긴 남자들만 만나는 줄 알면 누군가는 겁먹을지도 몰라. 미래의 네 왕자님이 200파운드짜리 벤치프레스를 들지 못하는 남자면 어떡해?"

"엄마!"

"또 네 남자친구 엄마가 이 사진을 보면 어떻게 생각할까? 아니, 네 할머니는? 너희 학교 교장선생님은? 목사님은? 미래의 대학 입학사정관은? 미래의 상사는?"

딸은 다들 좋게 보지 않을 거라고 인정했다. 그리고 그 사진 때문에 사람들이 자기를 어떻게 볼지 생각해 보고는 트위터에 올리지 않기로 했다.

우리가 남들의 관점에서 보는 것만큼 남들도 우리의 관점에서 보게 해주는 것도 중요하다. 남들에게 우리가 무엇을 경험하는지 알리면 서로를 이해하는 데도 도움이 되고, 우리가 수집할 수 있는 정보에도 보탬이 된다.

애니 레의 수색이 진행되는 동안 예일 대학 관계자들 가운데 어느 누구도 경찰에 레가 실험하던 연구실에서는 팬이 항상 돌아가고 있다는 사실을 말해 주지 않았다. 그저 경찰이 그 사실을 들었거나 이미 알고 팬을 껐을 거라고 짐작했다. 누군가 그 사실을 언급했다면 레의 시신이 얼마나 더 빨리 발견되었을까?

단지 당신이 무언가를 보거나 듣거나 안다는 이유만으로 남들도 그럴 거라고 짐작해서는 안 된다. 당신에게 익숙한 것이 남들에게는 낯설 수 있다는 점을 알아야 한다. 뉴욕에 산다면 어디서나 사이렌 소리가 들릴 것이다. 시골에 산다면 귀뚜라미 우는 소리와 새소리가 들릴 것이다. 당신의 세계를 남들과 공유해야 할 때는 그 세계에 관한 완벽한 일람표를 만들어서 제시해야 한다. 그러기 위해 다음의 간단한 질문을 스스로에게 던져 보자.

- 나는 무엇을 무시하고 있는가?
- 나는 무엇을 당연하게 생각하고 있는가?
- 다른 사람이 내 세계로 들어오면서 무엇을 모르는가?

정보를 많이 수집할수록 정확히 평가할 가능성도 커진다. 결국에는 우리가 무엇을 찾든, 해결책을 찾든 정답을 찾든 진실을 찾든, 그것을 발견할 가능성도 커진다.

종잡을 수 없는 '왜?'

지금까지 누구, 무엇, 언제, 어디를 평가하는 방법을 살펴보았다. 다른 관점을 이해하면 난해한 '왜'라는 질문에 답하는 데도 도움이 된다. 그 여자가 왜 그런 행동을 했을까? 그 남자가 왜 그만두었을까? 어떤 사람이 왜 어떤 체계를 파괴하거나 분노하거나 우리와 결별하거나 도시를 떠나거나 아예 인연을 끊었을까? 대개 문제는 반응의 결과이고, 반응은 행위의 결과다. 다른 사람이 세상을 어떻게 보고, 어떤 현실을 견디는지 이해하면 "그들이 왜 그런 식으로 행동했을까?"라는 질문에 답하는 데 도움이 된다.

2013년에 나는 평화봉사단에서 성폭력대응팀 훈련 프로그램을 만드는 일을 도왔다. 이 훈련 프로그램에는 가장 효과적인 반응을 끌어내는 방법을 공식적으로 만들기 위해 모든 관점에서 살펴보는 과정이 포함되어 있었다. 평화봉사단 직원들은 자원봉사자들(성폭행 피해자)의 지속적인 안전을 보장하기 위해 자원봉사자가 성폭행을 당한 상황에서 다른 사람들에게 전달해야 할 정보가 어떻게 제시되고 지각되는지 파악하기 위한 최선의 방법을 필요로 했다. 예를 들어, 자원봉사자가 다른 사람들에게 피해 사실을 이야기할 때 그 이야기의 구체적인 사실들이 사람마다 달라진다면 그가 진실을 말하고 있지 않다는 뜻일 수도 있다. 그러나 막상 당사자의 입장에 서보면 또 다른 이유를 알게 된다. 정신적 외상을 입은 젊은 여자가 혼자 외국에서 의지할 가족이나 친구들도 없는 상태에서 자기를 폭행한 남자와 닮았거나 애초에 집을 떠나지 말라고 경고한 엄격한 아버지를 닮았을지 모를 나이 든 남자 관리자에게 성폭행 경험에 관해 털어놓아야 한다고 생각해 보자. 이렇게 보면 그 자원봉사자가 왜 그렇게 솔직하게 말하지 않았는지 쉽게 이해가 간다. 봉사단의 특정 구성원에게 특정 부분에 관해 말하는 것이 편하지 않을 수 있다는 사실을 헤아린다면 봉사단 직원들이 그들의 보고 절차를 조정하는 데 도움이 될 것이다.

마찬가지로 가해자에 관해 피해자가 아는 정보를 캐내는 작업도 필요하지만, 가해자의 관점에서 사건을 바라보는 것도 그만큼 중요하다. 가해자에 관한 어떤 사실이 이 사건의 한 가지 원인이 되었을까? 가해자나 그의 가족이 현지 경찰에 끈이 닿아 있거나 지역사회에 영향력을 행사할까? 상황을 완벽하게 그리려면 현지의 지역사회가 사건을 어떻게 인식하는지도 조사해야 한다. 사람들의 반응은 어땠는가? 피해자를 지지해 주는가? 그렇다면 앞으로도 계속 지지를 보낼 것인가? 궁극적으로는 피해자가 제자리로 돌아가야 할지 여부를 물어야 한다. 이 질문에 답하려면 모든 관련자의 입장에 서보는 수밖에 없다.

JR이 모로다프로비덴자의 주민들에 관한 새로운 관점을 세상에 제시하자 리우데자네이루의 시 관계자들이 주목했다. 마침내 언덕을 올라가 주민들과 만난 그들은 식료품점에 가려고 해도 365개의 계단을 내려가야 할 만큼 고립된 지역에서 갱단 두목에게 지배당하는 생활이 어떤지 알게 되었다. 2010년에 시 관계자들은 평화유지경찰단^{PPU}을 비롯한 혁명적인 사회복지 사업을 시행하여 이 지역에서 무장한 마약상을 몰아내고 평화를 되찾았다. 주민협회에서 대표를 선출해 지역의 자긍심을 높이고자 했다. 그리고 2014년 7월에 케이블카가 설치되어 빈민가와 언덕 아래의 도시를 연결했다.[209] 케이블카는 한 시간에 1000명을 싣고 언덕을 오르내릴 수 있고 요금은 무료다. 케이블카의 모든 차량에서 내다보이는 360도의 아름다운 경관 덕분에 빈민가에 새로운 유형의 사람들이 드나든다. 바로 관광객이다. 이 도시의 새로운 장관을 보기 위해 몰려든 사람들이다.

새로운 풍경

당신은 지금 프랑스 남부의 한 어촌 마을에서 깨끗하고 새파란 지중해로 난 창문 앞에 서 있다. 배들을 수면 위에서 밀어내는 따스한 바람이 열린 창문으로 불어든다. 마을에는 일 년 내내 피는 들꽃부터 자갈해변

앙리 마티스, 〈열린 창, 콜리우르〉, 1905

을 품에 안은 화사한 색채의 집들까지 색채의 향연이 펼쳐진다.

이것은 화가 앙리 마티스Henri Matisse가 우중충한 파리의 겨울을 피해 콜리우르라는 작은 마을에 작업실을 빌려 지내면서 10년 가까이 즐기던 풍경이다.[210] 작업실 창문, 엄밀히 말해서 작은 발코니로 난 두 개의 커다란 문에서는 마을 항구가 내려다보인다. 마티스는 이 창문 앞에서 많은 시간을 보내며 창밖에 보이는 풍경을 그리면서 간단히 〈열린 창 Open Window〉이라는 제목을 붙인 1905년의 작품에서처럼 그가 '폭발물 explosives'이라고 부르던 색채를 포착했다.

1914년에 마티스는 같은 장면을 그린 작품에 〈콜리우르의 프랑스 창〉이라는 제목을 붙였다.

앙리 마티스, 〈콜리우르의 프랑스 창〉, 1914

어떻게 된 일일까? 창밖 풍경은 변하지 않았다. 창밖에는 여전히 파란 지중해에 다채로운 배들이 떠다니는, 따스한 햇살 가득한 나날이 펼쳐져 있다. 이 작품이 걸려 있는 파리 퐁피두센터의 미술사학자들은, 작품을 자세히 보면 희미하게 나무와 발코니의 철물이 보인다면서 마티스가 이런 부분을 먼저 그리고 그 위에 검은 물감을 칠한 것이라고 한다.[211] 달라진 것은 화가가 세상을 바라보는 눈이라고 학자들은 말한다.

지각과 마찬가지로 관점도 변할 수 있다. 영구히 고정되어 있지 않다. 많은 것이 관점을 조작할 수 있다. 예컨대 우리는 시간과 마음 상태와 새로운 경험을 통해 세상을 여과한다. 어떤 사람이 오늘 어떤 일을 어떻게 생각하고 어떻게 기술하는지는 미래에 그 일을 어떻게 생각하고 어떻게 기술할지와는 전혀 다를 수 있다. 최근에 내가 아동 학대 담당 경찰들을 대상으로 진행한 강의에서, 한 경찰은 개인적인 삶이 현장에서 정보를 '보는' 방식에 영향을 줄 수 있다는 사실을 인정했다.

마티스에게 1914년의 삶은 9년 전의 삶과는 크게 달랐다. 그로부터 얼마 전 제1차 세계대전이 발발했고, 프랑스는 막대한 사상자를 내고 있었다. 독일군이 마티스의 고향을 침공했고, 병든 노모는 적진에 발이 묶였다. 친구들이 징집되고 동생이 전쟁 포로가 되었고, 마티스도 여러 번 입대하려고 시도했지만 병역을 지기에는 나이가 많다는 이유로 거부당한 것으로 알려졌다. 그 대신 프랑스군이 파리에 있는 그의 집에 본부를 설치했고, 그는 콜리우르의 여름 작업실로 유배되었다.

콜리우르의 열린 창문 너머의 실제 풍경은 달라진 것이 없었다. 폭탄이 터지고 외국 군대가 마을에 들끓는다고 해서 풍경이 훼손된 것은 아니었다. 카탈루냐 지방에 있는 그 마을의 삶은 전과 다름없었다. 그러나 마티스에게는 전처럼 보이지 않았다.

이것이 왜 중요할까? 관점이 바뀌면 관찰한 내용도 달라질 수 있기 때문이다. 우리가 마티스를 인터뷰해서 1914년의 바다가 무슨 색이었는지 묻는다면 그는 '검은색'이라고 답할 것이고, 그의 답은 거짓이 아닐 것이다. 우리에게 파란색으로 보이는 바다가 그에게는 정말로 검게 보였을 것이다. 나는 평화봉사단 성폭행대응팀 훈련에서 이 부분을 강조하면서 피해자가 시간이 흐르는 사이 사건을 다르게 기억할 수도 있으므로 이야기의 사실관계가 바뀔 수도 있다고 설명했다.

현재 연구에 따르면 우리가 어떤 일을 많이 생각할수록 그 일을 더 많이 기억하거나 기억을 조작할 수 있다. 특히 정서적 경험과 관련된 기억이라면 더더욱 그렇다. 뉴욕 대학교 심리학 및 신경과학 교수인 엘리자베스 A. 펠프스Elizabeth A. Phelps는 뇌에서 시각피질과 감정이 입력되는 편도체와 기억이 저장되는 해마가 직접 소통하기 때문이라고 말한다.[212] 어떤 일이 좋든 나쁘든 감정을 불러일으킨다면 편도체가 눈에는 더 가까이 주시하라고 지시하고, 해마에는 더 많이 기억하라고 지시한다. 그러나 정서가 개입되면 기억에 대한 자신감은 부각되지만 객관적인 정확도가 높아지는 것은 아니다.[213]

이런 가능성을 인지하고 있으면 우리가 도움을 주어야 할 사람들을 믿지 못하게 만들 수 있는 가정(즉 지금 진실을 말하지 않거나 전에 진실을 말하지 않았다는 가정)을 피하는 데 도움이 된다.

서비스 관점

어떤 직업에 종사하든 누구나 다른 사람에게 일종의 서비스를 제공한다. 고객, 동료, 상사, 자녀, 배우자, 환자, 도매업자, 독자, 최종 소비자,

친구들에게 서비스를 제공한다. 우리의 입장에서만 경험을 설명할 것이 아니라 다른 사람의 관점에 맞춰야 그들의 요구와 욕구를 더 잘 수용할 수 있다.

내 강의를 들은 사람들 가운데 고객과 자신의 경력을 위해 이 방법을 실천한 완벽한 사례는 암병동의 사회복지사 주디 갤번Judy Galvan이다. 주디는 신설된 여성 호스피스 시설에 입원한 한 말기 암 환자를 방문하면서 밝은 자주색 담요를 가져갔다. 그 환자가 여느 암 환자처럼 자주 춥다고 호소한다는 말을 들어서였다. 주디는 그 환자를 2년간 알고 지냈는데, 전에는 환자가 당당하고 독립적으로 생활하던 집으로 방문했다. 그래서 그 환자가 달리 선택의 여지가 없어지기 전까지는 입원하지 않으려 했던 사실을 알았다.

"그분 병실에 들어선 순간 병실이 너무 하얗고 삭막하고 텅 비어 보여서 무척 놀랐어요. 그곳과 똑같은 병실에서 수십 명의 환자를 만나 보았지만 그 환자의 환경은 다르게 다가왔어요." 주디가 내게 말했다.

미술작품을 다양한 관점으로 분석하면서 여자 바텐더의 눈과 빈민가 주민들의 눈으로 세상을 바라보게 된 주디는 그 환자의 뒤로 가서 환자의 관점에서 보았다.

"저는 안경을 벗어 놓고 잠든 환자를 바로 알아보았어요. 담요를 덮어주자 붉은 담요와 병실의 흰색이 대조를 이루어서 환자의 말이 선명하게 전해졌어요. 춥다는 말이요. '춥다'는 그저 온도가 낮다는 뜻만은 아니에요. 텅 빈 벽에는 활동이 적힌 작은 달력 하나만 달랑 걸려 있었고, 그 달력마저도 환자의 시야에서는 벗어나 있었죠. 작은 창이 하나 있기는 했지만 단조로운 도시 풍경만 내다보였고요. 환자의 창백한 모습이 그 병실과 어울렸죠."

주디는 담요 한 장 이상의 온기를 불어넣기로 하고 환자에게 보이는 공간에 색색의 물건들을 갖다 놓아서 시각적으로 좀 더 흥미로운 병실 분위기를 만들었다. 그리고 간호사들과 의논해서 환자를 자주 병원 정원으로 데리고 나갔다. 풍경이 달라지자 환자의 마지막 시간이 질적으로 크게 향상되었다.

관점을 바꾸면 안 보이던 것이 보이기도 하고, 새롭게 보이기도 한다. 그 과정에서 사소한 부분을 볼 수도 있고, 경천동지하고 패러다임이 바뀔 만한 아이디어를 발견할 수도 있다. 그리고 이런 정보를 이용해서 문제를 해결하고 새로운 가능성을 발견할 수도 있다.

'관점'의 마지막 정의는 사물을 진정한 중요성에 비추어 바라보는 능력이다.[214] 이런 능력을 숙달하기 위해 이제 배와 기차와 다리와 발코니와 불이 난 집을 보면서 우선순위를 정하는 기술을 연마할 것이다.

무엇이 빠졌는지를 보라

7장

비밀요원처럼 우선순위를 매기는 법

내 손에는 글록 권총이 쥐어져 있었고, 대학원 시절 경찰을 따라나서서 접했던 사건의 끔찍한 데자뷰를 느꼈다. 이번에는 총을 든 사람이 나였다. 그리고 내가 서 있는 곳은 바로 우리 집 앞이었다.

집 앞 계단을 올라가는 내내 심장이 고동쳤다. 나는 무기를 들어본 적이 없지만 선택의 여지가 없었다. 내 아들이 침입자와 단둘이 집 안에 있고, 근처에는 나밖에 없었다. 현관에 들어서자 검은 옷을 입은 남자가 내 앞에서 후다닥 뛰어 열린 뒷문을 통해 뒷마당으로 나갔다. 나는 그 남자를 쫓아 달렸다. 그의 뒷모습만 보였다. 그는 크고 묵직해 보이는 갈색 가방을 들고 있었다. 그는 아무 말도 하지 않았다. 나 역시 아무 말도 하지 않고 그냥 방아쇠를 당겼다.

반동이 크고 갑작스러웠다. 총에 얼굴을 맞을 뻔했다. 나는 남자의 심장을 겨누고 표적을 맞췄다. 그는 죽었다.

내게 총을 준 노스캐롤라이나 경찰서의 경사는 도저히 믿기지 않는 표정이었다.

"그자는 도망치는 중이었어요. 당신은 위험에 처하지도 않았고요. 그 자에겐 무기도 없었다고요. 정말 전에 사람한테 총을 쏴본 적 없어요?" 경사가 야단치듯 말했다.

나도 내 행동을 설명할 길이 없었다. 그리고 그 일로 누구보다 놀란 사람은 나였다.

그날 아침 노스캐롤라이나 지방검사실의 정밀성 및 무결성 회의에 도 착했을 때만 해도 나는 들떠 있었다. 검사와 국선 변호인과 경찰이 모두 이번 행사에 참여할 예정이었고, 회의의 목적은 법 집행 기관의 모든 당 사자가 같은 편이 되도록 만드는 데 있었다. 그때만 해도 나는 총을 들 고 그날을 마무리하게 될 줄은 몰랐고, 더욱이 내가 누구를 죽이게 될 줄은 꿈에도 몰랐다.

나는 참가 신청을 하고 호텔 연회장으로 안내받으면서 화기 훈련 시 뮬레이터firearm training simulator, FATS 테스트 시간이라는 말을 들었다. 그 리고 회의에 참가한 모두가 테스트에 참여해야 한다는 안내를 들었다.

그들은 내 목에 패치를 붙여서 맥박을 측정한 다음 정교하고 실감 나 는 스크린 앞에 나를 세우고 진짜 총을 건넸다.

경사가 화기 안전 지침을 잠깐 설명하고, 총알이 장전되지 않았고 센 서만 부착된 상태라고 확인해 주고는 내가 시작하도록 뒤로 물러났다.

나는 아직 준비가 되지 않았다. "언제 쏴요?" 내가 물었다.

경사가 느린 말투로 답했다. "부인, 적당할 때 쏘시면 돼요."

적당한 때가 언제인지 내가 알 게 뭐람. 적당한 때가 언제인지 누군들 알까? 여기에 핵심이 있다. 행동하기 위한 상황과 자극은 사람마다 다르다.

비디오가 켜졌다. 별안간 나는 거친 벽돌담 사이의 음침한 골목에 서 있었다. 나는 경사가 설명해 준 대로 손을 앞으로 들었다. 위험을 예측해야 했다. 화면이 이동하면서 내가 걷는 모습이 보이고 흔들리는 벽이 내 주변시에서 지나갔다. 흰색 비닐봉지가 바스락거리며 내 발을 스쳤다. 밝은 파란색 스프레이 페인트통이 미완성 그래피티 아래 놓여 있다. 누군가 그래피티를 완성하기 직전에 떠난 것 같았다. 앞으로 걸어가는 사이 찌그러진 회색 철제 쓰레기통 위에 앉아 있던 지저분한 누런색 고양이가 나를 보고 쉭쉭거렸다. 어떤 남자의 등이 내 시야에 들어왔다. 그 남자가 두어 걸음 앞 통로 중앙에 멈춰 섰다. 그는 배기 청바지와 가죽 재킷을 입고 있었다. 챙 없는 검은 모자 아래로 기름기에 찌든 갈색 곱슬머리가 삐져나와 있었다.

나는 걸음을 멈추고 가만히 서 있으려 했지만, 뭘 해야 할지 모른 채 몸이 약간 흔들렸다. 총은 차갑고 생각보다 묵직했다. 총을 팔 높이로 들고 있으니 손목이 조금 아팠다. 갑자기 그 남자가 돌아서서 칼을 들고 내게 달려들었다. 나는 총을 내리고 방아쇠를 당겼다.

비디오가 멈추고 경사가 다시 나타났다. "저기요, 부인. 저 남자의 발을 쏘셨네요."

"알아요."

"왜죠?"

"다치게 하고 싶지 않아서요. 그냥 제지하고 싶었어요." 내가 해명하듯이 말했다.

"부인, 저자는 진짜로 부인을 해치려고 했어요." 경사가 말했다.

한숨 돌릴 틈도 없이 두 번째 장면이 시작되었다. 나는 뒷마당에 있었다. 2미터쯤 되는 나무 울타리가 듬성듬성 잔디가 덮인 마당을 삼면으로 둘러싸고 있었다. 울타리의 나무판이 촘촘히 붙어 있어서 안이 보이지 않았다. 커다란 돌덩이가 안쪽으로 늘어선 맨 땅이 울타리에 붙어 있었다.

남자 둘이 마당 한가운데 서서 내 쪽에서는 보이지 않는 무언가를 놓고 다투고 있었다. 두 남자는 굳은살이 박인 손에 감춰진 물건을 빼앗으려고 승강이를 벌였다. 나는 머뭇거렸다.

"비디오에 대고 말할 수 있어요." 경사가 내게 소리쳤다. "대화식이에요."

알아 두면 좋은 새로운 정보였다.

"무슨 일입니까?" 내가 짐짓 권위적인 말투로 물었다.

두 남자가 멈추고 나를 보았다. "이 여잔 누구야?" 한 남자가 다른 남자에게 물었다.

내가 여자인 걸 어떻게 알았지? 실제로 내가 보이나? 시뮬레이션이 점점 더 사실처럼 느껴졌다.

거칠거칠한 수염이 나고 나보다 족히 15센티미터는 더 커 보이는 오른쪽의 건장한 남자가 비쩍 마르고 수염을 말끔히 다듬은 남자를 놓으며 말했다. "저 여자는 내가 상대하지."

그는 몸을 숙여 커다란 돌덩이를 집어 들고 내 쪽으로 다가왔다. 나는 그 자리에 서 있었다. 그가 바위를 들어서 내 머리로 내려쳤다. 비디오가 멈추었다.

"왜 안 쐈어요?" 경사가 물었다.

"저 남자한테는 무기가 없었잖아요." 내가 자신 없이 말했다.

"저 남자 손에 들린 저렇게 큰 돌덩이가 무기죠. 저자가 방금 부인을 죽였어요. 별로 깔끔하지 않을게요."

대단했다.

세 번째 비디오가 시작되었다. 이번에는 내가 운전대를 잡고 있었다. 묘하게 불편한 감각이었다. 현실에서 나는 운전을 하지 않는다. 내가 우리 집 앞에 차를 댈 즈음 보풀로 덮인 분홍색 목욕 가운을 걸친 금발의 통통한 중년 여자가 걱정으로 일그러진 얼굴을 하고 내 차로 뛰어왔다.

"누가 당신네 집을 염탐하고 있었어요. 아마 안으로 들어간 것 같아요."

나는 차에서 뛰어내렸다.

"아이가 집 안에 있지 않나요?" 여자가 물었다.

때마침 집 안에서 작은 목소리가 울렸다. "엄마!"

나는 두 손을 들고 현관으로 들어가 가방을 든 남자가 도망치는 모습을 보았다. 나는 주저 없이 그의 등을 쏴서 그를 죽였다.

"아니, 누가 정말로 당신을 죽이려고 할 때는 총을 쏘지 않거나 발을 맞춰 놓고, 이렇게 무기도 없이 도망치고 부인을 위협하지도 않는 남자는 죽여요?"

알고 보니 그날 회의에서 세 번째 남자에게 총을 쏜 사람은 나밖에 없었다. 나중에 일어서서 그 남자를 죽인 이유를 설명해야 했을 때도 그럴듯한 해명이 떠오르지 않았다. 본능적인 반응이었다. 내 아이를 건드리면 죽이겠다. 아이가 다쳤다는 증거도 없고 살인을 정당화할 만한 근거도 없지만 나는 그렇게 했다. 총을 쏜 것이다.

그 뒤로 며칠 밤을 괴로워하면서 그때 내가 왜 방아쇠를 당겼는지 생각해 보았다. 모든 것이 순식간에 일어나서 생각할 겨를이 없었다. 자동적이고 거의 무의식중에 나온 반응이었다. 그래도 내 반응이었고, 시뮬레이션이 아니라 실제로 벌어진 일이었다면 내가 책임져야 했을 것이다. 그러면 나는 무엇 때문에 반사적으로 총을 쏘기로 결심한 걸까?

짧은 시뮬레이션에서 나는 객관적 사실을 많이 수집했다. 상대의 성별과 신장과 얼굴 생김새뿐 아니라 상대의 차림새와 상대가 들고 있는 물건까지 알아보았다. 상대의 성격이나 도덕성을 가정하지 않았다. 나는 큰 그림과 자잘한 부분까지 모두 흡수했다. 비디오로 냄새는 맡지 못했어도 다른 감각을 통해 질감과 소리를 흡수했다. 나는 나의 지각 필터를 마음에 두고 운전대를 잡는 것이 불편하다고 생각했다. 과거의 경험도 작용했다. 칼이나 돌덩이를 든 폭력을 경험한 적이 없어서 은연중에 치명적인 무기로 생각하지 않았다.

나는 순식간에 많은 정보를 수집하고 객관성이나 주관성, 사실이나 가정에 따라 정보를 분류했다. 그러면서도 정보의 일부만 활용하고 모든 정보를 활용해서 행동하지 않은 이유는 무엇일까? 특정 정보가 맨 앞으로 나와 내 의사 결정에 영향을 미치게 만든 요인은 무엇일까? 그것은 바로 내가 정보의 우선순위를 정하는 방식이다.

내가 처음 두 남자에게는 총을 쏘지 않고 마지막에 무장하지 않은 사람에게는 총을 쏜 것은 모두 내 아들 때문이다. 아들은 내게 가장 중요한 존재다. 여느 부모와 마찬가지로 나는 자식의 안전을 내 목숨보다 중요하게 생각한다.

우리는 마음속에 가장 중요한 항목으로 정한 순서에 따라 행동하므로 정보의 우선순위를 정하는 방식을 인식해야 한다. 지금까지 이 책에서 다룬 내용은 모두 우리가 정보에 접근하고 수집한 정보를 분석하는 과정에 관한 것이다.

그러나 의식적인지 여부와 상관없이 정보의 우선순위를 정하는 방식은 대체로 행동에 직접 영향을 미칠 것이다.

우리에게 여러 가지 자료가 주어지는 순간 선택해야 한다. 어떤 자료를 근거로 행동할 것인가? 항상 낯선 사람을 쏘느냐 마느냐를 결정할 때만큼 극단적이고 물리적인 행동만 있는 것은 아니다. 목숨이 걸린 일은 아니지만 중요한 결정을 내려야 할 때도 있다. 예컨대 어떤 정보를 찾는 데 자원을 투입하고 어떤 순서로 찾을지도 결정해야 한다.

물리적으로나 정신적으로나 우리가 알아낸 모든 정보를 추적하거나 조사할 수는 없다. 적어도 한꺼번에는 불가능하다. 뇌의 인지적 한계와 멀티태스킹에 관한 오해를 살펴보면서 한 사람이 여러 일을 한 번에 다 할 수는 없다는 사실을 배웠다. 말하면서 걷는 것은 가능하다. 그렇다면 신경 연결에 관한 책을 읽으면서 대학교수와 그의 오랑우탄 인형을 인터뷰하는 것은 가능할까? 안 된다. 어떤 과제를 먼저 처리할지를 우리가 의식적으로 결정하지 않으면 뇌에서 우리의 타고난 지각과 성향에 따라 대신 결정할 것이다. 그것은 이제 소개할 애나 포Anna Pou 박사의 경험에서 알 수 있듯이 항상 바람직한 일은 아니다.

2005년 8월 29일 허리케인 카트리나가 강타했을 때 훌륭한 외과의인 포 박사는 뉴올리언스의 메모리얼메디컬센터에서 근무하고 있었다. 포 박사는 교대 시간이 지나서까지 남아 환자들을 돌보면서 나흘간 병원을 떠나지 않았지만 병원 안팎의 사정은 악화되었다. 포는 자청해서 보급품을 나르고 식량 배급을 거들고 두 시간씩 교대하며 손으로 산소호흡기를 짜서 환자의 생명을 유지했다. 그러나 포의 모든 노력은 우선순위를 정한 순간의 결정으로 빛을 잃었다.

홍수로 물이 불어나서 병원을 에워싸자 전기가 끊기고, 위생 시설이 작동을 멈추고, 식량이 동이 나고, 건물 기온이 43℃까지 치솟았다. 밤에는 병원이 칠흑같이 어둡고 무서웠다.

포는 AP통신과 이렇게 인터뷰했다. "살인 사건이 나고 갱들이 여자와 아이들을 겁탈한다는 소문이 돌기 시작했어요. 아이를 둔 여자들은 공포에 떨었죠."[215]

사람들은 어떻게 2000명이 넘는 환자들을 보살피고 대피시킬지 힘든 결정을 내려야 했다. 포 박사도 그 어려운 결정에 동참했다. 포 박사는 직접 관찰한 의학적 상태에 따라 환자들을 어떤 순서로 이동시키고 누구를 남겨 둘지 우선순위를 정했다. 그리고 박사의 활동은 나중에 영웅적이라고 평가받기도 했고, 살인 행위라고 평가받기도 했다. 포 박사는 엄청난 위험을 무릅쓰고 소규모 의료 요원들과 함께 닷새 동안 환자들을 구조하고 대피시켰지만 1년 뒤 13시간의 수술을 마치고 집에 돌아와 차를 세우다가 경찰에 체포되어 수갑을 찼다. 박사가 심폐소생술 금지do not resuscitate, DNR를 지시한 일부 노인 환자의 죽음에 대한 2급 살인죄로 기소된 것이다. 포 박사는 "[그 환자들이] 통증을 견딜 수 있게 도와주려고"[216] 진정제를 투여하기로 결정했고, 그 후 그들이 사망했다. 결국 대배심에서 포 박사에 대한 기소를 거부해서 사건이 기각되기는 했지만 포 박사는 개인 생활과 직업 생활에서 막대한 피해를 입었다.[217]

대재앙과 위급 상황이 닥치면 아무런 경고나 자비도 없이 순식간에 사회 토대의 근본적 결함이 우리와 우리의 비즈니스와 우리의 가족과 때로는 세계에 민낯을 드러낸다. 2013년의 참사 이후 뉴욕 시 지하철공사는 메트로노스 철도Metro-North Railroad, MNR가 대중의 안전보다 정시 운행을 우선한 사실을 밝힌 보고서를 공개했다.[218] 승객들은 당연히 분개했다. 같은 해에 애리조나 산업안전보건국에서는 전년도 야넬힐 화재에서 소방대원 19명이 순직한 것은 산림국이 직원의 안전보다 재산 보호를 중시했기 때문이라고 발표했고, 유가족들은 비탄에 빠졌다.[219]

우선순위를 잘못 정하는 실수는 누구나 범할 수 있다. 블랙베리BlackBerry의 CEO를 지낸 토르스텐 하인즈Thorsten Heins는 무선충전 회사로 옮겨서 대표가 되었지만 앞으로 그가 어떤 성공을 거두든 블랙베리의 CEO로서 저지른 실수가 꼬리표처럼 따라붙을 것이다. CNN 보도에 따르면, 하인즈는 "결정적이고 대단히 중대한 실수, 즉 블랙베리가 비즈니스의 초점을 맞춰야 할 핵심 고객을 우선순위에 두지 않은 실수"[220]로 쫓겨났다. 그는 사실 애플과 안드로이드의 대규모 소비자 성공을 모방하려 했고, 그 결정으로 블랙베리의 미판매 재고가 자그마치 10억 달러나 평가절하를 당했다.[221] 한편 텍사스에서 중요하게 여기는 앨러모 유적지를 1905년부터 관리해 온 애국 여성 단체 '텍사스 공화국의 딸들 Daughters of the Republic of Texas'은 주 검찰청에서(그리고 〈뉴욕타임스〉에서) 이 단체가 유적지 보존을 우선시하지 않았다고 발표하자 명성에 큰 타격을 입었다. 앨러모 도서관을 확장하는 데 1000만 달러가 할당된 반면 앨러모 유적지 보존 사업에 할당된 연간 예산은 고작 350달러였고, 물이 새는 지붕은 14년이나 그대로 방치되어 있었다. 시민들의 분노로 결국 주지사와 텍사스 국유지관리국은 '텍사스 공화국의 딸들'이 110년간 보유해 온 유적지 관리 권한을 박탈했다.[222]

글록 권총을 잡아본 뒤로 다시 내가 누군가의 생사를 결정하는 입장에 설 일은 없을 테지만, 누군가가 내 생사를 결정하는 일이 생길지는 내 마음대로 되는 것은 아니다. 포 박사는 그날의 결정 이후 몇 달이 지나서 그 결정에 책임을 지라는 요구를 받았다. 게다가 그런 결정을 내린 상황 밖에서 평가받았다. 누구나 지나치게 자주 이런 위험에 처한다. 관계를 지속하는 일부터 예산을 짜는 일까지 모든 것이 빠르게 돌아가거나 우리의 통제력을 벗어나 돌아갈 수 있다. 자신의 우선순위를 미리 명확히 알고 있으면 큰 손실을 막는 데 도움이 될 수 있다.

의식적이고 계획적으로 우선순위를 정하는 작업은 경찰과 의료 요원에게만 중요한 것이 아니다. 가장 중요한 것부터 가장 중요하지 않은 것까지 정보의 순서를 정하는 능력은 비즈니스, 교육, 자녀 양육, 취업 면접, 심지어 SAT에서도 중요하다. 미리 우선순위를 정해 두면 더 많이 집중하고, 더 효율적이고 단호하게 일을 추진할 수 있다.

자기가 어떻게 우선순위를 정하는지 모르는 사람이 많다. 내 강의에 참가하는 전문가들도 대부분 마찬가지다. 나는 911 상담원이 포함된 집단에 강의를 진행하면서 참가자를 둘씩 짝 지웠다. 한 사람은 강의실 앞 화면을 보게 하고, 다른 사람은 화면을 보지 않고 받아 적게 했다. 나는 사진 한 장을 붙여 놓고 둘 중에서 관찰하는 사람에게 1분을 주고 자기가 본 내용을 짝에게 설명하게 했다. 그러면 그 사람은 사진을 직접 본 짝이 준 정보로 그림을 스케치해야 했다. 사진은 다음과 같다.

자신이 기본적으로 어떻게 우선순위를 매기는지 알아보려면 1분 동안 객관적 사실을 최대한 많이 적어 보라.

조엘 스턴펠드, 〈맥린, 버지니아, 1978년 12월〉

다음으로 우리는 두 사람이 사실을 얼마나 잘 정리했는지 확인했다. 모든 사람이 호박을 언급하고, 일부는 전경의 깨진 호박을 언급했다. 가을의 색채와 잎이 떨어진 나무에 관한 아름다운 설명도 나왔다. 많은 사람이 "McLEAN, FARM MARKET, SWEET CIDER"라고 적힌 간판을 정확히 묘사했다. 일부는 오른쪽 간판에 그려진 빨간색 사과를 언급하기까지 했다.

그런데 놀랍게도 불이 난 집에 관해서는 전혀 언급하지 않은 사람들이 일부 있었다. 그들은 그 집을 보지 못한 것은 아니라고 말했다. 다만 짝에게 아직 설명하지 못했을 뿐이라고 했다. 그중 한 사람은 "호박부터 시작해서 앞에서 뒤로 넘어가면서 설명하는 중에 강사님이 그만하라고 했다"고 해명했다.

다시 말하지만 이 강의에는 911 상담원이 포함되어 있었다. 그들을 탓하려는 것도 아니고, 모두 훌륭한 참가자였다. 다만 우선순위를 정하는 계획이 없는 상태로 막대한 도전(그리고 위험)에 직면하면 어떤 결과가 나오는지 잘 보여주는 사례다. 누구에게나 우선순위를 정하는 계획이 있어야 한다. 단순히 앞에서 뒤로 진행하는 방법은 바람직하지 않다. 그것도 정보를 나열하는 방법이기는 하지만, 단순히 정보를 나열하기만 해서는 부족하다. 직장에서든 집에서든 모든 정보를 일정한 순서도 없이 남에게 떠넘기거나 보고서에 집어넣어서는 안 된다. 다른 사람에게는 온갖 출처에서 들어온 산더미 같은 자료를 분석할 시간이나 의지나 기술이 있을 거라고 간주해서는 안 된다. 정보에 질서를 부여하지 않으면 다른 사람들이 잘못 파악할 수 있다. 중요한 정보가 손실되거나 다른 정보에 매몰되지 않도록 해야 한다.

그러려면 정보의 우선순위를 정하는 체계가 있어야 한다. 수십 가지 방법이 있고, 그중에는 난해한 이름이 붙은 방법도 있다. 예컨대 고/중/저, MoSCoW, 정점과 바닥tops and bottoms, 파레토 도표Pareto chart, 카노Kano, 행렬, 산포도, 타임박싱timeboxing이 있다. 의학계에서는 중증도 분류법triage system을 기준으로 부상이 가장 심각한 환자를 우선 찾아내어 치료한다. 군대에서는 역중증도 분류법reverse triage system(포 박사가 채택한 기준)을 기준으로 생존 가능성이 가장 높은 부상자부터 대피시킨다. 6시 그마에는 프로젝트 우선순위를 선정하는 행렬이 있다. SAP 제품 통합에서는 가치 매핑을 사용한다. 미국 국방부에서는 CARVER 행렬을 사용하는 한편, 농촌도시보건담당전국연합National Association of County and City Health Officials, NACCHO에서는 간단히 회의에서 여러 색깔의 포커칩을 상자에 집어넣는 방법을 사용한다. 우선순위를 어떤 방법으로 정하는지는 중요하지 않다. 우선순위를 정해서 가장 중요한 정보를 최우선에 두는 것이 관건이다.

기자들은 정보의 가장 중요한 부분으로 기사를 시작해야 한다는 점을 명심하기 위해 '첫 문장을 묻히게 만들지 말'고 강조한다.

우선순위를 정하려면 우선 주어진 모든 자료를 훑어보고 가장 중요한 사실을 맨 위로 올린다. 그전에 수집 가능한 자료를 모두 수집하지 않고서는 어려운 방법이지만, 일단 자료를 수집한 다음에는 깎아 내야 한다.

예를 들어, 당신은 방금 복지 상태 확인을 위해 가정 방문을 마쳤다. 카펫의 보풀부터 잡지 바구니에 들어 있는 물건까지 수집 가능한 모든 사실을 수집했다. 그러나 모든 정보를 공식 보고서에 기입할 필요는 없다. 거실 커튼이 파란색이라는 정보를 넣을 필요는 없지만 커튼에 총알구멍이 있다면 주목해야 한다. 제일 먼저 주목해야 한다.

볼티모어 경찰국은 성폭력 수사 훈련에서 이 작업을 훌륭하게 수행한다. '피해자 면담'[223] 안내책자에는 피해자를 면담할 장소와 보고서 작성 방법, 신원조사 실시 여부까지 상세하고 철저하게 적혀 있지만, 단 한 문장으로 시작된다. "수사관은 피해자를 면담할 때 피해자의 요구와 위로의 우선순위를 정해야 한다." 이 문장을 맨 앞에 배치함으로써 수사 과정에서 가장 중요한 부분이 무엇인지 명료하고 구체적으로 제시한다. 필라델피아 경찰국 성범죄전담반 반장 존 다비John Darby에 따르면, 피해자를 잘 대해 줄수록 사건이 승소할 가능성이 높기 때문에 피해자 면담 규정을 중시한다고 한다.[224]

관찰, 지각, 관점과 마찬가지로 우선순위도 개인마다 다르고 상황마다 다르다. 사람마다 좀 더 효과적인 우선순위 체계가 다를 것이다. 내 강의에 참가한 사람들 중에서 다양한 사람에게 가장 큰 도움이 된 우선순위 체계는 리처드 J. 호이어Richard J. Heuer의 CIA 훈련 설명서《정보 분석의 심리The Psychology of Intelligence Analysis》에 실린 세 갈래의 접근법이다.[225] 이 설명서에서는 자료를 정리하고 모든 상황에서 가장 중요한 부분을 발견하는 데 도움을 받으려면 세 가지 질문을 던져야 한다고 강조한다. 나는 무엇을 아는가? 나는 무엇을 모르는가? 정보를 더 얻을 수 있다면 무엇을 알아야 하는가?

나는 무엇을 아는가?

이 질문에 답하기 위해 앞에서 연습한 평가 기술을 활용할 것이다. 우선 원점에서 출발해 그냥 관찰한 다음에 누구, 무엇, 언제, 어디에 관한 정보를 수집할 것이다. 자신의 지각 필터에 주목하고 객관적인 결론만 끌어낼 것이다. 그런 다음 물리적으로든 정신적으로든 관점을 바꿔 사소한 세부 정보와 큰 그림 모두를 더 잘 보는 쪽으로 방향을 맞출 것이다. 여기까지 마치면 모든 자료를 분석하고 가장 중요한 요소를 결정할 것이다.

현재 시카고 미술관Art Institute of Chicago에 소장된 〈고정된 시간Time Transfixed〉이라는 그림으로 연습해 보자.[226] 앞에서 배운 모든 관찰 기법과 지각 기법을 활용해 눈에 띄는 사실을 모두 열거하자. 종이에 적어도 되고, 머릿속으로 정리해도 된다. 그냥 당신이 주목한 부분을 설명하면 된다. 그리고 당신이 알아챈 정보에 주목하면서 다시 한 번 철저히 살펴보고 나서 다음으로 넘어가길 바란다.

아래에서 당신이 본 정보에 표시해 보라.

- 벽난로에서 나오는 기차. 구체적으로 말하면 검은색과 회색의 증기 기관차가 벽난로에서 나와 바닥에서 몇십 센티미터쯤 위에 매달려 있다.
- 기차의 맨 앞 화통에서 나오는 연기 또는 증기
- 얼룩덜룩한 잿빛이 도는 흰 벽난로와 선반
- 벽난로 선반에 놓인, 동그란 흰색 앞면에 로마 숫자가 찍힌 검은 시계
- 시계 옆의 철제로 보이는 갈색 촛대 두 개
- 벽난로 선반에 놓인 금색 테두리의 대형 거울
- 나뭇결이 있는 마룻장, 15개를 세었다면 보너스 점수를 얻는다.

이보다 작은 세부 요소는 어떤가? 다음 정보를 포착했는가?

르네 마그리트, 〈고정된 시간〉, 1938

- 기차 바퀴가 10개이고 그중에 여섯 개만 보인다.
- 기차 측면의 빨간색 줄무늬와 전면의 빨간색 범퍼
- 벽난로를 둘러싼 벽의 밝은 갈색 벽판
- 시계의 시간이 12시 42분으로 보인다.
- 벽난로 안의 기차 그림자가 남서쪽으로 드리워 있다.
- 왼쪽 촛대만 거울에 비친다.
- 기차의 증기가 실내로 나오지 않고 굴뚝으로 올라간다.

이제 옆 쪽의 도표에서 위의 사실에 관해 가장 중요한 항목부터 가장 중요하지 않은 항목까지 번호를 매겨 순서를 정하자. 중요도는 상황마다 다르고 평가하는 사람마다 다르므로 몇 가지 상황을 제시하겠다.

1. 당신은 린다 스타인의 아파트 같은 곳에 가서 살인 사건을 수사해야 한다. 1번 열에서 가장 중요한 정도에 따라 번호를 매긴다.
2. 애니 레 같은 실종자의 집으로 상상하라. 중요도의 순서가 어떻게 달라질까? 2번 열에서 당신이 지금 가장 중요하다고 믿는 정도에 따라 번호를 매긴다.
3. 이번에는 억만장자의 거실이자 대형 미술품 도난 사건의 현장이다. 3번 열에서 중요도에 따라 번호를 매긴다.
4. 이제 방향을 바꿔 당신은 인테리어 디자이너이고, 이 공간을 완전히 뜯어고쳐서 개조해야 한다고 상상해 보라. 4번 열에서 가장 중요한 순서에 따라 번호를 매긴다.
5. 마지막으로 당신이 역사학회에 고용되어 이 공간을 개조하고 보존해야 한다면 정보의 중요도가 어떻게 달라질까? 5번 열에서 중요도에 따라 번호를 매긴다.

1 살인사건 수사	2 실종자 수색	3 예술품 도난	4 인테리어 디자이너	5 역사 보존	
					벽난로에서 나오는 기차. 구체적으로 말하면 검은색과 회색의 증기기관차가 벽난로에서 나와 바닥에서 몇십 센티미터쯤 위에 매달려 있다.
					기차의 맨 앞 화통에서 나오는 연기 또는 증기
					얼룩덜룩한 잿빛이 도는 흰색 벽난로와 선반
					벽난로 선반에 놓인, 동그란 흰색 앞면에 로마 숫자가 찍힌 검은 시계
					시계 옆의 철제로 보이는 갈색 촛대 두 개
					벽난로 선반에 놓인 금색 테두리의 대형 거울
					나뭇결이 있는 마루장, 15개를 세었다면 보너스 점수를 얻는다.
					기차 바퀴가 10개이고 그중에 여섯 개만 보인다.
					기차 측면의 빨간색 줄무늬와 전면의 빨간색 범퍼
					벽난로를 둘러싼 벽의 밝은 갈색 벽판
					시계의 시간이 12시 42분으로 보인다.
					벽난로 안의 기차 그림자가 남서쪽으로 드리워 있다.
					왼쪽 촛대만 거울에 비친다.
					기차의 증기가 실내로 나오지 않고 굴뚝으로 올라간다.

상황에 따라 우선순위가 어떻게 달라지는지 확인할 수 있다. 살인사건 수사에서 가장 중요한 항목은 범행 도구가 될 법한 촛대 같은 물건이다. 실종자 수색에서는 시계에 표시된 시간이 중요할 것이다. 미술품 도난 사건이라면 남아 있는 기차가 중요할 것이다. 중요도의 순서는 같다고 해도(인테리어 디자이너와 역사를 보존하는 사람 모두가 마룻장과 벽판과 벽난로 주변에 가장 관심을 보일 것이다) 우선순위의 이유는 각기 다를 것이다. 이를테면 인테리어 디자이너는 철거할 부분에 주목하는 반면 역사를 보

세라 그랜트, 〈가구 도시가 미술계를 위해 상을 차리다〉, 2009

존하는 사람은 같은 대상을 보면서 복원할 방법을 생각한다. 따라서 구체적인 목적을 생각하고 정보의 우선순위를 정한다면 한 가지 정답은 없다.

따라서 당장의 목적과는 관련이 없어 보이는 사실도 정리하고 열거해야 한다. 기차가 왜 벽난로 안에 있는지는 짐작조차 하지 못해도 기차의 존재를 무시할 수는 없다.

나는 강의에서 평가 연습을 하는 동안 위의 사진(미시간의 옥외 설치 미술을 찍은, 조작하지 않은 실제 사진)을 보여주고 한 청년에게 설명해 보라고 했다. 그는 잘 설명했지만 다리 위의 탁자와 의자는 언급하지 않았다. 이 부분을 빠트린 이유는 못 봐서가 아니라 '이런 물건을 어떻게 이해해야 할지 몰라서'였다. 사실을 빠트린 데 대한 타당한 이유가 아니다. 당신이 이해하지 못했다는 것은 중요하지 않다. 다른 사람들은 이해할 수도 있으니까. 모르는 정보라고 무시하면 위험해질 수 있다.

1990년대 중반에 이메일이 주류로 떠오르기 시작할 즈음 많은 기업이 갑자기 밀려드는 새로운 고객 문의 양식을 처리할 방법을 몰랐다. 어느 유명 기업(행복한 가족을 위한 대규모의 대중 오락 공간)은 몇 달 동안이나 그냥 무시했다. 경영진은 고객 소통 부서에 이메일은 신경 쓰지 말고 답장도 보내지 말라고 지시했다. 사람들이 그냥 '허공'²²⁷에 의견을 보내고 답장은 기대하지 않을 거라고 생각했기 때문이다. 그러나 두 가지 사건으로 곧바로 생각을 바꿨다. 우선 〈뉴욕타임스〉에서 포천 500대 기업들이 이메일 정책을 어떻게 서툴게 운영하는지에 관한 전면 기사를 내보냈다. 해당 회사가 언급된 것은 아니지만 경영진은 자기네 회사가 거론될 수도 있었다는 사실을 깨달았다. 다음으로, 그 회사의 첫 홈페이지를 제작하던 최신 기술에 능통한 직원이 이메일로 폭파 위협이 들어온 사실을 발견했다. 회사는 당장 대응팀을 꾸려 현대 통신의 새로운 현실을 효율적으로 관리할 방법을 찾아내려 했다. 모르는 것을 무시하다가 문자 그대로 코앞에서 폭탄이 터지지 않은 것은 행운이었다.

우리가 무엇을 보고 있는지 당장은 모르더라도 정리하고 우선순위를 매겨야 한다. 그러면 이제부터 눈에 보이지 않는 것을 어떻게 할지 알아보자.

나는 무엇을 모르는가?

여기서는 첫 번째 물음에 답하는 데 쓰인 능력과 유사한 능력이 필요하다. 다만 무엇이 있는지 탐색하는 것이 아니라 무엇이 없는지 찾아본다. 사실 없는 것이 있는 것만큼 중요할 때가 많다. 응급의학에서는 이 개

넘을 '적절한 부재pertinent negative '228라고 부른다. 예를 들어, 환자가 숨이 차다고 호소할 때 의사는 환자의 폐에서 쌕쌕 소리를 들으려고 할 수 있다. 그 소리가 나지 않으면 폐렴을 배제하는 데 도움이 될 수 있기 때문이다. 여기서 쌕쌕 소리는 적절한 부재다. 보통은 있지만 이 사례에는 없다는 뜻이다.

아서 코난 도일 경이 예리한 관찰력으로 유명한 조지프 벨 박사 밑에서 의학을 공부했다는 사실을 생각해 보면, 그의 유명한 작중 인물이 적절한 부재를 아주 능숙하게 써먹는 것도 당연하다. 단편 〈실버 블레이즈Silver Blaze〉에서 셜록 홈스와 런던 경찰국의 그레고리 경감이 살인 사건을 수사하면서 나누는 대화에서도 이런 기술을 엿볼 수 있다. 그레고리 경감이 다음과 같이 대화를 시작하고 홈스가 대꾸한다.

> "제가 관심을 갖기를 바라는 부분이 있습니까?"
> "한밤중의 그 개에 관한 흥미로운 사건이요."
> "그 개는 한밤중에 아무것도 안 했는데요."
> "그러니까 흥미로운 사건이지요."229

개가 짖지 않은 사실은 사건을 푸는 열쇠가 되어 범인을 피해자(그리고 피해자의 개)가 아는 사람으로 지목했다.

의료계에서든 그 밖의 다른 세계에서든 사물이나 사건이나 행동의 부재가 상황을 식별하거나 입증하는 데 도움이 될 수 있다. 관찰할 때는 보이지 않는 중요한 정보, 특히 있을 것으로 기대하는 정보에도 주목해야 한다.

215쪽의 그림을 다시 보고 무엇이 빠져 있는지 열거해 보자. 다음 요소에 주목했는가?

– 촛대에 초가 없다.

– 기차 아래에 선로가 없다.

– 벽난로에 불이 없다.

적절한 부재를 알아채면 관찰에 구체성을 더하는 데 도움이 된다. 두드러지게 부재하는 요소를 설명하면서 대상을 더 구체적으로 전달하게 된다. 의도적으로 적절한 부재를 언급할 때 더욱 정확해진다. 벽난로 선반에 촛대가 있다고 말하는 정도로는 부족하다. '촛대'라고만 말하면 듣는 이의 반 이상은 초가 있다고 가정할 것이다. 초가 없다고 밝혀서 가정을 뒤집어야 한다.

내 강의에서도 대부분 초가 없다는 사실을 말했든 안 했든 인지하고는 있었지만, 거의 모두가 벽난로에 불이 없다는 점은 언급하지 않는다. 만약 장면을 보지 않고 설명에 따라 벽난로를 그려 보라고 하면 통나무 몇 개를 그리고 불을 그릴 가능성이 높다. 그것이 벽난로의 용도이기 때문이다. 따라서 불이 없다는 사실은 중요한 정보다.

적절한 부재는 큰 균열이나 어려운 해결책이나 다른 방법으로는 얻지 못할 단서로 이어질 수 있다. 사실 이것은 내 홈페이지에 있는 3분짜리 동영상을 보기만 해도 살인 사건을 해결하는 데 도움이 될 만큼 효과적이다.

노스캐롤라이나 검찰청의 제럴드 라이트Gerald Wright 수사관은 치명적인 선박 사고를 수사하라는 지시를 받았다. 배에 탄 목격자들은 진술 보고서에서 배가 바다에서 예상치 못하게 흔들려서 사람들이 바다로 튕겨 나가 죽었다고 주장했다. 현장에 있던 경관 모두가 어떤 부분이 앞뒤가 맞지 않는다는 건 알았지만 그것이 정확히 뭔지는 몰랐다. 라이트는 배에 올라가 조사하다가 뱃머리 쪽 갑판에서 서류 뭉치가 든 그물망 가방을 발견했다. 그 안에는 소유권 서류, 전자제품 설명서, 보험 정보가 들어 있었다. 전혀 이상해 보일 것은 없었지만 라이트는 문득 적절한 부재에 관한 내 강의를 떠올렸다. 선박 사고에서 원래 있어야 하지만 없는 것이 무엇인가? 물이다. 그는 목격자들이 주장한 대로 사고가 일어났다면 배에 있던 서류가 젖었어야 하지만 젖지 않았다는 사실을 알아챘다.

라이트의 관찰은 과학수사로 배의 항해 시스템을 복원해 결국 배가 심하게 흔들린 것이 아님을 입증하는 완벽한 수사로 이어졌다. 사실은, 배가 한쪽으로 높이 올라가 그 승객이 튕겨 나갔고 그사이 배는 뒤로 빙 돌아서 승객이 프로펠러에 걸린 것이다. 이 '사고'는 과실치사 사건으로 정확히 분류되었다.

나는 대학 기숙사 사감들에게도 강의한다. 사감들의 가장 큰 골칫거리는 자녀를 놔주지 못하는 '찍찍이 부모들velcro parents'이다. 이런 부모는 불안한 마음에 기숙사로 전화해서 사감들의 시간을 과도하게 빼앗는다. "우리 아들한테서 24시간이나 연락이 오지 않았어요. 애가 안전한가요?" 방에 가서 확인할 수도 있지만, 사감은 학생들을 감시하는 사람도 아니고 관리인도 아니다. 학생이 방에 없다면 사감도 그 학생이 어디 있는지 알 길이 없다. 대학은 크고 대학생들은 새로 얻은 자유를 마음껏 누린다. 부모에게 일일이 안부를 전하지도 않는다.

그렇다고 사감이 부모에게 그냥 자녀가 없다고 말할 수는 없는 노릇이다. 이런 말에 부모가 안심하는 것도 아니고, 확인 전화를 그만두는 것도 아니다. 나는 수사관이 실종자가 납치된 것인지 도망친 것인지 판단할 때 쓰는 적절한 부재 탐색 기법을 활용하라고 기숙사 사감들에게 교육한다. 사라진 학생 이외에 다른 무엇이 사라졌는지 살펴보는 방법이다. 학생의 전화, 노트북, 지갑, 열쇠는 어디에 있는가? 이런 것들도 없다면 그 사람이 스스로 떠나기로 선택했을 가능성이 높고 위험하지 않은 상황이다. 사감은 적절한 부재를 적용해 어떤 일이 발생했을지에 대해 큰 그림을 그릴 수 있다. 이를테면 평소 혼자 지내면서 남들에게 자주 안부를 전하지 않는 학생인가? 아니면 부모나 친구들과 연락이 끊긴다는 것이 전혀 어울리지 않는 학생이기 때문에 실질적인 위험 신호일까?

의료인들은 그 자리에 없는 사람에게서 많은 정보를 알아낼 수 있다. 병원에 친척과 친구가 없다면, 그 환자의 삶과 누가 그를 돌보는지에 관해 많은 것을 알 수 있다. 교사는 자녀의 학교 생활에 대한 부모의 개입 수준이나 개입의 부재로 많은 것을 알 수 있다.

빠진 정보를 적극적으로 파악해서 정리하면 필요한 정보에 주목하는 데 도움이 될 수 있다. 조직 컨설턴트인 테리 프린스Terry Prince는 프로젝트를 계획할 때 '빠진 부분에 관한 관점'[230]에서 누구, 무엇, 언제, 어디에 관한 정보를 살펴보라고 권한다. "누구를 필요로 하지 않는가? 무엇을 포함하지 않아도 되는가? 어디로 가지 않을 것인가? 언제 이것을 하지 않을 것인가?"

미시간의 한 청소년은 적절한 부재를 활용하여 도시의 불우한 이웃들을 도왔다. 헌터 매클린Hunter Maclean이라는 이 소녀는 마틴 루터 킹 주니어의 날 행진에 참여해 디트로이트 시내를 걷다가 같이 행진하던 사람들에게서 뭔가 빠져 있다는 것을 알아챘다. 기온이 영하로 한참 떨어진 1월의 아침이었는데도 아이들을 비롯한 많은 사람이 모자와 장갑도 없이 걷고 있었다. 헌터는 이 문제를 해결하기로 하고 자기가 다니는 고등학교에서 모금을 시작했다. '따뜻한 디트로이트'라는 자선 활동은 그 후 다른 학교 다섯 곳으로 확대되어 그 지역의 노숙자와 여성 쉼터에 모자와 장갑 2000개를 전달했다.[231]

무엇을 모르는지 아는 것은 무엇을 하고 있는지 아는 것만큼 중요할 수 있다. 적절한 부재나 누락된 정보만 알아야 하는 것이 아니라 주관적이거나 명확하지 않거나 가정에 기초한 정보도 알고 있어야 한다. 이런 것이 존재하지 않는 양 행동해서는 안 된다. 솔직히 인정하고 정확히 분류하면 '확실하지 않은 것'을 '확실한 것'으로 바꾸는 데 필요한 자료를 추가로 얻을 수 있다.

사람들이 흔히 잘 모르는 정보를 빠트리는 것은 무지나 노력의 부족으로 비칠 것을 우려하기 때문이다. "나는 무엇을 모르는가?"라고 묻는 것은 "나는 모른다"라고 말하는 것과는 다르다. 실제로 "나는 무엇을 모르는가?"라는 질문은 "바로 지금 여기 있는 누구도 모른다. 나는 충분히 관찰해서 중요한 사실을 알아채고 남들에게 공개해 답을 찾는 데 도움을 받을 것이다"라는 뜻이다. 우리가 스스로 질문에 대한 태도를 재구성하면 남들이 따라올 것이다.

우리의 상사든 프로젝트 매니저든 파트너든, 뭔가가 예상되는 방향으로 가지 않는지, 뭔가가 작동하지 않는지, 뭔가가 빠져 있는지 알고 싶어 한다. 문제를 빨리 포착할수록 더 빨리 바로잡을 수 있다. 남들에게 무엇이 빠져 있는지 알린다고 해서 우리 자신이든 상사든 결함으로 여겨서는 안 된다. 그보다는 좀 더 조사하고 협조할 수 있는 기회로 간주해야 한다.

관리자들은 직원들이 마음 놓고 모르는 부분에 주목할 수 있도록 잘못된 낙인을 모두 제거해야 한다. 경영진의 기대에 부응하기 위해 솔직하고 객관적인 관찰과 보고를 북돋지 않는 기업 문화에서는 직원들이 급히 빈틈을 메우려 하고, 결과적으로 누구에게도 좋을 것이 없다. 예를 들어, 4장에서 가정假定의 위험을 살펴보면서 이라크 전쟁으로 이어진 사건에 관한 이라크정보위원회의 보고서에서 몇 가지 결과를 검토했다. 이 보고서는 이렇게 결론을 내렸다. "우리가 발견한 가장 큰 문제는 정보기관의 분석가들이 정책입안자들에게 그들이 모르는 내용을 명확히 밝히는 데 (⋯) 어려움을 느낀다는 사실이었다. 대개 정보 분석가들은 그저 이런 간극을 수용할 뿐 정보 수집가들이 새로운 기회를 발견하는 데 도움을 주기 위해 거의 아무런 노력도 하지 않으며, 의사결정권자들에게는 그들이 아는 정보가 사실상 얼마나 제한적인지를 항상 밝히지는 않는다. (⋯) 분석가들은 앞으로의 정보 수집에 초점을 맞추기 위해 무엇을 모르는지 기꺼이 밝혀야 한다. 반대로 정책입안자들은 정보를 판단할 때 불확실성과 단서를 인정하고 평가된 자료에서 허용하는 수준 이상의 정확도를 기대해서는 안 된다."[232]

당신이 속한 조직이 이라크정보위원회에서 실시한 것과 같은 수준의 내사를 받는다고 상상해 보라. 직원들이 모르는 것을 인정하려는 의지와 관리자들이 그 정보를 수용하려는 의지를 어떻게 평가할 것인가? 자료를 분석할 때는 협조가 관건이다. 누구나 아는 것뿐 아니라 모르는 것도 알아야 한다.

무엇을 알아야 하는가?

어떤 상황에서든 마지막으로 물어야 할 질문이 있다. 이 장면이나 상황에 관해 더 많은 정보를 얻을 수 있다면 나는 구체적으로 무엇을 알고 싶은가?

이 질문을 던지면 시간과 자원을 어디에 투입할지 알 수 있어서 잠재적 추후 작업의 우선순위를 정하는 데 도움이 될 수 있다. 물론 추가 정보의 필요성은 개인의 경험과 직업과 탐색의 이유에 따라 다양할 것이다. 법을 집행하는 경찰관이라면 사람을 구하는 고용주와는 다른 구멍을 메우려 할 것이다.

96쪽에 실린 에드워드 호퍼의 그림 〈자동판매 식당〉을 보면서 연습해 보자. 4장에서 이 그림을 상세히 평가해 보았고, 결국 많은 부분이 모르는 채로 남았다.

우리는 다음 항목을 모른다.

- 초록색 코트를 입은 여자의 정체
- 여자의 나이
- 여자가 사는 곳
- 여자가 일하는 곳
- 여자가 자동판매 식당에 있는 이유
- 여자가 마시는 음료
- 여자가 이미 먹었거나 마신 것
- 여자의 기분과 전반적인 성격
- 여자가 밖에 혼자 있는 이유
- 여자의 결혼 여부
- 자동판매 식당의 이름
- 이 식당이 있는 곳
- 시간
- 여자의 사라진 장갑이 있는 곳
- 장갑이 사라진 이유

각자의 직업이나 일상에서 주로 책임지는 일의 관점에서 위의 목록을 다시 살펴보자. 당신에게 가장 중요한 답이 무엇인지(어떤 답이 다른 답으로 이어질지) 번호를 매겨 보자. 그러면 무엇을 가장 먼저 알아야 할지를 명확히 보여주는 각자의 우선순위 목록이 생긴다.

종합

세 가지 질문으로 우선순위를 정하는 방법이 실제로 어떻게 작동하는지 알아보기 위해, 노스캐롤라이나 FATS 훈련에서 내가 사람을 쏘아 죽인 경험으로 돌아가 가방을 든 남자가 우리 집 뒷문으로 달아나던 상황에서 내가 정보의 우선순위를 어떻게 정했는지 살펴보자. 나는 오래전부터 이 연습을 해서 이제 상당히 익숙해졌다. 내 머릿속에서 다음과 같은 일이 자동으로 일어났다.

나는 무엇을 아는가?

- 내 아들이 집에 혼자 있다.
- 내 집에 낯선 남자가 있다.
- 그 남자가 뭔가를 가지고 도망친다.

나는 무엇을 모르는가?

- 아들이 집 안 어디에 있는지.
- 아들이 안전한지, 다쳤는지.
- 낯선 남자가 누구인지.
- 낯선 남자의 가방에 무엇이 들어 있는지.

무엇을 알아야 하는가?

- 내 아들이 무사한지.

여기서 집은 내 집이고, 내 아들이 울고 있으며, 내게는 장전된 총이 있다. 당시 내가 미처 깨닫지도 못한 상태에서 나의 우선순위가 내 행동에 영향을 미쳐 무기도 없는 남자를 죽음으로 몰고 갔다. 우선순위를 다르게 정한 사람이라면 결과가 달라졌을지도 모른다. 다행히 나는 이런 시뮬레이션을 통해 실제 상황에서 동떨어져서 우선순위 정하는 법을 검토하고 연습할 기회를 얻었다. 정보가 주어지기 이전이나 바로 그 순간에 자신의 우선순위가 어떤지 알고 있다면 사건 이전과 중간과 이후에 관련된 모두에게 도움이 될 것이다.

이제 옆 쪽의 사진을 보면서 세 가지 질문 방법을 통해 우선순위를 연습해 보자.

무엇을 아는가? 앞서 1부에서 배운 것처럼 누구인지부터 시작하자. 거친 목재 난간에 백인 여자 넷이 서 있다. 아주 간단하지 않은가? 그러나 아무리 단순한 문제라고 해도 곧장 결론으로 넘어가서는 안 된다. 여자들인가? 그렇다. 여자들로 보인다. 네 명인가? 다시 보라. 한 사람에게 인공 팔이 붙어 있는 것이 아니라면 비록 몸이 다 보이지는 않지만 맨 왼쪽 여자의 오른쪽 어깨에 팔을 걸친 다섯 번째 인물이 있다. 따라서 다섯 명이다. 우리에게 보이는 여자들은 모두 얼굴에 손을 대고 있다. 한 사람은 안경을 쓰고 있다. 모두 긴팔 드레스를 입고 머리는 비슷한 스타일로 뒤로 쓸어 넘겼다. 왼쪽에서 세 번째 여자는 왼팔 손목에 시계를 차고 있다.

내 강의에 참가한 사람들은 여자들이 어떤 종교 단체에 속한 사람들이라고 말했다. 한 사람은 틀림없이 '아미시Amish(보수적 프로테스탄트 교파

로, 현대 문명을 거부하고 소박한 농경 생활을 한다—옮긴이)'라면서 자기는 펜실베이니아에서 나고 자라서 아미시가 어떤 모습인지 잘 안다고 말했다. 그럴듯한 추측이기는 하지만 여전히 추론이다. 관찰한 정보만 기준으로 삼으면 사진 속 사람들이 아미시이거나 어떤 종교와 관련이 있다는 증거가 전혀 없다. 시대극 배우일 수도 있다.

또 어떤 사실을 아는가? 어디인지 아는가? 사진 속 사람들은 밖에 있다. 그들이 시골에 있다고 말할 수도 없고, 어떤 건물인지 보이지 않으니 어떤 건물 앞에 있다고 가정할 수도 없다. 언제인지는 아는가? 누군가는 여자들이 고풍스러운 차림새이지만 현대에 찍은 사진으로 보인다고 말했다. 나도 같은 생각이다. 100년 전에 찍은 사진이 아니라 근래의 사진이다. 얼마나 근래일까? 1980년? 2014년? 고전적인 드레스 때문에 언제인지 모른다. 낮이라는 것은 알 수 있지만 그것이 전부다.

두 번째 우선순위 질문을 살펴보자. 무엇을 모르는가? 사진 속 여자들이 서로 어떤 관계인지 모른다. 그들이 어디에 있는지도 모른다. 이 사진이 언제 찍혔는지도 모른다. 여자들이 무엇을 보고 있는지도 모르고, 그들의 얼굴에 비통이나 공포나 불신감이나 슬픔의 감정이 어린 이유를 모르며, 그들이 어떤 감정인지 모른다.

끝으로 무엇을 알고 싶은가? 물론 전부 알고 싶지만 우선순위를 정하자. 모르는 정보를 다시 검토하자. 정답을 모르는 질문에 가장 많은 답을 알려줄 정보는 무엇일까? 가장 많은 답을 알려줄 법한 가장 중요한 질문이 하나 있다. 무슨 일이 벌어졌을까?

사실은 이렇다. 2008년 4월에 텍사스 당국이 엘도라도 외곽의 YFZ Yearning For Zion, 시온 갈망 목장을 급습했다. 이곳은 워런 제프스Warren Jeffs가 이끄는 일부다처 종파인 근본주의 예수 그리스도 후기성도 교회가 소유한 교회 단지였다. 400여 명의 아이들이 보호시설로 보내졌다. 이 사진은 당시의 상황을 지켜보는 엄마들을 보여준다. 모르는 모든 정보의 우선순위를 정하고 결국 '무슨 일이 일어났는지 알고 싶다'에 이르면서 나머지 질문의 답을 얻었다. 여자들은 누구인가, 여자들은 서로 어떤 사이인가, 어디에서 벌어진 일인가, 왜 벌어진 일인가.

다른 사람들이 이 여자들이 누구인지, 어디에서 벌어진 일인지 알아내려고 다른 방향에서 헤매는 사이, 우리는 우리가 가장 알고 싶은 정보에 초점을 맞춰서 가장 짧은 시간에 가장 많은 답을 얻었다.

(긴급한 것과 중요한 것)

정보의 우선순위를 정할 때는 긴급한 것과 중요한 것의 차이를 알아야 한다. 긴급한 사안이 우리의 관심을 끌려고 아우성치지만 대개 단기적인 해결책만 내놓을 뿐이다. 중요한 사안은 장기적인 가치를 부여한다. 긴급한 사안이 중요할 때도 있지만, 대개는 긴급한 사안이 중요한 사안을 가린다.[233]

드와이트 D. 아이젠하워Dwight D. Eisenhower 대통령은 중요한 사안에서 긴급한 사안을 걸러 내는 식으로 일상적인 임무의 우선순위를 정한 것으로 유명하다. 오늘날의 시간 관리 전문가들도 아이젠하워의 결정 방식을 권한다. 브렛 맥케이Brett McKay와 그의 아내 케이트 맥케이Kate McKay는 베스트셀러 시리즈 《남자다움의 기술Art of Manliness》에서 이 방법이 매우 효과적인 이유를 설명한다. "긴급한 일이 생기면 우리는 반응reactive 자세가 된다. 그러면 유독 방어적이고 부정적이고 조급해지고 시야가 좁아지는 마음가짐을 갖게 된다. (…) 중요한 일에 집중할 때 우리는 즉각 대응responsive 자세가 된다. 이런 자세는 침착하고 합리적이고 새로운 기회에 열린 마음을 유지하는 데 도움이 된다."

현대에는 누구나 자원의 제약(시간이나 사람이나 돈의 부족)에 시달리면서 살아간다. 긴급한 상태는 결코 사라지지 않을 듯하다. 이런 스트레스를 인식하면 긴급한 상태를 헤치고 나아가는 데 도움이 될 수 있다.

다시 210쪽의 호박 농장 사진을 보자. 불이 난 집은 물론 긴급한 사실이지만 가장 중요한 사실일까? 우선순위 선정을 위한 세 가지 질문으로 알아보자.

무엇을 아는가? 가을날 매클레인에 있는 농장마켓의 호박 농장 뒤로 2층짜리 노란 페인트칠 된 집에 불이 나서 소방차가 사다리를 대고 있다.

무엇을 모르는가? 호박 농장과 불이 난 집이 어디에 있는지, 불이 어떻게 시작되었는지 모른다. 호박을 사러 온 사람이 왜 배경의 화재에는 관심이 없어 보이는지 모른다.

가장 많은 질문의 답을 알아내는 데 도움이 되는 가장 중요한 정보는 무엇인가? 불이 난 집은 긴급한 문제이지만 그보다 더 중요한 문제는 무심히 호박을 고르는 사람과 관계가 있다.

호박을 고르는 사람을 더 자세히 관찰하면 그가 왜 근처에 난 화재에는 심드렁한지 알아내는 데 도움이 될 수 있다. 그는 두툼한 노란색 외투를 입고 있다. 가을에도 꽤 쌀쌀한 날이 있다는 사실을 감안하면 그리 놀라운 장면은 아니다. 그는 또 헬멧을 쓰고 부츠를 신었다. 고무부츠 위에 색깔이 들어간 줄무늬가 보인다. 남자는 소방관이다. 이제 이런 새로운 사실을 분석하자.

많은 사람 중에 왜 하필 소방관이 불이 난 집 앞에서 무심히 호박을 고르고 있을까? 그가 불이 난 것을 몰랐을 가능성이 있을까? 이런 시골에는 소방대가 대도시처럼 수천 명으로 구성되지 않으므로 그가 화재에 관해 알고 있을 가능성이 높다. 그런데도 그는 호박을 고르고 있다. 소방관이 화재에 무심한 경우는 언제일까? 훈련을 위해 일부러 불을 냈다는 사실을 알 때다.

사진가 조엘 스턴펠드Joel Sternfeld는 폭스바겐 밴을 몰고 미국 전역을 여행하던 중 우연히 이 장면을 만났다. 〈라이프Life〉에 실린 이 유명한 사진은 제목에 시간과 장소 말고는 아무것도 밝히지 않았다.[234] "매클레인, 버지니아, 1978년 12월." 관람객과 비평가 모두 액면 그대로 받아들였다. 직업적 무능의 증거로, 네로가 호박을 고르는 사이 로마가 불타는 장면으로 해석한 것이다. 스턴펠드는 뒤늦게 훈련 장면과 정당하게 휴식을 취하는 소방관을 찍은 사진이라고 밝혔다.[235] 그러나 누군가 가장 중요한 사실(둘러보는 소방관)을 끝까지 추적했다면 진실은 훨씬 일찍 드러났을 것이다.

우리의 우선순위는 무엇을 말해 주는가?

한 사람에게 중요한 정보가 다른 사람에게는 중요하지 않을 수도 있지만, 우리가 우선순위를 정하는 방식은 분명 세상 사람들에게(상사, 동료, 배우자, 친구, 자녀에게) 우리에 대해 많은 것을 설명해 줄 수 있다.

펜실베이니아 이리Erie의 한 사진작가는 마음이 따뜻해지는 사진 한 컷을 건질 수 있기를 바라면서 휴가 중에 어느 자선 창고를 방문했다. 여기서는 아이들에게 갖고 싶은 물건 세 가지를 고르게 해주었다. 대다수 아이가 장난감이나 인형을 골랐다. 새 테니스 운동화를 고른 아이들도 있었다. 그런데 한 아이가 고른 물건이 유독 눈에 띄었다. 그 아이는 치리오스 시리얼과 휴지와 치약을 골랐다. 아이는 말 한마디 없이 자신의 우선순위를 알렸다. 아이가 고른 물건에서 아이의 사생활이 드러난 것이다. 방과후 교실에 다니는 여느 아이들과 달리 그 아이는 집 없는 아이였다.

델타에 인수되기 전 노스웨스트 항공사는 연료비보다 승객의 편의를 우선시한다는 평판을 얻었다. 항공기 마니아들이 노스웨스트의 운항 패턴을 추적한 결과 다른 항공사들은 난기류를 곧장 뚫고 지나가는 반면에 노스웨스트는 난기류를 멀리 돌아간다는 사실이 드러났다.[236] 승객들이 노스웨스트 항공사의 우선순위를 알아 두면 자신의 우선순위(안락한 승차감이 빠른 속도보다 중요한지 여부)에 따라 그 항공사를 이용할지 여부를 결정하는 데 도움이 된다.

우리의 우선순위가 다른 사람들에게 어떤 말을 전하는지도 알아야 한다. 우리의 상사는 우리가 새로운 거래를 성사하기 위해 얼마나 노력하느지 알까? 우리의 연인은 자기가 우리에게 직장보다 더 높은 순위에 있다는 사실을 알까? 우리의 데이트 상대는 자기가 그 전화 한 통보다 더 중요하다는 사실을 알까? 우리의 아이들은 우리에게 그들과 보내는 시간이 그 무엇보다 소중하다는 사실을 알까? 우선순위를 어떻게 알릴지 알든 모르든 우리는 남들에게 우선순위를 알리고 있다.

나는 강의 시간에 한 집단을 스미스소니언 미술관으로 데려가서 필립 에버굿Philip Evergood의 〈휠체어를 탄 귀부인Dowager in a Wheelchair〉이라는 작품을 보여주었다. 가로 0.9미터, 세로 1.2미터의 이 거대한 작품은 사람들로 붐비는 뉴욕의 거리에서 잘 차려입은 젊은 여자가 역시 잘 차려입은 나이 든 여자를 밀고 가는 아주 복잡한 그림이다. 두 여자는 유모차를 끄는 엄마와 꾸러미를 든 쇼핑객과 개를 산책시키는 사람들을 지나친다. 두 여자의 왼쪽에는 차들과 택시 한 대가 서 있고 오른쪽에는 아파트 건물이 보인다.

이 그림은 색채와 운동이 불협화음을 이루고, 특이한 관점에서 그려졌다. 창가 화단에서 꽃이 핀다. 창문 너머로 빨간 하이힐을 신은 여자의 벗은 뒷모습이 보인다. 휠체어를 탄 여자도 세세한 요소가 가득하다. 꽃무늬가 있는 주황색과 자주색 모자를 쓰고, 얼굴 앞으로 얇게 비치는 베일을 내리고, 자주색 초커를 목에 두르고, 팔꿈치 위까지 올라오는 목이 긴 검은 장갑을 끼고, 한쪽 손목에는 팔찌를 세 개 찼다. 메리제인 끈이 달린 굽 낮은 검은색 힐을 신었다. 허벅지 위에는 안경이 놓여 있다. 밑단에 레이스를 댄 건지 페티코트가 겉으로 드러난 건지 알 수 없는 연보라색 얇은 드레스는 속이 비치는 소재로 되어 있다.

이 그림에서는 많은 일이 일어나고 있다. 당신은 우선순위를 어떻게 정하겠는가? '휠체어를 탄 나이 든 여자'가 아니라 '젖꼭지'를 먼저 말한다면 누구나 그 이유를 궁금해할 것이다. 보이는 대로 솔직하게 말해

필립 에버굿, 〈휠체어를 탄 귀부인〉, 1952

보라. 다만, 정보를 제시하는 순서가 당신을 반영한다는 점을 알아야 한다. 다른 사람에게 생각을 밝히기 전에 시간을 들여서 당신이 관찰한 내용과 중요하다고 생각하는 내용을 정리하고 추론을 뒷받침할 수 있어야 한다.

• • •

　정보의 우선순위를 정하는 과정은 특히 익숙하지 않은 사람에게는 속도가 느려지는 것처럼 느껴질 수 있지만 정보를 조직하고 분석하는 과정에서 중요한 단계다. 다행히 이 책에서 설명한 다른 모든 기술과 마찬가지로 의식적으로 우선순위를 정하는 연습도 많이 해볼수록 그 과정이 빨라지고 자동화된다. 그러다 보면 앞으로의 행동을 올바른 방향으로 집중하는 데 도움이 되므로 시간과 에너지가 절약될 것이다.

　우선순위를 정하는 일은 우리가 이미 수집한 정보의 순서를 정하는 데 도움이 된다. 특히 직업과 관련된 상황에서는 우리가 알아낸 정보를 제시하기 전에 중요하다고 여기는 부분에 관해 심사숙고해 보기만 하면 된다. 그렇다면 이제 우리가 발견한 정보를 효과적으로 설명하는 방법을 알아보자.

**Visual
Intelligence**

Sharpen Your
Perception,
Change
Your Life

거의 알맞은 단어와 알맞은 단어의 차이는
사실상 중요한 문제다.
마치 반딧불과 번갯불의 차이와 같다.

마크 트웨인(Mark Twain)

3부

설
명
하
기

8장

모른다는 사실을 알려라

의사소통의 단절을 피하는 법

2001년에 24세의 정부 소속 인턴인 찬드라 레비Chandra Levy가 실종되고, 수사 결과 레비가 유부남인 게리 콘딧Cary Condit 의원과 내연 관계였던 것으로 드러나자 언론의 광기에 불이 붙었다. 레비는 행방이 묘연한 채로 대중문화의 먹잇감이 되어 심야 토크쇼의 농담거리가 되기도 하고, 래퍼 에미넴Eminem의 히트곡 〈How can one Chandra be so Levy?〉에까지 이름이 오르기도 했다.[237] 1년 넘게 시체가 발견되지 않았고, 살인범은 8년간 기소되지 않았으며, 혐의가 주로 교도소 자백으로 제기된 탓에 범인에게는 새로운 재판 기회가 주어졌다.[238]

이 사건의 모든 관련자에게 슬프고 지난하고 불행한 상황이었는데, 내게 오래도록 충격으로 남은 한 가지가 있었다. 한 단어가 수사 과정 전체를 엉뚱한 방향으로 돌려놓았다는 점이다.

레비가 집에서 나간 뒤로 가족과 친구들은 레비의 행방을 전혀 몰랐다. 레비는 말 그대로 흔적도 없이 사라지면서 휴대전화와 신용카드와 운전면허증만을 남겼다. 한 달 넘게 걸려 복원한 노트북의 마지막 검색 결과는 레비가 뉴욕 센트럴파크보다 거의 네 배나 큰 1750에이커의 워싱턴 D.C. 록크리크파크에 관심을 보였던 것으로 나타났다.

실종된 지 85일 만인 2001년 7월 25일에 워싱턴 D.C. 경찰관 수십 명이 모여서 제멋대로 뻗어 나가는 자연보호구역을 수색했다. 공원의 모든 도로roads에서 100미터씩 떨어진 곳까지 수색하라는 명령이 내려왔다. 하루가 다 가도록 아무것도 발견하지 못한 채 수색이 끝났다.

나중에 실제로는 공원의 모든 길trails에서 100미터씩 떨어진 곳을 수색하라는 명령이 내려왔던 것으로 밝혀졌다. 지휘 계통에 있는 누군가가 중요한 단어 하나를 바꾼 것이다. '도로'와 '길'이 동일하다는 가정에 따라 수색 구역이 크게 줄어들었다. 레비의 시신은 그 후 10개월이 지나서야 발견되었다. 사실 시신은 그 공원의 길에서 72미터 떨어진 곳에 있었다. 단어 하나가 잘못 전달되는 바람에 시신이 늦게 발견되고 그사이에 범인을 특정했을 법한 법의학적 증거가 대부분 소실되었다.

남이 보지 못한 뭔가, 또는 모든 것을 바꿔 놓을 만한 뭔가를 보는 것은 절반의 성공일 뿐이다. 뛰어난 관찰력과 분석력을 보유했지만 제대로 소통하지 않으면 우리에게든 다른 사람에게든 아무런 소용이 없다. 중요한 정보를 발견하더라도 제대로 소통하지 않으면 사회에 도움이 되지 않는다. 자료를 수집하고 분석하는 데 시간을 다 쓰고도 정확히 설명하지 못하면 우리뿐 아니라 어느 누구도 혜택을 보지 못한다. 지금 이 순간에도 세계 곳곳에서는 날마다 소통의 부족과 잘못된 소통으로 사라진 증거, 사라진 기회, 잃어버린 사랑, 심지어 잃어버린 인생 등의 피할 수도 있었을 문제가 발생한다.

2014년 6월 9일, 미군 특수부대 병사들이 아프가니스탄 남부에서 작전을 수행하고 기지로 돌아가는 길에 매복한 반란군에게 기습을 당했다. 미국의 B-1폭격기가 지원 요청을 받고 급강하해서 미사일 두 발을 떨어뜨렸다. 그들이 보호하려던 부대의 상공에…… 10여 년 동안 아프가니스탄에서 발생한 아군 포격 사건 중 최악이었던 이 사건으로 미군과 아프가니스탄 동맹군 다섯 명이 전사했다. 공식적으로 밝혀진 원인은 잘못된 소통이었다.

미국 국방부에서 발표한 300쪽짜리 보고서에서 공군 소장 제프리 해리지언Jeffrey Harrigian은 "부대가 (…) 효과적으로 소통했다면 이런 비극은 피할 수 있었다"고 결론지었다.

최근에 나는 분석가들과 함께 워싱턴 D.C.의 한 미술관에 갔다. 우리는 제임스 로젠퀴스트James Rosenquist가 그린 가로 1.8미터, 세로 4.5미터의 거대한 작품 〈산업 오두막Industrial Cottage〉 앞에 섰다. 작품의 가운데에는 회색 창틀의 창문이 있다. 왼쪽에는 선명한 붉은색을 배경으로 베이컨 두 줄이 빨랫줄에 걸려 있고, 그 옆에는 굴착기가 있다. 오른쪽은 주로 밝은 노란색 배경이고 드릴로 네 군데가 뚫려 있다. 기괴하고 다채롭고 눈여겨볼 거리가 많지만, 나와 동행한 사람들은 상황을 분석하는 일로 먹고사는 사람들이었다.

"이 그림을 어떻게 설명하시겠어요?" 내가 물었다. 그들은 앞서 5장에서 다룬 '1번과 16번'의 그림과 사진(157쪽)으로 연습을 해본 터라 작지만 확실한 세부 정보를 지적할 준비가 되어 있었다.

"화관이 세 개예요." 한 참가자가 말했다.

우리는 작품에서 몇 센티미터 앞에 떨어져 있었다. 아주 거대한 그림이라서 캔버스 다섯 장이 나란히 이어져 있었다. 이어진 자리에는 물감을 칠하지 않아서 캔버스 틈이 또렷이 보였다. 캔버스 패널은 세 개가 아니라 다섯 개였다.

"음, 그림이 세 개처럼 보이는군요." 그가 고쳐 말했다. "별로 다를 것도 없죠."

"별로 다를 것 없다"는 말은 구어체이고 모호한 모순어법일 뿐 아니라 여기서는 틀린 표현이었다. 다른 점이 있다. 물리적으로 나뉜 패널과 주제로 나뉜 패널은 같지 않다. 세 개는 다섯 개와 같지 않다.

세 개와 다섯 개가 엄청난 차이를 만드는 경우를 떠올려 보라. 이를테면 군사령관과 장교, 의사와 환자, 제약회사와 고객 사이에 오가는 정보로 생각해 보자. 객관적 설명의 정확도는 회계사, 기자, 교사, 건축가, 기술자, 화학자, 분석가, 주식중개인, 인사책임자, 연구원, 기록보관원, 비서, 심지어 배달원에게도 중요하다. 누구도 또는 어떤 사업체도 틀린 설명을 듣느라 시간과 자원을 낭비할 여유가 없다.

2008년에 IDC의 국제분석가는 미국과 영국의 기업 400곳을 조사해서 잘못된 소통에 들어가는 총비용을 연간 370억 달러로 추산했다.[239] 소통의 장벽으로 발생하는 연간 생산성 손실은 직원 한 명당 2만 6041달러에 이른다. IDC는 이 정도도 낮게 잡은 수치라면서 잘못된 의사소통이 브랜드, 평판, 고객 만족도에 초래하는 비용은 포함되지 않은 것이라고 밝혔다. 기업의 100퍼센트가 잘못된 소통으로 직원들과 대중을 부상의 위험에 빠트렸다고 보고하는 한편, 99퍼센트는 잘못된 소통이 매출과 고객 만족도를 위기에 몰아넣었다고 밝혔다.

물론 살아가면서 직장 업무에서만 정확한 의사소통이 필요한 것은 아니다. 학문 활동과 개인적 관심사와 인간관계에서도 역시 의사소통이 중요하다. 단어를 잘못 이해하거나 잘못 옮길 때도 있고, 애초에 엉뚱한 말이 나오거나 감정에 묻혀 숨겨지기도 한다. 또는 제대로 생각을 거치지 않거나 신중하지 못하게 전달되기도 한다. 현대의 의사소통 기술 때문에 제대로 전달하는 것은 더욱 중요해졌다. 지금은 모두가 즉각적이고 지속적이고 보편적으로 연결되어 있어서 단순하지만 치명적인 의사소통 오류의 가능성이 커졌기 때문이다. 그리고 이런 오류가 사라질 가능성은 없다. 인터넷의 기억은 영원하기 때문이다. 홀푸드Whole Foods의 CEO 존 매키John Mackey는 2007년에 그가 야후 게시판에 ID를 만들어서 자신과 자신의 회사를 스스로 칭찬하는 글을 올린 사실이 발각된 이후 여전히 과오를 씻고 있다.[240] 2015년 3월 21일, 미국 공영 라디오 방송 NPR의 프로그램 〈잠깐, 잠깐만요…… 설마 아니겠지Wait Wait... Don't Tell Me〉의 진행자 피터 세이걸Peter Sagal은 청취자들에게 이렇게 말했다. "홀푸드와 그 회사가 얼마나 대단한지 떠들어댄 [매키의] 여러 게시물 중에는 이런 말도 있더군요. '매키의 헤어스타일이 마음에 든다. 참 귀여운 분인 것 같다.'"[241]

트위터처럼 짧은 메시지도 파괴적일 수 있다. 트위터 때문에 해고당한 사람들 중에는 뉴욕 대학교 법학과 대학원생, CNN의 선임편집자, 백악관의 NSSNational Security Staff 국장, 공공 소매기업 프란체스카 홀딩스Francesca's Holdings의 최고재무책임자CFO가 있다.[242] 소방관, 배우, 교사, 기자, IT 컨설턴트, 작가, 정비공까지 모두 트윗 한 줄 잘못 올렸다가 해고통지서를 받았다.[243] 온라인 게시물은 직원 한 명에게 상처를 입힐 뿐 아니라 회사 전체에도 조롱과 피해를 안겨 줄 수 있다. 콴타스Qantas, 맥도널드McDonald's, 보더폰Vodafone, 케네스 콜Kenneth Cole, 크라이슬러Chrysler에 물어보라(아니면 구글로 검색해 보라).

2015년 3월에 전 메이저리그 투수 커트 실링Curt Schilling은 가톨릭 계열 대학교의 소프트볼 팀에 전념하는 십 대 딸을 축하하는 트윗을 올렸다.[244] 그리고 대학생 애덤 네이글Adam Nagel과 갓 대학원생이 된 숀 맥도널드Sean MacDonald가 실링의 트윗에 답글을 달았다. 〈USA 투데이〉는 그 내용을 순화해서 '성폭력과 빈정거림'이라고 표현했다. 네이글은 대학에서 6개월 정학 처분을 받았고, 품행청문회에 출석해 추가로 징계 조치를 받을 예정이었으며 경찰에 넘겨졌다. 한편 맥도널드는 그가 활동하던 남학생 사교 클럽에서 공개적으로 비판을 받았고, 당장 뉴욕 양키스의 일자리를 잃었다.[245] 미국 전역의 신문에서 "양키스, 음란한 트윗을 보낸 직원을 해고하다"라는 헤드라인을 뽑았지만 사실 맥도널드가 새로 고용된 시간제 아르바이트생으로 열여덟 시간밖에 일하지 않았다는 점은 언급하지 않았다.

의사소통의 실수가 인터넷에서 시작되지 않았다고 해도 인터넷에 영구 기록되어 전 세계 사람들에게 무한정 읽히고 평가받을 가능성이 있다. 따라서 공개적으로 무슨 말을 하고 무슨 글을 쓰든 결국에는 사이버 공간에서 재생되거나 조롱당하거나 보상받으므로 어떤 형태로든 효과적으로 소통하는 것이 그 어느 때보다 중요해졌다.

우리가 본 정보를 효과적으로 설명하면 더 늦기 전에 오해를 바로잡을 수 있다. 우리의 관찰과 추론을 개인적인 관계에서든 공적인 관계에서든 제대로 표현하지 않으면 바로 옆 사람이 우리와 상황을 다르게 보는지 여부를 알 길이 없다. 우리의 배우자는 우리 생각을 읽을 수 없다. 입사 지원자에 관해 잘못 지레짐작할 수도 있다. 잠재적 기부자를 오해할 수도 있다. 우리가 지각한 정보를 표현하면 다른 사람들에게 그 내용을 처리하고 바로잡을 기회를 줄 수 있다. 효과적인 의사소통은 기대 수준을 정하는 데도 도움이 된다. 다른 사람들에게 무엇을 기대하는지 구체적으로 설명하지 못하면 잘해야 양쪽 모두 당혹스러워지고 최악의 경우에는 의사소통에 실패할 수 있다. 사람들에게 명확한 지시 사항과 필요조건과 목표를 제시하면 일을 진행하고 완성하고 성공하는 데 도움이 된다.

그럼 이제 우리의 기술을 연마하여 정보 파급의 잠재적 재앙을 막기 위해 다시 미술의 세계로 돌아가 보자. 이번에는 조금 더 깊이 파고들어, 예술이 어떻게 창조되는지를 살피면 바람직한 의사소통의 비결이 드러날 수 있다는 사실을 밝혀낼 것이다.

(의사소통의 기술)

나는 20세기에 가장 유명하고 격렬하게 소통한 두 사람(윈스턴 처칠과 아돌프 히틀러)이 그림에 몰두한 화가였다는 점은 우연이 아니라고 생각한다. 처칠과 히틀러는 평생 수백 점의 작품을 그렸다.[246] 풍경화와 바다 경치, 꽃병에서 흘러넘칠 듯한 꽃을 묘사한 정물화를 그리고, 초상화(히틀러는 예수의 어머니 마리아를 그렸고, 처칠은 그의 아내 클레먼틴을 그렸다)도 몇 점 그렸다. 화가는 본래 소통하는 사람들이고, 대개 어떤 희생을 치르고라도 세상에 메시지를 전해야 하는 사람이라는 점을 생각해 보면 어느 정도 이해가 간다. 또는 조지아 오키프Georgia O'Keeffe의 말처럼, 화가의 삶은 성공에 이끌려 가는 것이 아니라 "모르는 것을 알리는 데 더 큰 의미가 있다."[247]

예술가들은 자신이 예술가로 인정받거나 학위를 받거나 상을 받아서 예술가인 것은 아니라는 점을 잘 안다. 예술가가 예술가인 것은 창조할 수밖에 없어서다. 맥아더 장학금을 받은 조각가 테레시타 페르난데즈Teresita Fernández는 이렇게 설명했다. "예술가로서의 삶은 그저 작업실에서 하는 일하고만 관련이 있는 것이 아니다. 사는 방식, 사랑하기로 선택한 사람들, 그 사람들을 사랑하는 방식, 투표하는 방식, 입에서 나오는 말, 혼자 힘으로 만드는 세계의 크기, 자기가 믿는 것에 영향을 미치는 능력, 집착, 실패, 이 모든 것이 예술의 소재가 된다."[248]

의사소통 능력을 키우는 데도 같은 노력이 필요하다. 직책이나 부서 명에 꼭 '의사소통communication'이 들어가야 정식 소통 전문가가 되는 것은 아니다. 누구나 항상 소통할 필요가 있으므로 모두가 소통 전문가다. 우리가 무엇을 보는지, 어떤 방식으로 그것을 보기로 선택했는지를 비롯해 삶의 모든 것이 소통의 소재가 된다. 우리가 소통에 접근할 때 화가가 작품을 준비하고 제작하고 전시하는 대로 한다면, 소재를 영리하게 활용해 걸작을 만들고 실수를 저지르지 않을 수 있다.

완성된 작품이 아무리 단순하고 쉬워 보여도 그림이든 조각이든 그 밖의 어떤 작품이든 구체적이고 표준에 가까운 과정을 따라야 한다. 이런 과정의 세부 요소는 사람마다 다를 수 있지만 피상적인 차이일 뿐이다. 예컨대 조각가에게 필요한 도구는 사진작가에게 필요한 도구와 다르지만 양쪽 모두 망치를 들든 카메라를 배치하든 도구를 다루는 최선의 방법을 익혀야 한다. 기본 과정은 궁극적으로 동일하다. 예술가는 개념과 도구를 연결하거나 말하고 싶은 내용과 그것을 표현하기 위한 방법을 결합해야 한다. 마찬가지로 우리도 소통의 내용이나 방법과는 상관없이 계획하고 연습하고 신중히 실행하는 과정을 연구하여 최선의 메시지를 만들 수 있다. 우선 첫 단계는 신중한 계획이다.

현명하게 선택하라

현대적이고 전위적인 작품처럼 완성작이 거의 생각의 과정을 거치지 않은 것처럼 보이더라도, 사실 잭슨 폴록$^{Jackson Pollock}$의 추상적인 드립 페인팅$^{drip painting}$(물감을 떨어뜨려 그린 그림-옮긴이)조차 우연의 산물이 아니었다. 폴록의 유명한 말이 있다. "나는 물감의 흐름을 통제할 수 있다. 우연이 아니다."[249]

화가는 어떤 재료를 쓸지 신중히 선택해야 한다. 폴록은 자신의 비전에 가장 잘 어울리는 물감의 종류를 결정해야 했다. 농도와 색채, 양, 효용, 지속성, 더 나아가 가격까지 선택해야 한다. 마찬가지로 어떤 말이 생각 없이 즉흥적으로 나오는 듯 보일지 몰라도, 우리는 화가가 물감을 보듯이 말을 보아야 한다. 다시 말해, 사용하기 전에 신중히 고민하고 선택해야 하는 도구처럼 말을 보아야 한다. 화가에게는 어떤 색을 쓸지 선택하는 단 한 번의 결정이 매우 중요하다. 마찬가지로 우리도 소통에 사용할 단어를 미리 결정해야 가장 정확한 그림을 그릴 수 있다.

당신이 평소에 잘 쓰는 단어를 생각해 보자. 그것은 어떤 색인가? 당신의 메시지에 가장 잘 어울리는 선택인가? 당신의 직원들에게는 하늘색이 잘 어울리는데 짙은 빨간색으로 칠하고 있지는 않은가? 십 대 아들이 섬세한 회색에 더 잘 반응할 수 있는데도 형광 녹색으로 칠하고 있지는 않은가?

물론 본질적으로 악하거나 선한 색은 없다. 그 색이 쓰이는 시기와 장소에 따라 달라진다. 노란색은 생일 파티에는 완벽하게 어울리지만 장례식에는 어울리지 않는다. 기분 좋을 때 친구들끼리 쓰는 말이 회의실에는 어울리지 않을 수 있다. 상황에 어울리는 색조를 골랐는지 판단하려면 객관적인 단어를 말했는지 주관적인 단어를 말했는지 자문하면 된다. 주관적인 단어는 사교적 상황에서 아주 신중하게 쓸 수 있지만, 그 밖의 모든 상황에서는 객관적인 단어를 써야 한다.

직장이나 공적 상황에서는 객관적 관찰과 추론으로 사실에 초점을 맞취야 하듯이, 객관적인 언어로만 소통해야 한다. 특히 직원 평가, 인적자원 관리, 교육 현장에서도 그렇고, 아이들과 관련된 경우에는 더더욱 그렇다.

예전에 내 강의에 참가했던, 특수교육 교사이자 몸담은 학교의 학제간평가위원회 위원으로 활동하는 앤 샤를부아Anne Charlevoix는 한 교사가 위원회에서 어느 1학년생을 위한 개입 방안을 마련해야 한다고 주장한 일화를 소개했다.[250] 그 교사는 그 학생을 왜 지원해야 하는지 설명하라는 요청에 이렇게 설명했다고 한다. "그 학생은 게으르고 시도 때도 없이 투덜대고 자기 할 일을 하지 않습니다." 평가위원회에서 그런 행동을 한 구체적인 사례를 들어 보라고 하자 그 교사는 사례를 제시하지 못해 애를 먹었다. 그 학생에 대해서는 결심이 섰지만 이유를 어떻게 설명해야 할지 몰랐던 것이다. 그 학생이 게으르고 불만이 많다는 것을 넘어서는 다른 이유가 필요하다고 생각하지는 않았지만, 이런 이유는 주관적인 의견일 뿐이었다. 샤를부아가 그 학생에 대한 수업 평가를 마치고 과제 수행과 품행, 활동을 객관적으로 기록한 결과, 위원회는 그 학생이 교사와 성격이 맞지 않아 갈등을 빚고 있지만 특별한 도움이 필요하지는 않다고 판단했다.

샤를부아는 나중에 내게 이렇게 말했다. "선생님 강의 덕분에 우리가 쓰는 언어의 힘을 이해하고 주관적으로 말할 때 얼마나 부정확한 인상을 줄 수 있는지 잘 알게 되었습니다."

객관적으로 소통하는 가장 간단한 방법은 의식적으로 객관적인 단어를 선택하는 것이다. 물론 안전하고 객관적인 단어에는 항상 숫자, 색깔, 크기, 소리, 자리, 배치, 재료, 위치, 시간이 포함된다. '너무 많이'라고 말하기보다는 실제 용량을 제시해야 한다. '크다'라고 말하는 대신 치수나 추정치나 비교를 포함해야 한다.

대개 주관적 언어는 쉽게 알아챌 수 있다. 독선적이고 사실에 기초하지 않기 때문이다. 그러나 상대가 잘 듣지 않게 만들거나 더 심각하게는 상대가 우리에게서 아예 돌아서게 만들 만한 막연하고 주관적인 신호 단어가 있다. 몇 가지 예를 들어 보자.

우리가 소통하면서 상대의 말을 비판하거나 정정하거나, 또는 상대에게 화가 날 때는 주관적으로 흐르기 마련이므로 자칫 우리가 도우려는 그 사람을 소외시킬 수 있다. 예를 들어, '나쁘다'라는 말을 생각해 보자. '나쁘다'는 그저 의견이고 해석의 여지가 있으며, 부정적인 의미가 담겨 있다. 당신이 통화할 때 아이가 어떻게 행동했는지에 관해 아이에게 '나쁘다'라는 말로 설명해 주면 객관적이지도 않고 어차피 아이들은 나쁜 행동을 고칠 수 없기 때문에 누구에게도 도움이 되지 않는다(그리고 자기가 나쁘다는 생각이 들면 훨씬 더 나쁘게 행동할 수 있다). 이보다는 객관적인 사실로 소통해야 한다. "엄마가 전화할 때 네가 소리를 질렀잖아." 소리를 지른 것은 구체적인 행동이고, 고칠 수 있는 행동이다. 누군가 소리를 지른다고 보고할 때는 개인적 판단이 담겨 있지 않다. 주장의 여지도 없다. 아이가 소리를 질렀거나 소리를 지르지 않았거나 둘 중 하나이기 때문이다. 직장에서도 마찬가지다. 직원에게 분기 판매 실적이 '형편없다'고 말하는 대신 명백한 증거를 제시하라. "자네는 판매 목표의 30퍼센트를 못 채웠네."

주관적 표현을 제한하는 데 도움이 되는 또 하나의 방법은 배타적인 단어를 포괄적인 단어로 대체하는 것이다. "이건 나한테는 효과가 없다"라고 말하는 대신 "……을 해보면 어떨까?"라거나, 더 나아가 당신도 팀에 합류해 "우리 ……를 해봅시다"라고 말한다.

화가가 색채를 선택하듯이, 우리는 가장 적합한 단어를 선택하고 여기서 한 발 더 나아가야 한다. 화가는 물감 가게에 가서 그냥 '파란 물

피해야 할 주관적인 단어와 구문	왜?	피하는 방법
확실히 명백히	세상의 많은 것이 확실하지 않고 명백한 것은 더 적으므로(렌쇼의 소를 생각해 보라).	"확실히 x" 또는 "명백히 y"라고 말하는 대신 "x는 y와 z에 근거하는 것 같다"는 식으로 말해 보라.
절대로 항상	'절대로'와 '항상'은 정확하지 않고 통계적으로 매우 개연성이 낮으므로 과장법으로 쓰일 때가 많다.	"절대로"나 "항상"이라고 말하는 대신 구체적이고 확정적인 숫자를 제시한다. 숫자를 제시할 수 없다면 '자주'나 '거의'를 쓰는 편이 낫다.
사실은	상대의 말을 정정할 때 '사실은'이라고 말하면 화자가 설명하기도 전에 이미 상대가 완전히 틀렸다고 확신한다는 뜻이다. 모욕적인 의미로 말을 시작하면 좋은 결과를 얻기 어렵다.	"사실은"이라고 말하는 대신 "제 생각에 그보다는……"이라고 말해 보라.
두말할 것도 없이	어떤 것이 중요하다면 두말할 것이 있다.	당신의 사전에서 "두말할 것도 없이"라는 표현을 아예 없애라.

감'을 달라고 주문하지 않는다. 진정한 화가는 구체적으로 주문한다. 수채화 물감이나 유화 물감이나 아크릴 물감이 있다. 통에 담겨 있거나 튜브 형태이거나 에어로졸 스프레이 형태일 수도 있다. 진하거나 연할 수도 있고, 독성이 있거나 먹어도 될 정도로 안전할 수도 있고, 빨리 마르거나 더디게 마를 수도 있다. 파란색은 남색도 있고, 암청색도 있고, 군청색도 있다.

단어를 고를 때도 이런 식의 혼동을 피하려면 구체적이어야 한다. '차'라고 말하는 대신 구체적으로 'SUV'라고 말하고, '개'라고 말하는 대신 '독일셰퍼드'라고 말한다. 마찬가지로, 관계가 확실히 밝혀지기 전에는 '엄마'라고 말하지 말고 '아이와 함께 있는 여자'라고 말해야 한다. '이쪽'이라는 말은 구체적이지 않고, 특히 당신의 자리에서 당신이 보는 것을 보지 않는 사람에게는 막연하게 들리므로 '맨 왼쪽'과 같은 위치를 제시해야 한다. '것'이나 '일'이나 '다채로운'과 같이 표현하기보다는 더 구체적으로 설명해야 한다.

화가 크리스티안 알데레테Christian Alderete는 구체적이지 않은 의사소통으로 막대한 피해를 입은 인물이다.[251] 알데레테는 캘리포니아 패서디나 시에서 마을 개선 벽화 시범 프로그램의 참여 작가로 선정되었을 때 무척 기뻐했다. 정부 보조금을 받고 두 달간 마야와 아즈텍을 주제로 화려한 색채로 50미터의 대작을 제작하면서 현지 아이들 30명도 동원했다. 예술문화위원회 회장 데일 올리버Dale Oliver는 이 벽화를 "장관"[252]이라고 칭찬했다.

그러나 벽화가 완성되고 두어 달 만에 누군가 그 위에 페인트칠을 해놓았고, 그 위에는 아이들 이름 따위가 낙서되어 있었다.

알데레테의 작품이 장식된 매장 주인이 패서디나 계획 및 사회개발 규정 준수 프로그램으로부터 관련 없는 간판을 내리고 황폐한 벽을 다시 칠하지 않으면 매장 문을 닫아야 한다는 경고장을 받았던 것이다. 다만 어느 벽인지 명시되어 있지 않았다.

시의 규정 준수 책임자 존 폴라드John Pollard는 '소통상의 오해'가 약간 있었다고 인정했다.

알데레테는 다르게 표현했다. "얼굴을 얻어맞은 느낌이다. 그것은 살아 있는 존재였다. 나는 그것이 이 도시의 랜드마크가 되기를 바랐다."

한편 사업가 조 렌티니Joe Lentini도 뉴저지 애틀랜틱시티의 보가타 호텔 카지노의 보비 플레이 스테이크Bobby Flay Steak에서 값비싼 대가를 치르고 구체적인 소통의 중요성을 깨달았다. 그는 열 명 자리의 테이블에서 술을 주문하면서 웨이트리스에게 와인에 관해서는 잘 모르니 대신 골라 달라고 부탁했다.

"웨이트리스가 메뉴판의 와인 한 병을 가리켰어요. 마침 돋보기가 없었죠. 그래서 얼마냐고 물으니까 '삼십칠 오십'이라고 하더군요."[253]

보비 플레이 스테이크는 메뉴판에서 24쪽이나 할애해 500여 종의 와인을 소개한다. 대부분 한 병에 100달러 미만이고, 첫 장에는 '50달러 미만 50종'이라는 제목으로 와인 리스트가 굵은 글씨로 적혀 있던 터라 렌티니는 영수증에 37.50달러가 아니라 3750달러라고 적힌 것을 보고 경악했다. 그는 당장 웨이트리스를 불러 이렇게 비싼 와인을 주문한 적이 없다고 말했다. 그러자 웨이트리스가 매니저를 데려왔다.

"그래서 제가 매니저에게 웨이트리스가 '삼천칠백오십 달러'가 아니라 '삼십칠 오십'이라고 말한 것을 들었다고 말했습니다."

웨이트리스가 부인하자 함께 식사를 한 손님들이 렌티니의 말을 확인해 주었다. 렌티니의 왼쪽에 앉은 돈 친이라는 손님이 와인을 주문할 때 어떤 대화가 오갔는지 기억해 냈다. "조가 와인을 골라 달라고 하니까 웨이트리스가 와인 하나를 가리켰어요. 조가 가격을 물으니 웨이트리스가 '삼십칠 오십'이라고 말했고요. '삼천칠백오십'이라고 한 게 아니라. 저도 그렇게 들었고, 그래서 다들 37.50달러인 줄 알았죠. [영수증이 나왔을 때] 다들 심장마비에 걸리는 줄 알았다니까요."[254]

레스토랑 경영진은 영수증에서 그 항목을 빼는 대신 스크리밍 이글한 병을 2200달러로 할인해 주겠다고 제안했다. 렌티니는 별 수 없이 그 돈을 내야 했지만 그 일을 언론에 알렸다.

이 이야기가 전국에 알려지자 보가타 호텔의 부회장 조지프 루포 Joseph Lupo는 이렇게 반응했다. "보가타는 그 선택에서 전혀 오해가 없었다고 확신합니다. 저희는 설명되지 않고 의문투성이 진술로 가득한 부정적인 이야기가 저희의 진실성과 기준을 위협하도록 놔두지 않을 겁니다. 저희 보가타는 날마다 저희의 기준을 실천하는 데서 큰 자부심을 느낍니다."[255]

보가타는 그 테이블의 다른 손님이 영수증이 나오기 전에 와인의 정확한 가격을 알고 있었다고 해명했고, 그 손님도 이 점은 확인해 주었다. 다만 그는 와인을 따서 마시고 이미 물릴 수 없게 된 뒤에야 알았다고 주장했다.

보가타 경영진이 '오해가 전혀 없었다'고 주장한다고 해서 오해가 없어지는 것은 아니다. 양측(사업체와 고객)이 사고의 원인에 관해 서로 동의하지 않는다는 사실은 바로 오해가 있다는 뜻이다. 그러니 이 사건과 관련된 의사소통의 오류를 짚어 보자.

여러 사람의 말에 따르면 웨이트리스는 '삼십칠 오십'이라는 식의 모호한 줄임말로 와인 가격을 알렸다. 달러와 센트를 구체적으로 말하지 않으면 오해의 여지가 있다. '삼천칠백오십 달러'라고 말했다면 오해의 여지가 전혀 생기지 않았을 것이다.

또 그 레스토랑의 와인 리스트도 충분히 구체적이지 않아서 문제가 발생할 가능성을 줄이지 못한다. 와인 수백 종의 가격이 달러 표시나 소수점이나 쉼표도 없이 나열되어 있다. '900'은 900달러일까, 9달러일까? 특히 그 레스토랑은 외국인 관광객이 많이 찾는 관광 명소에 있어서 이와 같은 구체적인 정보가 부족하면 잘못된 의사소통으로 이어진다.

이 사건이 대중에게 알려지기 전에 매니저가 나와서 바로 그 자리에서 상황을 정리했을 때, 그는 레스토랑의 와인 리스트에 관해 더 많이 알고 있었다. 리스트에 있는 보통 용량의 와인 500종 가운데 1000달러가 넘는 와인은 17종밖에 없고 3750달러가 넘는 와인은 한 종뿐이었다. 매니저는 웨이트리스가 와인을 잘 모른다고 말한 손님에게 500가지 중에서 두 번째로 비싼 와인을 가져다준 사실을 알았다.

렌티니와 보가타와 보비 플레이 스테이크 모두가 잘못된 의사소통으로 큰 희생을 치렀다고 주장할 수 있지만(2200달러가 부정적인 여론이라는 비용만큼이나 가치가 있을까?), 이 사건에서 아주 바람직한 의사소통을 예시하는 한 가지 사례가 생겼다. 바로 캐린 프라이스 뮬러^{Karin Price Mueller} 기자가 처음 보도한 기사다. 뮬러는 NJ.com에 올린 기사에서, 사건 내용과 사건이 발생한 위치와 시기와 사람에 관한 사실만 보도했다. 관련자들을 직접 인터뷰하고 웨이트리스를 비롯해 이름을 밝히고 싶어 하지 않는 사람들의 이름은 밝히지 않았다. 더 나아가 독자들에게 가능한 지각 오류를 짚어 주었다. "우리는 그 자리에 없었으므로 와인을 주문할 때 무슨 말이 오갔는지는 모른다. (…) 웨이트리스가 어떻게 행동했는지, 무슨 말을 했는지도 모른다. 우리는 단지 렌티니가 기억한 내용과 보가타 호텔이 현장에 있던 직원들에게 물어보고 들었다고 밝힌 내용만 알 뿐이다."[256]

구체성은 잘못된 의사소통을 막아 줄 뿐 아니라 더 큰 성공을 불러올 수도 있다. 뉴욕 시 경찰청에서 중절도죄 단속반을 조직한 톰 홀트^{Tom Holt} 부서장은 사복경관 24명과의 소통 방식을 바꿨다. "저는 부하들에게 주차장을 돌아다니면서 흘끔거리는 사람이 검은 옷을 입었다고 말하는 대신 그자가 검은 털모자를 쓰고 검은 모피가 장식된 검은 가죽 코트를 입고 검은 후드티를 입고 팀벌랜드를 신었다고 말할 겁니다."[257] 이렇게 새로 구체성을 장착한 덕분에 그의 부서는 타임스스퀘어 일대를 활보하는 좀도둑과 소매치기와 날치기를 더 많이 체포할 수 있었다.

그러나 구체성을 추구할 때는 가정하지 않도록 유의해야 한다. 내 강의에서 한 학생은 그림을 설명하면서 주인공이 "유럽의 건축물 옆에 서 있다"고 말했다. 구체적인 설명처럼 들리지 않는가? "그림 속의 남자가 유럽에 있는지 어떻게 아십니까?" 내가 물었다. 그는 대답하지 못했다. 디즈니월드의 박물관이나 전시장일 수도 있었다. 그는 확인할 수 없는 장소를 가정하기보다는 눈에 보이는 기둥이나 돌출 촛대 따위를 설명했어야 한다.

듣는 이를 고려하라

화가와 작가들은 누구나 모든 사람이 자신의 작품을 봐주기를 꿈꾸지만 그런 일은 현실적으로 불가능하다. 남보다 더 많은 관람객이나 독자가 찾아 주는 화가나 작가는 있지만, '모든 사람'이 봐주기를 바라는 것은 현실적인 목표가 아니다. 사랑하는 이의 초상화를 직접 주문해서 관람하는 사람과 코첼라밸리 음악예술축제에 참가한 사람은 마음가짐이 전혀 다를 것이다.

예술가가 관객을 알고 그들을 위해 계획하는 능력은 노련한 에이전트와 출판사와 수집가들에게는 중요한 지표다. 문학 에이전트인 수전 긴즈버그Susan Ginsburg는 작가들, 특히 데뷔하려는 작가들이 보낸 문의 편지에 나타나는 가장 흔한 실수는 책이 '모두'에게 매력적일 거라고 약속한다는 점이라고 말한다.

"출판사는 어떤 책이 특정 시장에서 잘 팔리도록 위치를 정할 수 있는지 파악해야 해요. 저자가 자기 책을 사서 읽을 사람이 누구인지 모른다면 출판사에서 위치를 정할 수가 없지요."[258]

조각가가 작품을 설치하고 전시할 장소와 방식에 따라 작품을 계획해야 하듯이(옥외의 공공장소에 설치할 작품은 미술관 내부에 전시할 작품과 재료도 다르고 관람 각도도 달라야 한다), 우리도 바람직한 의사소통을 유지하려면 관객을 위해 계획해야 한다. 모두가 똑같이 보는 것도 아니고, 모두가 똑같이 듣는 것도 아니다. 특히 우리가 소통하는 상대에 맞게 메시지를 조정하지 않으면 더더욱 각자 다르게 보고 다르게 듣는다.

강의가 끝난 뒤 조시 브라이트Josh Bright라는 의대생이 나를 찾아와 의사소통을 섬세하게 조율하려는 노력이 환자와의 소통에서 얼마나 중요한지 들려주었다.

"저는 제가 번역가라고 생각해 본 적이 없는데, 사람들이 효과적으로 의사소통할 때 하는 일이 바로 그거더군요. 메시지를 서로에게 번역해 주는 거요. 환자들은 불편한 것이 뭔지, 관심사가 뭔지를 주관적으로 설명해요. 그들이 느끼는 것을 말하는 거니까요. 그러면 저는 그 설명을 치료가 가능한 객관적 증상으로 번역하죠. 그런데 제가 저만의 기준으로 설명한다면 환자들이 못 알아듣겠죠. 사실 의학 용어는 일반인들에게 혼동을 주거나 겁을 주기 쉽잖아요. 저는 제가 내린 진단을 환자들 입장에서 알아듣기 쉬운 말로 다시 번역해야 해요."

우리가 나누는 거의 모든 대화가 그렇다. 우리가 상대에게 의사소통을 맞추려면 상대가 누구인지 알아야 한다. 2001년에 세라 블레이클리Sara Blakely는 스팽스Spanx라는 신생 회사에서 발 없는 레깅스를 처음 만들어서 런던으로 건너가 해러즈Harrods, 하비니콜라스Harvey Nicholas, 셀프리지Selfridges의 바이어들에게 영업 활동을 벌였다.[259] 몇 달 전 미국에서 이미 니먼마커스Neiman Marcus를 상대로 영업에 성공한 터였다. 당시 블레이클리가 내놓은 유일한 제품은 새로운 개념이어서(거들 팬티스타킹에서 발목을 자른다니?) 스팽스가 무엇이고, 왜 이런 제품이 필요한지 설명하는 데 엄청난 에너지를 쏟았다.

블레이클리는 런던에서 BBC의 생방송 인터뷰도 따냈다. 시차증과 긴장감으로 조금 비틀거리면서도(100만 명 이상의 시청자들이 그 인터뷰를 볼 터였다) 특유의 백만 달러짜리 미소로 불안을 감추려 했다.

인터뷰를 맡은 남자 진행자는 블레이클리에게서 야한 분위기의 신개념 보정 속옷에 관한 설명을 들은 사람들이 누구나 그렇듯 어리둥절해하면서 단도직입적으로 물었다. "그래서요 세라, 스팽스가 영국 여자들에게 뭘 해줄 수 있는지 말해 주세요."

블레이클리는 자신만만하게 활짝 웃으면서 대답했다. "이게 다 '패니 fanny(엉덩이를 뜻하는 속어-옮긴이)'를 위한 거예요. '패니'를 매끄럽게 펴주고 '패니'를 올려 주고 '패니'를 쪼여 주죠."

'패니'는 블레이클리가 자주 쓰는 말은 아니었지만, 무난해 보이고 영국 말처럼 들리고 자존심 센 영국 청취자들의 마음을 편하게 해줄 줄 알았다. 진행자의 얼굴이 하얗게 질리자 블레이클리는 단어를 잘못 골랐다는 것을 느꼈다.

"'범bum'을 말씀하시는 거겠죠." 진행자가 블레이클리의 말을 잘랐다.

"예, 그럼요. '범'이요." 블레이클리는 이 말이 영국에서 '엉덩이'를 뜻하는 고상한 표현이라는 것을 깨달았다.

블레이클리는 방송이 끝난 뒤 '패니'가 미국에서는 할머니들이 엉덩이를 지칭하는 예스러운 표현이지만 영국에서는 '여성의 질'을 가리키는 저속한 속어라는 사실을 알았다. 블레이클리는 단지 자신의 제품이 여자들 둔부의 셀룰라이트를 얼마나 제대로 잡아 주는지 설명하고 싶었을 뿐이지만 라디오 생방송에서 여자의 질을 매끄럽게 펴주고 올려 주고 쪼여 준다고 말해 버린 것이다. 그것도 아주 저속한 표현으로.

당신의 관객들을 생각해 보라. 그들이 자신들의 고객을 손님이라 부르는가, 후원자라 부르는가, 멤버라 부르는가, 사용자라 부르는가? '패니'처럼 그들 사이에서 금기시되는 표현이 있는가? 전하려는 메시지를 상대에게 맞게 조절해야 한다.

콜로라도 수사국은 교도소 수감자들의 도움을 받아 미해결 사건을 해결하려 시도했을 때 그 사건에 관한 정보를 특이한 방식으로 전달했다. 당시 카운티 교도소에서 무료로 배포하던 트럼프 카드에 인쇄해서 전달한 것이다. 수감자들이 이해하기 쉽고, 읽기 쉽고, 그야말로 그들이 잘 아는 방식으로 정보를 제시하면 정보가 더 잘 전달될 거라고 기대했다. 콜로라도 수사국의 미해결 사건 분석가 오드리 심킨스^{Audrey Simkins}는 이 전략이 통했다면서 이렇게 말했다. "전화가 50여 통이나 걸려왔고, 이제 미해결 사건의 문이 열리고 있어요."[260] 현재 미국 전역의 17개 주에 배포된 미해결 사건 트럼프 카드 덕분에 40건의 사건을 해결하고 수백 가지 정보를 끌어내는 성과를 올렸다.

앞에서 관점에 대해 연습하면서 가능한 한 많은 정보를 수집할 때 그랬듯, 소통하기 전에도 잠재적 관객의 입장에 서서 그 사람과 관련된 모든 사실을 포함할 뿐 아니라 아는 내용을 상대가 이해하고 받아들이기 쉬운 언어로 바꿔야 한다.

구체적인 연습

화가가 일단 재료를 고르고 관객을 떠올렸다면 다음 단계로 넘어갈 준비를 마친 셈이다. 다음 단계는 바로 연습하는 단계다. 연습은 사실 계획과 실행, 두 측면을 모두 가지고 있기 때문에 두 단계에 걸쳐 있다. 말하자면 초기의 실행 단계에서부터 최종 결과물을 계획하는 셈이다.

창작 분야마다 연습을 다른 이름(스케치, 초고, 모형, 드레스 리허설)으로 부르지만, 공유하는 물리적 현실은 같다. 예술을 연습하는 것은 어떤 일에 관해 생각할 뿐 아니라 실제로 그 일을 행한다는 의미다. 작가 대니

샤피로Dani Shapiro는 이렇게 적었다. "바 앞에 선 발레리나를 생각해 보자. 플리에plié, 엘레베elevé, 바트망 탕뒤battement tendu. 발레리나는 연습하는 중이다. 연습과 예술의 차이가 없다는 것을 알기 때문이다. 연습이 곧 예술이다."[261]

우리도 의사소통 기술을 숙달하려면 연습해야 한다. 연습은 실전에 투입되기에 미진한 부분을 수정하는 데 도움이 될 뿐 아니라 메시지를 더 편안하게 전달하는 데도 도움이 될 수 있다.

누구나 타고난 연설가로 태어나는 것은 아니다. 선천적으로 조용한 사람도 있고, 입을 연다는 생각만 해도 얼어붙는 사람도 있다. 대대수는 컴퓨터 앞이나 연구실에 있을 때 더 편안해한다. 다행히 사람들 앞에서 말하고, 긴장한 상태로 말하고, 익숙하지 않은 상황에서 말하는 기술은 연습으로 숙달할 수 있다. 그리고 미디어 트레이너 빌 코너Bill Connor가 남 앞에 나서기를 두려워하는 사람들을 위한 희소식을 전한다. 바로 연습이 성격을 이길 수 있다는 것이다. "나는 남자든 여자든 자신감이 넘치는 사람들이 허세만 가득하고 준비는 부족한 채로 연단에 올랐다가 망신당하는 경우를 보았다. 즉흥적으로 해보려고 하지만 30초 만에 얘깃거리가 떨어진다. 그리고 수줍음이 많은 사람들이 시간을 들여 준비하고 연습해서 청중에게 영향을 미치고 자신의 의제에도 유익한 쪽으로 감동적이고 재미있고 영향력 있는 메시지를 전달하는 장면을 보았다."[262]

《콰이어트Quiet》의 저자 수전 케인Susan Cain은 특히 내향적인 사람들의 대중 연설을 위해 "편안해질 때까지 소리 내어 연습하라"[263]고 조언한다. 그러려면 그냥 말하기만 하면 된다.

아주 간단해 보이고, 여러 면에서 실제로도 그렇다. 우리는 아이들에게 '네 언어로 말하라'고 가르치지만, 정작 우리 자신은 우리 언어로 말하지 않고 전자기기와 사진과 모호한 몸짓에 의존할 때가 많다. 본 대로 말해야 한다.

몇 년 전 아들의 유치원 선생님이 내게 아이가 말을 잘하는 것 같지 않다고 알렸다. 그리고 연구에서 밝혀진 대로 언어 발달과 글을 읽고 쓰는 능력의 연관성에 관해 경고하면서, 의사소통 능력이 적절히 발달하지 않으면 유치원에 다닐 수 있는 수준인지 판단하기 어렵고 언어 발달 장애나 자폐증 같은 다른 근본적인 문제를 검증하기도 어렵다고 말했다.[264] 그러면서 아들의 언어 소통 능력을 키워 주기 위해 나의 '지각의 기술' 연습을 아들과 함께 소리 내어 해보라고 제안했다. 나는 그 제안을 따랐다. 어디를 가든 평소처럼 나 혼자서만 아들에게 말하지 않고 아들이 본 장면을 나에게 자세히 설명하게 했다. 우리는 보이는 모든 장면에 관해, 그리고 왜 그렇게 보인다고 생각하는지에 관해 이야기하기 시작했고, 그 뒤로 아들은 말을 멈추지 않았다. 같이 뉴욕의 거리를 걸을 때 아들은 "엄마 방금 지나간 사람 봤어요?"라거나 "방금 길 건너에서 무슨 일이 있었는지 못 봤죠?"라고 묻곤 한다. 아들은 내가 시작한 이 게임에서 내 역할을 차지하면서 가끔은 "좀 더 명확히 설명해 주실래요?"라고 요청하기도 한다.

소리 내어 말하는 의사소통 기술을 연습하기 위해 다음 쪽의 그림을 살펴보자. 무엇이 보이는가? 중요한 정보를 가장 잘 포착하는 객관적인 문장 서너 개를 적어 보자.

이 그림은 종종 이미지에 단어를 써넣는 르네 마그리트의 작품이다. (앞에서도 이미 그의 작품 두 점을 보았다. 2장에서 본, 접시 위의 햄에 눈알이 박힌 그림과 7장에서 본, 벽난로에서 기차가 나오는 그림이다.) 마그리트는 언젠가 "일상의 물건들이 비명을 지르게"[265] 만드는 것을 목표로 한다고 말했는데, 이것은 더 나은 의사소통에 적합한 목표다.

르네 마그리트, 〈꿈의 열쇠〉, 1927

〈꿈의 열쇠The Key to Dreams〉라는 제목의 이 그림은 표현의 성격을 탐색한 마그리트의 연작 일부다. 그림 네 개 가운데 세 개에는 엉뚱한 설명이 붙어 있다. 오른쪽 아래의 한 그림만 설명이 제대로 적혀 있다. 가방에는 '하늘'이라고 적혀 있다. 칼에는 '새'라고 적혀 있다. 나뭇잎에는 '탁자'라고 적혀 있다. 해면에만 설명이 제대로 붙어 있다. 이미지와 단어를 나란히 제시하면, 특히 어휘 연상 장치나 플래시 카드로 제시하면 잠시 멈추게 된다. 한 발 물러서서 눈에 보이는 장면을 다시 생각하게 된다.

이제 당신이 말해 보라. 이 그림에 관해 몇 문장을 적어서 다른 사람에게 큰 소리로 읽어 보라. 보통 의사소통을 할 때처럼 상대에게는 그림을 보여주지 말아야 한다. 우리가 본 것을 보지 못한 누군가에게 전달하는 것이다. 우리가 발견한 결과를 말로 표현하는, 단순하면서도 중요한 연습이다.

객관적 사실을 얼마나 잘 전달했는지 확인하려면 상대에게 당신의 설명을 바탕으로 그림을 그려 보게 하라. 상대가 그림을 똑같이 그리는 데 필요한 정보를 제대로 전달하지 않은 것으로 보이면 '다시 돌아가서' 더 자세한 정보를 포함하여 설명을 적어 보라.

편집의 중요성: 말을 지나치게 많이 하느니 차라리 전혀 하지 않는 것이 낫다

앞에서 마지막 문장에 나온 두 마디('다시 돌아가서')는 예술과 의사소통을 창조해 나가는 과정의 세 번째 단계이자 가장 중요한 단계를 의미한다. 바로 편집 단계다.

예술은 그저 캔버스에 물감을 칠하는 과정이 아니다. 종종 물감을 칠하는 만큼 덜어 내는 작업이 중요하다. 조각가 테레시타 페르난데즈가 미술대학 졸업생들에게 한 조언을 MIT 연구원 마리아 포포바^{Maria Popova}는 "어떤 사회 계급에서든 품위 있는 인간이 되기 위한 고상한 윤리 기준"이라고 평했다. 페르난데즈의 조언은 다음과 같다 "자주 제거하라. 파괴는 창조와 직결된다."[266]

암스테르담 출신 화가로 정교한 펜화와 현대적인 대형 합판화로 유명한 얀 프랑크^{Jan Frank}도 이 말에 동의한다. 그는 모든 작품에서 "되도록 표면을 적게 칠하는 데" 목표를 둔다면서 "복잡해질수록 마음에 들지 않는다"고 말한다.[267] 그는 그림이 언제 끝나는지 어떻게 알까? "한 번만 더 선을 그으면 지나칠 거라는 느낌이 드는 순간이다."

랠프 스타이너, 〈미국 전원의 바로크〉, 1930

　편집은 어느 정도가 지나친 것이고 언제 손을 떼야 하는지 아는 것이다. 이 장을 쓰는 동안 빈 의자를 찍은 1930년의 유명한 사진 한 컷이 내내 머릿속에서 떠나지 않았다. 랠프 스타이너Ralph Steiner의 〈미국 전원의 바로크American Rural Baroque〉[268]는 빈 고리버들 흔들의자가 현관 벽에 그림자를 드리운 장면을 포착했다. 이미지가 단순하면서도 인상적이다. 흔들의자의 화려한 문양이 벽과 바닥과 덧문과 기둥의 곧은 선과 대조를 이루는 모습이 놀랍다. 빈 흔들의자가 무슨 말을 해줄까 싶지만 사실은 의자가 말을 해준다. 의자는 비어 있음의 강렬함에 관한 이야기, 지난 시대의 낭만에 관한 이야기를 들려준다. 의자에 사람이 앉아 있다면 등받이의 아름다운 문양이 사라지면서 상징적으로나 문자 그대로나 장면을 망칠 것이다.

마찬가지로 의사소통을 할 때도 말을 너무 많이 해서, 단어를 너무 많이 넣거나 불필요한 정보를 넣는 식으로 '지나치게 많은' 것으로 메시지를 모호하게 만들지 말아야 한다. 전직 영업이사이자《제가 그렇게 말했나요?Was It Something I Said?》의 저자 제스 매캔은 사람들이 직장에서나 개인적으로나 대화에서 지나치게 흥분하는 성향 때문에 결국 불편해진다고 말한다. 불편해지는 이유는 말하는 행위 그 자체 때문이거나(성격 때문이거나 중압감이 심한 상황에 처했기 때문에) 전하려 한 정보 때문이다. 친구들과 편안하게 대화를 나눌 때는 문제될 것이 없지만, 저조한 분기 매출에 관해 보고해야 하거나 자녀가 성에 관해 묻는 말에 대답해야 할 때면 갑자기 매캔이 "언어적 구토"[269]라고 부른 상황에 처한다. 매캔은 이런 일반적인 문제에 맞서기 위해 KISS 원칙을 지키라고 권한다. KISS란 미국 해군이 1960년에 해군 설계자들에게 대체로 적을수록 좋다는 점을 일깨워 주기 위해 채택한, '짧고 간결하게Keep It Short and Simple'라는 말의 약어다. KISS는 직장에서 이메일을 쓸 때든 데이트 신청을 거절할 때든 어디에나 적용된다.

변호사 사무실에서 일하는 카라 W.는 댄이라는 남자와의 첫 데이트 때문에 몹시 긴장했다. 카라는 평소 사랑에는 '운이 없다'고 생각한 터라 연애가 시작되기도 전에 벌써 헤어질까봐 불안했다. 과거의 연애에 관해서는 뭐라고 말해야 할까? 긴장해서 혼자 떠들지 않으려면 어떻게 해야 할까? 데이트 상대에게 너무 빨리 진도를 나가고 싶지 않다는 뜻을 전해야 할까? 매캔은 모든 상황에 동일한 답을 제시했다. KISS로 준비하라.

매캔은 내게 이렇게 말했다. "우리는 대체로 차분히 앉아서 생각하고 준비하는 데 시간을 쓰지 않기 때문에 혼잣말에 빠져듭니다. 이렇게 우리는 본능적으로 말을 더 많이 하려는 욕구를 느끼지만 사실 자세히 설명할 필요가 없을 때가 많아요. 설명이 길어지면 결국 상대를 혼란에 빠뜨리게 되거든요."

매캔은 카라에게 가장 우려되는 질문을 정리해서 목록으로 만들고 답이 짧고 간결해질 때까지 편집하도록 도와준 다음 질문에 답하는 연습을 해보라고 주문했다. 그리고 댄에게 과거 연애할 때 육체적 관계를 빨리 시작해서 후회된다고 말하는 대신 단순히 "당신이 정말 좋아요. 당신을 조금 더 알고 싶어요. 괜찮겠죠?" 정도로만 말하라고 지시했다. 상대가 "지금 만나는 사람 있어요?"라고 물으면 누구를 만나고 있다거나 몇 명이나 만났다거나 혼자 죽을까봐 두렵다거나 대학교 풋볼팀 선수들 절반과 데이트를 해봤다는 식으로 장황하게 늘어놓지 말고 "딱히 그런 건 아니에요"라고 간단히 답하라고 말했다. 마침내 댄과 데이트하기로 한 날 저녁에 카라는 무슨 말을 할지 미리 준비하고 연습한 터라 여느 때처럼 긴장하지 않았다. 그녀는 편집한 답변으로 무장한 채 그날 저녁을 즐기고 새로운 만남에 집중할 수 있었다.

대화를 잘하는 사람들은 구체적으로 말한다. 한마디 한마디를 의미 있게 만든다. 조심스럽게 정제해서 말하는 기술을 연습하기 위해 옆의 사진을 보고 한 문장으로 설명해 보자. 가정과 추론을 걸러 내고 관찰한 것만 적어 보라.

당신이 적은 문장에 '여자', '아이', '교회', '신도석', '앉아 있음', '손', '얼굴' 같은 단어가 들어 있는가? 잘했다. 이 단어들이 가장 중요하다. '엄마'나 '자식' 같은 단어는 넣지 않았기를 바란다. 이런 단어는 사실이 아닐 수 있는 관계를 가정하기 때문이다. '12'라는 숫자는 어떤가? 사진에 보이는 사람의 수를 적었는가? 훌륭하다. 사진에 보이는 12명 중 10명은 서 있고 여자와 아이는 앉아 있다고 적어서 장면을 좀 더 세밀하게 구분했을 수도 있다.

그 밖에도 사실이지만 한 문장으로 설명할 때 넣을 만큼 중요하지는 않은 세부 정보를 발견했을 수도 있다. 예컨대 둥근 전등, 부츠, 스트라이프 셔츠, 청바지, 다리를 꼬고 앉은 자세 따위를 관찰했을 수 있다. 그러나 우선순위를 정해야 한다.

혹시 '아프리카계 미국인'을 문장에 넣었는가? 대다수가 이 말을 넣지만 객관적인 관찰이 아니다. 사진 속 사람들이 미국에 있고, 아프리카인들의 후손이라고 가정하기 때문이다. 이 사진이 어디에서 찍혔는지 말할 수 있는가? 국기나 글자처럼 지역을 암시하는 단서가 있는가? 없다. 따라서 가정할 수 없다. 이 사람들은 아이티에 있을 수도 있고, 미국에 있지만 자메이카계일 수도 있다. 많은 사람이 '흑인black'이라고 말하면 인종차별주의자로 해석될까봐 우려하고 '아프리카계 미국인'은 정치적으로 올바른 표현이라고 여긴다. 물론 이런 우려를 이해한다. 신중히 생각하고 모욕적인 표현을 삼가야 하지만 지나치게 정치적 올바름에 집착하다 보면 구체성과 정확성이 떨어질 수도 있다. 사실을 확인하지 못하는 한 '아프리카계 미국인'은 가정일 뿐이고, 이 사람들이 아이티 국민들이라면 틀린 표현이다. 정치적 올바름에 얽매이기보다는 올바른 정보인지 따져야 한다. '흑인'은 기술記述적인 단어다. 흑인은 눈에 보이는 관찰이다. 사진 속의 사람들을 '흑인'이라고 설명하는 것은 충분히 용인될 수 있는 좀 더 객관적인 관찰이다.

여자를 설명하면서 '속상한', '울고 있는', '슬픈', '흥분한', '괴로운' 같은 표현을 넣었는가? 물론 어린 소녀가 여자를 위로하는 것처럼 보인다. 손을 여자의 뺨에 대고 있고 차분하면서도 걱정스러운 얼굴로 보인다. 그러나 소녀가 아이라는 점을 기억해야 한다. 소녀는 자기가 목격한 장면을 이해하지 못했을 수 있다. 감정으로 일그러진 여자의 얼굴에 손을 대고 있기는 하지만, 여자가 어떤 감정인지 알겠는가? 속상한가, 슬픈가, 흥분했는가? 여자가 울고 있는가? 울고 있다고 해도 눈물은 보이지 않는다.

여자가 바닥에 앉아 있고 얼굴이 일그러진 것을 보고 괴로워서 주저앉은 것이라고 말하고 싶겠지만, 그럼 결국 가정이 된다. 진실일 수도 있지만 뒷받침할 근거가 필요하다. 사진의 나머지 부분을 살펴보자. 여자의 주변에 있는 사람들은 무엇을 하고 있는가? 그들도 괴로워하는가? 그들 중 네 사람의 얼굴만 보이지만 누구도 괴로운 표정은 아니다. 두 명은 아무런 표정이 없고 다른 두 명은 웃고 있다. 그리고 그들 중 한 명은 두 손을 펼쳐서 얼굴 옆에 들고 있다. 손뼉을 치려는 것일까?

여자와 아이 주위에 있는 모든 사람의 몸짓도 인상적이다. 모두의 시선이 여자를 지나쳐 앞쪽을 향해 있다. 아무도 여자를 보거나 다가가서 도와주려 하지 않는다. 누군가 괴로워한다면 주위 사람들이 반응을 보이지 않겠는가? 배경의 중앙에 서 있는 남자는 어떤가? 그는 무엇을 들고 있는가? '총'이라고 말하는 사람들이 있지만, 틀렸다. 자세히 보라. 총이 아니다. 게다가 주변에 신도석이 있는 것으로 보아 교회일 가능성이 높다. 교회에서 대놓고 총을 들고 있을 가능성은 적다. 사실 남자는 마이크를 들고 있다. 아마 카메라에 달린 마이크일 것이다.

사진 속에서 무슨 일이 일어나고 있을까? 사람들이 교회 안에 있다. 예배를 보는 것일까, 아니면 그냥 모여 있는 것일까? 어디에 있는 교회일까? 사람들이 왜 모여 있을까? 사람들은 누구를 또는 무엇을 바라보고 있을까? 언제 벌어진 상황일까?

이상은 우리가 모르는 중요한 정보이고, 이런 정보를 안다면 큰 도움이 될 것이다. 이것은 사진이고 이 사진을 찍은 사진작가 데이비드 골드먼David Goldman에게 접근할 수 있으므로 몇 가지 질문의 답을 밝혀낼 수 있다. 몇 가지 누락된 사실로 이야기를 꿰어 맞출 수 있는지 알아보자.

누구일까? 바닥에 앉아 있는 여자는 래트리스 바네스다. 아이는 바네스의 딸로 다섯 살배기 재스민 레드다. 따라서 두 사람의 관계가 확인된다. 사진 속에서 무슨 일이 일어났는지 아는가? 아니다. 다만 두 사람의 신원을 확실히 알았으니 여자에게 연락해 볼 수 있다.

어디일까? 뉴욕 할렘의 고린도전서 침례교회다. 따라서 장소가 미국인 것은 알았지만 아직 사진 속의 모든 사람이 아프리카계 미국인이라고 단정할 수는 없다.

언제일까? 2008년 11월 4일 화요일이다. 이날이 무슨 특별한 날인가? 그렇다. 〈뉴욕타임스〉에 이런 기사가 실렸다. "2008년 11월 4일, 버락 오바마Barack Obama가 공화당 후보 존 매케인John McCain을 누르고 미국의 44대 대통령으로 선출되었다. 케냐인 아버지와 캔자스 출신 백인 어머니를 둔 오바마는 미국 일리노이 주 상원의원을 지내고 최초의 흑인 대통령이 되었다."[270] 〈뉴욕타임스〉가 오바마를 최초의 아프리카계 미국인 대통령이라고 부르지 않고 최초의 흑인 대통령이라고 부른 사실에 주목하자.

래트리스 바네스는 역사적인 선거 결과로 행복감이 북받쳐서 교회 바닥에 앉아 있다. 울고 있을지는 몰라도 절망이나 비통의 눈물이 아니라 기쁨과 희망의 눈물이다.

우리는 우리가 관찰할 수 있는 정보보다 더 많이 알 것이라 기대하지는 않는다. 그러나 관찰할 수 있는 정보는 정확히 관찰해야 한다. 관찰을 보고할 때는 다른 사람을 잘못된 길로 인도하는 가정이나 부정확한 정보를 담아서는 안 된다.

사진을 하나 더 보자. 이번에는 다섯 단어로만 설명해 보라. 고작 다섯 단어로는 풍부한 내용을 전달할 수 없다고 생각할지 몰라도 이 사진이 〈뉴욕타임스〉에 실렸을 때 제목이 다섯 단어였다. 제목을 붙인 기자가 할 수 있었다면 당신도 할 수 있다!

'청소년들, 청년들', '앉아 있는', '현관 앞', '플립플롭 샌들', '다섯'이

라는 단어를 넣었는가? 다 괜찮은 답이다! 아이들의 옷차림 때문에 '여름'이라고 설명하는 사람도 있지만, 계절에 맞지 않게 따뜻한 봄이나 가을일 수도 있다. '따뜻한'이 좀 더 정확한 표현이다. 'NYC'나 '시시덕거리는'이나 '가족' 같은 단어는 포함하지 않았기를 바란다. 내가 들어본 설명 중에는 '현관 앞 플립플롭 파티의 청소년들', '따뜻한 날씨를 즐기러 나온 청소년들', 그리고 재치는 있지만 설명으로는 부족한 표현으로 '청소년 네 명과 찬밥 신세'가 있다.

다섯 단어로 된 이 사진의 실제 제목은 충격적이었다.

'청소년의 여름, 단식 기간 버전.' 뭐라고? 이어지는 기사는 여러모로 내게 큰 깨달음을 주었다. 이것은 라마단을 지키는 청소년 다섯 명을 찍은 사진이다. 라마단이란 이슬람교도들이 한 달간 동틀 녘부터 해 질 녘까지 금식하는 의식이다. 기사에는 라마단 기간에는 많은 청소년이 기력을 잃지 않으려고 플립플롭을 신어서 운동경기에 참가하고 싶은 욕구를 떨쳐 내려 한다는 설명이 있었다. 기사 제목은 정확하고 객관적이고 도발적이라는 점에서 기발했다. 이 제목을 본 나는 기사를 더 읽어 무슨 일인지 알아보고 싶어졌고(이것이 신문 기사 제목의 일반적인 목적이다), 기사를 읽으면서 나의 가정을 바꿨다. 모두 고작 다섯 단어 때문이었다.

잘못 칠한 물감이 마르게 놔두지 말라

화가들이 준비하고 편집하더라도 항상 결과물에 만족하는 것은 아니다. 그러나 화가들은 그림이 어떤 이유로든 잘못되면(모자가 너무 크고, 손이 약간 삐뚤고, 레스토랑에 걸리던 해변 풍경화가 해변으로 쓸려 온 고래 때문에 입맛 떨어지게 만든다면)[271] 그냥 내버려 두지 않는다. 손을 보고 다시 작업한다. 미술계에서는 이런 일이 자주 일어나기 때문에 이런 작업을 부르는 명칭까지 있다. 펜티멘토^{pentimento}라고, 이탈리아어로 '후회'를 뜻하는 말이다. 잘못된 획 위에 덧칠하든 아예 지워 버리든, 잘못이 영원히 남지 않도록 되도록 빨리 수정해야 한다.

프랑스 미술계에서 이름을 알리려고 애쓰던 미국 화가 존 싱어 사전트^{John Singer Sargent}는 당시 사교계의 주목받던 동포 비르지니 아멜리 아베뇨 고트로^{Virginie Amélie Avegno Gautreau}에게 모델이 되어 달라고 부탁했다. 파리의 다른 사람들처럼 그 역시 고트로 부인의 분처럼 창백한 피부와 그가 "화폭에 전부 담을 수 없는 아름다움"[272]이라고 감탄한 자태에 반했다. 높이 2미터의 이 초상화는 1884년에 파리 살롱에 처음 걸리자마자 스캔들에 휘말렸다. 고트로의 오른쪽 어깨에서 드레스 어깨끈이 흘러내린 모습이 결혼한 부인에게는 부적절하게 퇴폐적이라는 이유가 어느 정도 작용했다. 고트로의 어머니는 그날이 지나가기도 전에 그림을 내려 달라고 요청하면서 울부짖었다. "내 딸이 상심했어요! 파리 시민 전부가 내 딸을 비웃는다고요!"[273]

사전트는 고트로의 가족들이 작품을 파손할까봐 급히 작품을 작업실로 가져가서 오늘날 남아 있는 그림처럼 고트로의 어깨에 끈이 제대로 얹혀 있도록 수정했다. 그러나 너무 늦었다. 그 일로 파리에서 그의 화가 인생은 끝났다. 사전트는 모델이 축하 연회에 들떠서 그가 평소 제시하는 금액보다 돈을 더 많이 주지 않을까 기대했지만, 헛된 기대였다. 고트로와 파리 시민들은 더는 그에게 볼일이 없었다. 그는 런던으로 건너가 친구들에게 그림을 아예 포기할 생각이라고 말했다.[274] 그는 고트로가 사망하고 1년 뒤인 1916년까지 이 초상화를 작업실에 보관했다가 모델에 관한 정보를 모두 지우고 제목을 다시 붙인다는 조건으로

존 싱어 사전트의 작품을 사진으로 복제한
스크랩북의 알부민 인쇄

존 싱어 사전트, 〈마담 X(피에르 고트로 부
인)〉, 1883~1884

메트로폴리탄 미술관에 팔았다. 30년이 흐른 뒤 〈마담 X^{Madame X}〉로 제목이 바뀐 이 초상화는 마침내 평단과 대중으로부터 합당한 찬사를 받았다.

마찬가지로, 의사소통을 할 때도 실수를 발견하는 즉시 수정해야 한다. 곧바로 바로잡지 않으면 장기적으로 치명적인 결과를 불러올 수 있다.

2006년에 웨스트버지니아의 사고라는 지역에서 지하 폭발로 광부 13명이 갱도에 갇혔다. 국제석탄그룹International Coal Group, ICG은 장장 서른 시간에 걸쳐 생존자를 수색한 뒤 근처의 침례교회에 모인 가족들에게 12명이 살아서 구조되고 한 명만 사망했다는 소식을 전했다.

제리 머렐Jerry Murrel 목사는 이렇게 전했다. "그 사람들이 피해자의 가족들을 만나러 교회로 찾아온다는 소식을 들었습니다. 심지어 생존자들이 어느 쪽 문으로 들어올 것이고 어떻게 준비할지까지 일러 주면서 직계가족부터 먼저 줄을 서라고 말하더군요. 사람들이 노래를 불렀습니다. 아이들은 통로에서 춤을 추었고요. 충만한 분위기가 무르익기 시작했습니다. 꿈만 같았지요."²⁷⁵

이렇게 전해진 '기적'으로 한밤중에 교회 종이 울리는 사이 그 회사의 경영진은 충격적인 소식을 들었다. 진실은 정반대였다. 한 명만 살아남고 나머지 12명이 사망한 것이다. 놀랍게도 그들은 두 시간 반이나 지나서야 잘못 전달된 뉴스를 바로잡았다. 어느 광부의 아들 말로는, 사과 한마디 없이 진실이 전해지자 축제의 현장이 순식간에 아비규환이 되었다고 한다. 실신하는 사람도 있었고, 임원들에게 달려드는 사람도 있었고, 집에 가서 총을 가져오겠다고 위협한 사람도 있었다. 잘못을 바로잡는 데 오랜 시간이 흐른 탓에 그렇지 않아도 끔찍한 상황이 더 악화된 것이다. 어느 가족의 지인은 CNN에 이렇게 말했다. "우리는 기다리고 또 기다렸어요. 가족들이 담요를 둘러쓰고 현관 앞에 나와 서서 아버지나 형제가 어서 와서 안아 주기를 기다렸어요."[276]

"신중을 기하는 과정에서 저희가 너무 오래 기쁨에 들떴습니다."[277] ICG의 CEO 베넷 K. 햇필드Bennett K. Hatfield가 인정했다.

언론은 민감한 정보를 잘못 전달한 회사를 통렬하게 비판하고 "위기에 위기를 얹은"[278] 격이라고 했다. ICG는 다시는 일어서지 못했다. 사고가 일어나기 전에 11달러에 거래되던 주식이 2009년에는 1달러를 간신히 넘는 수준으로 폭락했다.[279] 2011년에 아크콜Arch Coal에 인수되어 현재 이 회사는 존재하지 않는다.

홍보이사 스콧 배러델Scott Baradell은 꼭 그렇게 처리했어야 했던 것은 아니라고 말한다. "햇필드는 거짓 희망이었다는 사실이 명백해진 순간 당장 가족들을 만나 이렇게 말했어야 했어요. '광부들을 발견했지만 아직 생존자가 몇 명이나 되는지는 모릅니다. 저희가 지금 활력징후(사람이 살아 있음을 보여주는 호흡, 체온, 심장박동 등의 측정치－옮긴이)를 확인하는 중입니다. 자세히 알게 되는 대로 바로 전달해 드리기로 약속하겠습니다. 저희와 함께 인내심을 갖고 기다려 주십시오.'"[280]

사람들은 흔히 실수를 발견하는 순간 자백하고 바로잡으려는 사람에게 더 관대하다. 의사소통의 실수에 물감이 마르거나 먼지가 내려앉게 놓아두어서는 안 된다. 가능한 한 빨리 바로잡아야 한다.

메시지가 전해졌는지 확인하라

화가는 작품이 완성되면 마지막 결정을 내려야 한다. 어떻게 전시해야 가장 잘 전달될지 정해야 한다는 뜻이다. 눈높이에 걸어야 할까, 아니면 바닥에 놓아야 할까? 액자에 넣을까? 액자가 작품을 돋보이게 해줄까, 오히려 시선을 분산시킬까?

점묘법(다채로운 작은 점으로 큰 장면을 그리는 기법)으로 유명한 화가 조르주 쇠라Georges Seurat는 어느 것 하나도 우연에 맡기지 않았다. 그는 대형 작품에 맞는 특수한 액자를 디자인했을 뿐 아니라 가로 1.8미터, 세로 3미터의 캔버스에 사람들이 호숫가에서 한가롭게 머무는 장면을 그린 〈그랑 자트 섬의 일요일A Sunday on La Grande Jatte〉의 원본에 빨간색과 주황색과 파란색 점으로 경계를 그려 넣어서 작품과 세계 사이의 완벽한 시각적 전환을 제공하기까지 했다.[281] 반 고흐도 그림을 액자에 넣는 방식에 집착했던 것으로 유명하다.[282] 금박을 입힌 액자를 구할 형편이 못 되면 평범한 나무액자에 노란색 십자 문양을 그려 넣었다. 마티스는 액자의 네 면을 "그림에서 가장 중요한 부분"[283]이라고 불렀다.

여러모로 우리가 전하는 메시지의 가장 중요한 부분도 메시지를 정확히 전달하는 방식에 있다. 우리가 청중을 무시하거나 반대로 청중이 우리를 무시하게 만들면 아무리 열심히 준비해도 소용이 없다. 우선 신체 언어와 비언어적 의사소통으로 메시지를 어떻게 담아내는지에 주목해야 한다.

UCLA의 심리학과 명예교수이자 신체 언어 연구의 선구자인 앨버트 머레이비언Albert Mehrabian은 "메시지의 효과는 언어(단어만)가 7퍼센트 정도이고, 음성(어조, 억양, 기타 소리)이 38퍼센트이고, 비언어적 요소가 55퍼센트"[284]라고 계산했다. 섬세한 미술품에 감싸는 금박을 입힌 거대한 액자처럼 어조와 표정과 자세는 누군가 우리의 메시지를 받아들이는 방식에 변화를 줄 수 있다. 우리가 의도하든 않든 언외言外의 의미가 상대를 끌어들일 수도 있고 멀어지게 할 수도 있다.

신체 언어 전문가이자 《FBI 행동의 심리학What Every Body Is Saying》의 저자 조 내버로Joe Navarro는 좋은 비언어적 의사소통으로 좋은 의사소통을 끌어내려면 적어도 미국에서는 사람들을 만날 때 손을 꼭 잡아 악수하고 눈을 똑바로 바라봐야 한다고 조언한다.[285] 악수할 때 신뢰감을 주려면 느슨하지도, 너무 꽉 쥐지도 않는 정도로 손을 잡아야 한다. 너무 느슨하게 잡으면 나약해 보이거나 방해하면 안 될 것 같은 인상을 줄 수 있다. 또 손을 너무 꽉 잡으면 지배적이거나 공격적이라는 인상을 줄 수 있다. 대화할 때 상대의 눈을 보는 것은 화자든 청자든 상대에게 그와 함께 있고 그에게 관심이 있다는 의미를 전달하므로 중요하다. 물론 상대와 눈싸움을 하거나 흘끔거려서는 안 된다. 시선을 마주치는 적당한 시간은 상대의 눈동자 색깔을 인지할 만큼이다.

다른 나라 사람들을 만날 때는 그 나라 문화에서 허용되는 비언어적 의사소통에 관한 기본적인 정보를 조사해야 한다. 내 동료는 일본인들에게 자주 강연을 하면서 그들이 왜 다른 집단과는 달리 강연이 끝난 뒤 질문을 하지 않는지 의아해했다. 그러다 일본에서는 사람들이 손을 들어 자기를 알리지 않고 그냥 강연자의 눈을 보면서 알아봐 주기를 바란다는 사실을 알고는 크게 놀랐다. 내 동료는 오랫동안 그들이 기대하는 눈빛으로 자기를 바라보는 모습을 보면서, 질문하고 싶어 뜨거운 눈길을 보내는 것을 보면서도 한 번도 먼저 그들을 불러 주지 않았다. 국가와 지역마다 나름의 예절이 있다. 지금은 인터넷 덕분에 자기 문화권 밖의 사람들과 소통하기 전에 무엇이 적절하고 적절하지 않은지 그 어느 때보다 간단히 알아볼 수 있다.

보편적으로 피해야 할 몸짓이 하나 있다. 손가락질이다. 디즈니의 직원들은 사람들에게 절대 손가락질을 하지 않도록 훈련받는다. 손가락질은 많은 나라에서 무례한 몸짓으로 간주되기 때문이기도 하지만 그보다 중요하게는 모호하고 게으른 행동이기 때문이다. 손님이 "가까운 화장실이 어디 있나요?"라고 물을 때 직원이 그냥 손가락으로 그쪽을 가리킨다면 자기는 그 손님에게 관심이 없고 그쪽으로 조금 더 내려가서 다른 사람에게 물어보기를 바라며, 사실상 손님을 안내할 생각이 없다는 의미를 전달한다. 그 대신 디즈니의 직원들은 근처의 랜드마크를 포함해서 구체적으로 안내하도록 교육받는다. 더 완벽하고 유용한 대답은 이렇다. "가장 가까운 화장실은 오른쪽으로 6미터쯤 내려가면 대나무 문 바로 지나서 있습니다. 침 뱉는 낙타가 나오면 너무 멀리 가신 겁니다." 손가락질을 하면 해석의 여지가 너무 많아서 문자로 변환하기 어렵다. "저거 보여요? 바로 저기요?" 어떤 것을 말할까? 어디를 말할까?

한편 손가락질에 의존하면 반드시 필요한 연역적 분석이 줄어든다. 구체적인 표현을 강화하면 집중력이 높아지고, 상세한 정보가 더 많이 전달되며, 관찰에 대한 기억이 향상된다. 이것은 증인이든 경찰이든 사회복지사든 교사든, 나중에 법정에서 경험을 설명해야 하는 경우처럼 몇 년 동안 정보가 퍼져 나가는 상황에서 특히 중요하다.

내 강의를 들은 사람들은 대체로 손가락질을 하지 말라는 규칙을 무척 어려워한다. 기자처럼 본래 남보다 기술적으로 말할 것 같은 사람들도 특히 미술관같이 시각적 자극이 많은 환경에서는 손가락질을 그만두지 못한다. 손을 다시 훈련할 필요는 없다. 그냥 말할 때 손을 내려놓으면 된다.

내가 사람들에게 손가락으로 가리키지 말라고 하면 어김없이 몇몇은 고갯짓으로 규칙을 피해 가려 한다. 그러면 소용이 없다. 비언어적 의사소통을 알아야 하긴 하지만 그것으로 단어를 대신해서는 안 된다. 신체언어는 우리가 본 장면을 말로 전달하는 대신 허용되는 대안도 아니고, 간단한 전달법도 아니다.

비법

얼마 전에 비행기를 탔을 때 승무원이 내게 농담을 건넸다. "항공기 승무원에게 어떻게 비밀을 감출까요?" 정답은 이렇다. "기내 방송으로 말한다." 내 아들 말대로 "사실이라서 웃긴다." 조종석에서 전하는 말을 기다리고 귀담아듣는 승객과 달리 승무원들은 기내 방송이 그들에게 전하는 메시지가 아니라서 잘 듣지 않는다. 그들은 다른 방식으로 기장과 소통한다. 대개 승객들의 관심을 끌지 않도록 암호화된 불빛과 벨소리로 소통한다.

우리는 상대에 맞게 메시지를 조정하려고 최선을 다할 수는 있지만 메시지의 내용을 맞춘다고 해서 상대가 들어 준다는 보장은 없다. 의사소통이 원활히 일어나게 하려면 전달 과정에서 마지막 몇 단계를 거쳐야 한다. 비결은 내가 3R이라고 부르는 방법이다. 즉 반복Repeating, 이름 바꾸기Renaming, 재구성Reframing이다.

첫 번째 R: 반복

앤디 워홀Andy Warhol은 단순한 아이디어 하나로 팝아트의 제왕으로 군림했다. 바로 이미지의 반복이다. 캠벨수프 캔이든 마릴린 먼로의 얼굴을 격자로 배치한 작품이든, 워홀의 이미지는 한 번 보면 잊히지 않는다. 한곳에서 같은 이미지를 두 번 이상 보았기 때문이다. 우리도 말을 반복하는 것이 아니라 상대가 우리의 말을 반복하게 만드는 식으로 워홀의 아이디어를 의사소통에 적용할 수 있다.

상대에게 우리가 한 말을 들었는지 물어보는 것으로는 충분하지 않다. 조직심리학자 데이비드 G. 자비치David G. Javitch는 이렇게 조언한다. "상대가 당신 말을 들었는지, 또는 이해했는지 묻지 말라. 이런 식으로 물으면 거의 다 그렇다고 답할 것이다. 왜일까? 직장 상사에게 무식하다 거나 집중하지 않는다거나 메시지를 잘못 해석했다는 인상을 주고 싶은 사람은 없기 때문이다."[286] 그 대신 항공관제사가 조종사들에게 메시지 를 받았는지 확인하기 위해 쓰는 방법을 활용해야 한다. 상대가 직접 자신의 언어로 반복해서 말하게 만드는 방법이다.

보비 플레이 스테이크의 웨이트리스가 고객에게 가격을 다시 말해 보 게 했다면 어땠을까? "삼십칠 오십"이라고 크게 말하는 것을 들으면 고 객이나 그의 일행 중 누군가가 의문을 품고 명확히 말해 달라고 요청했 을 수도 있다.

다른 사람에게 정보를 글자 그대로 다시 말하게 하는 것이 어색하면 순위를 매기게 만들 수도 있다. 자비치는 이렇게 권한다. "상대에게 과 제를 수행하는 데 가장 어려운 단계나 가장 쉬운 단계나 가장 복잡한 단 계가 무엇인지 물어보라."[287]

두 번째 R: 이름 바꾸기

피카소Pablo Picasso는 뼈만 앙상하고 관절이 기괴하게 연결된 나체의 여자 다섯 명을 그린 대형 유화를 완성한 지 9년이 지나서야 작업실을 나가서 대중에게 선보일 준비가 되었다. 바르셀로나의 사창가에서 거 리의 매춘부들을 그린 이 작품의 제목을 그는 그냥 '아비뇽의 사창가Le Bordel d'Avignon'라고 붙이고 줄여서 '나의 사창가mon brodel'라고 불렀다.[288] 원시적이고 육감적인 여자들의 포즈 때문에 작품 그 자체만으로도 충격 적이어서 피카소의 친구인 시인 앙드레 살몽André Salmon은 추문을 꺼리 는 대중의 입맛에 맞춰 1916년도 살롱에 출품하기 전에 이 작품의 제목을 '아비뇽의 처녀들Les Demoiselles d'Avignon'로 바꿨다.[289] 현재 뉴욕 현대미술관Museum of Modern Art에서 바뀐 제목으로 영구 전시되고 있는 이 작품은 피카소의 주요 작품으로 손꼽힌다. 제목을 바꿨다고 해서 내용이나 구성이 달라진 것은 아니지만 좀 더 수월하게 받아들여질 수 있었다.

의사소통에서도 이해의 벽에 부딪힐 때 간단히 이름 하나만 바꾸어 벽을 뛰어넘을 수 있다. 〈뉴욕타임스〉의 베스트셀러 작가 하비 매케이Harvey Mackay는 이렇게 말한다. "가끔은 다른 이름으로 불러서 원하는 것을 얻을 수 있다. 예를 들어 상대가 계약 '협상'을 원하지 않는다고 해보자. 좋다, '계약 연장'이라고 부르면 어떨까? 상대가 '퇴직수당'을 거부한다고 하면 어떻게 할까? 좋다, 그럼 '컨설팅 계약서'라고 부르자."[290] 정확한 유의어이고 의미가 달라지지 않는다면, 셰익스피어의 말을 생각해 보라. "장미는 다른 어떤 이름으로 불러도 향기가 좋을 텐데."[291]

세 번째 R: 재구성

워싱턴 내셔널갤러리의 전시 책임자들은 소장품을 작가가 디자인한 원래 액자에 전시한다는 데 항상 자부심을 갖는다. 그러나 그들은 1990년대에 모든 액자가 작품에 꼭 맞는 것은 아니라는 것을 알고 충격을 받았다. 자세히 살펴보니 윈슬로 호머Winslow Homer의 작품 〈동시 명중Right and Left〉이 담겨 있던 원래 액자가 작품에 비해 작아서 작품의 중요한 부분을 가리고 있었다. 이 액자는 원래의 액자가 사라진 호머의 다른 작품 〈사냥개와 사냥꾼Hound and Hunter〉에 꼭 맞았다.[292] 그래서 액자를 바꾸고 〈동시 명중〉을 제대로 감상할 수 있도록 더 큰 액자를 새로 제작했다.

당신이 전달하려는 정보가 상대에게 울림을 주지 않으면 전달 방식을 재구성해 보라. 의사소통을 재구성하는 방법이 얼마나 효과적인지를 보여주는 완벽한 예로 20세기 중반의 한 일화가 떠오른다.

　나이 든 장님이 러시아워의 번잡한 거리 모퉁이에 앉아서 돈을 구걸하고 있었다. 구걸하는 깡통 옆에 놓인 박스 용지에는 이렇게 적혀 있었다. "장님이에요. 도와주세요." 깡통에는 돈이 들어 있지 않았다.

　지나가던 젊은 광고 카피라이터가 장님과 박스 용지에 적힌 글과 빈 깡통과 아무렇지 않게 그 옆을 지나치는 사람들을 보았다. 카피라이터는 주머니에서 펜을 꺼내고 박스 용지를 뒤집어서 뒷면에 새로운 메시지를 적었다. 그는 그것을 장님 옆에 놓고 제 갈 길을 갔다.

　그러자 곧바로 사람들이 깡통에 돈을 넣기 시작했다. 깡통에 돈이 넘치자 장님이 지나가는 사람에게 뭐라고 적혀 있는지 말해 달라고 부탁했다.

　"'아름다운 날이에요. 여러분은 볼 수 있지요. 전 볼 수 없답니다'라고 적혀 있네요."

　정보를 제시하는 방법을 바꾸면 그 정보를 수용하는 방식도 크게 달라질 수 있다. 내가 '지각의 기술' 강의가 평균 세 시간 걸린다고 말하면 다들 놀란다. 세 시간은 한 사람의 이야기를 듣기에는 긴 시간이다. 나는 전하고 싶은 정보가 많지만 전달 방법을 구성하는 데는 신중을 기한다. 대화식의 시각 자료를 많이 활용하고, 참가자들이 자리에서 일어나 다른 참가자들과 대화를 나누는 공동 연습도 포함하고, 박물관 견학도 자주 나간다. 결국 참가자들은 내 강의를 세 시간도 더 들을 수 있다고 말한다.

초대

최근에 나는 뉴욕에서 열린 '작업실에서In the Studio'라는 미술전시회를 보러 갔다. 화가들이 자신의 작업 공간을 예술로 표현하는 방식을 탐색하는 전시였다. 작품들이 저마다 크게 다르기는 했지만 모두 화가들이 메시지를 창조하는 신성한 공간과 맺는 관계에 대한 내밀한 진술이었다.

독일 태생의 영국인 화가로 지그문트 프로이트Sigmund Freud의 손자인 루치안 프로이트Lucian Freud는 〈세면기 옆의 두 일본인 스모 선수Two Japanese Wrestlers by a Sink〉라는 작품으로 작업실을 표현했다. 커다란 창문이 있는 고요한 방이나 이젤이나 붓을 보여주는 것이 아니라 평범하고 다소 지저분한 세면기가 장면을 거의 다 차지한다. 제목에 나온 스모 선수 그림은 한쪽 옆에 치우쳐 있는 데다 상당 부분이 잘렸다. 세면기는 이 그림의 중심이며, 아마 다른 어떤 요소보다 프로이트가 예술을 창조하는 과정의 중심에 있을 것이다. 프로이트는 세면기를 전면의 중앙에 배치해서 우리에게 그의 예술, 그의 창조적인 소통이 마법처럼 나타난 것이 아니라 계획과 연습과 목적의 산물이라는 사실을 일깨워 준다.

대 피터르 브뤼헐Pieter Brueghel the Elder이 16세기에 그린 자화상 스케치 〈화가와 구매자The Painter and the Buyer〉라는 작품을 보자. 브뤼헐이 자신의 작업실에서 붓을 들고 우리에게는 보이지 않는 캔버스 앞에 서 있고, 구경꾼은 서성이며 그의 어깨 너머로 무언가를 보고 있다. 브뤼헐이 자화상에 관객을 끌어들인 점은 중요하다. 화가의 소통은 그가 창조하고 싶은 것만이 아니라 남들이 보는 방식과도 관계가 있다는 그의 이해를 드러내기 때문이다. 화가의 최종 작품이 매우 자연스럽고 보편적으

283

피터르 브뤼헐, 〈화가와 구매자〉, 1565년경

리처드 디벤콘, 〈작업실 벽〉, 1963

로 보일지 몰라도 사실은 둘 다 아니다. 오히려 모든 작품(적어도 기억에 남을 만한 훌륭한 작품)은 구매자나 실수요자나 관람객을 신중히 고려해서 창작한 결과물이다.

마지막으로 나는 리처드 디벤콘Richard Diebenkorn의 1963년 작품 앞에서 발길을 멈추지 않을 수 없었다. 디벤콘의 다른 추상적 풍경화와는 달리 〈작업실 벽Studio Wall〉이라는 작품은 구상주의적이고 다가가기 쉬워서 인상적이었다. 벽에 걸린 화가의 작품들이 보이고 관람객에게 빈 의자를 내주어, 있는 그대로의 작업실로 초대하는 듯 보인다. 이것이 바로 예술과 의사소통 두 가지 모두의 의의다. 두 가지 모두 초대에 의의가 있다. 타인을 우리의 머릿속으로 초대하고 우리가 무엇을 보고, 어떻게 보는지 알리는 것이다.

• • •

지금까지 일상적인 상황에서 할 수 있는 바람직한 의사소통 기술을 살펴보았으니, 이제 스트레스와 압박감을 느끼는 상황에서 침착하고 효과적으로 소통하는 방법을 알아보겠다.

9장

불편한 상황에
직면할 때

냉정한 현실을 보고 함께 나누는 법

이제까지 일상생활에서 바람직한 의사소통의 원리를 알아보았다. 그런데 소통해야 하지만 원하지 않을 때, 예컨대 어렵거나 스트레스가 심한 상황, 불쾌하거나 더 나아가 금기시되는 상황, 본질적으로 우리를 불편하게 만드는 상황에 직면해야 할 때는 어떨까? 무시하고 싶어도 무시할수는 없다. 현실적이고 구체적이고 사실적이며 바로 앞에 벌어진 상황이라면 어떻게든 대처해야 한다.

철학자와 심리학자들은 수세기 동안 스코틀랜드의 회의주의 철학자 데이비드 흄David Hume의 말처럼 왜 인간이 "불편한 진실을 회피하는지"[293]에 관해 논의해 왔다. 이기주의 때문일까? 쾌락주의 때문일까? 아니면 생존 가능성을 극대화하기 위해서일까? 정답은 아무도 모른다. 그러나 앞에서 관찰하는 기술을 배울 때 보았듯이, 이유를 모른다고 해서 좋아하지 않는 일을 일부러 외면하는 재능에 대처할 수 없다는 뜻은 아니다. 우리는 외면한다. 부정하고 회피하고 위장하고 책임을 떠넘기지만, 이렇게 피하기만 해서는 뭔가를 보고도 대처하지 않았다는 사실 자체가 사라지지 않는다.

정보를 그냥 흘러버리지 않으려면 어떤 상황이든 명확히 설명할 수 있어야 한다. 그러나 그 필요성은 골치 아픈 정보일 때 훨씬 중요하다. 정보를 (관찰하거나 분석하거나 상술하는 것은 고사하고) 인지하지 않으려 하면 상황이 더 악화되기 때문이다. 골치 아픈 문제를 모른 척한다고 해서 저절로 사라지지는 않는다. 불씨 하나가 산불로 번지듯이 골치 아픈 문제가 악화되어 결국 폭발할 수도 있다. 그리고 문제가 작고 비교적 간단히 해결하거나 억제할 수 있었던 순간에 외면한 책임을 져야 할 수 있다.

얼음의 경고를 무시한 '타이타닉 호'의 선장이 되지 않으려면 직면하지 못할 것 같은 문제도 똑바로 마주해야 한다. 네이비실Navy SEAL(미국 해군 특수부대–옮긴이)에서 말하듯이, 불편한 상황을 편하게 느껴야 한다. 참전 용사 전력이 있는 디지털 마케팅 에이전시의 책임자 그렌트 글리슨Grent Gleeson은 이렇게 설명한다. "나는 경영자로서 몹시 불편한 상황에 처할 때가 많다. 부하 직원과 거북한 대화를 나누거나 소송에 휘말리거나 부담스러운 중역을 상대하곤 한다. 불편함은 여러 형태로 나타난다. 그러나 불편함을 현실로 받아들일수록 편안한 영역이 넓어진다."[294]

우리를 불편하게 하는 문제와 마주하고 그 문제에 관해 많이 소통할수록 더 능숙하게 대처할 수 있다. 우선 289쪽의 두 그림으로 시작하자. 단지 유사점과 차이점만 알아볼 것이다. ('결혼 전과 후' 또는 '아내와 장모'라는 생각이 떠오른다고 해서 자책할 필요는 없다. 사실 이런 말을 숱하게 들었다. 다만 입 밖에 내지는 말자!)

두 그림 모두 서로 반대 방향이기는 하지만 여자가 소파에 기대어 누운 모습이다. 위 그림의 여자는 눈을 뜨고 고개를 들고 정면을 똑바로 응시한다. 아래 그림의 여자는 눈을 감고 얼굴을 소파에 대고 쓰러져 있다. 둘 다 머리색이 갈색이다. 아래 그림의 여자는 빗질을 하지 않은 듯 보인다.

소파는 어떤가? 하나는 '고급스럽고' 하나는 '싸구려'라고 말해서는 안 된다. 판단이 섞인 표현이기 때문이다. '고급스러움'과 '싸구려'라는 표현은 사람마다 의미가 다르다. 더 구체적으로 말해야 한다. 하나는 새틴과 벨벳으로 씌운 소파이고, 다른 하나는 쿠션이 없고 얼룩덜룩한 소파라고 말해야 한다. 위 그림에는 한쪽 팔걸이만 있는 진녹색의 긴 의자에 아이보리색 시트와 가장자리에 레이스가 달린 베개 두 개가 있다. 아래 그림에는 양쪽 팔걸이가 있는 일반적인 꽃무늬 소파에 쿠션이 하나도 없고 덮개가 지저분하고 찢어져 있다.

위 그림에는 갈색과 호박색의 배경이 보이고, 바닥은 보이지 않는다. 아래 그림에는 배경에 주름진 회색 천이 있고, 바닥은 나뭇결로 되어 있다.

또 무엇이 있는가? 나는 이 두 그림을 미국 전역의 수많은 전문가와 지도자에게 항상 보여준다. 제일 나중에 나오는 대답이 '두 여자 모두 벌거벗고 있다'이다. '벌거벗은'이라고 말해도 된다. 사실이니까. 둘 다 실오라기 하나 걸치지 않고 교묘히 벗은 몸을 가리지도 않은 채 몸의 앞부분을 거의 다 보여주는 자세로 누워 있다. 첫 번째 여자는 손을 머리 뒤에 괴고 있고, 두 번째 여자는 왼손을 소파 위에 얹고 오른손으로 오른쪽 가슴을 감싸고 있다.

두 여자의 체중은 어떤가? 아무도 양쪽 모두에 관해서 체중을 언급하려 하지 않았다. "한 사람은 날씬하고 다른 한 사람은 날씬하지 않다고

프란시스코 고야, 〈옷을 벗은 마하〉, 1795~1800년경

루치안 프로이트, 〈잠자는 국가연금 관리자〉, 1995

해도 괜찮나요?" 최근에 한 참가자가 던진 질문이다. 괜찮다. 두 여자의 체중에는 중대한 객관적 차이가 있다. 구체적으로 말해서 두 번째 여자는 그냥 과체중인 정도가 아니라 비만이다.

비만은 질병관리본부에서 BMI(신체질량지수)가 30을 초과하는 사람의 체중을 정의하는 임상 용어다. 키가 175센티미터인 여자라면 92킬로그램 이상이라는 뜻이다. 아래 그림의 여자를 비만이라고 설명해도 된다. 이 그림의 모델인 수 틸리Sue Tilley는 당시 127킬로그램 정도였다. 비판하거나 비웃으려는 것이 아니라 보이는 대로 말하는 것일 뿐이다.

그런데 어떤 의사가 손을 들고 한쪽 여자는 '완벽하게 건강하고' 다른 여자는 '병적인 비만'이라고 답한 적이 있다. 나는 그의 설명에는 반대했다. 그러나 당신이 짐작하는 그런 이유에서가 아니었다. '병적인 비만'은 BMI가 40을 초과하거나, 비만과 관련된 건강상의 문제가 있다면 BMI가 35를 넘는 사람을 지칭하는 의학 용어다. 그리고 이 정도가 최고 수준은 아니다. BMI가 45를 초과하는 경우를 '초고도비만'이라고 한다. 그 의사는 '혐오스러운' 비만이라고 말하지 않았다. 임상적 정의를 말했다. 다만 첫 번째 그림의 여자를 설명할 때 단어 선택에 추론이 끼어들었다. 완벽하게 건강하다? 어떻게 알 수 있는가? 여자가 조현병일 수도 있다!(그 의사는 나중에 정확하지 않은 추론에 대해 사과했다.) 두 작품을 비교하는 작업에서는 민감한 주제를 건드리는 것이니만큼 단어 선택도 중요하다.

사람들은 흔히 뭔가를 말하기 두려워한 나머지 사실이 무엇인지를 망각한다. 사실은 증명된 진실이지 의견이 아니다. 차이를 신속히 분류하는 좋은 방법이 있을까? 생각한 내용이 아니라 보이는 대로 말하면 된다.

생각한 내용이 아니라 보이는 대로 말하라

이 말은 거듭 강조할 가치가 있다. 객관적 사실을 고수해야 해서만이 아니라 내키지 않을 때도 보이는 대로 말해야 해서다. 효과적인 대화를 하기 위해서는 불편하거나 특이하거나 불안하더라도 관련 주제에 관해 말할 수 있어야 한다. 마음에 들지 않고 개인적으로 혐오하는 일이라고 해서 그냥 못 본 척할 수는 없다.

앞서 말했듯이, 나는 이 두 그림을 모든 집단, 심지어 종교 단체에도 보여준다. 한번은 위기에 처한 고등학교에서 온 지도자들에게 두 그림을 보여주었더니 어느 학교의 교장이 손을 들고 말했다. "그런 그림은 보고 싶지 않습니다. 역겹군요!"

나는 누굴 불쾌하게 만들 생각은 없지만 그림을 좋아하는지 여부는 상관이 없다고 설명했다. 마음에 들지 않는다고 해서 무시해서는 안 된다. 두 여자가 벌거벗은 것은 사실이다. 사실에 대처해야 한다. 애써 좋아할 필요는 없다. 도심의 고등학교 교장이 얼마나 힘들고 역겨운 현실에 직면할지 나로서는 그저 상상할 뿐이다. 그런 현실을 외면하는 것은 선택지에 없다.

현실과 마찬가지로 예술도 항상 아름답기만 한 것은 아니다. 앞의 그림은 은밀한 포르노그래피가 아니다. 각기 다른 이유로 미술계를 사로잡은 상징적인 작품이다. 첫 번째 그림, 프란시스코 호세 드 고야 이 루시엔테스Francisco José de Goya y Lucientes의 〈옷을 벗은 마하Naked Maja〉는 서양 미술계에서 최초로 신화나 역사나 우화 속의 인물이 아닌 여자를 나체로 그린 작품으로 유명하다. 고야는 이 그림을 그리면서 '타락'이라는 죄목으로 종교재판에 불려 나갔다. 1800년경에 그려진 이 작품은 1901년부터 마드리드의 프라도 미술관에 걸려 있다. 두 번째 그림 〈잠자는 국가연금 관리자Benefits Supervisor Sleeping〉는 루치안 프로이트의 1995년 작품이다. 이 작품을 위해 3년간 포즈를 취한 사회복지사 수 틸리의 이름을 따서 '빅 수Big Sue'라고 불린다. 〈빅 수〉는 2008년 경매로 3360만 달러에 팔리면서 생존 작가의 작품으로는 최고가를 기록했다.

미술은 불편할 때도 소통하는 법을 배우기에 완벽한 수단이다. 물론 작품의 주제가 논란의 여지가 있거나 인기가 없을 수도 있지만, 미술은 관람객에게 어떤 의미인지가 더 중요하다. 미술은 움직이지 않고, 대답하지 않고, 집으로 따라오지도 않는다. 그 자리에 고정된 채로 세월이 흘러도 변하지 않고, 우리가 그림을 어떻게 해석하는지에 따라 우리를 판단하지도 않는다. 바로 여기에 미술의 힘이 있다. 설치미술가이자 사진작가인 JR은 이렇게 설명한다. "미술의 핵심은 질문을 던지고 해석과 대화의 여지를 남긴다는 데 있다. 미술은 사물을 변화시키지 못한다는 점에서 교환과 토론에서 중립적인 지위를 얻고, 덕분에 세상을 변화시킬 수 있다."[295]

2013년에 나는 한 집단을 메트로폴리탄 미술관에 데려가서 인터랙티브 갤러리에서 열리던 윌리엄 켄트리지William Kentridge의 '시간의 거부The Refusal of Time'라는 특별전시를 보여주었다. 나는 그들에게 사전에 아무런 주의도 주지 않았다. 우리는 전시실 앞에서 설명을 읽지 않고 그냥 입구를 지나 어두운 실내로 들어갔다. 안에는 소리가 나는 5개 채널의 비디오와 메가폰과 '코끼리' 인공호흡기가 있었다. 내부가 무척 어둡고 시끄러웠다. 벽면을 가득 메운 어두운 화면에는 주로 흑백의 영상이 깜빡거리면서 갈색 테두리의 형상과 춤을 추는 사람들의 검은 윤곽과 낙서가 나왔다. 사운드트랙으로 쿵쿵 울리고 느릿느릿 이어지는 음악과 말소리가 흐르는 사이에 산업혁명 시대의 공장 기계를 닮은, 움직이는 거대한 조각상이 기어와 대형 못대가리를 그대로 노출시킨 채로 전시실 한가운데서 끊임없이 묵묵히 풀무질을 하고 있었다.

우리는 전시장을 곧장 통과했다. 나는 밖으로 나와서 사람들을 돌아보며 무엇을 관찰했는지 물었다. 단기 상황 인식을 시험하는 좋은 방법이었다. 한창 관찰과 지각 능력을 연마하는 방법에 관한 강의를 듣는 중이었는데도 절반 이상이 제대로 보지 않았다. 내가 집중해서 보라고 명확히 지시하지 않았기 때문이다.

어떤 참가자는 거대한 꽃들이 무릎을 꿇고 불안한 리듬에 맞춰서 춤을 추던 옛날 흑백 만화영화 〈어리석은 교향악단Silly Symphony〉 속에 갇힌 느낌이 들었다고 말했다. 물론 창의적인 대답이긴 했지만 나는 작품을 보고 어떤 기분이 들었는지가 아니라 무엇을 보았는지 알고 싶었다. 관찰 자료가 풍부하지 않아서 다들 의견으로 빈틈을 메웠다. 한 참가자는 "불편했다"고 말했다. 다른 참가자는 "도통 뭐가 뭔지 모르겠다"고 답했다. 또 다른 참가자는 그냥 "마음에 들지 않는다"고 했다.

물론 그 작품은 우리의 감각에 대한 일종의 공격이었다. 쉽게 누군가를 불편하게 만들 수 있었다. 세상의 많은 장면이 그렇다. 그래도 불편감에 압도당한 나머지 관찰하고 인식해야 한다는 사실을 잊어서는 안 된다.

이제 강렬하다고 기술할 수 있는 작품 한 편을 살펴보자.《월리를 찾아라Where's Waldo?》가 나오기 500년 전에 네덜란드의 화가 히에로니무스 보스Hieronymus Bosch가 〈세속적인 쾌락의 동산Garden of Earthly Delights〉이라는 작품을 그렸다. 폭이 거의 6.7미터이고 높이가 4미터인 오크 나무판에 그린 세 폭짜리의 이 거대한 작품에는 에덴동산과 인간의 몰락과 지옥이 상징적으로 표현되었다(마드리드 프라도 미술관의 영구 소장품인 이 작

히에로니무스 보스, 〈세속적인 쾌락의 동산〉, 1500~1505년경

히에로니무스 보스, 〈세속적인 쾌락의 동산〉(세부)

품은 가능하면 직접 가서 볼 가치가 있다).

작품이 매우 크므로 오른쪽 하단 구석의 일부에 집중해 보자.

이 장면을 보고 어떻게 느끼는지는 중요하지 않다. 분명 기괴하긴 하다. 그러나 어떻게 느끼는지를 말하기보다는 무엇이 보이는지에 관해 말해 보자.

가장 중요한 부분부터 시작하자. 왼쪽 상단 구석에 남자로 보이는 대상이 나오는데, 설치류 두 마리에게 공격받아 죽어 가는 듯 보인다. 맨 오른쪽에는 의인화한 돼지가 수녀의 베일 같은 것을 쓰고 있다. 돼지가 똑바로 앉아서 성인 남자의 귀에 코를 대고 있고, 남자도 앉아서 오른손을 돼지의 뺨에 대고 있다. 남자는 글자가 적힌 종이 같은 것을 왼쪽 허벅지에 걸치고 있고, 이 종이 말고는 옷을 전혀 입지 않았다. 남자와 돼지 앞에는 새의 부리와 인간의 허벅지와 파충류의 발이 달린 생명체가 중세 기사가 애용하던 커다란 투구로 몸을 거의 다 가리고 있다. 이 생명체의 오른쪽 허벅지에 깃털 달린 화살이 꽂혀 있고 투구 위로 뾰족하게 튀어나온 구부러진 못과 같은 것에는 잘린 발이 매달려 있다. 투구의 얼굴가리개에서 튀어나온 부리에 잉크통이 걸려 있고, 돼지가 왼발로 잡은 깃펜을 잉크통에 찍고 있다.

보다시피 사실에만 주목하면 그렇게 나쁘지만은 않다. 이제 다른 그림(296쪽)을 살펴보자. 무엇이 보이는가?

이제껏 나체의 여자들과 수녀 차림의 돼지까지는 괜찮았던 사람들도 이쯤해서는 조금씩 움찔하기 시작한다. 이 그림이 우리를 불편하게 만들거나 생각하고 싶지 않은 것을 끌어내는지는 중요하지 않다. 어떤 장면이 마음에 들지 않거나 눈을 돌리고 싶어질 때야말로 더더욱 가정과 감정을 제쳐 놓고 객관적으로 설명할 수 있어야 한다.

이 그림을 제대로 보라. 어떤 상황인가? 사실을 지각하면 보이는 장면

윌리앙아돌프 부그로, 〈지옥의 단테와 베르길리우스〉, 1850

이 더 많이 달라지는가? 얼핏 보면 벌거벗은 남자 둘이 장난을 치거나 힘겨루기를 하거나 서로에게 매료되어 씨름을 하는 것처럼 보이지만, 자세히 들여다보면 공격성을 드러내는 신호가 보인다. 무릎이 허리를 짓누르고, 손가락이 살을 할퀴고 벌어진 입이 상대의 목을 문다. 윌리앙아돌프 부그로William-Adolphe Bouguereau가 1850년에 그린 이 작품의 제목은 〈지옥의 단테와 베르길리우스Dante and Virgil in Hell〉다. 단테의 《지옥편 Inferno》[296]에는 단테와 베르길리우스가 여덟 번째 지옥을 여행하면서 이단자와 사기꾼이 싸우는 모습을 목격하는 구절이 나온다.

> 그들은 손만이 아니라
> 머리와 가슴과 발로 서로를 공격하면서
> 이빨로 서로를 조금씩 물어뜯었다.

이 그림을 보면서 불편해지는 것은 괜찮다. 이 그림을 좋아하지 않는 것도 괜찮다. 다만 존재하므로 무시해서는 안 된다. 이 그림은 우리 앞에 있다. 사실을 무시하거나 눈에 보이는 장면을 믿지 않기로 할 때 안 좋은 일이 생긴다.

눈에 보이는 것을 믿어라

간혹 눈에 보이는 사실이 너무나 불편하거나 도저히 믿기지 않아서 끔찍한 결과를 차단하기도 한다. 심리학자들은 '의도적 맹시willful blindness'[297] (세부 정보를 일부러 의식하지 않아서 잘못된 행위에 대한 책임을 회피하려는 경우) 라는 법률 용어로 의도적으로든 무의식적으로든 보지 않으려고 선택하는 상황을 설명한다. 다른 인지적 맹시와 마찬가지로 의도적 맹시 역시 의식적인 인식으로 극복할 수 있다. 다른 인지적 맹시와는 달리 의도적 맹시를 극복하지 못하면 코번트리를 뒤흔든 사건처럼 심각한 결과를 낳을 수 있다.

영국에서 '코번트리로 보내졌다'라는 말은 철저히 격리당해 마땅하므로 더는 말을 걸어서는 안 되는 대상을 의미하는 속담이다. 안타깝게도 네 살배기 아이 대니얼 펠카가 이런 취급을 당한 것으로 드러났다. 2012년 3월에 금발의 어린 소년 대니얼은 굶주리고 부모에게 맞아 죽은 채 발견되었다.[298] 사실, 당국에서는 대니얼의 집을 스물여섯 번이나 방문했다.

학교 관계자들은 언젠가 대니얼이 팔이 부러지고 눈에 멍이 들고 목 주위에 "점 모양의 멍 네 개가 든[299] 채로 학교에 온 적이 있다"고 말했다. 또 보조교사가 장난으로 머리를 헝클어뜨리자 아이가 움찔하고 놀랐다고 했다. 교사들은 아이가 '쇠약해지고' 피골이 상접해서 눈이 움푹 들어가고 옷이 헐렁헐렁해진 사실을 알아챘다. 그리고 아이가 다른 아이들의 도시락을 훔쳐 먹고, 심지어 학교 쓰레기통과 모래상자에서 흙 묻은 음식 쪼가리까지 주워 먹는다고 기록했다.

양부는 대니얼이 소파에서 뛰다가 팔이 부러졌다고 주장했다.[300] 아이가 "음식에 집착"[301]하는 것으로 판단되었다. 아이에게 다정한 듯 보이는 어머니는 아이가 병 때문에 비쩍 마른 것이라고 주장했다. 아이를 진료한 소아과 의사는 아이의 성장이 더디고 체중이 줄어든 것은 질병의 증상이라고 설명했다. 경찰이 가정 폭력 문제로 대니얼의 집을 자주 방문하긴 했지만 한 번도 대니얼에게 말을 걸거나 아동 학대를 의심한 적은 없었다(앞 장에서 알아본 것처럼 질문을 던지지 않을 때 어떤 일이 벌어지는지를 보여주는 완벽한 사례다).

이 사건에 관한 공식 조사에서는 다음과 같은 사실을 발견했다. "관련 전문가들이 '상상하지 못할 일을 상상할' 준비가 되어 있지 않은 채 앞에 놓인 증거를 합리화해서 학대와 관련이 없는 쪽으로 해석하려 했다."[302]

대니얼은 사람들이 그의 상태를 알아채지 못해서 죽은 것이 아니다. 사실 다들 알아챘다. 서류로 작성하기까지 했다. 관심도 가졌다. 다만 그들은 정보를 통합해서 믿고 싶어 하지 않았던 것이다. 그들은 주어진 사실을 분석하면서 우울한 학대의 현실에 직면하고 싶어 하지 않았다.

상상도 못할 일을 상상하고, 말하지 못할 일을 말해야 할지라도 주어진 장면을 보이는 그대로 믿어야 한다. 경고신호를 발견하고도 도무지 일어나지 않을 것 같아 보인다는 이유로 무시해서는 안 된다. 배가 가라앉을 리가 없다는 믿음이 '타이타닉 호'의 비극을 불러왔다. 리먼 브라더스Lehman Brothers처럼 큰 기업이 망할 리가 없다는 믿음이 파산을 불러왔다. 실제로 매일 상상 불가능한 일들이 벌어지므로 불쾌하거나 고통스럽거나 충격적인 사실을 그냥 얼버무려서는 안 된다. 일상적인 상황이 벌어질 때만 소통할 것이 아니라 예기치 못하거나 긴급하거나 불가능한 상황에도 대비할 수 있어야 한다.

'불가능' 상황과 불편한 상황, 두 가지 모두를 객관적으로 분석하는 연습을 하기 위해 보스의 〈세속적인 쾌락의 동산〉을 조금 더 가까이 들여다보고 다음 쪽의 세부 장면을 분석해 보자.

이치에 맞거나 우리의 삶과 연관이 있어야만 그림을 철저히 평가하고 분석할 수 있는 것은 아니다. 이 그림에서는 무슨 일이 일어나고 있는가? 몇 문장으로 적어서 설명해 보라.

내가 본 장면은 이렇다. 작은 새의 머리를 한 의인화된 동물이 죽마가 달린 둥근 의자에 앉아서 벌거벗은 사람의 몸처럼 보이는 무언가를 먹고 있다. 머리에 솥을 쓰고 있고 발을 단지에 집어넣은 이 동물은 오른쪽 앞발의 발톱으로 인간의 허벅지를 움켜잡아 몸통을 반쯤 입에 넣고 있다. 인간으로 보이는 형상 두 개가 새머리 동물 밑의 방울 속에 들어있다. 그리고 윤곽만 보이는 검은 새 다섯 마리가 반쯤 먹힌 인간의 뒤

히에로니무스 보스, 〈세속적인 쾌락의 동산〉(세부)

편으로 날아간다.

딱히 유쾌한 장면으로 보이지는 않지만 그것은 중요하지 않다. 그리 사실적으로 보이지도 않지만, 사실이다. 말하자면 실제로 세상에 존재하는 이미지이므로 나는 이 그림을 시각 자료로 활용하고 묘사할 수 있다. 당신도 마찬가지다.

무엇보다도 이처럼 일상의 안전지대에서 벗어난 미술을 성확히 평가하는 기술을 어려운 의사소통을 처리하는 기술로 변환할 수 있다는 점에서 의미가 있다. 일상생활에서 그림을 보는 것은 흔한 일이 아니지만, 민감한 정보를 처리하는 일은 비일비재하기 때문이다. 누구나 어려운 상황에 대처하고 불편한 주제에 관해 논의해야 한다. 직장에서도 언젠가는 승진을 요구하거나, 회사의 새로운 정책에 이의를 제기하거나, 부하 직원을 질책하거나, 분쟁을 해결해야 한다. 사생활에서도 언젠가는 배우자나 자녀나 부모와 거북한 대화를 나눠야 한다. 거듭 강조하지만 어떤 일을 무시하면 위험해질 수 있다. 정보기관에서 요원들을 훈련할 때는 어떤 문제에 관해 말하지 않는다고 해서 그 문제가 사라지는 것은 아니라고 항상 주지시킨다. 사실 문제가 악화되어 더 큰 피해를 가져오고 신변을 노출할 위험이 커질 수 있다. 반면에 어려운 주제와 상황에 관해 기꺼이 이야기하면 상사와 고객, 잠재적 기부자, 사랑하는 사람에게 존중받을 수 있다.

아이들에게는 특히 어려운 문제에 관한 직접적이고 솔직한 대화가 필요하다. 다른 사람의 관심사를 최소화하거나 회피하거나 부정하면 문제가 사라지지 않고 그 사람과의 관계를 해칠 수 있다.

언젠가 맨해튼의 명문 사립학교 교장이 내 강의를 들은 적이 있다. 그는 어느 우등생의 학부모에게 그들의 사랑하는 딸이 남학생 화장실에서 성상납을 해왔다는 사실을 말해야 하는 난감한 과제를 떠안았다. 대화가 잘 풀리지 않았다. 부모가 듣고 싶어 하지 않아서였다.

"거 참 말 같지도 않은 소리군요! 우리 딸은 절대 그럴 리가 없어요!" 학생의 어머니가 분통을 터트렸다.

교장은 터무니없는 모함도 아니고, 가정도 아니라고 말했다. 학생이 신뢰하던 교수의 꾐에 넘어간 것이라고 설명했다. 부모는 더 이상 대화를 이어 가지 않고 자리를 박차고 나갔다. 계속 대화를 나눠야 그들의 딸에게 필요한 상담이나 훈육을 구할 수 있었을 텐데 말이다.

부모는 몹시 놀라서 감정과 불신에 압도당한 듯했다. 그러나 외면한다고 해서 문제가 사라지지는 않는다. 사실 그들이 교장실에서처럼 가정에서도 사실을 은폐하면 문제가 더 악화될 수 있다. 가족치료사 론 L.

딜Ron L. Deal에 따르면, 보호자가 아동에 관한 불편한 진실을 회피하면 아동은 보호자가 자기를 회피하는 것으로 해석할 때가 많다고 한다. 그러면 아동은 영구히 마음속으로 움츠리거나 부정적인 행동으로 표출하거나 장기적으로 부모에 대한 신뢰를 잃을 수 있다. 딜은 이렇게 말한다. "시간이 흘러 이런 상황이 오래 지속되면 부모와 자식 사이가 정서적으로 멀어지고, 자녀는 부모의 이야기를 들으려고 하지 않게 된다."[303] 이런 상황을 막으려면 앞의 부모는 딸과 딸의 교사들에 대한 불편한 마음을 떨쳐 내고 사실에 관해 객관적인 대화를 나눠야 했다.

정서적으로 압도당해서 명쾌하게 생각하지 못할 것 같으면 언제든 앞에서 살펴본 대로 사실을 수집하기 위한 조사 모형에 의지해 누구, 무엇, 언제, 어디를 알아볼 수 있다. 그 여학생의 부모는 감정적으로 반응하기보다는 이렇게 물었어야 했다. "저희 딸의 행동에 누가 연루되어 있습니까?" "이 일이 정확히 어떤 결과를 낳았습니까?" "이 일이 어디서 일어났습니까?" "언제 일어났습니까?"

진정한 지도자는 불편한 대화를 위기 상황에서처럼 수월하게 대처할 수 있다. 그들은 마음에 들지 않는 상황에서도 주관적인 생각이나 감정을 드러내지 않고, 나쁜 소식을 소화하고 전달할 줄 안다. 나는 모든 강의에서 이런 사람들을 바로 알아볼 수 있다. 이런 사람들은 남들이 "이런 건 싫어요"라고 말하거나 손으로 입을 가리거나 외면할 때 명확히 고개를 끄덕이면서 "흥미롭다"고 말하기 때문이다. 이런 사람들은 뇌가 작동하면서 직감과 신체 언어를 덮어 버린다.

이제 이런 사람이 되는 법을 알아보자.

감정을 앞질러라

관찰 기술이 그렇듯, 우리가 특히 스트레스를 받거나 중압감에 시달리는 시기에 의사소통 기술을 연마하기 위해 할 수 있는 가장 중요한 방법은 주관성에서 객관성을 분리하는 것이다. 평가할 때는 허구에서 사실을 분리해야 한다. 분석할 때는 의견에서 추론을 분리해야 한다. 스트레스가 심한 대화에서는 감정에서 메시지를 분리해야 한다.

인간은 감정의 존재다. 감정은 우리가 누구인지를 보여주는 우리의 타고난 일부다. 심리학자이자 감정 연구자인 폴 에크먼Paul Ekman이 설명하듯이 인간의 감정은 검치호랑이와 같은 원시의 위협에 대처하기 위해 발달했고, 그리하여 무의식중에 자주 이런 위협을 느낀다. "감정은 생각 없이 일어나야 한다. 그렇지 않으면 죽는다."[304]

감정은 또한 본능적으로 느끼는 것이다. 호랑이 먹이가 될 수도 있다는 공포를 즉각적으로 느끼지 않았다면 제때 위험을 피해 달아나지 못했을 것이다. 사람들은 특히 스트레스가 심할 때 감정적으로 예민해진다. 이런 사람들과 감정적으로 대화하면 역시 감정적인 대답이 나온다. 그러나 감정적으로 받아치면 구체적으로 성사되는 일이 없다. 우리는 감정으로 말미암아 주어진 정보나 과제에 주목하기보다는 사적인 문제로 마음을 졸이게 될 수 있다.

어떤 정보를 전달할 때는, 특히 우리에게 보고하는 상대에게 정보를 전달할 때는 단어와 요구 사항을 신중히 선택해야 한다. 부정적인 감정(실망, 혐오, 불신, 겸손, 냉소, 수동적 공격성, 은근한 모욕)을 조금이라도 드러내면 상대는 이런 감정을 먼저 감지하고 여기에 가장 오래 골몰할 것이다.

한번은 부하 직원들에게 수정할 내용을 전달하면서 모욕적인 언사로 상대를 비하하는 여자를 상담해 준 적이 있다. 안타깝게도 비판의 내용은 타당했을지 몰라도 힐난조의 말투와 상처 입은 부하 직원의 반응 탓에 진지한 대화가 계속 이어지지 못했다. 사실, 마구 쏟아지는 요구 사항을 듣는 사람은 불필요한 비난을 삭이느라 며칠씩 허비한 뒤에야 다시 일상으로 돌아와 실질적인 문제를 수습할 수 있다.

"논조에 신경 쓰세요!"라는 식의 지적은 소리를 지르는 것으로 해석된다. "더 잘해야 합니다"와 같은 언급은 모욕적으로 들린다. 보고서를 작성한 부하 직원은 "이런 식으로 하는 게 아닙니다. 구글과 위키피디아는 타당한 출처가 아니에요"와 같은 질책에 집착했다. 그 부하 직원은 저널리즘 학위가 있는 기업 소통 전문가이므로 물론 구글과 위키피디아가 신뢰할 만한 참고문헌이 아니라는 것쯤은 알기에 이런 자료를 참조하지 않았다. 상사는 그 직원이 이런 자료를 참조했다고 생각해서 이런 말을 했을까? 아니면 그저 상대에게 모욕감을 주기 위한 비난이었을까? 그 직원은 좀 더 철저히 조사해야 한다는 점을 인정하면서도 당장 조사에 힘쓰기보다는 자신의 능력을 변호하기 위한 준비에 몇 시간을 흘려보냈다. 그는 방어적이 되고 화가 나서 결국 아무것도 바꾸려하지 않았다.

여기서 보고서를 작성한 직원과 상사, 두 사람의 목표는 같았다. 빠른 시간 내에 폭넓게 조사해서 좋은 보고서를 작성하는 것이 목표였다. 이런 목표를 방해하는 의사소통의 오류는 궁극적으로 양쪽 모두에게 피해를 입혔다. 상사가 "그건 '양면적인'이라는 뜻이 아니잖아!"라고 말하기보다는 "'양면적인'은 어떤 것에 관해 엇갈린 감정을 갖는다는 뜻 아닌가?"라는 식으로 좀 더 유용한 조언을 했다면 추가로 시간이 들지 않았을 것이다. 그랬다면 부서 전체가 시간을 허비하지도, 불필요한 사내 드라마에 휘말리지도 않았을 것이다.

물론 감정을 드러내서는 안 된다고 말하는 것이 아니다. 감정을 전해야 한다면('당신을 사랑해') 감정을 사용하라. 사실을 전달해야 할 때는('자네는 실적이 기대 이하야') 상대에게서 감정적인 반응이 돌아오기를 기대하는 것이 아니라면 감정을 제거해야 한다.

얼핏 감정은 난데없이 불쑥 일어나는 것처럼 보일 수 있으므로(에크먼은 "누가 '왜 그렇게 화가 났어요?'라고 묻기 전에는 스스로 화가 난 줄도 모를 수 있다"[305]고 설명한다), 감정을 제어하는 첫 단계는 감정을 인지하는 것이다. 무의식적인 지각 필터 문제에서도 그러했듯이, 감정을 의식적으로 인식하는 노력을 대화에 끌어들이면 감정을 극복하는 데 도움이 된다.

에크먼은 우선 스스로 얼굴 표정과 신체 언어와 긴장을 인식하라고 권한다. 이를 악물고 있거나 어깨가 굳은 것을 알아챘다면 자기도 모르게 감정을 과도하게 드러내고 있을 수도 있다는 신호로 받아들여야 한다. 그럴 때는 미술작품을 살펴볼 때처럼 해야 한다. 뒤로 물러나서 평가하는 것이다. 스스로에게 이렇게 물어보라. "내가 왜 감정적일까? 무슨 일로 감정이 올라왔을까? 내가 뭔가를 오해했을까?"

감정을 일으키는 계기와 신호를 알아채야 한다. 스스로 인지하기도 전에 주변의 사람들이 먼저 보기 때문이다. 환자 병문안을 갔다가 병실에서 빨리 나가고 싶어 할 때 환자가 먼저 눈치챌 수 있다. 자녀의 숙제를 도와주기 싫을 때 자녀가 먼저 알아챌 수 있다. 속으로 고객이 무식하다고 생각할 때 고객이 먼저 알아챌 수 있다. 그리고 상대가 우리의 감정을 먼저 알아채는 순간 우리가 제공하는 보살핌이나 조언이나 지시를 비롯한 관계의 질이 떨어지고, 더 나아가 직업적으로나 개인적으로나 진실성이 손상될 수도 있다.

감정이 없는 것처럼 행동하는 것이 능사는 아니다. 감정을 억눌러 봐야 사라지지도 않을뿐더러(오스트레일리아 퀸즐랜드 공과대학교의 연구자들은 부정적인 생각을 억제하려는 사람들이 알고 보면 부정적인 생각을 더 많이 떠올린다는 결과를 얻었다), 건강에도 해롭다.[306] 플로리다 주립대학교의 2012년 실험에서는 부정적인 생각을 억누르지 않는 사람보다 억제하려고 애쓰는 사람들의 심박수를 기준으로 한 스트레스 반응이 더 심하다고 보고했다.[307]

전문가들은 부정적인 감정이나 생각에 관해 이렇게 조언한다. 부정적인 생각이 그냥 떠오르게 두어서 사라지게 하라.

어떤 상황을 처음 접할 때는 무슨 말을 꺼내기 전에 잠시 시간을 갖고 자신의 감정 반응을 살펴야 한다. 나는 프릭 컬렉션에서 했던 의대생 대상 강의에서 수강생들을 둘씩 짝 지워 팀마다 미술작품을 정해 주었다. 그리고 관찰하고 연구하고 전체 수강생들에게 설명하는 시간을 가졌다. 나는 청년 둘(의대 1학년 학생)의 신체 언어를 보고 내가 그들에게 정해 준 자크루이 다비드Jacques-Louis David의 〈다루 백작 부인Comtesse Daru〉을 그들이 마음에 들어 하지 않는다는 것을 알 수 있었다. 두 학생은 멍하니 쳐다보았다. 다리를 이쪽저쪽 바꿔 짚었다. 결국 나는 그들에게 이렇게 말했다. "이 그림이 마음에 들지 않아도 괜찮아요. 그냥 마음에 들지 않는 이유를 설명할 수만 있으면 됩니다."

그러자 그들의 말문이 열렸다. 그들은 모델이 매력적이지 않아 보인다고 말했다. 눈은 사시이고, 모자는 샤워캡 같고, 드레스가 썩 예쁘지 않다고 말했다.

"좋아요. 그럼 이제 객관적으로 뭐가 보이는지 말해 보세요."

그들은 주관적인 생각을 인지하고 말해 버리자, 이제 머뭇머뭇 조심스러운 마음을 떨쳐 내고 할 일을 할 수 있게 되었다. 그래서 그들은 이제 여자의 시선이 자기네와 마주치지 않고, 볼이 너무 통통해 보이고,

자크루이 다비드, 〈다루 백작 부인〉, 1810

큼직한 초록색 보석 목걸이가 너무 두드러지고, 목에 잡힌 가로줄 주름이 세로로 늘어진 귀걸이와 대조를 이루고, 허리선이 위로 올라가고 소매에 화려한 장식이 들어간 드레스를 입고 있고, 오른쪽 팔에는 문양이 있는 천을 걸치고 있고, 오른손에 접힌 부채를 들고 있는 것으로 보인다고 기술할 수 있었다.

　미술에서처럼 현실에서도 모든 대상이나 사람이 마음에 들 수는 없다. 동료든 증인이든 학생이든 공급자든, 같이 일할 사람이 마음에 들지 않을 때는 일단 뒤로 물러나서 스스로에게 그 이유를 물어보자. 왜 저 사람이 마음에 들지 않을까? 구체적으로 어떤 점이 마음에 들지 않을까? 그러다 보면 상대가 헤어진 남자친구를 닮았거나 2학년 때 망신을 준 선생님과 닮아서 마음에 들지 않는다는 사실을 깨닫게 될 수도 있다. 일단 그 사실을 알아채면 얼마나 주관적이고 사소한 생각인지 깨닫고 부정적인 생각을 떨쳐 내어 계속 앞으로 나아갈 수 있다.

감정을 딛고 다음 단계로

우리는 미리 준비하고 연습해서 최선을 다해 객관적이 될 수 있지만, 그럼에도 가끔은 몹시 흥분하여 감정적으로 언쟁을 벌이기도 한다. 어쩌다 이렇게 흥분했을까? 가능성은 무한하다. 잘못 지각했거나 오해했거나 단어를 잘못 선택한 탓에 엉뚱한 방향으로 흘러갔을 수도 있다. 이유야 어떻든 결국 그런 상황에 처했다. 우리는 새 형상을 한 생명체가 인간을 먹고 있고, 그 뒤로 더 많은 새들이 날아가는 불편한 그림을 바라본다. 그리고 거기서 벗어나야 한다. 그렇다면 어떻게 해야 할까? 앞에서 알아본 기법으로 벗어나야 한다. 반복하고, 이름을 바꾸고, 재구성하는 기법 말이다.

반복

전하려는 메시지가 제대로 전해졌는지 확인하고 싶을 때 상대에게 다시 말해 보게 하듯이, 같은 전략으로 과열된 언쟁의 방향을 돌릴 수 있다. 철학자 대니얼 C. 데닛^{Daniel C. Dennett}은 이렇게 조언한다. "상대의 입장을 아주 분명하고 생생하고 정직하게 다시 표현해서 상대의 입에서 '고맙습니다. 그런 식으로 해볼 생각을 못했군요'라는 말이 나오게 해야 한다."[308] 그리고 동의하는 부분을 진술하고 상대에게 배운 점을 밝히라고 제안한다.

찰스 리처즈^{Charles Richards}와 그의 아내 캐롤라인^{Caroline}은 이와 같은 조언을 실천해 끝도 없이 맴도는 고통스러운 언쟁에서 벗어날 수 있었다. 어느 날 찰스는 계단 아래에서 캐롤라인이 부르는 소리를 들었다. 어조에는 오해의 소지가 없었다. 몹시 화가 난 어조였다. 찰스는 급히 방에서 나와 층계참에 섰다.

"무슨 일 있어?" 그가 물었다.

"더는 못 참아."

"뭔데?"

"이거 말이야." 캐롤라인은 계단의 첫 번째 칸에 놓인 양말과 책을 가리켰다.

"그게 뭐?" 찰스는 조금 당황한 말투로 재차 물었다. 그는 캐롤라인이 가리키는 물건을 보았지만 문제가 무엇인지 알아채지 못했다.

"이거 당신 거지?" 캐롤라인이 한숨을 쉬었다. "헬스장 다녀와서 뒷문 앞에 양말을 벗어 두고 책은 거실에 놔뒀잖아. 내가 청소하다가 주워서 여기다 가져다 놓은 거야. 당신이 이층으로 가져가라고."

"미안. 거기 있는 거 못 봤어."

"바로 요 옆을 지나가던데? 왜 맨날 이런 식이야?"

"어떤 식? 내 물건을 이층으로 가져오지 않는 거?"

"그래! 한 번도 가져가지 않잖아. 매번 나더러 치우라고 그냥 내버려 두잖아."

"내가?" 찰스가 의심스러운 듯 물었다. "나더러 가져가라고 일부러 계단에 둔 거야?"

"딱히 당신만은 아니고. 누구든 먼저 올라가는 사람이 가지고 올라가라고. 그런데 당신은 매번 그냥 지나가더라."

"정말이야. 난 못 봤어."

"이걸 넘어가야 하는데 어떻게 못 볼 수가 있어?"

찰스와 캐롤라인은 둘 다 점점 흥분하고 있다는 사실을 인정했다. 찰스는 일단 상황을 진정시키기 위해 변명하거나 아내의 잘못을 들먹이지 않고 그냥 아내의 걱정을 다시 말해 보기로 했다.

"그러니까 매번 물건을 들고 오르내리지 않으려고 계단에 놔둬서 누구든 먼저 보는 사람이 가지고 올라가게 한 거구나. 그런데 내가 그걸 그냥 지나가서 화가 났고. 맞아?"

"그래, 바로 그거야."

"난 정말 못 봤어. 내 눈엔 안 보였나봐." 그러고는 캐롤라인의 걱정에 더 깊이 파고들었다. "그런데 당신한테는 잘 보였던 거야. 그렇지? 완전히 반대네. 당신한테는 그게 보이기만 하는 게 아니라 내가 일부러 당신 기분 나쁘게 하려고 그냥 지나친 거라고 생각한 거지?"

캐롤라인은 남편의 말이 맞아서 머뭇거렸다. 사실이 그랬다.

"정말로 계단에 있던 거 못 봤어?" 캐롤라인이 물었다. "정말로 보이지 않은 거야? 난 너무 황당해. 계단에 쌓여 있는 이게 내 눈엔 아주 잘 보이거든. 빛나는 것처럼 잘 보여. 꼭 나한테 소리를 지르는 것처럼."

"그래? 그렇게 거슬린 거야? 당신한테는 그게 시각 공해 같은 거네."

"그래." 캐롤라인은 남편이 이해해 줘서 마음이 풀어졌다. 아닌 게 아니라 찰스는 아내의 생각을 아내보다 더 잘 설명했다. 캐롤라인에게는 계단에 쌓인 물건이 시각 공해였다. 그리고 찰스에게는 전혀 보이지 않았다. 이어서 캐롤라인이 말했다. "당신이 그걸 못 본 줄은 몰랐어. 그럼 계단이 당신한테는 사각지대구나?"

이번에는 찰스가 안도했다. 바닥에 쌓인 양말이 찰스의 시야에는 들어오지 않았고, 아내가 그걸 이해해 줘서 다행이라고 생각했다.

찰스와 캐롤라인은 대화가 점점 악화되게 내버려 두지 않고 서로의 불만을 반복해서 말하는 식으로 의식적으로 더 바람직한 대화를 선택했다. 그사이에 부부 싸움을 피할 수 있었을뿐더러 서로를 더 잘 이해하고 상대가 세상을 보는 방식에 관한 새로운 정보를 얻었다.

이름 바꾸기

누구는 이렇게 말했고, 누구는 저렇게 말했고, 사실상 어떤 의미로 말했다는 식의 복잡한 논쟁에서 벗어나기 위해 이름을 바꿔 볼 수 있다. 실제로 벌어진 상황 속으로 힘겹게 걸어 들어가 잘잘못을 따지기보다는 모든 것(모든 말과 감정, 빈정거림과 가정)을 하나로 묶어서 새 이름을 붙여 주는 것이다. 다시 말해, 잠시 타임아웃을 외치고 복잡한 상황을 있는 그대로 압축해서 적절한 이름을 붙여 주는 것이다. 어떤 문제를 엉망이라거나 재앙이라거나 골칫거리라고 부르지 말고 의사소통의 오류라고 불러 보자.

나는 계획이 어그러지고 연락이 누락되고 혼란에 빠지는 상황을 당해

본 적도 있고, 내가 그런 상황을 만든 적도 있다. 어떤 사람도 완벽하지 않다. 간혹 잊어버리기도 하고, 일을 망치기도 하고, 그냥 잘못 말하기도 한다. 최근에 나도 이런 아찔한 상황을 겪은 적이 있다. 로스앤젤레스의 새로운 고객이 향후의 사업 기회를 알아보기 위해 내 강의를 참관하려고 뉴욕까지 날아왔는데, 강의실에 아무도 나타나지 않은 것이다. 아무도. 애초에 강의가 예정되지 않았던 것처럼. 나는 분명 철저히 예약하고 확인했다! 그 고객은 캘리포니아에서 동쪽 해안까지 내가 강의하는 모습을 보러 왔는데 텅 빈 강의실에 나 혼자 들어오는 장면만 보았다. 별의별 감정이 다 일어났다. 당황스럽고 속상하고 실망스럽고 조금 화가 나기도 했다. 그 고객도 그랬을 것이다. 그러나 이런 주관적 감정은 현실을 전혀 바꾸지 못한다. 그날 '지각의 기술' 강의는 취소되었다. 그리고 그 고객은 이튿날 떠났다. 강의 일정 담당자에게 소리를 지른다고 해서 달라질 것은 없었다. 무슨 수를 써도 소용이 없을 터였다.

안타깝게도 이미 벌어진 상황은 저절로 사라지거나 애초에 없었던 일이 되지 않는다. 엎질러진 물이었다. 그리고 나는 그 일로 입을 피해가 걱정되었다. 고객이 내가 체계적이지 않고 프로답지 못하다고 판단하면 어쩌지? 한바탕 소동을 일으키며 내 잘못이 아니라 누구누구의 잘못이라고 밝힐 수도 있었지만, 자칫 나를 고용한 회사와 관계가 틀어질 수도 있었다. 그렇다고 상황을 해결하지 않은 채 놓아두면 더 큰 혼란을 초래하거나 그동안 말하지 않은 반감이 폭발할 수도 있다. 나는 문제에 직면해서 누구의 평판도 흠집 내지 않는 식으로 원인을 찾아야 했다. 그러기 위해 재빨리 그 사건 전체에 '의사소통의 오류'라는 이름을 붙였다.

의사소통의 오류는 사실이다. 사실이라면 책임질 것도 없고 수치심을 느낄 것도 없다. 감정이 고조되면 온갖 드라마와 의견과 가정('당신이 말하지 않았잖아', '만약 ……였다면 우린 여기 오지 않았을 거야' 등)을 버리고, 모든 상황을 의사소통의 오류로 부르자고 서로 동의하라. 그러면 모두에게 빠져나갈 길이 열리고, 그와 동시에 주관적 감정의 애착을 버릴 이유가 생긴다. 일단 사실을 처리한 다음에 계속 앞으로 나아갈 수 있다.

내가 먼저 나서서 상황의 이름을 바꾸자 내 강의를 참관하러 왔던 고객과 회사와 내가 모두 마음을 놓았다. 중압감이 사라졌다. 의사소통의 오류는 언제든 누구에게나 일어난다. 다행스럽게도, 우리는 오류를 바로잡아 새로운 오류를 예방하려고 시도할 수 있다.

재구성

이제 해법을 찾으려면 한 단계만 더 밟으면 된다. 해결되지 않은 모든 상황을 문제가 아니라 질문으로 재구성하는 방법이다. 질문은 의사소통을 서로 주고받는 과정으로 만든다. 한마디로 질의와 답변의 과정이다. 질문은 상대에게 선택과 해결책을 제시한다. 질문은 또한 질문자가 잘못된 정보를 알고 있거나 가정으로 접근할 가능성을 막아 준다.

"X는 틀렸습니다"라고 말하는 대신 "……이 맞을까요?" 또는 "……라는 뜻입니까?"라고 재구성한다. 누군가에게 "잠시 얘기 좀 할까요?"라고 묻는 식으로 당장 갈등이나 문제가 있다는 뜻을 내비치지 말고, "저 좀 도와줄 수 있습니까?"라고 물어본다. 문제를 가능한 한 긍정적인 용어로 재구성하면 좀 더 긍정적인 반응을 끌어낼 수 있다.

나는 그날 수강생들이 왜 나타나지 않았는지 알고 싶었다. 그래야 다시는 그런 일이 벌어지지 않도록 철저히 준비할 수 있기 때문이다. 그래서 나는 강의 일정 담당자에게 그날의 상황에 관해 물었다. "수강생들이 강의실에 나타났어야죠!"라고 말하는 대신 질문으로 재구성했다. "다들 어디 갔던 거죠?" 알고 보니 그 회사 직원들은 부서의 예상치 못한 긴급 상황에 자주 불려 나갔다. 이 사실을 알았다고 해서 내 강의를 되돌릴 수 있는 것도 아니고 그런 일이 또 발생하지 않으리라는 보장도 없지만, 다음에는 고객을 같은 장소로 초대하지 않을 수 있었다.

나는 그 회사의 담당자에게 고맙다고 말하고 나와서 고객을 점심 식사에 초대했다. 우리는 결국 기분 좋게 식사하고 서로를 더 잘 알게 되었다. 나는 그다음 달에 로스앤젤레스로 가서 강의를 진행했고, 그 자리에 그 고객도 참석했다.

정보 전달 과정에서 스스로 감정을 인지하고 제거하는 법을 배우면 앞 장에서 배운 바람직한 의사소통 기법을 적용할 수 있다.

설탕 한 스푼의 힘

반복하고 이름을 바꾸고 재구성해 봐도 아무런 효과가 없고 상대가 책임 소재를 분명히 밝힐 때까지 가만히 놔두려고 하지 않는다면, 그냥 계속 앞으로 나아가면서 상황에 맡기자. "의사소통의 오류(또는 오해나 분명하지 않은 상황)가 생겨서 죄송합니다"라고 말해 보라. "죄송합니다"라는 말을 들어야 직성이 풀리는 사람이 있다. 이렇게 당신의 잘못을 인정하지 않으면서도 진심으로 양해를 구하는 방법이 있다. 상대와 이런 상황에 처해서 유감이라고 말하는 셈이다.

메리 포핀스Mary Poppins의 유명한 조언도 마음에 새겨야 한다. "설탕한 스푼이면 쓴 약도 잘 넘어간다." 전하려는 말을 다정한 말로 감싸면 상대가 좀 더 수월하게 받아들일 수 있다. 어떤 글을 쓰든(보고서든 보도자료든 책이든) 큰 난관과 마감의 압박에 부딪히지만, 남에게 초고를 보여주는 것만큼 부담스러운 일도 없다. 다행히 내 편집자인 에이먼 돌런

Eamon Dolan은 다른 사람들과는 달리 난감한 소식을 전하면서도 아낌없이 친절을 베풀어 주었다. 첫 번째 소통이 오갈 때 그는 이렇게 적어 보냈다. "제 메모가 사무적으로 딱딱하게 들리겠지만 메모 끝에 '부탁드립니다'라는 말이 항상 붙어 있다고 생각하고 읽어 주시길 부탁드립니다. 명료하고 효율적으로 전달하기 위해 직설적인 문체로 적었습니다. 혹시라도 퉁명스럽게 들린다면 미리 사과드립니다." 우리의 업무 관계가 시작될 때 받은 이 세 문장 덕분에 그 후 몇 달간 꽤나 듣기 힘들었을 비판이 견딜 만해졌을 뿐 아니라 유쾌한 경험도 여러 번 있었다. 편집자가 처음부터 내가 의도를 의심했을 법한 문제를 불식했기 때문이다.

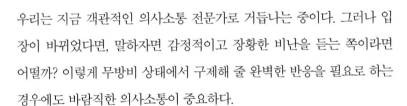

불편한 의사소통을 받아들여야 하는 상황이라면?

우리는 지금 객관적인 의사소통 전문가로 거듭나는 중이다. 그러나 입장이 바뀌었다면, 말하자면 감정적이고 장황한 비난을 듣는 쪽이라면 어떨까? 이렇게 무방비 상태에서 구제해 줄 완벽한 반응을 필요로 하는 경우에도 바람직한 의사소통이 중요하다.

우선 말로든 글로든 아무리 불쾌한 소통이 오가는 중이라고 해도 감정적으로 반응해서는 안 된다. 스스로 감정을 인식할 때처럼 대처해야 한다. 부정적인 감정을 흡수하고 처리하고 흘러가게 내버려 두는 것이다. 모욕감을 느끼는 당사자일 때, 특히 윗사람에게 모욕당할 때는 감정을 무시하기가 어려울 수 있지만 난관을 극복하고 존중받으려면 이 길밖에 없다.

의사소통하는 상대가 시간을 들여서 감정을 분리하지 않으면 당신이 대신 해야 한다. 상대가 무슨 말을 하든 주관적인 부분을 무시하고 사실에 집중해야 한다. 모든 비난에 맞서 스스로를 변호하면서도 비난에 내포된 감정은 잊어야 한다. 모욕적인 언사에 응수하지 않는다고 해서 모자란 사람이 되는 것은 아니다. 오히려 정반대다.

같은 상대가 끊임없이 과열된 감정적 반응을 보낸다면 그 사람을 객관적으로 평가하고 분석해 보자. 사실에 주목하라. 스스로에게 이렇게 물어보자. 이 사람은 누구인가? 어디에서 왔는가? 왜 이렇게 할까? 그러면 상대의 행동을 설명하는 데 도움이 되는 모호한 사실(성장 배경이나 가정생활이나 경력에 관해)이 밝혀질 것이다. 그 사람은 변하지 않을지라도 그 사람을 지각하는 데 도움이 되는 새로운 관점이 생긴다. 이것만으로도 감정적 폭탄의 뇌관을 제거하기에 충분할 수 있다.

유니코어Unicore라는 제조업체의 영업부장인 브루스 빈콧Bruce Vincot은 눈앞에 펼쳐진 상황이 도저히 믿기지 않았다. 중요한 고객에게서 계약 취소 전화를 받은 영업사원이 그 일을 제대로 처리하지 않은 것이다.

"제 잘못이 아닙니다!" 젊은 영업사원이 상사인 빈콧에게 언성을 높였다. "이번 일로 책임지지 않겠습니다!" 그러고는 자리에서 벌떡 일어나 빈콧의 사무실 문을 쾅 닫고 뛰쳐나갔다.

빈콧은 이내 감정이 끓어올랐다. "막돼먹은 녀석. 20년 전에 우리는 저딴 식으로 하지 않았어. 무례하기가 아주……."

처음에는 당장 그 사원을 쫓아가서 그 자리에서 잘라 버리고 싶었지만, 잠시 시간을 갖고 진정해야 한다는 것을 알고 있었다. 그 사원이 이렇게 신경질적으로 나온 것이 이번이 처음은 아니지만, 회사에서 실적이 가장 좋은 사원이었다. 그를 해고하면 당장 기분은 풀릴 것이다. 그러나 재정적인 차원에서는 문제가 될 터였다. 성질을 부렸다는 이유로 우수 영업사원을 내보낸 사실을 상사들에게 설명하려면 애를 먹을 것이다.

이 상황을 어떻게 해결할지 고민하다 문득 내 강의에서 보았던 이미지가 떠올랐다. 〈지옥의 단테와 베르길리우스〉에서 두 남자가 싸우던 장면이었다. 처음에 그 그림을 볼 때는 자신과 아무런 연관성을 발견하지 못했지만 불현듯 연관성이 보였다. 부하 직원이 그를 공격하는 동안 그의 상사들이 옆에 서서 차갑고 무심한 시선으로 지켜보며 그를 무력한 사람이라고 생각하는 것만 같았다.

빈콧은 이런 감정적 반응을 진정하기 위해 종이를 꺼내 강의에서 배운 대로 해보았다. 그림을 볼 때처럼 그들이 나눈 대화를 가만히 들여다보고 객관적인 사실을 열거하기로 한 것이다. 우선 가장 거슬리는 대목부터 적었다.

－그 사원이 내 사무실 문을 세게 닫았다.
－그 사원이 언성을 높이고 프로답지 못하게 행동했다.

빈콧은 여기서 갑자기 멈추었다. 언성을 높였다고 해서 '프로답지 못하다'고 말하는 것은 객관적일까, 주관적일까? 그는 대다수의 전문가가 그런 행동을 프로답지 못하다고 생각하리라 확신했지만 입증할 수 없으므로 그 부분을 지웠다.

－그 사원이 언성을 높였다.

이 사실은 명백하므로 누구든 그의 보고서를 읽으면 그런 행동을 프로답지 못하다거나 미성숙하다거나 또는 미쳤다고까지 표현할 수 있다. 그럼, 그 사원은 무슨 일로 폭발했을까?

- 고객 X가 계약을 취소했다.
　　- 고객 X가 그 사원의 담당이었다.

둘 다 사실이고 객관적이다. 그럼 왜 그랬을까?

　　- 고객 X가 우리 회사의 상품 가격이 너무 높다고 생각했다.

이런 사실을 적고 빈콧은 잠시 멈추었다. 이것은 사실이었다. 그가 그 고객과 직접 대화를 나눈 적이 있다. 고객이 계약을 취소한 것은 가격 때문이었다. 그 사원 때문도 아니고, 그 사원이 빈콧에게 소리를 지르거나 사무실 문을 세게 닫고 나가서도 아니었다. 계약 취소와 그 사원의 행동 사이에 연관성이 있을까? 그렇다, 있다. 빈콧은 이 부분을 적었다.

　　- 그 사원은 새로운 가격 정책을 직접 만나서 제시하지 않고 이메일로
　　　보냈다.

이 사실을 알게 된 것은, 그가 '도대체 어떻게' 계약을 잃었는지 (솔직히 넌더리를 내면서) 물었을 때 그 사원이 말해 주었기 때문이다.

객관적인 사실을 적어 보니 빈콧에게 몇 가지 도움이 되었다. 행동하기 전에 차분히 마음을 가라앉힐 시간이 생긴 것이다. 이렇게 사실만 적어 보니 여러 가지 감정이 가라앉았다. 대화에서 그의 역할이 부각되고 (그가 먼저 소리를 질렀나? 그것이 화근이 되어 부하 직원이 폭발했나?), 주관적인 것에서 객관적인 것을 체계적으로 분리하자 전체적으로 조망할 수 있었다. 사실은 그렇게 심각하지 않았다. 부하 직원이 고객이나 동료들 앞에서 그를 모욕하거나 소리를 지른 것은 아니었다. 그 사원이 언성을

높이고 문을 쾅 닫은 것은 사실이다. 과연 그렇게 큰 문제였을까? 빈콧 자신이 25년 동안 영업의 최전선에서 일해 온 터라 영업사원 일이 얼마나 스트레스가 심한지 잘 알았다. 그는 잠시 젊은 시절에 감정이 격해져서 물불 안 가리고 행동했던 기억을 떠올렸다.

이 연습 덕분에 빈콧은 무엇보다도 자신의 우선순위에 문제가 있다는 점을 깨달았다. 주요 고객을 잃은 사실이 중요한 마당에 부하 직원의 행동을 더 크게 생각한 것이다. 이 사실에 주목하자 실질적인 문제를 바로잡고 다시는 같은 문제가 생기지 않도록 예방하는 데 필요한 부수적인 단계로 옮겨갈 수 있었다. 회사의 표준 영업 절차상 가격은 직접 만나서 제시해야 한다는 사실이 전 부서에 명확히 전달되었는가? 그 점을 점검해야 하는가? 부서 차원의 교육이 더 필요한가?

빈콧은 객관적인 사실을 열거하면서 감정을 배제하고, 새로운 관점을 얻고, 회사와 팀과 그 자신의 성공에 실질적으로 중요한 요소의 우선순위를 정할 수 있었다.

현실에서 어려운 일에 대처할 때도 예술에서 어려운 부분에 접근할 때처럼 해야 한다. 시간을 갖고 사실을 수집해야 한다. 사실을 분석하고 우선순위를 정해야 한다. 한 발 물러나서 다른 여러 관점에서 고찰해야 한다. 자신과 상대의 신체 언어와 비언어적 소통을 고려해야 한다. 객관적이고 구체적이고 정확해야 한다. 그리고 객관적인 대화에서 주관적인 감정을 분리해 내는 방법을 배우면 자신감이 생긴다는 사실을 알아야 한다.

얼마 전에 나는 내 강의를 들은 적이 있는 제약회사의 관리자와 저녁을 먹었다. 그녀는 이제 어려운 대화에 겁을 먹지 않는다고 말했다.

"전에는 어려운 대화를 나눠야 한다는 생각만 해도 두려웠어요. 부하 직원의 좋지 않은 실적을 평가하거나 누군가를 해고해야 할 때면 걱정

돼서 며칠씩 앓기까지 했죠. 그런데 객관적인 부분에 집중하고 주관적인 부분을 제거하면서 사실이 자신감을 준다는 걸 배웠어요. 사실은 진실이에요. 사실만 다루면 된다는 걸 깨닫고는 마음이 놓이고 자신감이 생겼어요."

우리가 실제로 수녀 차림의 돼지가 벌거벗은 남자에게 키스하고, 새 형상의 동물이 인간을 먹고 그 뒤로 더 많은 새들이 날아가고, 악마 앞에서 벌거벗은 두 남자가 드잡이를 하고, 빅 수가 손으로 자기 가슴을 받치고 있다고 기술할 수 있다면 기업의 인원 감축, 분기별 예산, 심각한 증상의 의학적 진단, 직원 평가, 심지어 십 대 자녀에게 성에 관해 말해 주어야 하는 상황에도 잘 대처할 수 있다.

이제 어려운 상황에서 바람직하게 의사소통하는 원리를 터득했으니, 마지막으로 의도하지 않은 어떤 행동을 재고하고, 어떤 행동을 바꿔야 할지 알아보겠다. 앞에서 정보를 평가하고 분석하고 명확히 표현하는 방법을 배웠다. 이제부터는 고정되지도 않고 객관적이지도 않은 현실에서 이런 기법을 활용해야 한다. 그러기 위해서는 우선 생각과 행동을 조정해서 주변 환경에도 적응하고, 이상적이지 않은 환경에도 적응해야 한다.

Visual
Intelligence

Sharpen Your
Perception,
Change
Your Life

우리는 세상을 있는 그대로 보지 않는다.
우리가 생긴 대로 세상을 본다.

아나이스 닌(Anais Nin)

4부

적
용
하
기

10장

세상에
흑백논리는 없다
타고난 편견을 극복하는 법

루시 애저트는 뉴욕 주립보건소에서 10년 넘게 간호사로 일하면서도 이런 사건을 조사한 적은 없었다.[309] 애저트는 서류철을 들고 뉴욕 롱아일랜드의 이스트넥 간호센터에 들어섰다. 서류철에는 고발장('양로원 스트리퍼 스캔들', '노인 학대', '노인 성 학대' 등의 헤드라인이 마치 비명을 지르는 것 같았다)과 양로원에 사는 노인의 아들이 제기한 소송 사건 관련 서류가 들어 있었다.

〈뉴욕포스트New York Post〉에서는 이 사건을 기사로 다루면서("롱아일랜드 양로원의 노인들은 양로원 오락실에서 셔플보드 게임판이 빨래판 복근으로 바뀌는 것을 보면서 싸구려 치펀데일 스트립쇼를 구경해야 했다."[310]) 휠체어에 앉은 나이 지긋한 부인이 팬티만 입고 자기에게 몸을 기댄 거대한 근육질 남자의 허리 밴드에 지폐를 끼우는 대형 컬러 사진을 함께 실었다.

"말도 마세요!"[311] 애저트가 강한 롱아일랜드 억양으로 내게 말한다. "멀리 캘리포니아에서도 분노에 찬 편지가 왔어요. 양로원 측에서는 큰 충격을 받고 '저희는 이런 일이 벌어지는 줄 몰랐습니다!'라고 하더군요." 애저트는 사건의 진상을 조사하라는 지시를 받았다.

소송 내용에 따르면, 프랭클린 영블러드가 양로원에 모신 어머니를 방문했다가 침대 옆 서랍장의 소지품에서 불쾌한 사진 한 장을 발견했다. 직원들에게 그 사진에 관해 묻자 그에게 덤벼들어 사진을 빼앗으려 했다고 한다. 그는 또한 어머니가 매점 계좌에 묶여 있어야 할 돈을 어떻게 꺼냈는지도 알고 싶어 했다.

영블러드의 가족과 변호사가 양로원 앞에서 기자회견을 가졌다. 영블러드는 "전통적인 침례교도이자 근면성실한 부인"[312]인 그의 어머니가 이번 사건으로 "모독을 당했다"고 주장했다. 소송에서는 "양로원 직원들이 부인을 이런 수치스러운 성도착 행위에 끌어들였을 때" 부인은 "눈앞의 모욕적인 육체적 위해를 두려워하면서 왜 근육질에 거의 벌거벗은 남자가 다가와서 몸통과 팔다리로 [그녀의] 몸을 덮치려 하는지 혼란스럽고 당혹해했다"고 주장했다. 더 나아가 "피고 측 직원들의 왜곡된 쾌락과 흥밋거리"를 위해 "도덕적으로 용납할 수 없는" 사건이 벌어졌다고 주장했다.[313]

양로원 측 변호인단은 자체적으로 기자회견을 열고 그 행사는 양로원 거주자들이 원해서 진행되었고, 영블러드의 여자친구가 그의 어머니와 동행했다고 주장했다. AP 통신에 따르면, 영블러드의 가족은 이 사실을 부인하고 단호하며 독선적으로 이렇게 주장했다. "어떤 경우에라도, 그것이 버니스 영블러드가 직접 본 장면에 상처 입지 않았다는 것을 의미하지는 않는다."[314]

그리하여 애저트가 해당 양로원이 뉴욕 주의 보호 수준 규정을 위반

했는지를 평가하러 갔을 때 그녀가 관찰한 사실에 많은 것이 달려 있었다.

애저트는 관련자를 모두 면담했다. 양로원 거주자, 보호자, 양로원 직원, 관리자, 양로원 소유주, 스트리퍼 아폴로, 스트리퍼 에이전시, 사진 속의 노부인, 영블러드의 어머니. 모르는 사실과 알아야 할 사실을 밝히기 위해 체계적으로 질문을 던지자 객관적인 사실이 드러났다.

스트리퍼가 양로원에 어떻게 들어왔는가? 거주자들이 월별 활동을 정하는 투표에서 남자 스트리퍼를 부르는 행사가 선정되었다.

"거주자위원회에서 요청했고, 거주자 모두가 민주적으로 투표해서 결정한 겁니다. 거주자들은 성인이에요. 투표할 수 있다고요."[315]

거주자들이 억지로 참석했는가? 아니다. 실제로 양로원에서는 원하지 않는 사람들을 위해 다른 활동을 마련했다.

남자 거주자들에게 차별적인 오락 행사였나? 여자들만 참석할 수 있었나? 아니다. 남자들도 초대받았고, 한 명이 참석했다.

거주자들에게 돈을 걷어 스트리퍼를 불렀나? 아니다. 거주자들은 직접 돈을 내지 않았다. 비용은 양로원에서 부담했다. 국민의 세금을 불법적으로 유용했다는 뜻인가? 아니다. 그 돈은 양로원의 활동 예산에서 나왔다. 직원들이 법인체에 스트리퍼에 대한 허가를 구해 정식으로 허가를 받아냈다.

거주자가 준 팁은 어떻게 된 것인가? 매점 계좌에서 꺼낸 돈인가? 역시 아니다. 애저트가 알아낸 바로는 거주민들이 개인적으로 돈을 가지고 있었다.

"그분들에게는 원한다면 남자의 허리춤에 돈을 찔러줄 권리가 있어요. 그것을 허용하지 않으면 거주민의 권리를 침해하는 셈이죠."[316] 애저트가 말했다.

거주민들이 투표로 정했다고 해도, 실제로 그들이 학대받는 느낌을 받았는가? 애저트는 거주민 모두와 면담했다.

"그 스트립쇼에 관해서는 다들 똑같이 말했어요. 양로원이 환불을 받아야 한다고. 휠체어를 타고 있던 그 부인까지도 그렇게 형편없는 스트립 댄스는 처음 본다고 했어요. 남자가 영 시원치 않았다고 하더군요. 그 남자는 몸을 부딪치거나 비비거나 만져서는 안 되고, 사실상 아무것도 하지 말라고 사전에 교육을 받았다고요. 어르신들이 다들 실망했더군요!"[317]

스트리퍼가 양로원 노인들을 성적으로 학대한다는 외설적인 이야기에 어떻게 전국의 언론 매체가 속아 넘어갔을까? 우리의 인식과 타고난 편견이 우리의 행동뿐 아니라 우리가 남에게 기대하는 행동에도 영향을 미치기 때문이다.

"다들 그 사진이 노인 학대를 입증하는 증거라고 곧바로 믿어 버립니다. 휠체어를 탄 할머니가 성욕을 느끼는 것을 보기 싫으니까요. 사실 거주민들은 모두 성인이고, 따라서 원한다면 남자 스트리퍼를 부를 권리가 있어요."[318] 애저트가 말했다.

지금까지는 우리의 지각 필터를 맹시라는 개념으로 다루고, 그것이 관찰에 얼마나 영향을 미칠 수 있는지 알아보았다. 이제는 우리가 본 장면이 우리의 기대와 어긋날 때 무의식중에 중요한 세부 정보를 생략하거나 빈틈을 메우거나 단순하게 만드는 가정을 세워서 조율할 수 있다는 사실을 이해한다. 그래도 관찰과 소통 기술을 개선할 모형을 다듬기 위해서는 우리의 타고난 지각 필터가 우리의 배경이나 기분이나 정치적 소속에 따라 뭔가를 빠트리게 만드는 수준 이상으로 무엇을 할 수 있는지 살펴보아야 한다. 지각이 어떻게 편견으로 이어져 행동에 영향을 미칠 수 있는지 살펴보고, 적절히 조율하는 법을 배워야 한다.

그러나 편견을 극복하는 방법을 배우기 전에 우선 편견이 무엇인지를 알아야 한다. 편견은 여러 가지를 의미할 수 있다. 다만 편견이라는 단어에 함축된 의미가 대개 부정적이어서, 누구도 편견을 가진 사람으로 비치고 싶어 하지 않는다. 나는 강의 때마다 편견이 있는 사람은 손을 들어 보라고 한다. 결국 몇 명이 손을 들긴 하지만 그마저도 머뭇거리면서 든다. 이제 당신에게 전하고 싶은 말을 나는 그때마다 그들에게 했다. 누구에게나 편견이 있고 우리는 많은 편견을 가지고 태어나며, 편견이 다 나쁜 것만은 아니라고.

· · ·

과학과 사회학 용어에서, 편견은 우리가 세상을 보는 방식을 바꿔 놓을 뿐 아니라 행동에도 영향을 미칠 수 있는 지각 필터다. 예를 들어, 공상과학영화에 대한 편견 때문에 초기의 감상평과 상관없이 신작 블록버스터 영화의 티켓을 구매한다. 쇼핑몰 푸드코트에 대한 편견 때문에 저녁은 다른 식당을 찾아 먹는다. 편견은 우리가 피하는 것일 수도 있고, 끌리는 것일 수도 있다.

우리는 생물학적으로 편견을 갖도록 태어났고, 편견은 본질적으로 부정적인 것만은 아니다. 편견을 인지하고 자세히 살펴본 이후에도 사실이 아니거나 도움이 되지 않거나 타인에 대한 부당한 믿음에 근거한 편견을 극복하지 않을 때 문제가 발생한다. 편견을 무시하는 것은 바람직하지 않다. 누구에게나 편견이 있다고 해서 그냥 놓아두면 고정관념이나 편협함으로 이어질 수 있기 때문이다.

누구나 생물학적으로 좋아하는 것, 어릴 때 알던 것, 익숙한 것에 편견 또는 편향을 갖는다. 뇌가 대체로 현실의 삶을 반영하는 상황에 동일시하는 이유는 이런 상황이 안전과 보안과 편의성을 의미하기 때문이다.[319] 진화적 관점에서 친밀감 편향 affinity bias, 즉 우리와 비슷한 사람들 주위에 있으려는 욕구가 생기는 것은 부족이나 집단, 씨족이나 동굴 사람들이 대체로 우리와 비슷하기 때문이다. 비슷하지 않은 사람들은 위험한 약탈자일 수 있다. 주변 세상을 분류하도록 타고난 여러 뇌 구조가 흔히 그렇듯, 안전하다고 여겨지는 사람을 알아보는 과정은 생각을 거치지 않고 자동으로 일어난다. 오늘날의 국경이 거의 없는 다문화적 세계에서는 과거와 같은 안전 변수가 적용되지 않기 때문에 타고난 친밀감 편향을 극복해 소중한 '타인들'을 배제하지 말아야 한다.

우리와 비슷한 사람들에게 끌리는 현상 말고도 사람들을 불안하게 만드는 또 하나의 편향인, 낯선 인종 집단에서 개인의 얼굴을 구별하지 못하는 편향('아시아인들은 다 똑같아 보여')도 선천적이다. 과학자들은 '타인종 효과 other-race effect'[320]라는 현상을 입증했고, 영아기부터 이 현상이 나타난다는 사실을 발견했다. 이런 현상은 우리도 모르게 품고 있는 무수한 편향 중 하나일 뿐이다.

무의식적 편향

뇌는 처리할 수 있는 양보다 많은 정보에 노출되므로 심리적 지름길을 만들어 자동으로 정보의 우선순위를 정하고 정보를 걸러 낸다. 앞에서 그중 여러 가지를 알아보았다. 그 지름길 중 하나인 무의식적 편향은 누구에게나 있다. 무의식적 편향은 우리 대신 간극을 메워서 느리고 의식적인 생각보다 몸이 먼저 싸우거나 도망치게 해준다. 우리의 조상들에게 이런 편향이 없었다면 무슨 일이 벌어지는지 알아채기도 전에 누군가의, 또는 뭔가의 먹잇감이 되었을 것이다. 무의식적 편향은 우리가 알든 모르든 뭔가를 결정하는 데 도움이 된다.

무의식적 편향은 상황과 정보와 사물에 적용된다(그래서 다이어트를 시작하면 갑자기 텔레비전에서 별별 맛있는 음식 광고가 눈에 들어오고, 당신이나 배우자가 임신하면 여기저기서 임신부가 눈에 띄는 것이다). 다만 선호가 편견이 될 수 있으므로, 사람에 대한 편향은 각별히 주의해야 한다.

호세 자모라José Zamora는 무의식적 편향이 얼마나 쉽게 편견으로 바뀔 수 있는지를 직접 체험했다. 그는 몇 달 동안 직장을 구하면서 매일 50~100장의 이력서를 돌렸다. 영업 분야에서 경력이 탄탄했지만 한 번도 답변을 받지 못했다. 그러다 문득 이런 생각이 들었다. '이력서를 바꿔야 해.' 경력과 학력은 그대로 두고 딱 한 글자만 지웠다. 이름에서 's'를 지운 것이다. 호세José가 조Joe가 되었다. 그러자 면접 요청이 쏟아져 들어왔다. 자모라는 현명하게도 이렇게 판단했다. "나는 사람들이 고작 이름 따위로 판단한다는 것을 스스로 의식하거나 인지한다고 생각하지는 않지만, 사실상 누구나 항상 그러고 있다."[321]

자모라의 말이 옳다. 사실이 그렇다. 이른바 블라인드 채용 과정에서도 우리의 뇌는 편안한 대상을 찾고, 우리를 불편하게 하는 대상을 밀어낼 방법을 찾으려 한다.

런던 거리를 걷다가 옆 쪽의 사진과 같은 장면을 보았다고 해보자. 무슨 일이 일어나고 있다고 생각하는가?

방금 전까지 편견에 관해 논의했으니, 물론 흑인 남자가 백인 경찰에 쫓기는 범죄자라는 결론으로 곧장 넘어가지는 않을 것이다. 그러나 그런 결론에 이르렀다고 해도, 당신만 그런 것은 아니다. 선뜻 그렇게 보았다고 답하는 백인과 흑인 경찰관들도 있었고, 정반대로 답하는 백인

과 흑인 참가자들도 있었다. 중요한 것은 배경이 다른 사람들마다 해석도 다르다는 점이다. 문화와 개인 경험은 우리가 상황을 어떻게 지각하는지에 영향을 미친다.

그러나 이 책에서 이제껏 살펴보았듯이, 해석이나 지각에 의존할 수는 없다. 사실을 알아야 한다. 이제 사진을 객관적으로 평가하고 분석해보자.

사진 속에 누가 있는가? 내 강의에 참가한 경찰들은 왼쪽에는 제복을 입은 백인이 있고, 오른쪽에는 제복을 입지 않은 흑인이 있다고 말했다. 백인은 영국 경찰관들의 전통적인 경찰모를 쓰고 있다. 경찰관으로 보인다. 흑인은 긴 바지에 긴 소매 외투를 입고 안에는 셔츠를 입고 있다. 두 사람은 어디에 있는가? 부서지고 낙서가 있는 콘크리트 건물 옆 길모퉁이에 있고, 도시로 보이지만 어디인지는 정확히 알 수 없다. 언제인가? 낮인 것 같고, 흑인이 입은 외투로 봐서는 쌀쌀한 계절로 보인다. 두 사람의 복장은 20세기 말의 것으로 보인다. 무엇을 하고 있는가? 강의 참가자 다수가 백인이 흑인을 쫓고 있다고 답하고 싶어 한다. 왜일까? 왜인지는 모른다.

경찰관이 보인다고 해서 범죄가 일어난 것으로 가정할 수는 없다. 흑인이 어떤 죄를 저질렀다고 간주해서도 안 된다. 게다가 한 사람이 다른 사람을 쫓고 있다고 가정할 수도 없다. 사실은 둘 다 경찰관이다. 오른쪽 남자는 비밀수사관이다. 둘 다 같은 방향을 향하고, 둘 다 사진에는 보이지 않는 용의자를 쫓는 중이다.

런던 경찰국 광고에 쓰인 이 사진에는 이런 제목이 붙어 있다. "경찰의 편견을 보여주는 사례일까요? 아니면 당신의 편견을 보여주는 사례일까요?"[322] 대중을 꾸짖으려는 광고가 아니라 새 경찰관을 모집하는 광고였다. 이어서 이런 말이 나온다. "경찰이 범인을 쫓는 것으로 보입니까? 아니면 경찰이 무고한 시민을 괴롭히는 것으로 보입니까? 둘 다 틀렸습니다. 사복을 입은 경찰 한 명과 다른 경찰 한 명이 다른 누군가를 쫓는 장면입니다. 저희가 왜 소수민족 출신의 신입 경찰을 더 많이 찾으려 하는지를 보여주는 좋은 사례입니다."

우리의 편향, 그중에서도 편견으로 이어질 만한 편향을 알아채야 하는 또 하나의 이유는 의식적으로든 무의식적으로든 편견은 남에게 전이될 수 있기 때문이다. 같이 일하는 동료들이 시간이 흐를수록 비슷한 방식으로 생각하기 시작하면서 직장에서 서서히 미묘한 수렴 현상이 일어난다. 마약탐지견과 폭탄탐지견도 조련사의 의도하지 않은 미세한 단서에 예민하게 반응한다.[323] 이런 현상을 알아 두면 남들이 골라서 퍼뜨리는 상황에 우리가 자동으로 추가할지 모를, 부정적이든 긍정적이든 모든 편견이나 편향을 극복하는 데 도움이 될 수 있다.

지각 필터에서는 우리의 편견을 알아채려면 내면을 들여다보아야 한다. 우리는 어떤 편견을 가지고 있는가? 편견이 관찰에 도움이 될까, 아니면 방해가 될까? 문제의 해결책을 설득하는 것은 그 방법이 정답이기 때문일까, 아니면 우리의 편향과 욕구에 부합하기 때문일까?

예를 들어 보자. 나는 강의에서 아래의 나이 든 여자가 아기를 안고 있는 사진을 보여준다.

무엇이 보이는가? 여자가 웃고 있다. 귀걸이를 하고 머리는 위로 올렸고, 눈동자는 갈색이며 피부색이 아기보다 진하다. 아기는 흰 피부에 금발이다. 남자 아기로 보이지만 확인할 수는 없다. 아기는 흰색과 검은색 줄무늬 셔츠를 입고 입을 벌리고 있다.

두 사람은 어떤 관계일까? 이 질문에는 여러 가지 답변이 돌아왔다. 여자가 엄마이거나 유모이거나 이웃이거나 할머니이거나 교사이거나 의료계 종사자이거나…… 가능성은 한도 끝도 없다. 한 가지 납득되지 않는 상황은 인질극이라는 답변이다. 둘 다 편안해 보이기 때문이다.

두 사람이 유전적으로 관련이 있을까? 피부색이 다르고 생김새가 다르지만 유전자에는 기묘한 일도 일어날 수 있다.

뉴올리언스의 한 여자는 이렇게 말했다. "당연히 생물학적 엄마죠!

코가 똑같이 생겼잖아요!" 나는 사진 속 여자는 아기 엄마가 아닌 것으로 알고 있다고 말해 주었다. 그러자 그녀는 이렇게 반박했다. "저 여자가 아기의 엄마일 '리가 없다'고 하시다니, 인종차별주의자이시군요."

그녀의 가정이 그럴듯하기는 하지만, 나는 그것이 사실이 아닌 이유를 설명할 수 있다. 나는 그녀에게 사진 속 여자가 아기의 엄마일 '리가 없다'고 말한 것이 아니라 엄마가 아닌 것으로 '알고 있다'고 말했다고 설명했다. 나는 사실일 리가 없다고 가정한 것이 아니라, 스물일곱 시간의 산고와 제왕절개 흉터를 남기고 사실이 아님을 입증한 것이다. 이 사진은 내 아들과 아들이 생후 3개월일 때부터 돌봐 준 유모의 사진이다.

뉴올리언스의 여자는 내게 사과하고 정반대의 상황인 친구를 본 적이 있다고 설명했다. 피부색이 흰 아기를 낳은 그 흑인 친구는 끊임없이 부당하게 자기 자식의 유모로 오해받았다고 했다. 여자는 이런 경험 때문에 내 말에 반박하기로 한 것이다. 알든 모르든, 누구나 이런 일을 겪는다. 뇌는 우리가 이미 경험한 것에서 유사한 자료를 끌어내는 식으로 정보의 간극을 메우면서 편향을 형성한다.

경험 편향

내 아들과 유모의 사진을 도시의 대형 병원 병례病例 검토회에서 보여주었더니, 응급의학과 과장이 손을 들고 말했다. "그 아기는 다운증후군이군요."

"그걸 뒷받침하는 증거가 뭐죠?" 내가 물었다.

"없습니다. 그냥 보면 압니다."

다른 의사는 아기에게 갑상선 질환이 있다면서, '여러 차례의 수술로 목이 수축된 모습으로' 알 수 있다고 말했다. 미안하지만, 내 아들은 그냥 살이 쪄서 턱이 여러 겹일 뿐이다. 그 밖에도 알비노(선천성 색소결핍증)나 비만이라는 의견도 나오고, '술통흉곽'인 것으로 보아 폐기종을 앓고 있다는 의견도 나왔다. 어느 것도 사실이 아니다.

정보를 찾을 때 경험이 중요할 수 있으므로 경험을 완전히 무시할 수는 없지만 관찰한 정보가 경험에 의해 극단적으로 왜곡되지 않도록 주의해야 한다. 중요한 결정에는 책임이 따른다. 관찰과 지각을 분명히 설명하지 않고 결론으로 넘어가면 편향에 잘못 이끌린 탓에 비난받을 수 있다.

경험이 편향에 미치는 영향을 이해하기 위해 다음 쪽의 이미지를 살펴보자. 무엇이 보이는가? 그림에 관해 관찰한 모든 정보를 글로 적거나 소리 내어 말해 보자. 충분히 탐색한 다음에 넘어가라.

무엇이 보였는가? 다리? 그렇다. 구체적으로 말하면 인도교다. 나무가 있다. 버드나무 하나는 물속에 잠겨 있다. 호수인가, 연못인가, 바다로 나가는 하구인가? 알 수 없다. 둑에 나무와 골풀이 자라고 있다. 수면에 연잎이 떠 있고, 연꽃이 핀 것도 있다. 다리는 나무로 만들어진 것으로 보이고, 위쪽으로 휘어 있다. 다리 양끝은 보이지 않는다. 다리의 왼쪽은 나뭇잎에 덮여 있고, 오른쪽은 화폭 밖으로 이어진다. 이것은 그림이 맞다. 초록색과 노란색과 파란색이 많다. 수면에 나무가 비쳐 있다. 사람이나 동물은 없다. 자연을 가까이 들여다본 그림이고, 하늘은 보이지 않는다. 미술 애호가이거나 이 그림이 있는 우산이나 노트를 본 적이

클로드 모네, 〈일본식 다리〉, 1899

있다면 클로드 모네|Claude Monet의 작품인 줄 알 것이다.

그럼, 모네의 어떤 작품일까? 모네는 평생 수련 그림을 250점이나 그렸다. 서양의 거의 모든 미술관에 한 점씩은 걸려 있다. 그중 열여덟 점에는 프랑스 지베르니의 모네 집 근처에 있던 연못 위의 일본식 목교가 그려져 있다.[324] 모두 거의 비슷한 제목이어서(《수련》, 〈수련 연못〉, 〈수련 연못 위의 다리〉), 제목을 안다고 해도 더 나아질 것은 없다. 모네의 수련 그림이 얼핏 보면 거의 비슷해 보일 수 있지만 작품들 사이에는 뚜렷한 차이가 있다.

얼마나 예리하게 보았는가? 옆의 그림을 다시 보지 말고 다음 쪽의 모네 그림들 중에서 옆의 그림과 같은 그림을 골라 보라.

내 강의에서도 이 연습을 시킨다. 수강생들을 둘씩 짝 지워서 한 사람은 강의실 앞을 보게 하고 다른 사람은 뒤를 보게 한다. 한 사람이 그림에 관해 설명하면 그림을 볼 수 없는 다른 사람이 설명만 듣고 그림을 고른다. 대체로 절반 정도가 정확히 골라내고 나머지 절반은 제대로 고르지 못한다. 정확히 골라낸 사람들은 다리가 청록색에 분홍색 얼룩이 들어가 있는 것을 보고 나머지 두 그림의 다리 색깔과 구별했다고 말했다. 어떤 사람들은 전경에 보이는 수면의 둥근 공간이 수련에 둘러싸여 있는 것을 보고 알았다고도 말했다. 원본 그림의 오른쪽과 아래쪽에 진 그림자를 보고 나머지 두 그림과 달라서 골랐다고 답한 사람은 열 명도 되지 않았다. 당신은 얼마나 예리하게 보았는가? 정답은 가운데 그림이다.

그림의 오른쪽과 아래쪽의 그림자를 보았는가? 보지 못했다면 다시 옆의 그림을 보라. 이것은 그림의 일부인가? 엄밀히 말하면 아니다. 그러나 나는 '관찰한 모든 정보'에 주목하라고 요청했다. 그림자는 그 자리에 있다. 실제로 존재한다. 내가 누굴 속이려는 것이 아니다. 다만 바

로 앞에 보이는 것만이 아니라 모든 것을 보아야 한다는 점을 예시하려는 것이다. 상자 밖과 구석과 책장을 벗어나서 보아야 한다. 그런 곳에 답이 있을 때가 있다.

미국의 가장 권위 있는 정보장교들에게 이 연습을 시켰을 때 한 장교가 그림자를 놓친 사실에 유독 큰 충격을 받았다. 그는 자리에 털썩 앉아서 손으로 머리를 감싸고 계속 중얼거렸다. "맙소사, 내가 그림자를 놓쳤다니 말도 안 돼!" 보통 사람들에게 그림자는 중요한 문제가 아니지만, 그의 직업에서는 매우 중요했다. 그림자를 놓치는 것은 구조와 실패, 생과 사를 가르는 중대한 차이를 의미할 수 있었다.

나중에 나는 그의 반응을 돌이켜 생각해 보다가, 그날 그 강의실에 있던 사람이 모두 장교였다는 사실을 깨달았다. 왜 유독 한 사람만 눈에 띄게 상심했을까? 아마 그 장교는 그림자나 다른 사소한 부분이 큰 차이를 낳은 사건을 직접 경험했거나 그런 경험을 한 누군가를 알았을 것이다. 경험이 그의 반응에 영향을 미쳤을 것이다. 경험 때문에 보게 되는 정보는 그 정보를 어떻게 처리하느냐에 따라 도움이 될 수도 있고, 큰 피해를 불러올 수도 있다. 사람들 앞에서 나를 인종차별주의자로 몰아세운 여자처럼 경험 때문에 맹목적으로 행동하게 될까? 판단할 때 이런 오류를 막으려면 경험의 역할을 인지하고 되도록이면 객관적으로 사실을 탐색하기 위해 오류를 없애려고 시도해야 한다.

사람마다 관점이 다르고, 경험이 다르고, 상황을 보는 시각이 다르기 때문에 협조가 매우 중요해진다. 다음 쪽의 카라바조^{Caravaggio}의 작품을 보라. 무슨 일이 일어나고 있는가?

경찰들은 대체로 어떤 범죄가 벌어지고 있는지 알아내려 하고, 금융 전문가는 돈을 세는 장면이라고 생각하고, 상담사는 가족의 불화로 본다. 다양한 사람이 각기 다른 경험을 바탕으로 접근하면 혼자서는 생각

지도 못했을 새로운 관점으로 보는 데 도움이 된다. 그러나 내 강의에서 처음으로 이 장면을 제대로 알아본 사람은 성직자였다. 그는 성자들의 그림을 연구한 사람이라 예수가 성 마태를 제자라 부르는 장면을 알아보았다.

물론 성직자라고 해서 다 정답을 아는 것은 아니다. 다만, 사람들이 어떤 상황이나 문제에 접근할 때 끌어내는 경험이 새로운 차원의 이해를 열어 주어서 모두를 해결책이나 성공으로 향하게 할 수 있다. 이런 경험과 관점은 더 바람직하고 현명한 결정을 내리는 데 도움이 될 수 있다.

백악관 사진작가 피트 수자Pete Souza의 사진을 살펴보자.

백악관 상황실

　이 장면에서는 많은 일이 일어나고 있다. 남자 11명과 여자 두 명을 포함해 13명의 얼굴이 보이고, 다른 사람의 머리카락과 또 다른 사람의 팔꿈치가 보인다. 일곱 명이 서 있고 여섯 명이 반짝이는 직사각형의 갈색 목재 탁자를 빙 둘러 앉아 있으며, 탁자에는 열린 노트북 다섯 개, 노트, 인쇄물 네 개 이상, 서류철, 일회용 컵 두 개, 안경 하나가 놓여 있다. 장식이 많은 감색 군복을 입은 한 사람을 빼고는 모두 정장 차림이다. 방 안의 모두가 프레임 밖 왼쪽의 뭔가를 보고 있고, 군복을 입은 한 사람만 앞에 놓인 컴퓨터 키보드를 내려다보고 있다.

　미군 비대칭전략그룹Asymmetric Warfare Group, AWG에서 온 사람들에게 이 사진에서 무엇이 보이는지 묻자 어느 장교가 이렇게 답했다. "사진 속에서 무슨 일이든 하는 사람은 제복을 입은 사람밖에 없군요." 이것은 군대에 있는 사람이 본 장면이다. 그리고 이것은 그의 관점이다. 군인만 일하고 있다는 말이 사실일까? 사실일 수도 있고 아닐 수도 있다. 객관적인 사실인가? 어느 쪽으로든 입증할 수 없으므로 객관적인 사실이 아니다. 그의 경험에 따른 편향이다. 그러나 우리에게 두 가지 선택이 있다. 그의 경험을 바탕으로 더 나아가서 가정하거나('군인들은 항상 유일하게 일하는 사람들이다'), 루시 애저트가 양로원 스트리퍼 사건에서 했듯이 사실을 더 깊이 파헤칠 수 있다('그 군인이 혼자서만 일하는 것처럼 보이는 이유가 뭘까?').

이런 각도로 사진을 보면 생각해 보지 않았을 다양한 관점이 주어진다. 방 안에 있는 13명 중에서 군인은 단 한 명이다. 다른 사람들이 뭔가를 보는 사이에 그가 무엇을 할 수 있는지에 주목하면 이 장면에 관해 더 많은 사실을 알아낼 수 있다. 사실 이곳은 백악관 지하의 상황실이다.

2011년 5월에 미국 행정부와 국가안보부가 오사마 빈라덴Osama bin Laden 추적 작전에 관한 소식을 들으면서 빈라덴이 있는 곳 상공의 드론에서 전송하는 생중계를 보고 있는 장면이다. 이제 장교가 고개를 숙이고 키보드에 손을 올리고 나머지는 모두 바라보고만 있는 상황이 이해가 간다. 장교는 넵튠 스피어 작전Operation Neptune Spear 책임자로서 진행 상황을 보고하고 있었다.

개인 경험은 시각 자료에서 더 많은 사실을 발견하기 위해 활용할 수 있고, 또 활용하는 것이 타당한 자원이다. 다만 다음과 같은 세 가지 단순한 규칙을 준수해야 한다.

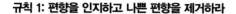

편향을 이용하기(그리고 피하기) 위한 세 가지 규칙

규칙 1: 편향을 인지하고 나쁜 편향을 제거하라

편향이 존재하는 이유는 우리가 즉각 안전하거나 똑같거나 편안하다고 지각하는 정보를 토대로 타인에 관한 무의식적 결정을 내리도록 타고났기 때문이다. 편향을 극복하거나 유리하게 이용하는 첫 단계는 편향을 인지하는 것이다. 편향이 정상이고 보편적이며 선천적으로 나쁘지 않다는 사실을 이해하면, 현명하게 대처하는 데 도움이 된다. 수용하는 데서 힘이 생긴다. 스스로에게 솔직하고 세상을 바라보는 방식을 유념하면, 우리가 이용하거나 물리쳐야 할 편향을 인지할 수 있다. 누구도 우리의 머릿속에서 무슨 일을 처리하는지 알아야 할 필요는 없다. 우리가 더 잘 관찰하고 소통하고 전반적으로 더 나은 사람이 되기 위해서는 스스로 인지하는 것이 중요하다.

일단 스스로 편향을 알아채면 편향을 직시하고 생산적으로 활용해 사실적인 정보를 더 많이 수집할 수 있는지 판단할 수 있다. 그러려면 우선 스스로에게 물어보라. 나의 편견이나 세상을 보는 방식이 내가 다른 사람에게 귀를 기울이고 소통하는 방식을 제약하는가? 나의 편향이 나와 나의 성공에 도움이 되거나 해가 되는가? 해로운 편향이라는 것을 알았다면 해를 입기 전에 차단해야 한다. 편향을 차단할 수 없다면 스스로 상황에서 해방되어야 한다.

민주주의를 수호하는 사람들인 군 장교 다수가 대통령 선거에서 생기는 내적 갈등을 피하기 위해 투표하지 않는다. 그들은 지지하는 후보가 패하면 자신들의 지각과 태도와 행동에 어떤 영향을 받을지 잘 안다. 누가 대통령으로 선출되든 그 사람이 군의 최고사령관이 된다. 따라서 그들은 가능한 한 최고의 부하가 되기 위해 개인적인 정치적 성향을 제쳐두기로 하는 것이다.

규칙 2: 편향을 사실과 혼동하지 말라. 그 대신 편향을 이용해 사실을 발견하라

우리의 편향은 검증된 사실이 아니다. 편향은 우리가 뭔가를 믿고 싶게 만드는 감정과 경험이므로 결론을 끌어내기에는 충분하지 않다. 그 대신 편향을 출발점으로 더 깊이 들여다보아야 한다.

앞 장에서 불편한 소통을 다룰 때처럼 편향이 제기하는 미심쩍은 추론을 실질적인 질문으로 바꾼 다음 그 질문을 이용해서 사실을 더 많이 조사할 수 있다. '양로원 노인들이 스트리퍼에게 학대당한 것으로 느꼈다'라는 말을 '양로원 노인들이 스트리퍼에게 학대당했다고 느꼈는가?'라고 바꾸는 것이다. '제복 입은 남자 혼자만 일하고 있다'라는 말을 '왜 군복을 입은 남자 혼자서만 일하는 것처럼 보일까?'로 바꾸는 것이다.

규칙 3: 결론을 다른 사람들에게 보여줘라

우리는 우리의 편향과 너무 가깝고, 많은 편향이 무의식적이기 때문에 타인이 있어야만 우리가 내린 결론 중 어떤 것이 잘못이고 어떤 것이 타당한지 판단할 수 있다. 나와 여러 해 함께 일한 전 FBI 특수요원 진 해리슨Jean Harrison이 이 문제와 관련해 자신의 사례를 하나 들려주었다.[325]

해리슨은 유대 관계가 아주 끈끈한 대도시의 베트남 사회에서 일어난 살인 사건을 수사했다. FBI가 현장에서 면담한 한 여자는 유독 위축되고 거의 무표정했다. 해리슨의 특수요원 동료들은 여자의 '냉담한' 행동을 보고 거짓말을 하고 있다고 확신했다. 그러나 해리슨은 생각이 달랐다. 어떤 이유에선지 여자가 진실을 말하고 있다는 확신이 들었다. 사실도 없이 속단해서는 안 된다는 것을 알기에 일단 주어진 정보를 검토했다. 앞에 놓인 시각 자료와 개인적인 경험 두 가지 모두를 살폈다.

우선 해리슨은 여자를 더 세심히 관찰했다. 여자의 거동과 신체 언어가 왜 동료들에게는 냉담해 보였는지 알 것 같았다. 해리슨은 자기가 받은 신체 언어 훈련에 근거해서 여자가 진실하지 않을 수 있다는 것을 알았지만, 마음속에서는 아니라는 목소리가 들렸다. '나는 이 베트남 여자에 관해 어떤 편향을 가질 수 있을까?' 다음으로, 과거의 경험에서 깨달았다. 해리슨은 어릴 때 베트남 문화를 비롯해 다양한 문화를 접했다. 어릴 때 알던 베트남 여자들이 수줍고 조심스럽고 내성적인 행동 때문에 미국인들에게 방어적이고 기만적이라는 오해를 샀던 사실을 떠올렸다.

해리슨은 자신의 편향과 과거의 경험을 특수요원 동료들에게 설명하고, 그 베트남 여자가 억울한 오해를 받을 가능성이 있다고 생각하는지 물었다. 동료들은 그럴 가능성이 있다고 동의하고, 그 여자를 다른 관점으로 보라고 권했다. 해리슨은 그렇게 했고, 여자가 진실을 말하고 있다는 사실을 알아냈다. 실제로 여자는 일단 마음이 편해지자 솔직히 털어놓았고, 검찰의 스타 증인이 되어 사건을 해결하는 데 일조했다.

해리슨은 자신의 개인적 경험을 물리치지 않았다. 대신 그 경험을 분석하고, 남들에게 알리고, 타당한 정보원이기는 해도 결론을 끌어내기 위한 유일한 근거는 아니라고 확인했다. 해리슨은 이 정보를 이용해서 결론을 끌어냈다. 그것도 조직에서 필요로 하는 좋은 결론을 끌어냈다.

• • •

누구나 인지적 편향에 영향을 받아 결정하고 행동한다. 지각과 관점과 마찬가지로, 편향도 고유하고 각자의 경험과 신념과 생물학에 의해 결정된다. 다른 사람들의 정보에 열려 있어야 하고, 그들의 관점을 배우는 동시에 자신의 관점의 균형을 잡아야 한다.

진실을 제대로 관찰하고 지각하고 소통하려면 자신의 편향을 인식하고 극복할 수 있어야 한다. 다행히 과학은 우리가 단순히 인지하고 의식적으로 대체하는 방법으로 편향을 극복할 수 있다고 제안한다.

이런 개념을 정의하기 위해 매사추세츠 대학교 애머스트 캠퍼스의 심리학자 닐란자나 다스굽타Nilanjana Dasgupta는 10년 넘게 인간의 타고난 편향에 대한 성공적인 개입을 연구하고 이렇게 설명한다. "이런 태도는 빠르게 형성될 수도 있고, 빠르게 변화할 수도 있다. 우리가 환경을 재구성해서 고정관념의 연상을 몰아내고 그 자리를 평등주의적 연상으로 대체한다면 말이다."[326]

스탠퍼드 의과대학의 다양성 및 리더십 연구소 신경생물학과 부교수이자 부학장인 제니퍼 레이먼드Jennifer Raymond는 이렇게 동의한다. "손톱을 물어뜯거나 말할 때 '음'하는 소리를 내는 등의 신체적 습관을 극복할 수 있듯이, 신중하고 의식적인 전략을 통해 성 편견과 같은 바람직하지 않은 정신적 습관도 극복할 수 있다."[327] 퀸즐랜드 대학교의 연구진은 유아기의 지각 훈련이 선천적인 타인종 효과가 나타나지 않도록 막아 준다는 사실도 발견했다.[328] 주기적으로 다양한 얼굴 사진을 본 아기는 나중에 이런 훈련을 받지 않은 아기들과 다른 수준으로 인종을 인식하고 구별할 줄 안다.

인간의 뇌는 가변적이다. 지각을 변형하고, 새로운 신경 연결을 형성하고, 다르게 생각하도록 훈련할 수 있다. 이제 마지막 단계로 넘어가서 어떻게 불확실성을 탐색할 수 있는지 알아보자.

바퀴 달린 들것이 부족하면 어떻게 할 것인가

11장

불확실성을 탐색하는 법

2012년에 나는 오로라에 있는 콜로라도 대학병원 간호사들을 위한 강의에 초빙되었다. 그로부터 6주 전에 그 지역의 영화관에서 발생한 총기 난사 사건의 여파로 외상 및 중환자실 병동에 한바탕 폭풍이 지나갔고, 그들은 아직도 회복하는 중이었다. 〈다크 나이트 라이즈The Dark Knight Rises〉가 상영되던 심야 영화관에 전투복을 입은 남자가 최루탄을 터트리고 관객들을 향해 권총과 소총과 산탄총을 난사해서 12명이 사살되고 70명이 부상을 입었다.[329]

간호사들은 바퀴 달린 들것 같은 기본 물품도 부족한 마당에 별안간 부상자가 밀려들던 당시 상황을 전했다. 대학을 갓 졸업한 신참으로 보이는 앳된 간호사의 말에 따르면, 그들은 집에서 뉴스 보도를 시청한 사람들도 아는 정확한 사고 내용조차 몰랐다고 한다. 병원 직원, 긴급구조원, 행인, 가족, 친구들 모두 범인이 한 명인지 다른 대규모 테러 사건의 일부인지, 국내 사건인지 국제 테러인지, 또는 범인이 잡혔는지 등에 대해 아무것도 몰랐다. 그 젊은 간호사는 여전히 몸을 떨면서 자기는 무엇을 해야 할지도 몰랐고, 당시에는 아무런 정보도 없었으며 그냥 다 그만두고 싶었다고 말했다.

"다음에 또 그런 감정에 휩싸이지 않으려면 어떻게 할 수 있을까요?" 간호사가 내게 물었다. 안 좋은 일이 터질 때 또 그때처럼 준비도 없이 방향을 잃은 채 무력감에 휩싸이고 싶지 않다고 했다.

나는 그 간호사에게 다시는 그런 나쁜 일이 일어나지 않을 거라고 말해 주고 싶었다. 내 아들과 내가 아끼는 모든 사람과 나와 함께 일하는 모두에게 같은 말을 해주고 싶다. 그러나 누구에게나 나쁜 일이 생긴다. 삶은 우리에게 너무나 많은 불확실성을 던져 놓지만 들것은 한참 부족하다. 나는 이런 상황을 회색지대라고 부른다. 회색지대에서는 모든 것이 명백하지 않다. 기괴하고 엉망이고 시끄럽고 혼란스럽다. 선과 악, 유죄와 무죄, 합리와 비합리, 고의와 우연의 경계가 흐릿하다.

회색지대는 선정주의와 감상주의가 퍼져 있기 때문에 위험하다. 실수하나만 해보라. 'TMZ(유명 연예인들의 은밀한 사생활을 폭로하는 웹사이트─옮긴이)'에서 폭로할 것이다. 피해 대책을 찾는 의사소통에 오류가 생기면 눈 깜짝할 새에 끔찍한 재난으로 발전할 수 있다. 뉴스 헤드라인은 누가 옳고 누가 그른지 명확하지 않은 상황에 관한 이야기로 넘쳐나고, 대중의 주관적 견해는 장기간의 수사와 사업상의 손실부터 관련자들에 대한 살해 위협에 이르기까지 실질적인 피해를 야기할 수 있다. 나이가 들고 직장에서 높은 자리로 올라갈수록, 모호한 조건에서 협상하고 난처한 상황에서 거북한 요청을 해야 할 때가 잦아진다.

나는 병원과 경찰의 긴급구조원을 교육하지만 현실에서는 우리 모두가 어느 순간에는 긴급구조원이다. 4장에서 보았듯이, 비행기 승무원도 긴급구조원이다. 부모도 가정에서 긴급구조원이고, 교사도 마찬가지다. 직원이든 사장이든 학생이든, 공공장소에 나가본 사람이라면 누구든 사실상 긴급구조원이라고 볼 수 있다. 응급 상황이나 위기 상황, 범죄 현장을 맨 처음 목격한 사람은 대부분 기자나 긴급구조원이 아니다. 당신이나 나 같은 보통 사람이다.

나는 마이크를 벗고 객석으로 내려가 좀 전의 그 젊은 간호사와 다른 간호사들 사이에 앉았다. 나는 그들에게 내가 긴급구조원이 되어 본 경험을 들려주었다. 9·11 당시 원하지 않던 그곳에 있었던 이야기를 들려준 것이다. 그때 나는 뉴욕의 그 현장에 있었다. 두 번 다시 겪고 싶지 않은 일을 보고 맡고 들었다. 매주 비행기에 오를 때마다 나는 스스로에게 이렇게 묻는다. '이 비행기가 추락할까?' 나의 어린 아들과 작별의 키스를 할 때마다 생각한다. '무슨 일이 터지면 우리 아들을 어떻게 데리러 오지?' 그때 나는 그곳에 있었다. 누구나 그런 곳에 있어 봤거나 앞으로 있게 될 것이다. 그래도 우리는 앞으로 나아가야 한다.

어떻게 해야 할까? 살다 보면 어쩔 수 없이 보게 되고 겪게 되는 무수한 사건에도 불구하고 우리는 어떻게 앞으로 나아갈까? 통제와 혼란 속에 어떻게 모든 상황에서 자신감을 가질 수 있을까? 이치에 맞는 것이 전혀 없어 보이는 회색지대에서 우리는 어떻게 결정을 내릴까? 앞에서 배운 조직적이고 체계적인 과정이 필요하다.

어떤 상황에서든, 특히 회색지대에서는 아는 것에 초점을 맞추고 모르는 것을 놓아야 한다. 내가 만난 그 젊은 간호사는 어차피 알 수 없는 '왜'를 놓지 못했다. 앞서 보았듯이 이유를 알아야만 앞으로 나아갈 수 있는 것은 아니다. '왜'는 관찰이라는 퍼즐의 마지막 조각이고, 때로는 그 조각이 영영 맞춰지지 않는다. '왜'라는 질문의 답을 기다리면서 우두커니 서 있지 말고 당장 눈에 보이는 정보, 즉 누구, 무엇, 어디, 언제에 집중하고 객관적으로 처리해야 한다. 트레이븐 마틴Trayvon Martin이라는 흑인 소년이 총에 맞아 사망하기 1년 전에 남부의 한 소도시 지도자들이 취한 조치가 바로 이것이었다. 그 덕에 우리는 재스민 사르Jasmine Thar라는 이름을 들어 본 적이 없다.

트레이븐 마틴의 총격 사망 사건이 미국을 충격에 빠트리기 두 달 전인 2011년 12월 열여섯 살의 재스민 사르는 크리스마스 이틀 전에 대모의 집 문 앞에 서 있다가 살해당했다. 어머니와 남동생과 다른 가족과 친구들이 보는 앞에서였다. 사르를 죽인 총알은 다른 두 여자도 스치며 부상을 입혔다. 길 건너의 고성능 라이플총에서 날아온 총알이었다. 경찰이 총을 쏜 범인의 집을 수색하자 연방기와 올가미와 신나치 자료가 나왔다.[330]

당시 경찰은 어떻게 지역의 평화를 유지하고 전국적인 사건으로 커지지 않도록 상황을 진정시켰을까? 개방적이고 포괄적이고 객관적인 정보 수집과 의사소통을 신중히 선택한 덕분이었다.

이미 젊은 여자가 사망하긴 했지만 시간이 관건이었다.

긴장감이 고조되어 폭발할 지경이었다. 지각과 편견이 지배하는 와중에 총을 쏜 스물세 살의 백인 남자는 총기 오작동을 주장한 반면, 흑인인 재스민의 가족은 인종차별에 의한 총격이라고 주장했다.[331] 신나치 자료를 가지고 있던 남자가 길 건너 흑인 소녀를 쏜 사건을 총기 사고라고 주장하는 것이 설득력 없어 보이지만 노스캐롤라이나 채드본의 경찰서장은 어떤 식으로 가정하거나 기소하기 전에 침착성을 잃지 않고 FBI 탄도학 전문가들에게 총을 보내서 오작동 테스트를 요청했다.

회색지대에서는 각별히 주의해야 한다. 사람들이 우리의 행동을 예의 주시할 가능성이 있기 때문이다. 당시 경찰은 위기 상황을 수습하기 위해 지역의 정신적 지도자들을 불러 수사의 모든 단계에 참여시켰다.

FBI에서 총이 실제로 사고로 발사된 것이라고 보고하자 총을 쏜 남자는 기소되지 않았다.[332] 모든 지역민이 결과에 만족한 것은 아니었지만 (어쨌든 재스민이 다시 살아 돌아오는 것은 아니었으니까), 노스캐롤라이나의 지도자들은 어려운 직관에 똑바로 대면하고 명확히 밝히고 모든 당사자에게 수사의 진척 상황을 꾸준히 전했다. 그리고 객관적인 사실과 주관적인 추론을 신중히 분류했다. 큰 그림에 집중하면서(지역민의 애도와 답변에 대한 요구) 총을 신속히 테스트하는 등의 사소한 부분에도 주목했다. 그러자 최선의 길로 나아갈 수 있었다.

존슨앤존슨Johnson & Johnson도 회색지대를 훌륭하게 탐색한 또 하나의 성공 사례다. 1982년에 타이레놀 엑스트라스트렝스Tylenol Extra-Strength라는 약을 복용한 뒤 일곱 명이 사망한 사건이 뉴스로 전해지자 순식간에 공포가 확산되었다. 피해자들은 시안화물 65밀리그램이 들어간 진통제를 복용하고 수분 만에 사망했다. 사실 시안화물은 7마이크로그램만 섭취해도 치명적이다. 광고계의 거물 제리 델라 페미나Jerry Della Femina는 〈뉴욕타임스〉와의 인터뷰에서 말했다. "다시는 그 이름으로 제품을 판매하지 못할 겁니다."[333]

이 사건에는 여러 가지 밝혀지지 않은 정황이 있었다. 약이 어떻게 오염되었는가? 누가 그랬는가? 존슨앤존슨 외부의 인물이 고의로 독을 탄 화학 테러 사건이었나, 아니면 제조업체의 실수였나?(시안화물은 제품 공장에서 사용할 수 있었다.)

존슨앤존슨은 답을 기다리거나 책임을 회피하려고 하지 않고 신속하고 단호하게 조치를 취했다. 제임스 버크James Burke 회장은 회사가 직면한 두 가지 중요한 질문의 우선순위를 정하고(첫째, '소비자들을 어떻게 보호할 것인가?' 둘째, '이 제품을 어떻게 구제할 것인가?') 질문의 답을 찾아 나

갔다.[334]

　존슨앤존슨은 당장 제품 생산을 중단하고 광고를 끊고 시장에서 타이레놀 제품을 전량 회수했다(3100만 병에 1억 달러 상당의 규모였다). 그리고 소비자의 가정에 보관한 타이레놀 수백만 개를 모두 교환해 주겠다고 제안했다. 더 나아가 유족들에게 면담과 금전적 지원을 제안했다. 오염된 제품에 관한 모든 정보에 보상금을 걸어 수집하고 더 안전하게 보호받기 전까지는 절대로 타이레놀 제품을 시장에 내놓지 않기로 약속했다. 그리고 돈과 시간을 더 많이 투입해서 상자를 더 강력한 풀로 붙이고, 약병에는 플라스틱 봉인과 포일 스탬프까지 붙이는 등 새로운 3중 위조 방지 포장을 개발했다. 존슨앤존슨은 이상의 모든 조치를 취한 다음에 자사의 잘못이 있었는지 여부를 판단했다.

　또한 뉴스 매체와도 소통 라인을 열어서 국민들에게 신속히 경고를 전달하고 현지 경찰, FBI, 식품의약국과도 관계를 유지했다.[335]

　존슨앤존슨은 '왜'라는 질문의 답을 끝내 알아내지 못했다. 이 사건은 미제로 남았고, 전국에서 모방 범죄가 몇 차례 더 발생했다. 그러나 모르는 정보로 인해 무력해지거나 모르는 정보에 집착하기보다는 당장 할 수 있는 조치의 우선순위를 정했고, 그 결과 기업의 기적을 일으켰다. 존슨앤존슨은 시장점유율을 완전히 회복했고, 타이레놀은 미국에서 가장 신뢰받는 브랜드라는 입지를 되찾았다. 어떻게? 사실을 객관적으로 처리하고, 주관적인 생각에 압도당하지 않은 것이다.

주관적인 문제, 객관적인 답변

단순하지 않고 확실한 답이 없는 상황이라고 해서 해결하지 못한다는 뜻은 아니다. 우리가 직면한 문제나 장면이나 과제가 명확하지 않거나 도덕적으로 애매하거나 회색지대에 있을 때는 주관적인 문제로 간주한 다음 객관적으로 다루어야 한다.

문제는 문제다. 주관적인 문제에 대처할 때도 객관적인 문제를 해결하는 방법으로 접근해야 한다. 큰 그림과 자잘한 세부 요소를 모두 살펴보고 얻을 수 있는 정보를 모두 수집한 다음 뒤로 물러나서 다른 관점을 고려하고, 분석하고, 우선순위를 정하고, 질문하고, 명확하고 구체적으로 소통해야 한다.

1993년에 워싱턴 D.C. 외곽의 데니스 음식점이 고객에 대한 인종차별로 고소당했다. 제복을 입은 비밀경호국의 흑인 요원 여섯 명이 흑인이라는 이유로 백인 동료들에 비해 음식을 늦게 받았다고 주장했다. 웨이트리스는 음식이 늦게 나온 이유는 비밀경호국 인원이 많고(21명이 같이 들어왔고, 흑인 여섯 명이 한 테이블에 모여 앉아 있었다), 주문이 복잡하고, 흑인 요원들이 맨 마지막에 주문해서라고 반박했다. 편견이라고 주장하는 증거는 무엇일까? 웨이트리스가 흑인 요원들의 테이블에서 돌아서면서 눈을 굴리는 모습이 목격되었다. 결과는 어떻게 됐을까? 집단 소송으로 갔다.[336] 차별은 입증하기 어려운 문제다. 웨이트리스가 의도적으로 그렇게 했을까? 본인만 알 것이다.

데니스 본사는 주관적인 부분(웨이트리스가 차별 행동을 했는지 여부)에 시간을 허비하지 않고 곧장 객관적으로 접근해, 인종차별에 반대하고 모든 고객을 존중한다는 입장을 명확히 밝혀 대중의 의혹을 불식해야 한다고 판단했다. 데니스는 책임지고 사과하고 배상하고 새로운 정책을 마련했으며, 고발 사건의 진위를 떠나 데니스 레스토랑에서는 일말의 인종적 편견도 용납하지 않는다는 입장을 대중에게 직접 알렸다.[337]

회색지대는 크기와 중요도와 맥락이 제각각이지만 직장과 사생활 모두에서 발생한다. 어떤 상황이든 주관적으로 반응하면 부정적인 결과를 낳을 위험이 커지고, 사실을 가로막을 가능성도 커진다. 주관적인 상황에서도 객관적으로 반응해야 한다. 그러면 어려운 문제를 제거하지 못할 수도 있지만, 상황이 복잡해질 때 위험을 최소로 줄일 수는 있다.

자원이 부족할 때 창의적으로 대처하는 법

완벽하지 않은 세상에서 성공하기 위해 우리의 기술을 조정하는 것은 단지 우리 주변과 내면의 주관적인 회색지대를 관리한다는 뜻만이 아니라 우리가 가진 것으로 최선을 다한다는 뜻이기도 하다. 지도자는 정보나 시간이나 재료나 인력이나 돈이 심각하게 부족하다고 해서 중단하거나 도망칠 수 없다. 위기 상황에서는 인수 보고서를 작성하거나 상사에게 불평하지 않는다. 긴박한 순간에는 누군가에게 등을 돌리기도 하고, 모든 정보를 갖추지 못한 채 할 일을 해야 한다. 돈이 충분한 사람은 아무도 없다. 시간이나 인력이 충분한 사람도 없다. 누구나 자원 부족에 시달린다. 그래서 불리하기만 한 것은 아니다.

필요가 발명의 어머니듯이, 제약이 우리 내면에서 최선의 결과를 끌어낼 수 있다. 절박한 상황에 몰리면 평소처럼 사업을 해나가는 대신 재고하고 재구성하고 다른 방향으로 접근한다.

미술에서는 이런 접근법을 '오브제 트루베object trouvé'라고 한다. 찾아 낸 물건에서 새로운 예술을 창조한다는 뜻이다. 가나의 화가 엘 아나추이El Anatsui는 이런 작품으로 유명하다. 보다시피 그는 멀리서 보면 반짝이는 모자이크처럼 보이고 전체적으로 모아서 보면 직물처럼 보이는, 방 전체를 차지하는 규모의 작품을 만든다. 가까이에서 보면 무수히 많은 금속 조각이 구리선으로 연결되어 구겨지고 비틀리고 형태가 잡혀 있다. 더 가까이 다가가면 금속에 글씨가 보인다. Dark Sailor, Top Squad, Chelsea.

어느 날, 아나추이는 평소처럼 작업에 쓸 재료를 찾아 동네를 어슬렁거리다가 이 재료를 발견했다. 서아프리카의 도로변에 쓰레기와 함께 잔뜩 널려 있는 것이었다. 바로 음료수병의 금속 뚜껑이었다. 그는 이 재료로 작품을 제작하면서 주제의식을 전달한다. 이 작품에는 다양한 층위가 있다.[338] 용도가 변경된 아름다움도 있고, 산업 폐기물과 같은 세계적 쟁점에 관한 의견도 있으며, 사람들이 함께 만든 공동 작업이라는

엘 아나추이, 〈스카이라인〉, 2008

엘 아나추이, 〈오아시스〉(세부), 2008

의의도 있고, 절대 두 번 다시 똑같은 형태가 나오지 않을 만큼 한없이 유연하며, 말 그대로 쓰레기로 만든 작품이라 저렴하고, 거대하고 강렬하면서도 접으면 여행 가방에 들어갈 정도로 이동이 용이하다.

서아프리카 골드코스트에서 어부의 아들로 태어난 작가가 버려진 병뚜껑과 철사로 이런 것을 만들 수 있다면, 우리는 우리의 유한한 자원으로 무엇을 할 수 있을까? 우리는 얼마나 창조적이 될 수 있을까?

풍부한 자원의 필요성은 분기별 예산의 형태로만 정기적으로 찾아오는 것이 아니다. 이런 필요성은 개인 재정과 자녀 양육과 교육제도와 정부에서, 특히 위급 상황에서 언제나 존재한다. 우리가 어떤 상황에서도 창조적으로 자원을 활용할 수 있다는 점을 알면 혼란스러운 상황에서도 자신감을 얻을 수 있다. 이제 우리가 결핍에도 잘 대처할 수 있다는 점을 입증하기 위해 앞에서 배운 관찰과 지각과 소통 기술을 통해 미완의 예술품을 분석해 보자.

미완성의 불안

뉴욕 메트로폴리탄 미술관만 해도 미완성 작품을 20점 이상 전시한다.[339] 저장고에 숨겨져 있거나 아무렇게나 방치된 것이 아니라 귀중한 완성작 옆에 나란히 걸려 있다. 왜일까? 미술사가들은 미완성 작품이 그려지는 과정을 통해 우리에게 작품이 완성되기까지의 노고와 기술과 영감을 감상할 기회를 제공하기 때문이라고 말한다. 무엇보다도 우리의 삶은 현재진행형 작품이고, 모든 일이 늘 깔끔하게 마무리되는 것은 아니다.

그러나 미완성 작품을 감상하는 일을 모두가 좋아하지는 않는다. 얼굴이 있어야 할 자리가 비어 있고, 손이 없고, 낙서가 되어 있으면 일부는 몹시 불안해할 수 있다. 강박장애가 있어서가 아니라 인간이기 때문에 불편하게 느끼는 것이다.

인간은 완결을 갈망한다. 일부 심리학자들은 인간에게 '미완성' 콤플렉스가 있다고 주장하기도 한다. 열어 보지 않은 이메일이든 미진한 작업이든 방치된 주택 리모델링 프로젝트든, 미완성인 모든 것이 우리의 마음에 무겁게 매달려 구석구석을 따라다닌다. 미완성 작업이 뇌를 차지하는 것은 세계 각지의 많은 연구에서 증명되었듯이 인간에게 일단 시작하면 마무리하고자 하는 욕구가 있기 때문이다.[340] 종결을 추구하는 성향은 우리의 뇌가 효율성을 선호하는 데서 기인한다. 완성된 과제는 닫힌회로다. 미완성 작업은 해결책을 찾거나 아직 해결책을 찾지 못한 것을 걱정하는 데 많은 인지 에너지를 소진하는 열린회로다.

미완성 작업이 우리의 생각을 지배하는 현상을 '자이가르닉 효과

Zeigarnik effect'라고 부른다. 러시아의 심리학자 블루마 자이가르닉^{Bluma} Zeigarnik의 이름을 딴 것이다.[341] 자이가르닉은 1930년대에 카페에 있다가 웨이터가 아직 서빙하지 않은 주문만 유독 잘 떠올리는 모습을 발견했다. 일단 음식이 나오면 주문을 기억해야 한다는 중압감에서 벗어난다. 자이가르닉 효과는 텔레비전 드라마가 '클리프행어^{cliffhanger}(손에 땀을 쥐게 하는 상황-옮긴이)'로 끝나서 다음에도 다시 찾게 만드는 이유와 퀴즈쇼가 우리를 끌어들이는 기제를 설명해 준다. 영국 셰필드 대학교 심리학과 인지과학부의 톰 스태퍼드^{Tom Stafford} 박사는 이렇게 적었다. "BBC 방송국이 설립된 해나 세계에서 맥도널드가 하나 이상 있는 국가의 비율에는 관심이 없을지 몰라도 일단 누군가 질문을 했을 때 정답을 알지 못하면 이상하게 신경이 쓰인다(그나저나 정답은 1927년과 61퍼센트다)."[342] 스태퍼드는 《마인드 해킹^{Mind Hacks}》에서 테트리스 게임의 꾸준한 성공 원인을 자이가르닉 효과에서 찾는다. 1984년에 러시아의 과학자가 개발한 테트리스는 30년이 지나도록 여전히 인기를 끌고 있다. 10억 명 이상이 테트리스를 하는 것은 "정돈하면서 얻는 마음의 기본적인 쾌락을 우리에게 불리하게 이용하기"[343] 때문이다.

완성되지 않은 상황은 스트레스를 야기한다. 생산성 컨설턴트인 데이비드 앨런^{David Allen}은 《쏟아지는 일 완벽하게 해내는 법^{Getting Things Done}》에서 일상적으로 불안을 느끼는 것은 누구나 할 일은 너무 많은데 그 일을 할 시간이 충분하지 않다고 생각하기 때문이고, 뇌가 무의식중에 미완성인 일들에 집착해서 답답해지기 때문이라고 주장한다. 앨런에 따르면 이와 같은 집착은 모든 과제에 민주적인 편이어서, "'세계의 기아를 종식하기' 같은 거창한 일부터 '새 비서를 고용하기' 같은 다소 평범한 일과 '자동연필깎이 교체하기' 같은 사소한 일까지 모든 것에"[344] 공평하게 적용된다.

우리의 생산성을 위협하는 미완성인 일들은 해야 할 일 목록에 오른 과제에만 해당되지 않는다. 모든 이메일에 답장을 보내고, 모든 전화에 회신하고, 모든 질문에 답해야 한다고 생각하는 것처럼 우리가 마음속으로 하겠다고 생각한 모든 일이 포함된다. 미완성인 일들이 주는 스트레스는 기업의 관리자와 보도부 편집자 못지않게 학생이나 전업주부에게도 영향을 미칠 수 있다. 얼마나 많은 미완성인 일이 머릿속을 맴도는지 알아채지 않고도 이런 일들이 우리의 에너지와 주의를 소진한다는 것을 느낄 수 있다. 밀린 일은 우리를 힘들게 만드니까.

따라서 우리를 불편하게 하는 다른 일들과 마찬가지로, 우리는 미완성인 일들을 회피하려 한다. 그러면 상황이 더욱 악화된다.

이제부터는 미완성 과제를 회피하는 대신 스스로 뇌를 속여 미완성인 일들을 마치 완성된 것처럼 취급하면서 무한한 열린회로에 얽매이지 않을 것이다. 물론 짐작하다시피 미술을 이용할 것이다.

미완성인 것을 완성하기

유명한 미술작품이 미완성작으로 남은 것과 같은 이유에서, 직장의 프로젝트와 홍보 활동과 문제들도 더 이상 진행되지 않고 채워지지 않고 해결되지 않은 채 남아 있다. 대개 정치, 재난, 망설임, 상부 지시 사항의 변동, 죽음이나 질병, 시간이나 돈이나 자원의 부족 때문이다. 다른 사람들이 진행하다가 중단한 일을 떠맡아서 다시 시작하는 능력은 매우 유용하다.[345] 특히 지금처럼 국가의 모든 산업에서 이직률이 40퍼센트 이상이고, 새로 들어온 직원이 직접 시작하지 않은 프로젝트를 마무리 지어야 하는 시대에는 더욱 그렇다. 미완성 프로젝트에 대한 주관적 감정 (완벽하지 않은 조건에서 일해야 한다는 데서 오는 실망감이나 좌절감)을 객관적 사실에서 분리해 낼 수 있다면, 미완성 조건에서 일하는 것과 완성 조건에서 일하는 것이 여러모로 다르지 않다는 점을 알게 될 것이다.

옆 쪽의 구스타프 클림트Gustav Klimt의 미완성 스케치를 살펴보자.

이 그림을 객관적으로 평가하고 분석할 수 있을까? 그렇다. 중요한 요소는 모두 있다.

누구인가? 검은 머리와 긴 얼굴과 밝은색 눈동자와 짙은 눈썹과 가느다란 코를 가진 여자다. 허벅지 위에 놓인 오른손의 가느다란 손가락이 보이고 왼손은 보이지 않는다. 혼자 있는 것으로 보인다. 검은 리본에 레이스가 달린 목걸이를 두른 것으로 보아 20세기 초이거나, 적어도 그 시대의 복식으로 옷을 입은 것으로 보인다.

여자가 무엇을 하고 있는가? 앉아서 정면을 바라보는 모습이 초상화를 위해 포즈를 취하는 것처럼 보인다. 어디에 있는가? 작업실이나 별다른 특징 없는 실내에 있는 것으로 보인다.

언제인가? 빛의 배치로 보아 낮인 것 같다. 계절은 알 수 없다.

무엇을 모르는가? 여자의 이름, 화가와의 관계, 여자가 포즈를 취하는 장소, 드레스의 나머지 부분이나 겉옷이 어떤 모양인지, 여자가 왜 저기 있는지, 그림이 왜 미완성인지를 모른다.

정보를 더 얻을 수 있다면 무엇을 가장 알고 싶은가? 가장 중요한 질문에 답해 주는 정보는 무엇인가? 바로 여자가 누구냐는 것이다.

이 그림 자체는 미완성이라고 해도 이미 주어진 객관적 사실을 근거로 더 많이 알아낼 수 있다.

우리는 이 작품이 클림트의 작품이라는 사실을 안다. 왜 절반만 완성되었을까? 클림트가 말년에 그리던 작품을 조사해 보면, 이 스케치는 그

가 빈에서 1917~1918년에 그린 초상화의 미완성작이라는 정보를 찾을 수 있다. 그가 쉰여섯 살에 갑자기 뇌졸중으로 사망하면서 미완성작으로 남았다.

따라서 이제 우리는 시간과 장소를 안다. 이런 실마리를 잡고 역사적 사실을 조금 더 조사해 보면 클림트가 1917년에 그리던 이 초상화는 아말리에 주커칸들Amalie Zuckerkandl이라는 여인의 초상화라는 사실이 드러나고, 여기서부터 이야기가 꽃을 피운다.

아말리에 주커칸들은 당시 중요한 인물들과 친분이 있었다. 아말리에는 클림트와 가까웠던 미술평론가이자 기자이며 문학 살롱을 주관하던 베르타 주커칸들Berta Zuckerkandl의 동서이자 클림트의 가장 중요한 후원자인 유대인 설탕 귀족 페르디난트 블로흐바우어Ferdinand Bloch-Bauer의 처형인 테레즈 블로흐바우어Therese Bloch-Bauer와 친구이기도 했다. 페르디난트 블로흐바우어는 클림트에게 아말리에의 초상화와 함께 일곱 점 이상의 초상화를 주문했고, 그중에는 그의 아내 아델레의 초상화도 두 점 있었다. 1938년에 나치가 빈으로 진격하자 유대인 시민과 화가가 모두 혼란에 빠졌다. 딸 헤르민은 바이에른에 안전하게 숨을 수 있었지만 아말리에는 강제수용소에서 처형되었다.

아말리에의 초상화는 클림트의 다른 작품들과 함께 페르디난트 블로흐바우어의 빈 저택에 걸려 있었다. 블로흐바우어는 가까스로 체코슬로바키아에 있던 그의 성으로 피신했지만, 빈의 재산을 지키려고 변호사를 고용했다. 그러나 그 변호사는 사실 나치 친위대의 고위 장교로서 나치를 위해 페르디난트의 재산을 청산하는 역할을 맡았다. 블로흐바우어의 빈 저택은 결국 독일 철도센터가 되었고, 현재는 오스트리아의 철도 본부로 쓰이고 있다.

아말리에의 초상화는 몇 년 동안 사라졌다. 비유대계인 아말리에의 친척이 소유했다가 미술상에게 판 것으로 알려졌다. 그 미술상은 이 그림을 개인 소장품으로 보관하다가 2001년에 101세의 나이로 세상을 떠나면서 오스트리아 미술관에 기증했다. 2006년에 오스트리아의 중재 심사원에서 〈아말리에 주커칸들의 초상화Portrait of Amalie Zuckerkandl〉(미완성작)를 포함하여 도난당한 작품을 모두 블로흐바우어의 후손들에게 반환하라는 판결을 내렸지만, 얼마 후 번복하여 아말리에의 초상화는 오스트리아에 남겨 두라고 판결했다.[346]

우리가 완성작이 아니라는 이유로 이 그림을 간과했다면 이렇게 풍성하고 흥미진진한 사연을 알아내지는 못했을 것이다. 우리는 완성작을 다루듯이 이 작품을 다루었다. 체계적인 계획과 절차로 접근했다. 중요한 부분이 누락된 미완의 조건에서 우리의 기술을 활용할 준비를 해두면, 다른 사람들이었다면 벤치에 앉힐 수도 있었을 변화구에 대비할 수 있다. 예컨대 휴직, 해고, 갑작스러운 이별, 열악한 고용 환경, 정책과 규칙과 규정의 급격한 변화에 대비할 수 있다. 불완전한 정보나 자원만으로도 잘 해나가야 한다. 나는 어느 늦은 밤에 워싱턴 D.C.의 한 호텔에서 그렇게 했고, 그 결과 목숨을 구했다.

나는 사업차 워싱턴 D.C.에 자주 가며, 생일선물까지 챙겨 받을 정도로 자주 투숙하던 호텔이 있다. 그런데 어느 날 새벽 2시에 내 방 앞에서 비명소리가 들려 잠이 깼다.

"나한테 또 이런 짓 하게 놔두지 않을 거야! 911에 신고할 거야. 정말이야!" 여자의 목소리가 복도에 울렸다.

나는 침대에서 일어나 열쇠 구멍으로 내다보았다. 아무것도 보이지 않았다. 혼자 여행하는 데 이골이 난 사람으로서 문을 열고 스스로 위험에 노출되지 않는 편이 낫다고 판단했다. 비명이 끊이지 않았다.

어떤 상황인지, 미완성 그림이 그려졌다. 어떤 사람들인지, 서로 어떤 관계인지, 어떤 맥락의 대화인지 알 수 없었다. 그러나 여자의 목소리 어조로 곤경에 빠진 것은 알 수 있었다.

나는 호텔 프런트에 전화해서 내가 들은 상황을 전달했다. 내가 아는 것만 설명하려고 신중을 기했다. 내가 들은 내용과 어디이고 언제인지를 설명했다. 프런트에서 경찰을 불렀다.

한 시간 뒤 호텔 측에서 전화가 와서 현장에 온 경찰들에게 진술할 수 있는지 물었다. 나는 그 싸움의 유일한 '귀 증인^{ear witness}'이자 그 호텔에서 유일하게 사건을 신고한 사람이었다. 비명을 들은 사람이 나밖에 없었을 리는 없다. 꽤 큰 소리가 한참 들린 터였다. 다른 투숙객들은 미완의 정보에 관심이 없어서 신고하지 않았을 것이다. 다들 무슨 일이 일어나는지 몰라서 그냥 무시했을 것이다. 나도 어떤 상황인지 모르긴 마찬가지였지만, 변호사부터 '지각의 기술' 강사에 이르기까지 전문가로 살아오면서 아무것도 무시해서는 안 된다는 것을 배웠다.

나는 경찰과 면담하면서 아는 것과 모르는 것을 솔직담백하게 말했다. 내가 들은 내용이 완전하지 않으므로 나의 관찰과 지각은 모두 완전하지 않았다. 그러나 정보가 부족하다고 해서 협조하지 못하는 것은 아니었다. 나는 주관적인 부분과 의견과 가정을 배제하면서 아는 만큼만 전달했다. 시간은 대략 새벽 2시 15분이었다. 나는 내가 투숙한 226호실 앞 복도에서 들리는 비명소리에 잠이 깼다. 문으로 가서 열쇠 구멍으로 내다보았지만 아무것도 보이지 않았다. 여자의 비명이 들렸다. 기억나는 대로 내가 들은 내용을 전달했다. 여자와 같이 있던 남자의 목소리도 들렸지만 남자가 한 말은 알아들을 수 없었다. 비명과 말다툼이 적어도 15분간 지속되었다.

경찰은 복도에 있던 여자를 로비의 가구 뒤에서 찾았다고 했다. 여자는 원치 않게 고용된 성노동자로 포주와 싸우던 중이었다. 남자가 한 말이 아니라 여자가 전한 상황이었지만 경찰에서는 여자가 한 말을 확인해 줄 공정한 제3자의 증언을 받아야 했다. 남자의 주장처럼 사랑싸움이 아니라는 것을 확인해야 했다. 결국 경찰은 그 호텔에서 활동하던 매춘 조직을 붙잡을 수 있었다.

삶의 다른 불완전한 일들에서도 이와 같은 기술을 활용할 수 있다. 예를 들어, 메일함에 든 읽지 않은 이메일의 기나긴 목록이 현재 당신의 뇌를 꽉 채우고 있다고 해보자. 주관적인 부분이 커지게 놔두지 말고 완성된 미술작품을 볼 때처럼 객관적인 사실을 찾아보라. 우선 숫자부터 찾아보라. 하루에 이메일을 몇 통이나 받는지 세어 보고 현실적으로 답장을 보낼 수 있는 메일이 몇 통인지 생각해 보라. 이메일이 들어오는 시기를 판단한 다음 하루 중에서 이메일에만 집중할 수 있는 시간을 정하라.

스스로에게 이렇게 물어보라. 불완전한 것과 완전한 것의 차이가 무엇일까? 불완전한 이메일은 읽었든 읽지 않았든 답장을 보내지 않은 것이다. 미완성인 일을 완성된 일인 양 취급하려면 무엇을 할 수 있을까? 이메일을 한꺼번에 다 읽고 답장하지 않아도 눈으로는 분류하고 우선순위를 정할 수 있다. 원하는 대로 모든 이메일에 신속히 답장을 보낼 시간이 없는가? 완성하기 위해 해야 할 일을 해서 스트레스를 제거하라. 이를테면 자동응답으로 답장을 보내는 방법이 있다. 〈Inc.〉의 컬럼니스트 케빈 대엄Kevin Daum은 이렇게 보내라고 제안한다. "감사합니다. 잘 받았습니다. 지금은 제가 조금 바쁘지만 하루 이틀 내로 답장을 드리겠습니다."[347]

놀랍게도 이런 새로운 이메일 프로토콜을 설정하기로 계획하고 미완성인 일을 완성된 일처럼 공략하기로 계획을 세우면 계획을 실행하든 못하든 애초에 그 일을 회피하게 한 스트레스가 크게 완화된다. 2011년에

플로리다 주립대학교의 심리학자들은 일련의 연구에서 계획하는 행동만으로도 실현되지 않은 목표로 생긴 정신적 추론이 제거될 뿐 아니라 인지적 자원도 해방되어 궁극적으로는 그 목표를 달성하는 과정이 더욱 촉진된다는 결과를 얻었다.[348] 스태퍼드 박사는 이렇게 말한다. "[우리의] 마음은 계획이 세워지는 순간을 좋아한다. 무엇을 어떻게 할지 계획하기만 해도 미완성인 과제의 부담에서 벗어나기 때문이다."[349]

이 책에서 살펴보았듯이, 어떤 상황에서든 명확히 보고 처리하고 소통하는 능력은 직업적으로나 개인적으로나 고용 보장과 개인의 안전, 금전적 소득과 존경을 비롯한 큰 혜택을 불러온다. 누구나 조금만 연습하면 숙달할 수 있는, 거의 자동적으로 일어나는 손쉬운 과정치고는 상당한 보상이다.

결론   보는 법을 알면 세상이 달라진다

CNN의 영웅으로 선정된 데릭 케욘고가 호텔방 욕실에서 작은 비누 하나에 의문을 품었을 때만 해도, 그는 사소한 관찰 하나가 국제적으로 그처럼 엄청난 영향을 미칠 수 있을 줄은 상상도 하지 못했다. 케욘고는 글로벌 솝 프로젝트를 설립할 영감을 얻은 지 5년 만에 버려진 것을 재활용하자는 첫 아이디어가 몇 배로 확대된 결과를 목도했다. 단순히 미국의 호텔에서 버려지는 비누를 가져와 소독해서 손 씻을 비누조차 없는 우간다의 동포들에게 나눠 준다는 취지로 시작된 일이 순식간에 위생 혁명으로 돌변했다. 그의 자선 활동은 그 뒤로 시에라리온에서 에볼라 바이러스의 확산을 막는 데 일조하고, 산파들과 협력하여 예방 가능한 산욕패혈증을 예방했다. 개발도상국에서는 '산욕열'이라고도 불리는 이 증상으로 아기를 낳은 산모들이 죽어 간다. 그리고 케욘고는 사업과 인도주의적 여정의 원점으로 돌아와 이제는 그의 아버지와 같은 현지의 비누 제조업자에게 소액융자를 제공해서 그들이 자체적으로 지역을 건강하게 만드는 데 기여할 수 있도록 도와준다.

그러나 무엇보다 놀라운 것은 케욘고가 개인적으로 목격한 변화다. 처음에 케냐 키수무의 한 마을로 재생비누 5000장을 전달할 때는 계획대로 진행되지 않았다.

"제가 조그만 비누를 쌓는 동안 엄마들이 아이들을 데리고 줄을 서서 싱글벙글했어요. 저는 그들에게 비누에 얽힌 이야기를 들려주었죠. 이건 보통 비누가 아니라고요. 미국의 자원봉사자들이 그 사람들만을 위해 사랑으로 만든 비누라고 말해 주었죠. 희망의 비누라고요."

다음 날 아침에 그 마을 부인들이 비누를 얼마나 마음에 들어 하는지 보려고 마을로 다시 가보니 대다수가 비누를 쓸 엄두를 내지 못하고 있었다.

그들은 케욘고에게 말했다. "희망의 비누라면서요. 저희만을 위해 사랑으로 만든 거라면서요. 그렇게 소중한 걸 써버릴 수는 없었어요!"

"아, 아니에요! 쓰셔야 해요! 목욕하러 가셔야 해요!"

그러자 마을 사람들 중에서 깡마른 여자가 커다란 눈으로 두리번거리며 그에게 다가와 비누를 쓰긴 했지만 그가 생각한 방식으로 쓴 건 아니라고 털어놓았다.

"비누를 받았는데 향이 너무 좋아서 물을 조금 넣고 온몸에 발랐어요."

"온몸에요?" 케욘고가 물었다.

"예, 온몸에. 그리고 물로 헹구지 않았어요." 여자가 웃으며 말했다.

"왜요?"

"이렇게 소녀 같은 냄새는 맡아 본 적이 없어서요."

케욘고는 아주 사소한 부분까지 알아채고 행동하면 세상을 바꾸는 힘이 생긴다는 사실을 깨닫고 감격했다.

케욘고의 일화는 무엇이 문제인지 보는 법을 알려주는 참다운 교훈이다. 말하자면, 그동안 간과한 것이나 평범한 것이나 그리 중요해 보이지 않는 것을 보면 처음에 안고 있던 문제가 해결되거나 성공이 보장될 뿐 아니라 예상치 못한 인식의 전환이 일어나고 부수적으로 근사한 결과가 나타날 수도 있다. 우리와 우리의 주변 세계에 영향을 미치는 이런 부수적 결과는 상상도 못한 소득이다. 포장지를 벗긴 비누가 생명을 구하는 것이다. 소를 찍은 선명하지 않은 사진 한 장은 시각 주의력을 강화하는 수업 자료에서 제2차 세계대전 중 적의 항공기를 정확히 포착하는 군사훈련 프로그램으로 발전했다. 깔쭉깔쭉한 가시에서 고안한 지퍼 없는 지퍼는 패션 산업에 일대 변화를 불러왔을 뿐 아니라 우주에서 머물고 일하는 것을 가능하게 해주었다.

내가 강의하는 내용은 로켓과학이 아니다. 나는 세상의 모든 로켓과학자들을 존경하지만 내 강의가 더 낫다고 생각한다. 감각을 일깨우고 탐구심을 발휘할 때 변화의 가능성은 무궁무진하기 때문이다.

오랫동안 '지각의 기술'을 거쳐 간 수강생들에게서 무수히 많은 추천사를 받아 봤지만, 이 책이 출간되기도 전에 책에 관한 추천사를 받고는 무척이나 놀랍고도 기뻤다. 아직 아무도 이 책을 볼 수 없었을 때였으니, 그런 추천사를 써줄 수 있는 사람은 단 한 명뿐이었다. 바로 나의 편집자 에이먼 돌런이다. 그는 따로 지각에 관한 강의를 들을 필요가 없어 보이는 최고의 의사소통 전문가였다.

몇 달간 내 세계(그리고 내 원고)에 빠져 지내던 어느 날, 그는 지하철을 타고 출근하다가 어딘가 불편해 보이는 건너편 여자를 보았다. 여자는 정신없이 지갑을 뒤지면서 우는 것처럼 보였다. 기침을 하고 숨을 가쁘게 몰아쉬어 두어 사람이 무슨 문제가 있냐고 물었지만 여자는 대답하지 못했다. 지하철이 역으로 진입하는 사이 승객 몇 명이 무슨 일인지 궁금해했고, 서로를 쳐다보고는 한 사람이 여자를 위로하려 했다.

에이먼은 급히 열차에서 내려 플랫폼 중간쯤으로 뛰어가서 창문을 열어 둔 안내원을 찾았다.

"당장 열차 운행을 중단하고 응급 지원을 요청해 주세요. 두 번째 차량에 있는 여자 분이, 아마 천식인 것 같은데 흡입기를 못 찾는 것 같아요."

열차는 그 역에 정차했고, 경찰과 응급구조대가 도착해서 여자를 보살폈다. 그들이 여자를 부축해 열차에서 내리는 와중에도 여자는 거친 숨을 몰아쉬었지만, 이제 기침도 멈추고 말도 할 수 있었다. 여자는 갑자기 천식 발작이 일어났는데 흡입기를 찾지 못했다고 말했다. 천식 사망의 80퍼센트가 일반적인 의료 처치로 살 수 있지만, 성인들이 방심하여 흡입기를 가지고 다니지 않아 위험한 상황을 맞이할 때가 많다. 에이먼이 그 여자를 살렸을 수도 있다.

에이먼은 나중에 내게 이렇게 말했다. "선생님 책을 편집하기 전이었다면 그렇게 대처하지 못했을 거예요. 딱히 관심이 없어서가 아니라 그렇게 면밀히 관찰하거나 그렇게 신속히 행동하거나 소통하지 못했을 테니까요. 선생님 책을 편집하면서 주변을 더 열심히 관찰하는 습관이 생겼어요. 덕분에 그 여자 승객과 제가 열차의 앞에서 두 번째 차량에 타고 있다는 것을 알았고, 여자의 행동이 어딘가 이상하다는 것을 알아챘고, 열차 앞쪽에 앉는 차장들과 달리 안내원들은 열차 중앙에 앉아 있고 대체로 역에 들어서면 창문을 열어 둔다는 것을 떠올린 거예요."

《우아한 관찰주의자》덕분에 그의 관찰력만 예리해진 것은 아니었다. 이 책은 그가 새로운 사고 유형을 형성하는 데도 일조했다. 이어서 그는 이 책의 각 장을 언급하면서 그 사고에서 그가 관여한 부분을 설명했다.

그는 다른 승객들이 상황을 다르게 본다는 점을 알아챘지만 그의 지각까지 달라지게 놔두지 않았다(3장). 그는 그 장면에서 누구, 무엇, 언제, 어디에 관한 정보에 주목했다(4장). 그가 탄 차량의 구체적인 번호 같은 세부 정보를 지각했고(5장), 현장을 다른 각도에서 분석했으며(6장), 무엇(천식 흡입기)이 빠졌는지 추측했다(7장). 게다가 대략적으로나마 정보의 우선순위를 정하는 방법에 관한 7장의 내용이 머릿속에 가장 선명하게 남아 있던 터라 안내원에게 가장 긴급한 사항을 먼저 알려야 한다고 판단했다. 그래서 열차를 역에서 내보내지 말고 정차시키라고 한 것이다. 그리고 관찰 내용을 구체적인 상대에게 적합한 메시지로 포장했다 (8장).

"선생님 덕분에 보통 때는 잘 쓰지 않는 단어를 제대로 선택하게 되었어요. '운행 중지'니 '응급 지원'이니 하는 MTA(의료원) 용어를 쓴 덕분에 안내원이 제 메시지를 더 쉽고 빠르게 인지한 것 같아요."

에이먼은 마지막으로, 《우아한 관찰주의자》를 읽은 덕에 신속히 행동할 용기가 생기고 불완전한 정보만 가지고도 그 여자 승객을 고통스럽게 만드는 문제에 관해 합리적으로 추론할 수 있었다고 말했다(11장). 이 말이 가장 많이 이해되고 덩달아 기분이 좋아진 이유는 나도 경찰에서 내가 호텔의 매춘 조직을 소탕하는 데 기여했다는 치하를 들었을 때 그런 느낌이 들었기 때문이다. 시각 지능을 활용하면 유능한 형사도 되고, 사회복지사도 되고, 수호천사도 될 수 있다. 늘 그 자리에 있는 비밀의 세계를 발견한 느낌이 든다.

나는 운이 좋게도 날마다 세계 각계각층의 사람들(고등학교 교사, 첩보원, 포천 500대 기업 CEO, 학생, 공무원, 가정주부, 학부모)이 전에는 자기에게 있는 줄도 몰랐던 능력을 새롭게 발견하는 모습을 지켜본다. 당신에게도 같은 능력이 있다. 그래서 내가 '지각의 기술' 강의를 그만두지 못하고 당신에게 '비법'을 전하면서 전율을 느끼는 것이다. 나는 하루빨리 당신이 태어난 순간부터 가지고 있던 기능과 환상적인 능력을 발휘해서 당신과 당신 주변의 세상을 얼마나 변화시켰는지 듣고 싶다.

무엇보다 큰 그림을 발견하면서도 세세한 부분을 놓치지 말아야 한다. 복잡성을 겁내지 말고 섣불리 판단하지 말라. 뒤로 물러서서 복잡한 미술작품을 감상할 때처럼 한 번에 한 겹씩 벗겨 보라. 처음부터 시작하라. 중요도에 따라 우선순위를 정하라. 가능한 한 모든 자료를 고려해야 한다. 마호가니 테이블을 놓치지 않았던가.

항상 질문해야 한다. 특히 스스로에게 질문해야 한다. 아무리 '명백해' 보여도 다른 사람들은 보지 못할 수 있으므로 당신이 본 것을 진술해야 한다. 기본적인 사실을 잊지 말아야 한다. 이를테면, 하나는 사진이고 다른 하나는 그림이라고 말해야 한다. 구체적인 대화를 나누려면 상대는 당신이 보는 것을 전혀 보지 못한다고 간주해야 한다. 이렇게 자문하라. "내가 최대한 명료하게 말했는가? 필요한 답을 끌어내기 위해 적합한 질문을 던졌는가?"

객관적인 사실만 취급해야 한다. 감정과 가정 때문에 지각이 막히지 않도록 무엇이 보이는지 설명해야 한다. 경험과 결별하지 말고 경험을 의식하며, 경험이 당신에게 어떤 영향을 미치는지 알아야 잘못된 가정으로 흐르지 않을 수 있다.

세상을 비판적인 눈으로 다르게 보기로 선택할 때, 스스로 특출해지기로 선택하는 것이다. 당신이 얼마나 멀리 왔고, 이제는 얼마나 특출해졌는지 깨닫고 싶다면 48쪽으로 돌아가서 우리가 처음 본 르네 마그리트의 〈초상화〉를 보라. 처음에는, 이상하긴 하지만 단순한 정물화(또는 별 생각 없이 그냥 넘긴 그림)였지만 이제는 가능성이 풍부한 그림으로 보인다. 관계와 병치, 얼룩과 날카로운 그림자, 질감, 냄새, 현실적인 부분과 환상적인 부분에 주목하라. 전에는 보이지 않던 무엇이 보이는가? 그림 자체는 변하지 않았다. 당신이 변했다. 당신은 이제 중요한 것을 보고 있다.

이 책이 나오기까지 신세진 분이 많습니다. 우선 아버지 로버트 허먼과 언니 제인 E. 허먼에게 감사드립니다. 두 분이 없었다면 '지각의 기술'은 세상에 나오지 못했을 것입니다. 2010년에 돌아가신 제 어머니 다이애나 S. 허먼은 아버지, 언니와 함께 제가 어릴 때부터 무엇이 중요한지 보도록 가르쳐 주셨습니다. 가족들의 생각, 통찰, 수정, 새로운 관점을 포용하려는 의지, 제 모든 연구를 지지해 주는 마음이야말로 무엇보다 소중합니다. 가족들에게 무한히 감사드립니다.

헤더 매클린에게 감사드립니다. 헤더가 없었다면《우아한 관찰주의자》는 세상에 나오지 않았을 것입니다. 헤더의 비전과 통찰과 창조성과 지성과 협조정신과 무엇보다도 쾌활한 태도는 타의 추종을 불허합니다. 한마디로 헤더와 함께 일하는 것은 제게 최고의 기쁨이었습니다. 아울러 이 책이 나오기까지 협조해 주고 격려해 주고 많은 아이디어를 내준 헤더의 남편 칼럼 매클린에게도 감사드립니다.

라이터스 하우스의 에이전트 수전 긴즈버그는 처음 만난 날부터 합리적으로 판단하고 지지하면서 사기를 북돋아 주었습니다. 제가 생각지도 못했을 때부터 이미 이 책을 써보라고 권한 분도 바로 수전입니다. 수전에게 감사드립니다. 그러나 수전을 만나기 전에 운명에 이끌리듯 만난 분이 바로 라이터스 하우스의 로빈 루입니다. 로빈과 우연히 만나 유쾌한 대화를 나누다가 이 책을 기획해 보자는 이야기가 처음 나왔습니다. 로빈의 놀라운 선견지명에 큰 빚을 졌습니다. 더불어 매 순간 친절하게 지원해 준 라이터스 하우스의 스테이시 테스타에게도 진심으로 감사드립니다.

세심한 시각과 놀라운 지성과 '지각의 기술'에서 제가 제안하는 새롭고 색다른 관점을 수용하려는 뜻을 보여준 HMH^{Houghton Mifflin Harcourt} 출판사의 에이먼 돌런 편집자에게 감사드립니다. 초기 단계부터 이 책의 가능성을 알아봐 주고 우리가 여정을 시작하는 데 힘을 실어 준 코트니 영에게도 감사드립니다. HMH의 편집자로 세심하고 침착하게 이 책의 여정을 지탱해 준 로즈메리 맥기네스에게 감사드리고, 여러모로 도움을 준 나오미 깁스에게도 감사드립니다. 타린 로더, 에이샤 미즈라, 데비 엔젤을 비롯한 HMH의 모든 분께 감사의 뜻을 전합니다. 아울러 영리하고 정확한 광고 문안을 만들어 준 마거릿 윔버거와 뛰어난 안목으로 인내심을 발휘해 준 리자 글로버에게 감사드립니다.

'지각의 기술'은 뉴욕의 프릭 컬렉션에서 출발했습니다. 프릭 컬렉션의 동료들은 제가 이곳의 교육부 책임자로 일했을 때만이 아니라 그 뒤로도 '지각의 기술' 프로그램을 진행하는 과정에서 너그럽게 지켜봐 주었습니다. 페기 이아코노, 수전 갈라시, 콜린 B. 베일리, 일레인 코스, 레베카 브룩, 마사 해클리, 케이트 걸로, 페넬로페 큐리어에게 감사드립니다. 프릭 컬렉션의 명예관장으로서 미술관 교육을 격려하여 '지각의 기술'을 개발하기 위한 풍부한 토대를 마련해 준 고^故 찰스 리스캠프와 교육부에서 저의 새로운 시도를 지원해 준 프릭 컬렉션의 전 관장 새뮤얼 삭스 2세에게도 감사드립니다. 그리고 '지각의 기술'에 지식과 통찰을 더해 주고 이 책을 쓰도록 지원해 준 프릭 컬렉션 소속의 샤리 르매스터스와 세레나 라타치에게도 감사드립니다.

'지각의 기술' 프로그램의 많은 강의가 뉴욕 메트로폴리탄 미술관에서 진행되었습니다. 교육부의 전 부서장인 켄트 라이데커와 교육부 책임자인 페기 포절먼, '루스와 해럴드 D.'의 부장인 마를레네 그레이엄에게 감사드립니다. 뉴욕 시 경찰서 프로그램을 주선해 준 유리스 교육센터에도 감사드립니다.

'지각의 기술' 강의는 워싱턴 D.C.의 국립미술관에서도 진행되었습니다. 국립미술관의 소장품을 관람할 수 있게 해준 교육 담당자 린 러셀과 킴벌리 호지스에게 감사드립니다. 워싱턴 D. C. 스미스소니언 미술관에 여러 번 제 강의를 유치해 준 전 교육 담당자 수전 니콜스에게 감사드립니다.

'지각의 기술'은 제가 프린스턴 대학교 미술관에서 안내원으로 일하면서 탄탄한 경험을 쌓지 않았다면 세상에 나오지 못했을 것입니다. 미술관 교육에 관한 지식을 공유하고 전해 준 여러 너그러운 안내원들은 저를 세계 각지 미술관의 청중과 연결해 주는 데 결정적인 역할을 했습니다. 그분들께 깊은 감사의 뜻을 전합니다.

개인적으로나 직업적으로나 예일 브리티시 미술센터의 교육 큐레이터 린다 프리들랜더에게 감사드리고, 예일대 의대의 피부과 교수인 어윈 브레이브먼 박사에게도 감사드립니다. 브레이브먼 박사는 예일대 의

대 인문학 프로그램의 일환으로 의대생들의 관찰력을 향상하기 위한 강좌를 처음 개설해서 제게 지식과 통찰을 전해 주셨습니다.

뉴욕과 미국 전역의 경찰 조직에서 '지각의 기술'을 진행하도록 불러 준 뉴욕 시 경찰국장 윌리엄 브래턴과 전 경찰국장 레이먼드 켈리, 뉴욕 경찰서에 감사드립니다. NYPD의 다방면의 허락과 지원이 큰 힘이 되었습니다. 특히 대니얼 소스노윅 경감, 퇴직한 티머시 하디면 수사관, 마크 알바라노 경위, 아흐메트 마흐무드 경장, 헤더 토토로 경관, 애니타 카터 경관께 감사드립니다.

현재 진행 중인 FBI 교육 프로그램에 '지각의 기술'을 기꺼이 넣어 준 FBI 관계자 여러분께 감사드립니다. 고마운 분이 많아서 일일이 소개하지 못합니다. 모든 분께 많이 배웠습니다.

그 밖에도 '지각의 기술'을 계기로 만났거나 제 시도를 아낌없이 지지해 준 친구와 동료가 소개할 수 없을 만큼 많습니다. 그중에서 몇 분만 꼽자면 찰스 바데스 박사, 새러 밀러 비브, 크리스틴 버틀러, 엘런 바이런, 모니카 챈들러, 제이콥 이스텀, 베스 파흐트, 피터 포리스트, 엘리제 겔처, 바비 굿먼, 에드 홉슨, 라헬 카드예투리안, 오드리 쿠타, 류바 코노파섹, 리처드 콘, 마릴린 쿠시너, 레러 일가, 멜리사 매럼, 밥 매티슨, 로빈 매카베, 존과 칼라 머리, 셰리 메클렌버그, 앤 래디스, 도나 코언 로스, 알레그라 스태넥에게 감사드립니다.

끝으로 '지각의 기술'과 이 책을 집필하는 모든 과정에서 가장 중요한 역할을 해준 나의 아들 이언에게 이 책을 바칩니다. 아들은 저와 함께 무수히 많은 미술작품을 관람하고 저를 일상의 빛과 같은 대화로 끌어들였습니다. 저와 세계관을 공유하려는 의지와 끝없는 지지 덕분에 저는 날마다 무엇이 중요한지 볼 수 있었습니다.

주

서론

1 Christine DiGrazia, "Yale's Life-or-Death Course in Art Criticism," *New York Times*, May 19, 2002.

2 Ellen Byron, "To Master the Art of Solving Crimes, Cops Study Vermeer," *Wall Street Journal*, July 27, 2005.

3 Neal Hirschfeld, "Teaching Cops to See," *Smithsonian*, October 2009.

4 Quoted in Mike Newall, "A Course Uses Art to Sharpen Police Officer's Observation," *Philadelphia Inquirer*, May 18, 2013.

5 Elizabeth Day, "The Street Art of JR," *Guardian*, March 6, 2010.

6 케욘고의 대화는 2014년 9월에 있었던 저자와의 인터뷰에서 나온 내용이다. 참여할 방법을 알아보려면 글로벌 숍 프로젝트 홈페이지 www.globalsoap.org를 방문하라.

7 글로벌 숍 프로젝트에 따르면, 미국의 호텔에서만 매일 비누 260만 개를 폐기하는 것으로 추산된다.

8 Ebonne Ruffins, "Recycling Hotel Soap to Save Lives," CNN, June 16, 2011.

9 Joel Greenberg, "Coat, Backpack, Sweat: Close Call in Israeli Cafe," *New York Times*, March 8, 2002, http://www.nytimes.com/2002/03/08/world/coat-backpack-sweat-close-call-in-israeli-cafe.html.

10 Velcro Industries BV, "Velcro Industries History and George de Mestral," http://www.velcro.com/About-Us/History.aspx.

11 Lori Weiss, "One Woman's Egg-Cellent Idea Is Turning Her into a Millionaire," *Huffington Post*, January 9, 2013, http://www.huffingtonpost.com/2013/01/04/one-womans-egg-cellent-id-marlo-thomas-it-aint-over_n_2412204.html.

12 Leander Kahney, "John Sculley On Steve Jobs, The Full Interview Transcript," *Cult of Mac*, October 14, 2010, http://www.cultofmac.com/63295/john-sculley-on-steve-jobs-the-full-interview-transcript/.

13 Michael J. Gelb, *How to Think Like Leonardo da Vinci: Seven Steps to Genius Every Day* (New York: Delacorte Press, 1998).

14 Society for Neuroscience, *Brain Facts: A Primer on the Brain and Nervous System*, 7th ed., www.brainfacts.org.

15 2014년 9월에 한 세바스찬 승 박사와의 인터뷰. 승 박사에게 깊은 감사의 뜻을 전한다. 승 박사의 저서는 뇌과학에 관한 멋진 책이다. 꼭 읽어 볼 것을 권한다. *Connectome: How the Brain's Wiring Makes Us Who We Are* (New York: First Mariner Books, 2013).

16 《신경과학 백과사전(Encyclopedia of Neuroscience)》에서는 망막을 '발달 중에 눈으로 이동한 뇌의 일부'라고 공식적으로 분류한다. *Encyclopedia of Neuroscience*, ed. Larry R. Squire (Philadelphia: Academic Press, 2009), S.V. "retina,"

17 나는 2014년 8월에 www.eyewire.org에서 아이와이어 커뮤니티에 가입했다. Joe Palca, "Eyewire: A Computer Game to Map the Eye," *Joe's Big Idea*, NPR, May 5, 2014.

18 Michael Land, *Encyclopedia Britannica Online*, accessed August 11, 2015, http://www.britannica.com/science/photoreception, S.V. "photoreception: biology" and S.V. "Sensory Reception: Human Vision: Structure and Function of the Human Eye."

19 Palca, "Eyewire."

20 Lauran Neergaard, "At Age 40, Both Brain and Body Start to Slow," *NBC News*, Associated Press, November 3, 2008; Karlene K. Ball, Daniel L. Roenker, and John R. Bruni, "Developmental Changes in Attention and Visual Search Through Adulthood," *The Development of Attention: Research and Theory*, ed. James T. Enns (New York: North-Holland, 1990), 489–92; Meghomala Das, David M. Bennett, and Gordon N. Dutton, "Visual Attention as an Important Visual Function: An Outline of Manifestations, Diagnosis and Management of Impaired Visual Attention," *British Journal of Ophthalmology* vol. 92, no. 11 (November 2007): 1556–60.

21 Marian Cleeves Diamond, "The Brain... Use It or Lose It," *Mindshift Connection* vol. 1, no. 1, reprinted in Johns Hopkins School of Education website, http://education.jhu.edu/PD/newhorizons/Neurosciences/articles/The%20Brain...Use%20it%20or%20Lose%20It/.

22 Jennifer L. Roberts, "The Power of Patience," *Harvard Magazine*, November–December 2013.

23 Melinda Beck, "Anxiety Can Bring Out the Best," *Wall Street Journal*, June 18, 2012.

24 Alexander Graham Bell, "Discovery and Invention," *National Geographic* vol. 25 (June 1914): 650.

25 Yue Wang, "More People Have Cell Phones Than Toilets, U.N. Study Shows," *Time*, March 25, 2013; and Victoria Woollaston, "How Often Do You

Check Your Phone?" *Daily Mail*, October 8, 2013.

26 "E-mails 'Hurt IQ More Than Pot,'" CNN, April 22, 2005.

27 Travis Bradberry, "Multitasking Damages Your Brain and Career, New Studies Suggest," *Forbes*, October 8, 2014.

28 ABC Science, "Impacts of Multi-Tasking," Australian Broadcasting Corporation Science in conjunction with the University of Queensland's School of Psychology, Queensland Brain Institute, and Science of Learning Centre, National Science Week 2011, http://www.multitaskingtest.net.au/.

29 Steve Sisgold, "Is Too Much Juggling Causing You Brain Drain?" *Psychology Today*, February 26, 2014.

30 Ragina Johnson, "The Battle at the Hilton and Beyond," *Socialist Worker*, October 20; 2010; "Creating Luxury, Enduring Pain: How Hotel Work Is Hurting Housekeepers," *Unite Here*, April 2006.

31 Jane Levere, "America's Dirtiest Hotels," ABC News, July 27, 2011.

32 Lawrence LeBlond, "Hotel Rooms Swarming with Nasty Bacteria," *Red Orbit*, June 18, 2012.

33 Adam Savage, "Commencement Keynote Address" (Sarah Lawrence College, May 18, 2012, http://www.slc.edu/news-events/events/commence ment/adam-savage-commencement-keynote-address.html).

34 Adam Savage, "Get Noticed. Get Promoted" (speech, Maker Fair Bay Area, San Mateo, CA, May 19, 2013).

35 Pam A. Mueller and Daniel M. Oppenheimer, "The Pen Is Mightier Than the Keyboard," *Psychological Science*, June 2014.

36 Justin Massoud, "Beyoncé Tells Fan 'Put That Damn Camera Down' During Show," K94.5 FM, July 18, 2013.

37 Daphne Merkin, "All Those Phone Lights? A Don't," *Glamour*, September 2014.

38 Arvind Suresh, "Citizen Powered Neuroscience with Project EyeWire — Using Your Neurons to Map the Brain!" *Discover*, May 20, 2014.

39 Meredith Raine-Middleton, "A Picture of Health," *University of Texas Houston Medicine*, May 30, 2003.

40 Roberts, "Power of Patience."

41 Isaac Newton, *The Principia: Mathematical Principles of Natural Philosophy* (1687; repr., New York: Snowball Publishing, 2010).

42 윌리엄 이언 비어드모어 베버리지는 《과학 탐구의 기술》에서 뛰어난 관찰력이 '학문적 학습이 상당량 축적된 것'보다 중요하다고 적고, 관찰을 '수동적으로 바라보는 과정이 아니라 적극적인 정신 과정'으로 정의했다. W. I. B. Beveridge, *The Art of Scientific Investigation* (New York: W. W. Norton, 1957), 104.

2장. 기본 기술

43 Katherine Ramsland, "Observe Carefully, Deduce Shrewdly: Dr. Joseph Bell," *Forensic Examiner*, August 18, 2009.

44 같은 책.

45 같은 책.

46 Wells, Carolyn. *The Technique of the Mystery Story* (Springfield, MA: Home Correspondence School, 1913).

47 같은 책.

48 같은 책.

49 Joseph V. Klauder, "Sherlock Holmes as a Dermatologist, with Remarks on the Life of Dr. Joseph Bell and the Sherlockian Method of Teaching," *AMA Archives of Dermatology and Syphilology* vol. 68, no. 4 (October 1953): 368–77.

50 Wells, *Technique of the Mystery Story*.

51 Harold Emery Jones, "The Original of Sherlock Holmes," *Conan Doyle's Best Books in Three Volumes: A Study in Scarlet and Other Stories; The Sign of the Four and Other Stories; The White Company and Beyond the City* (New York: P. F. Collier & Son, 1904).

52 같은 책.

53 "Fiction Imitates Real Life in Case of True Inspiration," *Irish Examiner*, November 4, 2011.

54 Wells, *Technique of the Mystery Story*.

55 Sir Arthur Conan Doyle, *The Adventures of Sherlock Holmes* (Vancouver: Engage Books, 2010). 6.

56 Daniel B. Schneider, "F.Y.I.," *New York Times*, June 28, 1998.

57 Princeton Alumni Weekly 웹사이트에서 그의 강의 발췌본을 볼 수 있다. Michael Graziano, "Video: Consciousness and the Social Brain (Excerpt)," http://paw. princeton.edu/issues/2014/04/23/pages/0973/index.xml.

58 그라지아노의 획기적인 주목 스키마 이론에서는 인지를 물리적 본질이라고 주장하면서 의식을 설명하는 과정에서 전혀 다른 접근법을 상정한다. 자세한 정보는 그라지아노의 저서 *Consciousness and the Social Brain* (New York: Oxford University Press, 2013)을 참조하거나 다음의 논문을 참조하라. Anil Ananthaswamy, "How I Conjure a Social Illusion with Ventriloquism," *New Scientist*, June 9, 2014; and Y. T. Kelly et al., "Attributing Awareness to Oneself and to Others," *Proceedings of the National Academy of Sciences USA* vol. 111, no. 13 (2014): 5012 – 17.

59 2014년 9월에 가진 마이클 그라지아노 박사와의 인터뷰. 인내심을 갖고 설명해 주고 큰 호의를 베풀어 준 그라지아노 박사에게 깊은 감사의 뜻을 전한다. 그라지아노 박사의 주목 스키마 이론과 의식의 신경과학에 관한 자세한 정보는 그의 저서 *Consciousness and the Social Brain* (New York: Oxford University Press, 2013)을 참조하라.

60 Daniel J. Simons and Christopher F. Chabris, "Gorillas in Our Midst: Sustained Inattentional Blindness for Dynamic Events," *Perception* vol. 28 (May 9, 1999): 1059 – 74.

61 Alix Spiegel, "Why Even Radiologists Can Miss a Gorilla Hiding in Plain Sight," *Morning Edition*, NPR, February 11, 2013.

62 구속되지 않은 상태로 10년간 항소한 끝에 케네스 콘리에 대한 판결이 뒤집혔다. 혐의를 벗은 콘리는 미지불 급료를 받고 경찰로 복귀할 수 있었다. 그러나 법원이 갑자기 무주의 맹시를 믿어서 콘리에 대한 기소가 기각된 것이 아니라 당시의 검사가 모든 증거를 제출하지 못했기 때문이라는 사실이 드러나서였다. 콘리는 보스턴

경찰서에서 계속 복무하며 2013년 보스턴마라톤 테러 용의자인 조카르 차르나에프 (Dzohkar Tsarnaev)를 체포하는 데 일조했다. "Kenneth Conley," *National Registry of Exonerations*, A Joint Project of Michigan Law and Northwestern Law, http://www.law.umich.edu/special/exoneration/Pages/casedetail.aspx?caseid=3120; and Kathy Curran, "New Details Uncovered About Suspect's Arrest," WCVB5, ABC News, April 26, 2013.

63 Christopher F. Chabris et al., "You Do Not Talk About Fight Club if You Do Not Notice Fight Club: Inattentional Blindness for a Simulated Real-World Assault," *Iperception*, June 9, 2011; and Alix Spiegel, "Why Seeing (the Unexpected) Is Often Not Believing," *Morning Edition*, NPR, June 20, 2011.

64 Henry Oakley, "Other Colleges Say—," *The Technique*, Student newspaper of Georgia Iustitute of Technology, December 9, 1949, https://smartech.gatech.edu/bitstream/handle/1853/19396/1949-12-09_33_43.pdf.

65 Todd W. Thompson et al., "Expanding Attentional Capacity with Adaptive Training on Multiple Object Tracking Task," *Journal of Vision* vol. 11, no. 11 (September 23, 2011): 292; Hoon Choic and Takeo Watanabe, "Changes Induced by Attentional Training: Capacity Increase Vs. Allocation Changes," *Journal of Vision* vol. 10, no. 7 (August 2, 2010): 1099; and Jennifer O'Brien et al., "Effects of Cognitive Training on Attention Allocation and Speed of Processing in Older Adults: An ERP Study," *Journal of Vision* vol. 11, no. 11 (September 23, 2011): 203.

66 Karen N. Peart, "Artwork Can Sharpen Medical Diagnostic Skills, Yale Researchers Report," *Yale News*, September 4, 2001.

67 이 연구에서는 미술관의 시각 훈련에 참여한 의대생들의 피부과 관련 진단 능력이 56퍼센트 향상된 것으로 나타났다. Jacqueline C. Dolev, Linda K. Friedlander, and Irwin M. Braverman, "Use of Fine Art to Enhance Visual Diagnostic Skills," *Journal of the American Medical Association* vol. 286, no. 9 (September 2001): 1019-21.

68 Peart, "Artwork Can Sharpen."

69 2014년 6월 28일의 앨리슨 웨스트 박사와의 인터뷰. 웨스트 박사는 내게 자신의 경험을 들려주었을 뿐 아니라 NYU 의대에서 '지각의 기술' 프로그램을 계속 진행할 수 있도록 힘써 주었다.

70 "The Graduates," Best Doctors, *New York*, June 3, 2012, http://nymag.com/health/bestdoctors/2012/medical-school-graduates/.

71 W. I. B. Beveridge, *The Art of Scientific Investigation* (New York: W. W. Norton, 1957), 105.

72 "Read Any Good Records Lately?" *Time*, January 4, 1982.

3장. 무엇이 보이는가

73 Adam Green, "A Pickpocket's Tale," *New Yorker*, January 7, 2013.

74 2015년 4월의 루스 우스터먼과의 인터뷰. 루스의 홈페이지 www.ruthoosterman.com과 블로그 *The Mischievous Mommy*, http://themischievousmommy.blogspot.ca에서 자세한 내용을 찾아볼 수 있고, 에시(Etsy) 숍의 이브의 상상력(https://www.etsy.com/ca/shop/EvesImagination)에서 인쇄본을 구입할 수 있다. 그 밖에도 이 이야기에 관한 참고 자료는 다음과 같다. Ruth Oosterman, "Through a Child's Eyes," *The Mischievous Mommy*, September 8, 2014, http://themischievousmommy.blogspot.ca/2014/09/through-childs-eyes.html; and Rachel Zarrell, "This Artist Turns Her 2-Year-Old's Doodles into Gorgeous Paintings," *BuzzFeed*, September 7, 2014.

75 Daniel L. Schacter, Daniel T. Gilbert, and Daniel M. Wegner, *Psychology* (New York: Worth, 2011): 125–171.

76 Don DeLillo, "In the Ruins of the Future: Reflections on Terror and Loss in the Shadow of September," *Harper's Magazine*, December 2001.

77 Holland Cotter, "The Beast in the Human, and Vice Versa," *New York Times*, April 25, 2013.

78 Allison Meier, "Apartheid Subversion in the Cathedral of St. John the

Divine," *Hyperallergic*, May 1, 2013.

79 Marion Dreyfus, "St. John and the 'Divine' Art of Jane Alexander," *American Thinker*, June 2, 2013; and Sarah Roth, "New Installation Brings South Africa to St. John the Divine," *Columbia Daily Spectator*, April 22, 2013.

80 Alex and Ben, "St. John the Divine," *Snap It. Taste It. Blog It.*, snaptasteblogit. com/st-john-the-divine.html.

81 Jess Bidgood, "At Wellesley, Debate over a Statue in Briefs," *New York Times*, February 6, 2014; and Keerthi Mohan, "Near Nude Statue of Sleepwalking Man 'Freaks Out' Students; Should the Statue Be Removed?" *International Business Times India*, February 8, 2014.

82 David A. Fahrenthold, "Sculpture of Near-Naked Man at Wellesley Has Its Critics," *Washington Post*, February 5, 2014; Jaclyn Reiss, "Realistic Statue of Man in His Underwear at Wellesley College Sparks Controversy," *Boston Globe*, February 5, 2014.

83 Vinoth K. Ranganathan et al., "From Mental Power to Muscle Power: Gaining Strength by Using the Mind," *Neuropsychologia* vol. 42, no. 7 (June 2004): 944–56.

84 Tori Rodriguez, "Mental Rehearsals Strengthen Neural Circuits," *Scientific American*, August 14, accessed August 10, 2015, http://www.scientificamerican. com/article/mental-rehearsals-strengthen-neural-circuits/.

85 John F. Kihlstrom, "The Cognitive Unconscious," *Science* vol. 237 (September 18, 1987): 1445–1452.

86 Daniel Reisberg, *Cognition*, 3rd ed. (New York: W. W. Norton, 2005): 469–71.

87 Pacific Standard Staff, "There's a Name for That: The Baader-Meinhof Phenomenon," *Pacific Standard*, July 22, 2013.

88 David Dunning and Emily Balcetis, "Wishful Seeing: How Preferences Shape Visual Perception," *Current Directions in Psychological Science* vol. 22, no. 1 (February 2013): 33–37.

89 Guido M. van Koningsbruggen, Wolfgang Stroebe, and Henk Aarts, "Through the Eyes of Dieters: Biased Size Perception of Food Following Tempting Food Primes," *Journal of Experimental Social Psychology* vol. 47, issue 2 (March 2011): 293–99.

90 Emily Balcetis and David Dunning, "Wishful Seeing: More Desired Objects Are Seen as Closer," *Psychological Science*, December 2009; Kohske Takahashi et al., "Psychological Influences on Distance Estimation in a Virtual Reality Environment," *Frontiers in Human Neuroscience* vol. 7 (September 18, 2013): 580.

91 David G. Wittels, "You're Not as Smart as You Could Be," *Saturday Evening Post*, three-part series, April 17, April 24, and May 1, 1948.

92 Graham Davies and Sarah Hine, "Change Blindness and Eyewitness Testimony," *Journal of Psychology*, July 2007.

93 *Brain Games*, season 2, episode 11, National Geographic Channel, braingames.nationalgeographic.com.

94 Natalie Angier, "Blind to Change, Even as It Stares Us in the Face," *New York Times*, April 1, 2008.

95 마크 허시의 사진 일기 《그 나무(That Tree)》는 온라인으로 볼 수도 있고, http://thattree.net에서 오크나무 한 그루에 관한 인쇄물이나 책을 구입할 수 있다. Huffington Post Staff, "'That Tree': Photographer Mark Hirsch Becomes One with an Oak Tree in Lovely Documentary Project," *Huffington Post*, May 29, 2013, http://www.huffingtonpost.com/2013/05/29/that-tree-photographer-mark-hirsch-becomes-one-with-an-oak_n_3347786.html.

96 Mark Hirsch, "How a Tree Helped Heal Me," *CBS Sunday Morning*, September 16, 2013.

97 Bill Weir, "Apollo Robbins: King of Thieves," *Nightline*, July 12, 2013, ABC.

4장. 어느 하나도 그냥 지나치지 마라

98 Faith Karimi, Steve Almasy, and Lillian Leposo, "Kenya Mall Attack: Military

Says Most Hostages Freed, Death Toll at 68," CNN, September 23, 2013.

99 Michael Pearson and Zain Verjee, "Questions Linger After Kenya Mall Attack," CNN, September 25, 2013; and "Source: Store in Besieged Kenyan Mall Run by Attackers or Associates," CNN, September 27, 2013, Dashiell Bennett, "Tragic and Heroic Stories from Survivors of the Kenyan Mall Attack," *Atlantic Monthly*, September 27, 2013.

100 KGW Staff, "History of Shootings at Malls Worldwide," *KGW-NBC Portland*, December 12, 2012; and John Swaine, "Al-Shabaab Mall Threat 'All the More Reason' to Avoid Shutdown, Says Homeland Security Chief," *Guardian*, February 22, 2015.

101 *Knowing the Risks, Protecting Your Business: A Global Study*, Freshfields Bruckhaus Deringer, 2012, www.freshfields.com.

102 Hannah McNeish, "Hero Helped American Family Survive Kenya Mall Terror," *USA Today*, September 27, 2013.

103 Dana Ford, "Kenya Mall Attack Survivor Plays Dead to Live," CNN, October 10, 2013.

104 Karen Allen, "Kenya's Westgate Siege: 'Militants Hired Shop to Hide Arms,'" BBC News, September 27, 2013.

105 Vivian Ho, "Absorbed Device Users Oblivious to Danger," *San Francisco Chronicle*, October 7, 2013.

106 Tomika S. Harris, "Bruises in Children: Normal or Child Abuse?" *Journal of Pediatric Health Care* vol. 24, no. 4(July 2010): 216 – 21.

107 미국 스페셜티커피협회에서 2011년에 16온스 커피 한 잔의 원료비가 1.17달러라고 조사한 결과를 기준으로 계산했다. Specialty Coffee Association of America, "SCAA Quarterly Growth and Trends Survey (April – June 2011)," *Specialty Coffee Chronicle*, July 7, 2011.

108 Jaclyn Reiss, "Realistic Statue of Man in His Underwear at Wellesley College Sparks Controversy," *Boston Globe*, February 5, 2014.

109 같은 책.

110 Sebastian Smee, "Threshold States and Dark Wit in Standout Show by Tony Matelli," *Boston Globe*, February 15, 2014.

111 Maggie Lange, "Statue of Undressed Man Terrorizes Wellesley College," *New York*, February 5, 2014.

112 Reiss, "Realistic Statue."

113 Lemony Snicket, *The Austere Academy* (New York: HarperCollins, 2000).

114 Bennett, "Tragic and Heroic Stories."

115 Commission on the Intelligence Capabilities of the United States Regarding Weapons of Mass Destruction, *Report to the President of the United States*, March 31, 2005, www.fas.org/irp/offdocs/wmd_report.pdf.

5장. 평범한 장면에 무엇이 숨어 있을까?

116 존 싱글턴 코폴리의 〈윈스럽 부인〉(American, Boston, Massachusetts 1738 – 1815 London), 1773은 현재 뉴욕 메트로폴리탄 미술관의 748 갤러리에 전시되어 있다. 온라인으로 미술관 소장품의 그림을 볼 수 있다. http://www.metmuseum.org/collection/the-collection-online/search/10531.

117 Andrew J. Macnab and Mary Bennett, "Refrigerator Blindness: Selective Loss of Visual Acuity in Association with a Common Foraging Behaviour," *Canadian Medical Association Journal* vol. 173, no. 12 (December 6, 2005): 1494 – 95.

118 Bruce Lambert, "Real Estate Agent Found Slain in 5th Ave. Home," *New York Times*, November 1, 2007; Max Abelson, "Remembering Linda Stein," *New York Observer*, November 1, 2007; Robert Kolker, "Death of a Broker," *New York*, November 18, 2007; and Laura Kusisto, "Linda Stein Murder Trial: The Photos," *New York Observer*, February 17, 2010.

119 John Eligon, "Trial Begins for Woman Accused of Killing Linda Stein," *New York Times*, January 25, 2010.

120 Associated Press, "Seymour Stein, Sire Records Founder, Testifies at

Linda Stein's Murder Trial," *Huffington Post*, February 4, 2010, http://www.huffingtonpost.com/2010/02/05/seymour-stein-sire-record_n_450475.html; and Kolker, "Death of a Broker."

121 Patrick O'Shaughnessy, "How Personal Assistant Natavia Lowery Killed Celebrity Realtor Linda Stein, Who Wouldn't Back Down," *Daily News* (New York), February 28, 2010.

122 Melissa Grace, "Linda Stein Murder Trial: Suspect Natavia Lowery Sent Odd Text Messages on Day of Realtor's Slaying," *Daily News* (New York), February 19, 2010.

123 Melissa Grace and Bill Hutchinson, "Jury Finds Natavia Lowery Guilty of Celebrity Realtor Linda Stein's Murder After Short Deliberation," *Daily News* (New York), February 23, 2010; 로어리는 2급 살인죄로 25년형을 선고받고 절도죄로 추가 2년형을 받았다. Beth Karas, "Personal Assistant Gets 27 to Life in Celebrity Realtor's Murder," CNN, May 3, 2010.

124 Steven B. Most et al., "What You See Is What You Set: Sustained Inattentional Blindness and the Capture of Awareness," *Psychological Review* vol. 112 (January 2005): 217–42; and Ethan A. Newby and Irvin Rock, "Inattentional Blindness as a Function of Proximity to the Focus of Attention," *Perception* vol. 27, no. 9 (1998): 1025–40.

125 John Gosbee, "Handoffs and Communication: The Underappreciated Roles of Situational Awareness and Inattentional Blindness," *Clinical Obstetrics & Gynecology* vol. 53, no. 3 (September 2010): 545–58.

126 David Owen, "The Psychology of Space," *New Yorker*, January 21, 2013.

127 Sheila M. Eldred, "How Our Brains Miss the Obvious," Discovery News, May 22, 2013.

128 Arne Öhman, "Has Evolution Primed Humans to 'Beware the Beast'?" *Proceedings of the National Academy of Sciences of the United States of America* vol. 104, no. 42 (October 16, 2007): 16396–97; and Gervais Tompkin, "Survival of the Focused," *GenslerOnWork*, November 11, 2013, http://www.gensleron.com/

work/2013/11/11/survival-of-the-focused.html.

129 트버스키가 뇌가 어떻게 기억과 분류와 공간 인지를 활용하는지에 관해 침착하게 설명해 주었다. 2014년 6월 27일 인터뷰.

130 Ming Meng, David A. Remus, and Frank Tong, "Filling-in of Visual Phantoms in the Human Brain," *Nature Neuroscience* vol. 8, no. 9 (August 7, 2005): 1248–54, Melanie Moran, "The Brain Doesn't Like Visual Gaps and Fills Them In," *Exploration: Vanderbilt's Online Research Magazine*, Vanderbilt University, August 19, 2007.

131 Marguerite Reardon, "Americans Text More Than They Talk," CNET, September 22, 2008; and Sherna Noah, "Texting Overtakes Talking as Most Popular Form of Communication in UK," *Independent*, July 18, 2012.

132 Yoni Heisler, "Inside Apple's Secret Packaging Room," *Network World*, January 24, 2012.

133 Bruce Jones, "Success Is in the Details: How Disney Overmanages the Customer Experience," *Talking Point: The Disney Institute Blog*, January 9, 2014.

134 "Virgin Atlantic Wins Top Customer Service Award," Virgin Atlantic press release January 19, 2009.

135 이 모토는 2014년 6월 22일 버진애틀랜틱 홈페이지에 접속했을 때 '버진의 경험' 메뉴에 표시되었다. http://www.virgin-atlantic.com/gb/en/the-virgin-experience.html.

136 이후 인용문은 2014년 6월 29일 가진 마커스 슬론과의 인터뷰에서 나온 내용이다. 고등학교 수학 교사로서의 경험을 들려주어 깊이 감사드리고, 학생들에게 헌신하는 모습에 감동받았다. 슬론은 2004년부터 2007년까지 뉴욕 브롱크스의 공립 고등학교에서 학생들을 가르쳤다.

137 John Hildebrand, "Regents Rule Change Aids Special Education," *Newsday*, October 9, 2012. 슬론의 고등학교 졸업생 비율은 2005년에 75.5퍼센트였고, 2006년에는 53.6퍼센트였다. "2006 Graduation Rates in New York High Schools," *New York Times*, April 25, 2007.

138 High School State Rankings, *U.S. News & World Report*, 2014 Academic

Indicators.

139 같은 책.

140 2006년 6월 15일 목요일 1시 15분에서 4시 15분까지 실시된 뉴욕 주립대학교 리젠트 고등학교 시험 수학 문제를 예로 들었다. '문제 39: 어떤 사람이 벽의 꼭대기에서 바닥 지점까지 내려본각을 측정한다. 이 지점은 벽에서 62피트 떨어진 곳에 위치하고 내려본각은 52°이다. 근사값을 10분의 1피트로 한 벽의 높이는 얼마인가?'

141 뉴욕 시 교육부의 2006~2009년도 리젠트 시험 수학 A의 기준을 달성한 학생의 비율. http://www.schooldigger.com/go/NY/schools/0008705181/ school.aspx. 리젠트 점수가 향상된 결과가 슬론이 학생들에게 미술로 교육하고 세세한 부분을 찾도록 지도한 시도와 직접 관련이 있을까? 증명할 수는 없지만 슬론이 학교를 떠나면서 그의 독특한 교수법도 중단된 이듬해에 리젠트 시험의 수학 기준 점수를 달성한 학생의 비율이 44퍼센트로 떨어지고 그다음 해에는 36퍼센트까지 떨어진 사실에 주목할 만하다.

142 Marc Green, "Inattentional Blindness & Conspicuity," *Human Factors*, January 4, 2011, "Do Mobile Phones Pose an Unacceptable Risk? A Complete Look at the Adequacy of the Evidence," *Risk Management*, November 1, 2001.

143 State Farm Mutual Automobile Insurance Company, "Managing Blind Spots," April 8, 2013.

144 Michael A. Cohen, George A. Alvarez, and Ken Nakayama, "Natural-Scene Perception Requires Attention," *Psychological Science* vol. 22, no. 9 (September 2011): 1165–72; and L. Pessoa et al., "Neural Processing of Emotional Faces Requires Attention," *Proceedings of the National Academy of Sciences of the United States of America* vol. 99, no. 17 (August 20, 2002): 11458–63.

145 Papers of John and Hannah Winthrop, 1728–1789, Harvard University Archives.

146 Jessica Keiman, "How Multitasking Hurts Your Brain (and Your Effectiveness at Work)," *Forbes*, January 15, 2013.

147 Clara Moskowitz, "Mind's Limit Found: 4 Things at Once," *Live Science*, April 27, 2008.

148 Leo Widrich, "What Multitasking Does to Our Brains," *Buffer*, June 26, 2012.

149 "Interview with Clifford Nass," *Frontline*, February 2, 2010, PBS.

150 Camille Noe Pagán, "Quit Multitasking (and Start Getting More Done)," *Forbes*, January 21, 2010.

151 Christopher D. Wickens, "Multiple Resources and Mental Workload," *Human Factors: The Journal of the Human Factors and Ergonomics Society* vol. 50, no. 3 (June 2008): 449–55.

152 Jenna Goudreau, "12 Ways to Eliminate Stress at Work," *Forbes*, March 20, 2013; and Sandra Bond, "Why Single-Tasking Makes You Smarter," *Forbes*, May 8, 2013.

153 Jon Hamilton, "Think You're Multitasking? Think Again," *Morning Edition*, NPR, October 2, 2008.

154 Geil Browning, "10 Ways to Rejuvenate Your Brain While You Work," *Inc.*, September 10, 2012.

155 Carol F. Baker, "Sensory Overload and Noise in the ICU: Sources of Environmental Stress," *Critical Care Quarterly* vol. 6, March 1984: 66–80.

156 David Biello, "Fact or Fiction? Archimedes Coined the Term 'Eureka!' in the Bath," *Scientific American*, December 8, 2006.

157 Steve Connor, "The Core of Truth Behind Sir Isaac New-ton's Apple," *Independent*, January 18, 2010.

158 Henri Poincaré, "Mathematical Creation," *The Monist*, July 1901.

159 John Eligon, "Trial Begins for Woman Accused of Killing Linda Stein," *New York Times*, January 25, 2010.

160 "File No. 1-0016, Aircraft Accident Report, Eastern Air Lines, Inc., L-1011, N310EA, Miami, Florida, December 29, 1972," National Transportation Safety Board, Washington, DC, June 14, 1973.

161 CVR transcript Eastern Air Lines Flight 401, December 29, 1972, Aviation Safety Network.

162 "File No. 1-0016."

163 조종석 기록에 따르면 기장은 부기장에게 아래로 내려가서 조종석 밑의 착륙 기어를 직접 확인하라고 거듭 지시했지만 그의 지시 사항은 처음부터 무시되었다. 부기장은 나갔다가 돌아오면서 어두워서 아무것도 보이지 않는다고 불평했다. 비행기가 추락한 뒤 조사한 결과에 따르면 착륙 기어와 앞바퀴가 모두 제 위치에 있었고, 제대로 작동한 것으로 밝혀졌다. 같은 책 참조.

164 같은 책.

165 "Visual/Spatial Learning," *Study Guides and Strategies* website, www.studygs.net/visual.htm, accessed June 30, 2014.

166 2014년 조애나 롱리와의 인터뷰. 조애나 롱리는 실제 사회복지사의 가명이다.

6장. 사방을 주시하라

167 "Troops Held Over Rio Gang Deaths," BBC News, June 17, 2008.

168 작품을 사용하도록 허락해 준 JR에게 깊은 감사의 뜻을 전한다. JR의 세계적인 전시회에 관한 정보를 얻거나 복제화를 구입하거나 최신 프로젝트에 참여할 방법을 알아보려면 그의 홈페이지 http://www.jr-art.net/을 방문하라.

169 Raffi Khatchadourian, "In the Picture," *New Yorker*, November 28, 2011.

170 *InsideOut: The People's Art Project*, direted by Alastair Siddons (New York: A Social Animals Production in association with Natting Hills Films, Tribeca Film Festival/HBO, 2013).

171 Lina Soualem, "JR: The Power of Paper and Glue," *Argentina Independent*, March 5, 2103.

172 같은 책.

173 JR은 '여자들은 영웅이다' 프로젝트를 통해 여자들의 역할을 강조하고, 폭력적인 사회에서 여자들이 얼마나 지지의 구심점이 되는지를 보여주는 데 목표를 두었다. 자세한 정보는 JR의 홈페이지 www.jr-art.net/projects/women-are-heroes-brazil을 참조하라.

174 같은 책.

175 *Merriam-Webster's Collegiate Dictionary*, 11th ed., S.V. "perspective."

176 Thomas Boswell, "To Bryce Harper and Davey Johnson, 'Play Me or Trade Me' Is Just a Healthy Joke," *Washington Post*, July 7, 2013; Wayne W. Dyer, "Success Secrets," *DrWayneDyer.com*, Hay House, www.drwaynedyer.com.

177 이 그림은 인터넷에서 본 기발한 장면처럼 보일지 몰라도 사실은 450년 전에 이탈리아의 화가 주세페 아르침볼도가 그린 그림이다. 아르침볼도는 이중 의미의 이미지로 과일과 채소와 책과 다른 사람들로 사람들의 초상화를 그리는 화가로 유명했다.

178 Giorgio Vasari, *Lives of the Most Eminent Painters, Sculptors and Architects* (London: Macmillan, 1912): 352-353.

179 "Michelangelo's David," Accademia Gallery, Florence, Italy, http://www.accademia.org/explore-museum/artworks/michelangelos-david, Fiachra Gibbons, "The Perfect Man's Chiseled Squint," *Guardian*, June 7, 2000, accessed August 11, 2015.

180 "Michelangelo's David," accessed August 11, 2015. http://www.accademia.org/explore-museum/artworks/michelangelos-david/.

181 Fiachra Gibbons, "The Perfect Man's Chiselled Squint," *Guardian*, June 7, 2000, accessed August 11, 2015.

182 같은 책.

183 John Hooper, "How David Shrank as He Faced Goliath," *Guardian*, January 22, 2005.

184 Gibbons, "Perfect Man's Chiseled Squint."

185 Rossella Lorenzi, "Michelangelo's David is Missing a Muscle," *ABC Science*, Australian Broadcasting Corporation, October 18, 2004.

186 Saul Levine, "The Location of Michelangelo's David: The Meeting of January 25, 1504, *Art Bulletin* vol. 56, no. 1 (March 1974): 31-49.

187 마크 르보이가 감독한 '디지털 미켈란젤로 프로젝트(Digital Michelangelo Project)'는 온라인으로 http://graphics.stanford.edu/projects/mich/에서 감상할 수 있다.

188 Graham Lawton, "Michelangelo Cheated," *New Scientist*, June 10, 2000.

189 Tim Hindle, *The Economist Guide to Management Ideas and Gurus* (London: Profile Books, 2008): 89 – 90.

190 Bill Wilder, "Gemba Walk," *IndustryWeek*, January 9, 2014.

191 Bob Herman, "9 Ingenious Ways to Cut Costs at Your Hospital," *Becker's Hospital CFO*, February 26, 2013.

192 Professor Yianis A. Pikoulas, "Cart-wheel Road Communication," Kathimerini, January 4, 1998; Martijn P. van den Heuvel et al., "Efficiency of Functional Brain Networks and Intellectual Performance," *Journal of Neuroscience* vol. 29, issue 23 (June 10, 2009): 7619 – 24.

193 2015년 3월 18일 제스 매캔과의 인터뷰. 제스 매캔은 *Was It Something I Said?*와 *You Lost Him at Hello*의 저자다. 자세한 정보는 www.jessmccann.com에서 확인하라.

194 Roderick Gilkey and Clint Kilts, "Cognitive Fitness," *Harvard Business Review*, November 2007.

195 같은 책.

196 Drew Boyd, "Fixedness: A Barrier to Creative Output," *Psychology Today*, June 26, 2013.

197 Corey S. Powell, "Unlocking the Other Senses of Space," *Discover*, October 23, 2014.

198 Harper Lee, *To Kill a Mockingbird* (New York: Grand Central, 1960): 33.

199 Jayson M. Boyers, "Why Empathy Is the Force That Moves Business Forward," *Forbes*, May 30, 2013.

200 같은 책.

201 Leana Greene, "Empathy: The Key to Unlocking Successful Relationships," *Kids in the House*, March 4, 2015.

202 Dan Fastenberg, "'Undercover Boss' CEOs Tell What Really Happened After the Show," *AOL Jobs*, June 10, 2013.

203 Dan Fastenberg, "Fast Food CEO Shuts Down Struggling Branch During 'Undercover Boss' Episode," *AOL Jobs*, February 20, 2012.

204 같은 책.

205 Fastenberg, "'Undercover Boss' CEOs."

206 Jennifer Miller, "The Halloween Trading Places Challenge," *Confident Parents Confident Kids*, October 29, 2014, www.confidentparentsconfidentkids.org.

207 "Hall of Fame: Shakespeare in Your Kitchen," *Five Whys*, February 10, 2012, https://fivewhys.wordpress.com/2012/02/10/shakespeare-in-your-kitchen/.

208 2014년 11월 3일 마를린 몰란과의 인터뷰.

209 "Providência Gondola Finally Opens in Rio," *Rio Times*, July 8, 2014.

210 Hilary Spurling, *Matisse the Master: A Life of Henri Matisse, the Conquest of Colour*, 1909 – 1954 (New York: Alfred. A. Knopf, 2005): 161 – 63.

211 "Great Figures of Modern Art: Henri Matisse," Centre Pompidou, Paris, http://mediation.centrepompidou.fr.

212 Tali Sharot, Mauricio R. Delgado, and Elizabeth A. Phelps, "How *Emotion* Enhances the Feeling of Remembering," *Nature Neuroscience*, December 7, 2004.

213 Ulrike Rimmele et al., "Emotion Enhances the Subjective Feeling of Remembering, Despite Lower Accuracy for Contextual Details," *Emotion* vol. 11, no. 3 (June 2011): 553 – 62; Elizabeth A. Kensinger, "Remembering the Details: Effects of Emotion," *Emotion Review* vol. 1, no. 2 (April 2009): 99 – 113, Elizabeth A. Kensinger and Daniel L. Schacter, "Retrieving Accurate and Distorted Memories: Neuroimaging Evidence for Effects of Emotion," *NeuroImage* vol. 27, no. 1 (August 1, 2005): 166 – 77.

214 *Merriam-Webster's Collegiate Dictionary*, 11th ed., S.V. "perspective."

7장. 무엇이 빠졌는지를 보라

215 "Doctor Cleared in Katrina Deaths Recounts Scene," Associated Press, July 20, 2008.

216 Sheri Fink, "The Deadly Choices at Memorial," *New York Times*, August 25, 2009.

217 Julie Scelfo, "Vindicated Katrina Doc Tells Her Story," *Newsweek*, August 24, 2007.

218 Janelle Burrell, "Riders Upset After Panel Finds Metro-North Didn't Prioritize Safety," *CBS New York*, August 28, 2014.

219 Associated Press, "Report Blames Arizona Forestry Division for Firefighter Deaths," Fox News, December 5, 2013.

220 Julianne Pepitone, "Where BlackBerry's Ousted CEO Went Wrong," CNN, November 5, 2013.

221 Manny Fernandez, "In Texas, Another Skirmish Brews at the Alamo," *New York Times*, November 30, 2012.

222 Scott Huddleston, "Land Office Cancels DRT Contract to Run Alamo," *San Antonio Express-News*, March 12, 2015.

223 "Interviewing the Victim," Baltimore Police Department, viewable at National Center for Victims of Crime website, https://www.victimsofcrime.org/docs/dna-protocol/baltimore-interviewing-the-victim.pdf?sfvrsn=0.

224 "Improving Police Response to Sexual Assault," *Human Rights Watch*, January 2013.

225 Richard J. Heuer, *The Psychology of Intelligence Analysis* (Washington, DC: Center for the Study of Intelligence, Central Intelligence Agency, 1999).

226 르네 마그리트의 〈고정된 시간〉은 그림 옆의 설명부터 읽지 말아야 할 또 하나의 이유를 제시한다. 마그리트는 항상 설명부터 보는 태도에 동의하지 않았고, 이 작품에서는 관점과 지각을 이유로 동의하지 않았다. 벨기에의 화가 마그리트는 원래 이 작품에 'La Durée Poignardé', 번역하자면 '단도에 찔린, 흐르는 시간'이라는 제목을 붙였다. 얼핏 보면 말이 안 되는 것 같지만(단도가 없으니까) 런던의 부유한 미술품 수집가의 집에 걸 만한 작품을 주문받은 마그리트는 이 그림을 그 집 계단 밑에 놓아서 손님들이 계단을 오를 때 기차가 그들을 찌르는 것처럼 보이게 할 생각이었다. 그러나 그 수집가가 그림을 가장 상징적인 위치인 벽난로 위에 걸어서 마그리트가 의도한 관점은 완전히 상실되었다. 나중에 이 그림이 미술관과 박물관에 전시될 때(현재는 시카고아트인스티튜트의 소장품으로 계단과는 거리가 먼 곳에 전시되어 있다) 관계자들이 비공식적으로

제목을 〈고정된 시간〉으로 바꾸었고, 화가에게는 불쾌하게도 이 제목으로 고정되었다. James N. Wood, *The Art Institute of Chicago: The Essential Guide* (Chicago: Art Institute of Chicago, 2013): 267.

227 2014년 6월 14일 디즈니의 전 웹 개발자와의 인터뷰.

228 "Pertinent Negative," *Medical Terminology, Emory University Emergency Medical Services*, http://www.emory.edu/EEMS/MedicalTerms.html.

229 Arthur Conan Doyle, "Silver Blaze," *The Memoirs of Sherlock Holmes* (London: Oxford University Press, 2009): 22.

230 Terry Prince, "The Importance of What's Missing," *Terry's Thinking!*, May 22, 2009, https://terrysthinking.wordpress.com/author/ terrysthinking/page/22/.

231 '따뜻한 디트로이트'에 관한 자세한 정보를 알아보고 기부하거나 여러분의 지역에서 모금 활동을 벌이려면 www.warmdetroit.org를 방문하라.

232 The Commission on the Intelligence Capabilities of the United States Regarding Weapons of Mass Destruction, *Report to the President of the United States*, March 31, 2005.

233 Brett McKay and Kate McKay, "The Eisenhower Decision Matrix: How to Distinguish Between Urgent and Important Tasks and Make Real Progress in Your Life," *The Art of Manliness* website, October 23, 2013, http://www. artofmanliness.com/2013/10/23/eisenhower-decision-matrix/.

234 Jonathon Keats, "Do Not Trust This Joel Sternfeld Photograph," *Forbes*, September 6, 2012.

235 Alex Selwyn-Holmes, "Joel Sternfeld: McLean, Virginia; December 1978," *Iconic Photos*, October 25, 2012, https://iconicphotos.wordpress.com/2012/10/.

236 Civil Aviation Forum, "Only NW for Smooth Flights?" *Airliners.net*, www. airliners.net; and Forums, "Fly Northwest Operated Flights for Smooth Rides," *Turbulence Forecast*, www.turbulenceforecast.com.

237 Daniel Kurtzman, "Gary Condit & Chandra Levy Scandal: Quips, Quotes & Late-Night Jokes," Political Humor, About.com, http://politicalhumor.about. com/library/blconditlevy.htm; "How can one Chandra be so Levy?"[레비](Levy)라는 성이 'leave-y'처럼 들리는 발음을 이용한 말장난]는 에미넴의 앨범 *The Eminem Show*의 "Business"라는 곡에 들어 있는 가사였다. 이 앨범은 레비의 시신이 발견되고 6일 뒤인 2002년에 애프터매스(Aftermath)에서 발매되었다.

238 Sari Horwitz, Scott Higham, and Sylvia Moreno, "Who Killed Chandra Levy?" *Washington Post*, July 13, 2008.

239 IDC, "$37 Billion — US and UK Businesses Count the Cost of Employee Misunderstanding," Cognisco, June 18, 2008, http://www.marketwired. com/press-release/37-billion-us-and-uk-businesses-count-the-cost-of-employee-misunderstanding-870000.htm.

240 Brad Stone and Matt Richtel, "The Hand That Controls the Sock Puppet Could Get Slapped," *New York Times*, July 16, 2007.

241 Peter Sagal, "Not My Job: Richard Price (AKA Harry Brandt) Gets Quizzed on Pseudonyms," *Wait Wait ... Don't Tell Me!*, NPR, March 21, 2015.

242 Stacy Conradt, "16 People Who Tweeted Themselves into Unemploy-ment," *Mental Floss*, December 21, 2013.

243 Kim Bhasin, "13 Epic Twitter Fails by Big Brands," *Business Insider*, February 6, 2012.

244 Mike Foss, "Yankees Fire Employee Over Vulgar Tweet About Curt Schilling's Daughter," *USA Today*, March 3, 2015.

245 Craig Bennett, "Sean MacDonald & Adam Nagel: 5 Fast Facts You Need to Know," *Heavy.com*, March 3, 2015, http://heavy.com/ sports/2015/03/sean-macdonald-adam-nagel-curt-schilling-daughter-twitter-trolls-college-yankees-bio-gabby/.

246 Carlo Angerer, "Adolf Hitler Watercolor Set to Be Auctioned in Germany,"

NBC News, November 19, 2014; and Ron Cynewulf Robbins, "Churchill as Artist—Half Passion, Half Philosophy," *Finest Hour,* Churchill Center (Autumn 1998): 32.

247 Roxana Robinson, *Georgia O'Keeffe: A Life* (Hanover, NH: University Press of New England, 1989): 256.

248 Maria Popova, "What It Really Takes to Be an Artist: MacArthur Genius Teresita Fernández's Magnificent Commencement Address," *BrainPickings. org*, December 29, 2014. http://www.brainpickings.org/2014/12/29/teresita-fernandez-commencement-address/.

249 "Jackson Pollock: Autumn Rhythm (Number 30)" (57.92), *Heilbrunn Timeline of Art History*, New York: The Metropolitan Museum of Art, 2000 –. http://www.metmuseum.org/toah/works-of-art/57.92 (June 2007).

250 2014년 1월 21일 앤 샤를부아와의 인터뷰.

251 Janette Williams, "Miscommunication May Have Led to Painting Over $2,500 Mural at Pasadena Business," *Pasadena Star-News*, November 29, 2009.

252 같은 책.

253 Karin Price Mueller, "Bamboozled: What Happens When a 'Thirty-Seven-Fifty' Bottle of Wine Really Costs $3,750," *NJ.com*, November 3, 2014, http://www.nj.com/business/index.ssf/2014/11/bamboozled_what_happens_when_a_3750_bottle_of_wine_really_costs_3750.html.

254 같은 책.

255 Lee Moran, "Borgata Casino Diner Hit with $3,750 Bill After Server Recommended Wine for 'Thirty-Seven Fifty,'" *Daily News* (New York), November 6, 2014.

256 같은 책.

257 Neal Hirschfeld, "Teaching Cops to See," *Smithsonian Magazine*, October 2009.

258 수전 긴즈버그와의 인터뷰.

259 세라 블레이클리와의 인터뷰.

260 Elise Reuter, "Colorado Distributes Cold Case Cards to Raise Clues to Unsolved Crimes," *Summit Daily* (Summit County, CO), April 1, 2015.

261 Dani Shapiro, *Still Writing: The Perils and Pleasures of a Creative Life* (New York: Atlantic Monthly Press, 2014).

262 Bill Connor, "Fear Not, Introverts," *Oratorio*, March 5, 2013.

263 Susan Cain, "10 Public Speaking Tips for Introverts," *Psychology Today*, July 25, 2011, https://www.psychologytoday.com/blog/quiet-the-power-introverts/201107/10-public-speaking-tips-introverts.

264 Margaret Snowling, D. V. M. Bishop, and Susan E. Stothard, "Is Preschool Language Impairment a Risk Factor for Dyslexia in Adolescence?" *Journal of Child Psychology and Psychiatry* vol. 41, no. 5 (July 2000): 587–600; Bruce A. Bracken, ed., *The Psychoeducational Assessment of Preschool Children* (Mahwah, NJ: Lawrence Erlbaum, 2004): 181–84, M. Perkins, "Preschool Children with Inadequate Communication: Developmental Language Disorder, Autism, Mental Deficiency," *Archives of Disease in Childhood* vol. 75, no. 5 (May 1997): 480.

265 "Magritte: The Mystery of the Ordinary, 1926–1938," Art Institute of Chicago, http://www.artic.edu/exhibition/magritte-mystery-ordinary-1926–1938.

266 Popova, "what It Really Takes."

267 Nicholas Forrest, "The Next Cy Twombly? First, Jan Frank Paints for Australia and Tim Olsen Gallery," *Blouin Artinfo*, October 3, 2012.

268 Ralph Steiner, *American Rural Baroque*, Collection, Museum of Modern Art, New York City.

269 2015년 4월 29일 매캔과의 인터뷰에서 인용. Jess McCann, *Was It Something I Said?: The Answer to All Your Dating Dilemmas* (Guilford, CT: Skirt!, 2013): 19.

270 Learning Network, "Nov. 4, 2008: Obama Is Elected President," *New York Times*, November 4, 2011.

271 2014년에 피츠윌리엄 박물관의 관리위원은 화가 헨드리크 판 안트호니센의 17세기 원작 〈스케브닝겐의 해변 풍경(View of Scheveningen Sands)〉에서 해변으로

쓸려 온 고래 위에 물감이 덧칠된 사실을 발견했다. 새로운 소유자가 작품을 집에 걸고 싶었지만 죽은 고래가 '불쾌해서' 덧칠한 것으로 보인다. "Whale Tale: A Dutch Seascape and Its Lost Leviathan," University of Cambridge, June 4, 2014, http://www.cam.ac.uk/research/news/whale-tale-a-dutch-seascape-and-its-lost-leviathan; and Emma del Valle, "Undercover Art: 6 Paintings That Were Hiding Something," *Mental Floss*, August 21, 2014.

272 Carter Ratcliff, "The Scandalous Madame X," *Chicago Tribune*, February 1, 1987.

273 같은 책.

274 Jason Farago, "Who Was the Mysterious Madame X in Sargent's Portrait?" BBC, January 2, 2015; and Trevor Fairbrother, "The Shock of John Singer Sargent's 'Madame Gautreau,'" *Arts Magazine* (January 1981): 90 - 97.

275 Tamara Jones and Ann Scott Tyson, "After 44 Hours, Hope Showed Its Cruel Side," *Washington Post*, January 5, 2006.

276 James Dao, "False Report of 12 Survivors Was Result of Miscommunications," *New York Times*, January 4, 2006.

277 같은 책.

278 Scott Baradell, "Crisis Upon a Crisis: International Coal Group's 'Miscommunication' Is a Disaster in Itself," *Idea Grove*, January 4, 2006, http://www.ideagrove.com/blog/2006/01/crisis-upon-a-crisis-international-coal-groups-miscommunication-is-a-disaster-in-itself.html/.

279 Mario Parker and Aaron Clark, "Arch to Acquire International Coal for Steelmaking Assets," *Bloomberg Business*, May 2, 2011.

280 같은 책.

281 Collections, "Georges Seurat: *A Sunday on La Grande Jatte*," *Art Institute of Chicago*, http://www.artic.edu/aic/collections/artwork/27992.

282 Phil Daoust, "Edge Trimming," *Guardian*, January 2, 2013.

283 같은 책.

284 Barbara Pease and Alan Pease, *The Definitive Book of Body Language* (New York:

Bantam, 2006): 9 – 10.

285 Joe Navarro, "The Art of Handshaking," *Psychology Today*, July 13, 2013.

286 Dr. David G. Javitch, "Preventing Miscommunication in Your Business," *Entrepreneur*, March 1, 2004.

287 같은 책.

288 John Richardson, *A Life of Picasso, The Cubist Rebel 1907–1916* (New York: Alfred A. Knopf, 1991): 325.

289 같은 책.

290 Harvey Mackay, *Pushing the Envelope All the Way to the Top* (New York: Ballantine Books, 2000): 107.

291 William Shakespeare, *Romeo and Juliet* (1597, repr. New York: Simon & Schuster, 2004).

292 "From Wood to Canvas: Attached Frames and Artists' Choices," *National Gallery of Art*, http://www.nga.gov/feature/frames/canvas.shtm.

9장. 불편한 상황에 직면할 때

293 Wayne Waxman and David Hume. *Hume's Theory of Consciousness.* (Cambridge: Cambridge University Press, 1994): 278.

294 Brent Gleeson, "These 7 Motivational Navy SEAL Sayings Will Kick Your Butt into Gear," *Inc.*, April 2015.

295 Raffi Khatchadourian, "In the Picture," *New Yorker*, November 28, 2011.

296 Dante Alighieri, *Inferno* (1317; repr. New York: Random House, 1996).

297 Margaret Heffernan, "The Wilful Blindness of Rupert Murdoch," *Huffington Post*, July 14, 2011, http://www.huffingtonpost.com/margaret-heffernan-/wilful-blindness-rupert-murdoch_b_898157.html.

298 Martin Robinson, "Everyone to Blame but No One Punished: Teachers, Doctors, the Police and Social Workers Escape Justice After Missing 27

Chances to Save Tragic Daniel Pelka," *Daily Mail*, September 17, 2013.

299 같은 책.

300 같은 책.

301 같은 책.

302 같은 책.

303 Ron L. Deal, "Parenting Troubling Emotions," *Smart Stepfamilies*, http://www.smartstepfamilies.com/view/troubling-emotions.

304 Paul Ekman, "Outsmart Evolution and Master Your Emotions," video, *Big Think*, August 1, 2013, http://bigthink.com/big-think-tv/paul-ekman-outsmart-evolution-and-master-your-emotions.

305 같은 책.

306 Tori Rodriguez, "Negative Emotions Are Key to Well-Being," *Scientific American*, April 11, 2013.

307 같은 책.

308 Daniel C. Dennett, *Intuition Pumps and Other Tools for Thinking* (New York: W. W. Norton, 2013): 33–34.

10장. 세상에 흑백논리는 없다

309 2014년 7월 15일 루시 애저트와의 인터뷰.

310 Selim Algar, "Nursing Home Hired Strippers for Patients: Suit," *New York Post*, April 8, 2014.

311 애저트와의 인터뷰.

312 같은 인터뷰.

313 같은 인터뷰.

314 Associated Press, "Lawsuit: Male Stripper Did Show at NY Nursing Home," *Daily Mail*, April 8, 2014.

315 애저트와의 인터뷰.

316 같은 인터뷰.

317 같은 인터뷰.

318 같은 인터뷰.

319 Saundra Hybels and Richard L. Weaver II, "Self, Perception, and Communication," *Communicating Effectively*, 7th ed. (New York: McGraw Hill, 2004): 25 – 47.

320 David J. Kelly et al., "The Other-Race Effect Develops During Infancy," *Psychological Science*, December 2007.

321 Cate Matthews, "He Dropped One Letter in His Name While Applying for Jobs, and the Responses Rolled In," *Huffington Post*, September 2, 2014. http://www.huffingtonpost.com/2014/09/02/jose-joe-job-discrimination_n_5753880.html.

322 John Silvester, "Sambo Unchained in Life's Skin Game," *The Age*, Victoria, Australia, March 2, 2013.

323 M. K., "Clever Hounds," *Economist*, February 15, 2011.

324 Claude Monet, "Bridge Over a Pond of Water Lilies," *Collection Online*, Metropolitan Museum of Art, New York.

325 진 해리슨과의 인터뷰. 진 해리슨은 가명이다.

326 Siri Carpenter, "Buried Prejudice: The Bigot in Your Brain," *Scientific American*, April/May 2008.

327 Jennifer Raymond, "Most of Us Are Biased," *Nature,* March 7, 2013.

328 Michelle Heron-Delaney et al., "Perceptual Training Prevents the Emergence of the Other Race Effect During Infancy," *PLoS One*, May 18, 2011.

11장. 바퀴 달린 들것이 부족하면 어떻게 할 것인가

329 Clayton Sandell, Kevin Dolak, and Colleen Curry, "Colorado Movie Theater Shooting: 70 Victims the Largest Mass Shooting," *Good Morning America*, July 20,

2012, ABC.

330 Ryan Sullivan, "Family Says Race a Factor in Charlotte Girl's Shooting Death," Fox 8 WGHP, April 19, 2012.

331 같은 출처.

332 "Columbus Co. District Attorney Statement on Jasmine Thar's Death," WSOCTV, April 22, 2013.

333 Rick Atkinson, "The Tylenol Nightmare: How a Corporate Giant Fought Back," *Kansas City Times*, November 12, 1982.

334 Department of Defense, "Case Study: The Johnson & Johnson Tylenol Crisis," *Crisis Communications Strategies*, Department of Defense and University of Oklahoma Joint Course in Communication.

335 Lawrence G. Foster, "The Johnson & Johnson Credo and the Tylenol Crisis," *New Jersey Bell Journal*, vol. 6, no. 1 (1983): 57–64.

336 Lynne Duke, "Secret Service Agents Allege Racial Bias at Denny's: Six Blacks to File Lawsuit Saying They Were Denied Service at Annapolis Restaurant," *Washington Post*, May 24, 1993.

337 Department of Defense, "Case Study: Denny's Class Action Lawsuit," *Crisis Communications Strategies*.

338 Holland Cotter, "A Million Pieces of Home," *New York Times*, February 8, 2013.

339 Roberta Smith, "The Fascination of the Unfinished," *New York Times*, January 9, 2014.

340 Noah Schiffman and Suzanne Greist-Bousquet, "The Effect of Task Interruption and Closure on Perceived Duration," *Bulletin of the Psychonomic Society* vol. 30, no. 1 (January 1992): 9–11; Colleen M. Seifert and Andrea L. Patalano, "Memory for Incomplete Tasks: A Re-examination of the Zeigarnik Effect," *Proceedings of the Thirteenth Annual Conference of the Cognitive Science Society*, January 1991; and A. D. Baddeley, "A Zeigarnik-like Effect in the Recall of Anagram Solutions," *Quarterly Journal of Experimental Psychology* vol. 15, no. 1 (1963): 63–64.

341 Roy F. Baumeister and Brad Bushman, "Choices and Actions: The Self in Control," *Social Psychology and Human Nature* (Belmont, CA: Cengage Learning: 2007): 131－35.

342 Tom Stafford, "The Psychology of the To-Do List," BBC, January 29, 2013.

343 Tom Stafford, "The Psychology of Tetris," BBC, October 23, 2012, Tom Stafford and Matt Webb, *Mind Hacks* (Sebastopol, CA: O'Reilly Media, 2005): 144.

344 David Allen, *Getting Things Done* (New York: Penguin, 2002): 12.

345 "2013 Turnover Trends: Part 1—National Statistics and Top Separation Reasons," *Unemployment Services Trust (UST)*, www.chooseust.org/2014/blog/2013-turnover-trends-part-1-national-statistics-and-top-separation-reasons/.

346 E. Randol Schoenberg, "London's National Gallery Hosts Klimt Portrait Seized by Nazis," *Aljazeera America*, October 20, 2013, Anne-Marie O'Connor, "Fighting for Her Past," *Los Angeles Times*, March 20, 2001.

347 Kevin Daum, "Want to Be Truly Productive? End Each Day Like This," *Inc.*, January 27, 2014.

348 E. J. Masicampo and Roy F. Baumeister, "Consider It Done! Plan Making Can Eliminate the Cognitive Effects of Unfulfilled Goals," *Journal of Personality and Social Psychology*, June 20, 2011.

349 Tom Stafford, "The Psychology of the To-Do List."

**작품
저작권**

15쪽: JR, '여자들은 영웅이다' 프로젝트 〈여자 눈 속의 자화상, 케냐〉. L'Agence VU, Paris, France.

17쪽: 애나 슐레이트 하버의 현장 설치, 〈꽃〉. © Anna Schuleit Haber. Commissioned by the Massachusetts Mental Health Center and Harvard Medical School, Boston, MA, 2003.

29쪽: 3D 프린터로 출력한 뉴런. Photograph courtesy of James Tyrwhitt-Drake/ EyeWire/NIH 3D Print Exchange.

31쪽 위: 얀 스테인, 〈노인이 노래하고 어린아이가 파이프를 불다〉. Mauritshuis, The Hague.

31쪽 아래: 카렐 파브리티우스, 〈황금방울새〉. Mauritshuis, The Hague.

35쪽: 헤리트 판 혼트호르스트, 〈음란한 그림을 들고 웃는 여자, 창녀〉. Saint Louis Art Museum, Friends Fund, 63:1954.

44쪽: 얀 페르메이르, 〈안주인과 하녀〉. Copyright The Frick Collection.

48쪽: 르네 마그리트, 〈초상화〉. © ARS, NY. The Portrait. Brussels, 1935. Museum of Modern Art, Gift of Kay Sage Tanguy; Digital Image © The Museum of Modern Art/Licensed by SCALA/ Art Resource, NY/© 2015 C. Herscovici/Artists Rights Society(ARS), New York.

53쪽: 인우드의 거대한 글자 C. Redux Pictures/The New York Times/photo by Suzanne DeChillo.

55쪽: 마이클 그라지아노 박사와 케빈. Courtesy of Anil Ananthaswamy.

62, 158, 211, 335쪽: 눈 아이콘. Chrissy Kurpeski.

67쪽: 렌쇼의 소. Optometric Extension Program Foundation.

68쪽: 얼굴에 윤곽선을 그려 넣은 렌쇼의 소. Optometric Extension Program Foundation.

70, 71쪽: 이브와 루스 우스터먼의 작품. 자신과 딸의 훌륭한 작품을 공유해 준 루스 우스터먼에게 감사드린다. 루스에 관해 자세히 알아보고 싶으면 루스의 홈페이지 www.ruthoosterman.com과 블로그 The Mischevious Mommy, http://themischeviousmommy.blogspot.ca를 참조하라. 에시 숍 https://www.etsy.com/ca/shop/EvesImagination에서 복제화를 구입할 수 있다.

76쪽: 제인 알렉산더의 설치, 〈야수들의 보병대〉. Redux Pictures/The New York Times/photo by Agaton Strom./Art © Jane Alexander, DALRO, Johannesburg./Licensed by VAGA, New York, NY.

78쪽: 토니 매텔리, 〈몽유병자〉. Photo by John Kennard. Courtesy of the Davis Museum at Wellesley College, Wellesley, MA.

93쪽 위: 마크 허시, 〈그 나무, 2012년 3월 14일〉. Courtesy of Mark Hirsch.

93쪽 가운데: 마크 허시, 〈그 나무, 320일: 2월 6일〉. Courtesy of Mark Hirsch.

93쪽 아래: 마크 허시, 〈그 나무, 51일: 5월 13일〉. Courtesy of Mark Hirsch.

96쪽: 에드워드 호퍼, 〈자동판매 식당〉. Des Moines Art Center Permanent Collections; Purchased with funds from the Edmundson Art Foundation, Inc., 1958.2.

99쪽 왼쪽: 에드워드 호퍼, 〈자동판매 식당〉. Des Moines Art Center Permanent Collections; Purchased with funds from the Edmundson Art Foundation, Inc., 1958.2.

99쪽 오른쪽: 에드워드 호퍼, 〈호텔 방〉, 1931. Museo Thyssen-Bornemisza, Madrid, 2015./ⓒ Photo SCALA, Florence.

100쪽 왼쪽: 페르낭 레제, 〈모드 데일〉, 1935. National Gallery of Art, Chester Dale Collection, 1963.10.36. /ⓒ 2015 Artists Right Society(ARS), New York/ADAGP, Paris.

100쪽 오른쪽: 조지 벨로스, 〈모드 데일〉, 1919. National Gallery of Art, Chester Dale Collection, 1944.15.1./Bellows Trust.

108쪽: 얀 스테인, 〈노인이 노래하고 어린아이가 파이프를 불다〉. Mauritshuis, The Hague.

125쪽: 존 싱글턴 코플리, 〈존 윈스럽 부인〉. Image copyright: ⓒ The Metropolitan Museum of Art, Morris K. Jesup Fund, 1931(31.109)./Image source: Art Resource, NY.

157쪽 왼쪽: 길버트 스튜어트, 〈조지 워싱턴(랜즈다운 초상화)〉. National Portrait Gallery, Smithsonian Institution. Acquired as a gift to the nation through the generosity of the Donald W. Reynolds Foundation, NPG.2001.13./Art Resource, NY.

157쪽 오른쪽: 알렉산더 가드너, 〈에이브러햄 링컨〉. Library of Congress, Prints and Photographs Division, Washington, DC, no. LC-B812 – 9773-X.

166쪽: JR, '여자들은 영웅이다' 프로젝트 〈모로다프로비덴자 빈민가의 행동, 나무, 달, 지평선, 리우데자네이루〉. L'Agence VU, Paris, France.

169쪽: 주세페 아르침볼도, 〈정원사〉. Sistema Museale della Città di Cremona.

170쪽: 주세페 아르침볼도, 〈정원사〉. Sistema Museale della Città di Cremona.

172쪽: 미켈란젤로, 〈다비드〉. Photograph by Jörg Bittner Unna (https://commons.wikimedia.org/wiki/File:Michelangelo-David_JB01.JPG).

174쪽: 미켈란젤로, 〈다비드〉(세부). Rachel Sanderoff/ Shutterstock.

176쪽: 미켈란젤로, 〈다비드〉 디지털 이미지. Digital Michelangelo Project, Stanford University.

177쪽 위: 미켈란젤로, 〈다비드〉(세부). Photograph by Jörg Bittner Unna(https://commons.wikimedia.org/wiki/File:%27David%27_by_ Michelangelo_JBU16.JPG).

177쪽 아래: 미켈란젤로, 〈다비드〉(세부). Photograph by Jörg Bittner Unna(https://commons.wikimedia.org/wiki/File:%27David%27_by_ Michelangelo_JBU08.JPG).

178쪽: 미켈란젤로, 〈다비드〉(세부). Photograph by Jörg Bittner Unna (https://commons.wikimedia.org/wiki/File:Michelangelo-David_JB01.JPG).

184쪽: 에두아르 마네, 〈폴리 베르제르의 술집〉. P.1934.SC.234. The Samuel Courtauld Trust, The Courtauld Gallery, London.

195쪽: 앙리 마티스, 〈열린 창, 콜리우르〉. National Gallery of Art, Collection of Mr. and Mrs. John Hay Whitney 1998.74.7./© 2015 Succession H. Matisse/Artists Right Society(ARS), New York.

196쪽: 앙리 마티스, 〈콜리우르의 프랑스 창〉. Photo by Philippe Migeat; CNAC/MNAM/Dist. RMN: Grand Palais, Art Resource, NY © 2015 Succession H. Matisse/Artists Rights Society(ARS), New York.

210쪽: 조엘 스턴펠드, 〈맥린, 버지니아, 1978년 12월〉. © Joel Sternfeld. Courtesy of the artist and Luhring Augustine, New York.

215쪽: 르네 마그리트, 〈고정된 시간〉. Joseph Winterbotham Collection, 1970.426. Photography The Art Institute of Chicago./© 2015 C. Herscovici/Artists Rights Society(ARS), New York.

218쪽: 세라 그랜트, 〈가구 도시가 미술계를 위해 상을 차리다〉. © Sticks/photo by Adam Bird.

229쪽: 근본주의 교회. AP Photo/Tony Gutierrez.

235쪽: 필립 에버굿, 〈휠체어를 탄 귀부인〉. Courtesy ACA Galleries, New York. Photo credit: Smithsonian American Art Museum, Washington, DC, Gift of the Sara Roby Foundation, 1986.6.90/Art Resource, NY.

262쪽: 르네 마그리트, 〈꿈의 열쇠〉. bpk, Berlin/Art Resource, NY./© 2015 Artists Rights Society(ARS), New York.

264쪽: 랠프 스타이너, 〈미국 전원의 바로크〉. Ralph Steiner photograph, courtesy estate./Digital image © The Museum of Modern Art, Gift of the photographer(892.1965)./Licensed by SCALA/Art Resource, NY.

267쪽: 제일 코린트식 침례교회. Redux Pictures/The New York Times/photo by David Goldman.

270쪽: 계단의 청소년들. Redux Pictures/The New York Times/photo by Hiroko Masuike.

273쪽 위: 존 싱어 사전트의 작품을 사진으로 복제한 스크랩북의 알부민 인쇄. The Thomas J. Watson Library, Gift of Mrs. Francis Ormond, 1950(192Sa7 Sa78 Q). Image copyright © The Metropolitan Museum of Art./Image source: Art Resource, NY.

273쪽 아래: 존 싱어 사전트, 〈마담 X(피에르 고트로 부인)〉. Arthur Hoppock Hearn Fund, 1916(16.53). Image copyright © The Metropolitan Museum of Art./Image source: Art Resource, NY.

284쪽 위: 피터르 브뤼헐, 〈화가와 구매자〉. Heritage Images/Getty Images.

284쪽 아래: 리처드 디벤콘, 〈작업실 벽〉, Estate #1395. © The Richard Diebenkorn Foundation.

289쪽 위: 프란시스코 고야, 〈옷을 벗은 마하〉. © Madrid, Museo Nacional del Prado.

289쪽 아래: 루치안 프로이트, 〈잠자는 국가연금 관리자〉. © The Lucian Freud Archive/ Private Collection/The Bridgeman Art Library.

294쪽 위: 히에로니무스 보스, 〈세속적인 쾌락의 동산〉. Universal History Archive/Getty Images.

294쪽 아래: 히에로니무스 보스, 〈세속적인 쾌락의 동산〉(세부). Universal History Archive/Getty Images.

296쪽: 윌리앙아돌프 부그로, 〈지옥의 단테와 베르길리우스〉. Universal History Archive/ Getty Images.

300쪽: 히에로니무스 보스, 〈세속적인 쾌락의 동산〉(세부). Universal History Archive/ Getty Images.

307쪽: 자크루이 다비드, 〈다루 백작 부인〉. Copyright The Frick Collection.

331쪽: 달리는 두 경찰의 사진. Don McCullin/Contact Press Images.

333쪽: 유모와 아이. Courtesy of the author.

336쪽: 클로드 모네, 〈일본식 다리(The Japaness Footbridge)〉. ACME Imagery/ Superstock.

338쪽 위: 클로드 모네, 〈수련 연못 위의 다리(Bridge Over a Pond of Water Liles)〉, The National Gallery of Art, Washington, DC, Marco Brivio, age fotostock/ Superstock.

338쪽 가운데: 클로드 모네 〈일본식 다리〉, ACME Imagery/Superstock.

338쪽 아래: 클로드 모네 〈일본식 다리와 수련 연못(The Japaness Footbridge and Water Lily Pool)〉, Philadelphia Museum of Art, Philadelphia, PA, Mr. and Mrs. Carroll S. Tyson, Jr., Collection, 1963./Bridgeman Images.

340쪽: 카라바조, 〈성 마태의 소명(The Calling of Saint Matthew)〉. Pii Stabilimenti della Francia a Roma e Loreto, San Luigi dei Francesi, photo by Mauro Coen.

341쪽: 백악관 상황실. White House Press Office, photo by Pete Souza, 2011.

355쪽: 엘 아나추이, 〈스카이라인〉. Courtesy of October Gallery Trust, photo Scope Basel 2013 and © Georgios Kefalas/epa/Corbis.

356쪽: 엘 아나추이, 〈오아시스〉(세부). Private Collection. Courtesy of October Gallery Trust and Bill Greene, The Boston Globe/Getty Images.

361쪽: 구스타프 클림트, 〈아말리에 주커칸들의 초상화〉(미완성). Oesterreichische Galerie im Belvedere. Erich Lessing/Art Resource, NY.

Visual
Intelligence

눈으로 차이를 만든다

우아한 관찰주의자

2판 1쇄 인쇄 2023년 5월 24일
2판 1쇄 발행 2023년 5월 31일

지은이 에이미 E. 허먼
옮긴이 문희경
펴낸이 고병욱

기획편집실장 윤현주 **책임편집** 장지연 **기획편집** 유나경 조은서
마케팅 이일권 김도연 황석영 김재욱 복다은 임지현 **디자인** 공희 진미나 백은주
제작 김기창 **관리** 주동은 **총무** 노재경 송민진

교정 구윤회

펴낸곳 청림출판(주)
등록 제1989-000026호

본사 06048 서울시 강남구 도산대로 38길 11 청림출판(주) (논현동 63)
제2사옥 10881 경기도 파주시 회동길 173 청림아트스페이스 (문발동 518-6)
전화 02-546-4341 **팩스** 02-546-8053
홈페이지 www.chungrim.com
이메일 cr1@chungrim.com
블로그 blog.naver.com/chungrimpub
페이스북 www.facebook.com/chungrimpub

ISBN 978-89-352-1416-7 (03320)

※ 이 책은 저작권법에 따라 보호를 받는 저작물이므로 무단 전재와 무단 복제를 금합니다.
※ 책값은 뒤표지에 있습니다. 잘못된 책은 구입하신 서점에서 바꾸어 드립니다.
※ 청림출판은 청림출판(주)의 경제경영 브랜드입니다.